법화경과 신약성서

The Lotus Sutra and the New Testament

법화경과 신약성서
The Lotus Sutra and the New Testament

초판 1쇄 발행   2007년 4월 29일
     6쇄 발행   2021년 12월 7일

지 은 이   민희식 · 法進(이진우) · 이원일

펴 낸 이   허영신
편   집   허조행
교   정   이문수
마 케 팅   전진근 · 조관세 · 이수월
디 자 인   박채은

펴 낸 곳   도서출판 블루리본
출판등록   제18-49호(1998. 1. 21)

주   소   서울시 강남구 역삼동 837-11 Union Ctr 1305
전   화   (02) 3442-0256(대표)
팩   스   (02) 512-0256
전자우편   brbooks@hanmail.net

값 32,000원

ISBN 978-89-88185-11-7 03200

*서점에서 책을 사실 수 없는 분들은 전화로 주문(02-3442-0256)
  하시면 서점에 가시지 않고도 전국 어디서나 1-2일내 받아
  보실 수 있습니다.

     농   협   352-0902-3937-63 (예금주: 허영신)
     국민은행   818502-04-152931
     제일은행   441-20-165120

법화경과 신약성서

The Lotus Sutra and the New Testament

민희식 · 法進(이진우) · 이원일 지음

도서
출판 블루리본

이 책을 내며

저자는 프랑스 유학 시절 불어판 한국시집을 출간하기 위해 유네스코UNESCO에 갔을 때 『동양문화총서』를 기증 받아 읽은 적이 있다.

아시아 문학은 물론 특히 인도문학 가운데 『쟈타카Jataka』, 『라마야나Ramayana』, 『마하바라타Mahabharata』는 감동적이었다.

내가 한국에 있을 때 프랑스 문학에 매혹되었던 것처럼, 프랑스에 있는 동안 나도 모르게 동양문화에 대한 향수를 느끼게 되었다. 특히 불교에 대한 해박한 지식을 가진 프랑스 지식인들과의 대화는 한국문화 전통의 핵이자 심오한 철학을 바탕으로 하는 불교를 소홀히 한 채 서양문화를 이해하기에 급급한 내 자신을 되돌아보게 했다.

나는 또한 프랑스와 유럽 곳곳에 속속 생겨나는 불교사원들과 그곳에 몰려드는 유럽의 젊은이들을 보고 놀라지 않을 수 없었다. 서구정신의 버팀목이었던 교회에 가보면 소수의 노인들만 있거나 그마저도 참선을 가르치는 불교선원으로 바뀌고 있었다.

이러한 변화의 근본적 이유는 무엇이었을까? 당시 한국에서는 불교는 마치 미신적인 구식종교인양, 기독교는 세련된 신식종교인양 여겨지고 있었는데, 오히려 유럽선진국에서는 기독교가 현대인의 합리주의에 맞지 않는 비과학적 · 비논리적 종교로 버림받고 있는 점은 나로 하여금 더욱더 그 이유에 관심을 갖게 하였다.

역설적이지만 자기로의 복귀, 즉 동양문화에 대해서 새로운 인식을 갖게 된 것은 프랑스에서 프랑스 문학을 공부한 덕분이기도 하다.

한국에 돌아온 후에도 나는 게오르규, 미셸 뷰톨, 이오네스코, 타베르니에, 모리스 펭제, 로브그리예 등 금세기 프랑스 최고의 지성이자 사상가들과 끊임없는 대화를 지속했다. 그들이 인류구원에 대해 불교에 거는 기대는 놀라울 만큼 큰 것이었다.

▲ 게오르규 신부와 저자

「앎解만 있고 믿음이 없으면 이는 불신자不信者요, 믿음만 있고 앎이 없으면 맹신자盲信者이다.」라는 말씀이 있다. 그런데 불신자는 불신하기에 아무런 행동도 취하지 않으나 맹신자는 그릇된 믿음을 가지고 광분하여 엄청난 비극을 낳기 때문에 맹신자가 더 위험한 것이다. 인류의 역사를 비극으로 얼룩지게 한 씨앗이 바로 이 맹신이다.

나는 프랑스와 파키스탄 정부의 요청으로 이스라엘, 메소포타미아 문명지역, 인도, 티베트, 간다라 등지에서 수십 차례의 답사와 연구를 계속해왔다.

그리고 이제 불교문화와 기독교 문화에 대한 올바른 이해를 위해 연구결과를 이 책을 통해 밝히게 되었다.

이 책이 그 실체를 바로 볼 수 있는 기회가 되기를 바란다. 이해를 돕고자 원전의 인용은 물론 문서, 부조물, 사진 등 역사적 사료들을 최대한 함께 수록하고자 하였다.

이 완결판이 나오기까지 시종일관 집필을 격려하고 아낌없는 성원을 해주신 게오르규 신부님, 박옥래 목사님, 송근영 법사님께 깊은 존경과 감사를 드린다.

좋은 책을 만드느라 혼신을 다한 도서출판 블루리본의 이진우 사장님, 허조행 편집장님 이하 편집부 여러 선생님들께 깊은 감사를 드린다.

파리 국립 도서관에서
비교종교학 · 불문학박사　　민희식

CONTENTS

이 책을 내며   **4**

1 예수의 불교수행

1 도마 복음서를 통해서 본 예수와 법화경   **10**
2 신약성서에 나타난 법화경과 기타 경전들   **20**
3 간다라에서의 예수   **54**
4 예수의 기본적 불교수행   **68**
5 티베트 · 페르시아에서의 예수   **86**
6 불교성전과 신약성서의 유사점   **104**
7 소승을 버리고 대승의 길을 택한 예수   **122**
8 영원한 부처님과 아버지 하나님   **140**
9 최첨단 과학의 세계를 능가하는 법화경의 세계   **158**

2 예수 전후의 기독교사와 법화경의 영향

1 초기 기독교의 형성과 로마제국   **176**
2 법화경과 기독교 이데올로기의 확립   **186**
3 콘스탄티누스 대제 때의 미륵사상과 기독교   **198**
4 로마를 정복한 소위 정통 기독교의 유럽정책   **210**
5 슈타이너의 기독교의 불교정신 기원설   **218**

3 | 법화경의 세계

법화경 개요   222

1 서품(序品)   232
2 방편품(方便品)   242
3 비유품(譬喩品)   250
4 신해품(信解品)   260
5 약초유품(藥草喩品)   268
6 수기품(授記品)   274
7 화성유품(化城喩品)   280
8 오백제자수기품(五百弟子受記品)   288
9 수학무학인기품(授學無學人記品)   294
10 법사품(法師品)   304
11 견보탑품(見寶塔品)   314
12 제바달다품(提婆達多品)   324
13 권지품(勸持品)   336
14 안락행품(安樂行品)   344
15 종지용출품(從地涌出品)   352
16 여래수량품(如來壽量品)   360
17 분별공덕품(分別功德品)   380
18 수희공덕품(隨喜功德品)   388
19 법사공덕품(法師功德品)   396
20 상불경보살품(常不輕菩薩品)   406
21 여래신력품(如來神力品)   420
22 촉루품(囑累品)   428
23 약왕보살본사품(藥王菩薩本事品)   434
24 묘음보살품(妙音菩薩品)   442
25 관세음보살보문품(觀世音菩薩普門品)   452
26 다라니품(陀羅尼品)   468
27 묘장엄왕본사품(妙莊嚴王本事品)   476
28 보현보살권발품(普賢菩薩勸發品)   484

참고문헌   492

1
예수의 불교수행

01장 도마 복음서를 통해서 본 예수와 법화경 /10
02장 신약성서에 나타난 법화경과 기타 경전들 /20
03장 간다라에서의 예수 /54
04장 예수의 기본적 불교수행 /68
05장 티베트·페르시아에서의 예수 /86
06장 불교성전과 신약성서의 유사점 /104
07장 소승을 버리고 대승의 길을 택한 예수 /122
08장 영원한 부처님과 아버지 하나님 /140
09장 최첨단 과학의 세계를 능가하는 법화경의 세계 /158

1장 도마 복음서를 통해서 본 예수와 법화경

「-스탄」이란, 이슬람
권에서 쓰이는 말로
「땅, 나라」라는 뜻으
로, 기독교권의「-랜
드」에 상당하는 말이
다. 그러므로, 아프가
니스탄은 '아프간 민
족이 사는 땅, 또는 나
라' 라는 뜻이된다.

박트리아(Bactria)
고대 그리스인이 힌
두쿠시산맥과 아
무다리아강 사이
에 세운 나라(BCE
246~BCE 138).

시알코트(Sialkot)
파키스탄 편잡주
(州) 라호르 지구에
있는 도시로 'the
fort of Sial(Sial의 요
새)' 라는 뜻.

아프가니스탄에서 남쪽으로 내려온 *박트리아Bactria; 大夏/대하 그
리스인은 기원전 2세기에 서북 인도인 간다라Gandhara 지방을 침입
하여 약 2백년 간BCE 246~BCE 138 이 지방을 지배하였다.

기원전 2세기 후반에 활약한 메난드로스Menandros; Menander;
Milinda/밀린다; BCE 155~BCE 130 왕은 샤칼라Sakala; Sagala; 현재
*Sialkot/시알코트를 수도로 동서사상을 교류하였고, 불교에도 대단한
관심을 보여『미린다왕문경彌蘭陀王問經; Milindapanha; Questions of
King Milinda』으로 전해지고 있다.

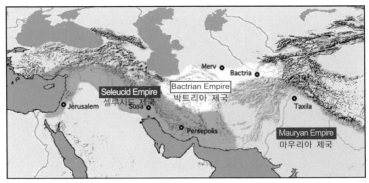

▲ 셀레우쿠스·박트리아·마우리아 제국의 배치도

법화경과 신약성서

『미린다왕문경(王問經; Milinda Panha/밀린다판하)』 또는 『나선비구경(那先比丘經)』은 나가세나(Nagasena; 나선/那先) 대사가 BCE 2세기경 발간한 경이다.

이 경은 박트리아의 그리스인 왕 메난드로스와 나가세나 대사가 불교 교리의 주요 논점들에 대해 왕이 묻고 대사가 대답하는 플라톤식 문답형식으로 엮은 것이다. 자아의 본성, 영혼, 윤회와 업보, 해탈과 열반, 불교수행방법, 깨달음 등 불교의 전반적인 문제를 다루었다. 불교에 깊은 관심을 나타낸 왕은 나가세나와의 대담 후 불교에 귀의하였다. 경전 뒷부분에 왕이 262개의 질문을 하였다고 적혀 있으나 오늘날에는 236개의 질문만 남아있다.

이 경은 BCE 150년경 그리스문화와 불교의 만남을 통해 그 당시 그리스인과 인도인의 사유, 가치관, 종교관을 비교할 수 있게 해주는 귀중한 자료이다.

▲ 나가세나 대사

▲ 메난드로스 동전

▲ 메난드로스 왕

▲ 나가세나 대사의 사리(sarira)

Taxila의 Sirkap 출토
앞면: 메난드로스 왕의 측면상과 그리스 문자 명문
ΒΑΣΙΑΕΩΣ ΣΩΤΗΡΟΣ ΜΕΝΑΝΔΡΟΨ
(바실레오스 소테로스 메난드로스: 왕 구세자 메난드로스)

뒷면: 방패와 창을 든 아테네 여신의 입상, 카로슈티 문자 명문
Maharajasa tratarasa Menandrasa
(대왕 구세자 메난드로스)

당시 많은 그리스인들이 샤칼라로 이주하여 도시를 건설하고 문화를 크게 번성시켰다. 현재 시알코트에는 도시의 폐허로 보이는 큰 언덕이 있다.

그 후 사카 바르타투아족the Saka Bartatuas이 침입, 인도왕 곤도파르네스Gondopharnes; Gundnaphor; GudupharaKarosthi: CE 50년 즉위가 지배하게 된다. 이 왕의 이름은 신약 *외경外經: Apocrypha『도마복음서The Gospel of Thomas』에도 나타나 있다.

이『도마 복음서』에 의하면 예수가 세상을 떠난 후 도마St. Thomas는 인도에서 복음을 전하기로 되어 있었는데 그는 그 일을 오랫동안 주저하였다. 그때 예수 그리스도가 그의 앞에 나타나 합반Habban이라는 상인에게 그 일을 위임하겠다고 전한다.

마침내 이 상인 합반은 인도의 곤도파르네스Gondopharnes; Gundnaphor왕의 청으로 시리아Syria에 있는 유능한 건축가 도마를 데리러 온다.

외경/외전(外典)
성경의 편집시 선정 과정에서 제외된 경전. 제2정경.

▲ St. Thomas

📖 **성 도마(St. Thomas)**

교회사의 아버지라고 불리는 교회사가 에우세비오스(Eusebios: 263~339)에 의하면 성 도마는 나중에 파르티아(Parthia/ 고대 이란의 왕국)에서 전도하고, 동진하여 인도로 가서 복음을 전파하던 중 순교하여, 마드라스(Madras)교외의 밀라포르(Mylapore)에 묻혔다.

인도정부는 그를 기념하여 1964년과 1973년 두 차례에 걸쳐 기념우표를 발행하였다. 그는 건축가의 수호성인이며, 1972년 교황 바오로 6세(Pope Paul VI)에 의하여「인도의 사도(the Apostle of India)」로 선언되었다.

◀ 의심 많은 도마
… 도마가 가로되 "내가 그 손의 못 자국을 보며 내 손가락을 그 못자국에 넣으며 내 손을 그 옆구리에 넣어 보지 않고는 믿지 아니하겠노라." 하니라.
[요한 20: 25]

성 도마는 합반과 함께 배를 타고 인도의 군다포루스 왕국the Kingdom of Gundaphorus에 도착했다. 곤도파르네스 왕은 막대한 자금을 주면서 그들에게 궁전을 세우라고 말했다. 그런데 도마는 왕이 전쟁에 나간 사이에 그 금액을 전부 가난한 사람들을 위해 써 버린다.

Gondopharnes 왕
「British Museum」

왕이 전쟁에서 돌아왔을 때 도마는 '그 돈은 왕을 위하여 천국에 궁전을 짓는데 썼다'고 변명했다. 그러자 왕은 화가 나서 도마와 상인을 감옥에 가둔다.

한편 왕의 동생인 가드Gad가 죽은 후 왕의 꿈속에 나타나 왕에게 도마가 천국에 세운 궁전에 대해서 상세하게 보고한다. 이 말을 듣고 왕은 너무나 감격하여 기독교 신자가 되었다. 그 후 도마 성인은 신드Sindh에서 4년, 말라바Malabar에서 6년, 밀라포르Mailapore에서 7년에 걸쳐 모두 17년을 인도에서 보낸 사실이 사료에서 입증되었다.

이 전설은 당시 인도에서 서방의 기술자를 불러들인 것을 말해주는 흥미 있는 이야기다. 이 시대에는 서방의 문물과 기술도입이 적극적으로 추진된 것을 의미한다.

파르티아
아르사케스가 세운 고대 이란의 왕국 (BCE 247∼CE 226).

1세기 중엽에는 *파르티아Parthia; 안식/安息족을 대신해 쿠샨Kushan족이 간다라Gandhara 지방을 지배하게 된다.

이 쿠샨 족이 세운 대제국은 간다라 미술과 *마투라Mathura 미술의 전성기를 맞이하게 되는데, 인도·그리스인이 지배한 시대에 페르시아 문화를 바탕으로 두 문화가 결합하여 붕상의 출현을 낳게 한 것이다.

쿠샨 왕조 시대의 인도

BCE 3세기~CE 7세기 무렵 인도 우타르 프라데쉬(Uttar Pradesh)주(州)의 마투라(Mathura)지방을 중심으로 융성했던 종교미술이다.

마투라는 기원전부터 인도미술의 중심지로서 2~3세기경에는 간다라 미술과 어깨를 나란히 할 정도로 활발하였다. 특히 조각이 유명한데, 양감(量感)이 있고 박진감을 지닌 조형법이 특색이다. 거의 모든 시대의 유품들이 출토되는데, 출토유물로는 불상이 가장 많으나 자이나교 등 다른 신앙적인 것들도 많다.

예수는 불교승려였다

선민사상

종교적인 의미에서 신에 의해 선택된 특정한 민족 또는 사람들만이 구원받는다는 사상.

이에 앞서 예수는 이러한 경로로 인도의 서북쪽에서 동쪽으로 이동, 현재 오릿사Orissa주州의 코나라크Konarak 주변의 힌두교 사원에서 오랜 연구 끝에 그 교리를 완전히 통달했지만 이에 대한 비판과 박해로 불교로 전환, 다시 불교연구를 한 후 티베트Tibet에 가서 자신의 연구를 심화시킨 역사적 사실이 밝혀지고 있다.

기독교의 창시자인 예수의 생애는 예수의 사상적 기반과 그 형성과정을 알려주는 중요한 시기인 13세에서 29세까지의 16년 동안의 기록이 기독교 초기의 성경 편집과정에서 삭제되었다.

배타적 *선민사상選民思想; elitism으로 일관된 유대교의 살벌한 환경과 토양 속에서 어떻게 그처럼 위대한 사랑을 부르짖는 기독교가 생겨났는지 그 사상적 뿌리에 의문이 일어났다.

그런데 프랑스의 필립 드 슈아레 Philippe de Suarez라는 학자는 기독교 성립에 관한 의문점을 푸는 하나의 중대한 힌트를 주고 있다.

그의 저서『도마 복음서The Gospel of Thomas』는 유럽의 종교계에 커다란 파문을 던지고 있다.

이 저서를 읽으면 지금까지 통설로

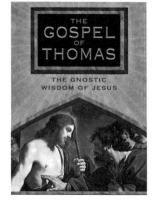

▲ 성(聖) 요한(John)

▲ 성(聖) 마태(Matthew)

▲ 성(聖) 마가(Mark)

▲ 성(聖) 누가(Luke)

간주된 기독교의 사상과는 아주 다른 면이 명확하게 부각된다.

기독교의 복음서도 불교의 경전과 마찬가지로 창시자가 민중을 구제하는 과정에서 그때 그때의 상황에 따른 가르침을 제자들이 편집한 것이다. 다만 기독교의 복음서에는 요한·마태·마가·누가 등 책임편집자의 이름이 기록되어 있는 점이 불전佛典과 다르다.

4복음서 중 마태·마가·누가복음은 예수의 생애기록에 대한 기술방식이 같아 *공관복음서共觀福音書: Synoptic Gospels; syn「together」+ opsis「seeing」라고 부른다. 마태와 누가가 말하는 이야기의 흐름은 서로 다르지만 그보다 앞서 마가가 쓴 부분에 있어서는 일치한다. 이 점으로 보아 4복음서는 마가가 쓴 것이 가장 오래된 것이다.

그러나 사해문서나 그 밖의 근래에 발견된 예수의 말이 보존된 *Q자료는 마가복음보다도 훨씬 더 오래 전에 쓰여진 것이다.

예수의 말씀을 전한 복음서로는 수십 종류가 기술되었으나 초기의 교회지도자들은 자신들의 노선에 맞는 이 4복음서만을 정경으로 채택하고 나머지는 모두 불태워버렸고 그 소지자들도 화형에 처했다.

이 편협한 교조주의자들의 광기 어린 망동으로 인류는 예수의 가르침을 가장 진솔하고 정확하게 이해할 수 있었던 수십 종의 귀중한 복음서들을 영원히 잃어버리게 된 것이다.

공관복음서
예수에 대한 기록을 대체적으로 같은 시각(공관)을 가지고 기록하고 있기 때문에 붙여진 이름이다. 마태·마가·누가복음의 세 권은 기본적인 구조나 내용이 같고, 또한 사용하는 문체나 용어도 비슷하다.

Q자료
독일어 Quelle('자료'라는 뜻)에서 온 것으로 여겨진다. 마가복음을 보완하기 위하여 마태와 누가가 사용했다고 추정되는 가설적인 제2의 자료를 일컫는다.

15

초기 기독교 지도자들은 자신들의 노선에 맞는 4복음서를 제외한 수십 종류의 복음서들을 모두 불태워버렸다. 교회의 이념에 맞지 않으면 그것이 예수의 말씀이 담긴 복음서일지라도 불 속으로 던져졌다. 그 결과 예수의 말씀은 획일적인 단면만이 남게 되었다.

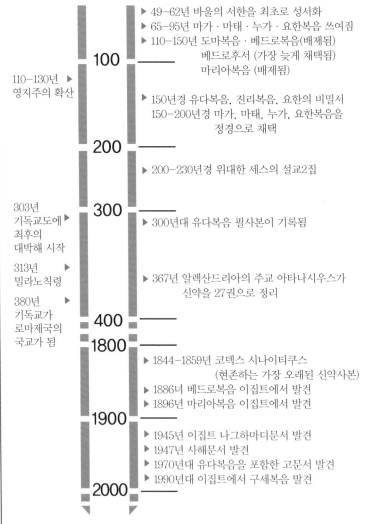

▶ 49-62년 바울의 서한을 최초로 성서화
▶ 65-95년 마가 · 마태 · 누가 · 요한복음 쓰여짐
▶ 110-150년 도마복음 · 베드로복음(배제됨)
　　　　　　베드로후서 (가장 늦게 채택됨)
　　　　　　마리아복음 (배제됨)

110-130년 ▶
영지주의 확산

▶ 150년경 유다복음, 진리복음, 요한의 비밀서
　150-200년경 마가, 마태, 누가, 요한복음을
　　　　　　　정경으로 채택

▶ 200-230년경 위대한 세스의 설교2집

303년
기독교도에 ▶
최후의
대박해 시작

▶ 300년대 유다복음 필사본이 기록됨

313년 ▶
밀라노칙령

380년 ▶
기독교가
로마제국의
국교가 됨

▶ 367년 알렉산드리아의 주교 아타나시우스가
　신약을 27권으로 정리

▶ 1844-1859년 코덱스 시나이티쿠스
　　　　　(현존하는 가장 오래된 신약사본)
▶ 1886녀 베드로복음 이집트에서 발견
▶ 1896년 마리아복음 이집트에서 발견

▶ 1945년 이집트 나그하마디문서 발견
▶ 1947년 사해문서 발견
▶ 1970년대 유다복음을 포함한 고문서 발견
▶ 1990년대 이집트에서 구세복음 발견

100　200　300　400　1800　1900　2000

최초의 성서
바울이 쓴 서한인
'데살로니가 사람
들에게 보낸 편지
들'

도마복음서
영지주의적 색채가
강하다하여 배제
됨.

마리아복음
예수가 남성 사도
들 모르게 막달라
마리아에게만 알려
준 비밀을 포함함.

요한의 비밀문서
구약에 등장하는
하나님의 이율배반
성에 대한 비판.

**위대한 세스의 설
교 2집**
예수는 사실은 십
자가에 못 박혀 죽
지 않았다는 내용.

유다복음서
유다는 실제로는
예수의 진리를 가
장 잘 깨달은 제자
이며, 그의 '배반'도
사실은 예수가 꾸
민 대로 따른 것이
라 함.

요행히 그동안 지하에 묻혀 숨죽이고 살아 남아있던 대여섯 종류의 복음서가 부분적으로나마 그 신비의 베일을 벗고 윤곽을 드러내고 있다.

그 중 지난 1970년에 발견된 희대의 관심사였던 『유다 복음서The Gospel of Judas』는 *내셔널 지오그래픽National Geographic사社의 수년간에 걸친 각고의 노력 끝에 마침내 2006년 콥트어Coptic로 쓰여진 문서를 해독해내는데 성공했다.

내셔널 지오그래픽
미국 국립지리학회가 1888년 창간한 잡지. 지리와 지구에 관계한 지식을 다룸.

▲ 발견 당시 가죽으로 묶인 두루마리 상태의 Nag Hammadi 문서군

▲ Nag Hammadi Scrolls를 펼친 모습

그에 앞서 1945년 이집트 카이로 남쪽의 나그 하마디에서 문서가 발견되었다. 발견된 지명을 따서 *나그 하마디 문서Nag Hammadi Codices라고 불리는 이 113권의 파피루스 필사본 꾸러미에는 『도마 복음서』도 들어 있었다.

도마 복음서는 상형문자와 그리스문자를 겸용한 콥트어Coptic로 쓰여져 있는데 아직 짜여진 구성이 없이 114개의 항목(13개의 사본, 50개의 소논문)으로 되어 있는 것으로, 필립 드 슈아레의 연구로 세상에 밝혀졌다.

codex
(성경·고전의) 필사본(筆寫本)
codex는 단수형
codices는 복수형

『도마 복음서』는 예수의 말씀을 그대로 기록한 것으로 문장이 소박하여 구전의 초기 단계를 보여주고 있다. 후세의 성서 편집과정에서 극심했던 성서의 왜곡이 아직 없는 예수가 직접 설한 원래의 말씀을 그대로 찾아 볼 수 있다.

그 중 하나의 예로 훈언 3장을 살펴보자.

예수께서 말씀하시길,	Jesus said,
만약 너희를 현혹하는 자들이 말하길,	If those who draw you say to you,
보라, 천국이 하늘에 있다 한다면,	Lo, the kingdom is in heaven,
하늘의 새들이 너희보다 앞서 갈 것이요.	then the birds of heaven will precede you.
만약 그들이 그것은 바다 속에 있다 한다면,	If they say to you, it is in the sea,
물고기들이 너희보다 앞서 갈 것이다.	then the fish will precede you.
그러나 천국은 네 안과 밖에 있느니라.	But the kingdom is within you and outside you.
너희가 너희 자신 스스로를 알 때	When you know yourselves,
비로소 참된 자신을 알게 되며,	then you will be known
너희가 살아 있는 아버지의 자식임을	and you will know that you are the sons
알게 되지니라.	of the living Father.
그러나 만약 너희 자신 스스로를 알지 못 한다면,	But if you do not know yourselves,
너희는 궁핍에 있음이요, 너희가 궁핍이라.	then you are in poverty, and you are poverty.

'천국, 즉 하늘은 너희들 안에 있고 동시에 밖에 있고'라는 말은 불교의 *불성내재론佛性內在論이다.

이 말은 신약성서를 편집할 때, '보라, 천국이 여기 있다, 보라, 저기 있다고도 못하리니 천국은 너희 안에 있느니라.「누가복음서 17장 21절.」'로 간추려졌지만 그 뜻은 그대로 남아있다.

또 그 다음에 계속된 문장 '너희 자신을 알면 너희가 살아 있는 아버지의 자식임을 알게 되지니라'와 같이 자신을 깨닫는 자는 누구나 모두 다 하나님의 자식이며 예수 자신도 그 중 하나라는 점을 예수 스스로 분명히 밝히고 있다. 이것은『법화경 방편품』의 *여아등무이如我等無異이다.

불성내재론
인간과 동식물 등 모든 존재에는 불성이 들어있다는 주장.

여아등무이
모든 중생을 나와 똑같이 부처로 하여 다른 점이 없도록 하고 싶다는 뜻이처럼 법화경이 신약성서에 끼친 영향은 초기의 원 복음서들이 발견되면서 더욱 극명하게 드러나고 있다.

만일 신의 나라나 신의 모습을 서구적 사고로 현실공간에서 찾는 다면 *니체Friedrich Wilhelm Nitzsche, 1844~1900처럼 '신은 죽었다 Gott ist tot: God is dead' 또는 꾸르베Gustave Courbet, 1819~1877처럼 '신은 보이지 않으니 그리지 않는다'라고 말할 수밖에 없는 것이다.

▲ Nitzsche

이와 같이 예수의 원래의 말씀이 손상되지 않은 상태로 있는 『도마 복음서』는 복음서 편집자들의 의도와 충돌하게 되어 신약성서에서 제외되었다.

슈아레는 바울이 유대교의 메시아Messiah, 즉 구제자 개념을 수용한 점과 또 하나는 예수 자신이 당시 지중해 세계에서 권위 있었던 그리스 철학을 수용한 점 때문에 변화가 생겼다고 밝히고 있다.

신약성서의 성립에 관한 문헌학적 고증과 발굴 및 조사가 활발히 이루어져 이 사실은 전혀 새로운 것이 아니다.

유대교의 살벌한 토양에서는 예수가 설파한 『법화경法華經: The Lotus Sutra』의 불성내재佛性內在 사상이 발생할 여지가 없는 것으로, 불교의 법화경 사상이 실크로드를 거쳐 이스라엘까지 간 것으로 밝혀지고 있다.

또한 예수 자신이 인도와 간다라 · 티베트에서 불교수행을 한 기록들이 속속 나오고 있다.

불교의 영향이 기독교에 미쳤다는 것이 명백한 만큼 편협하고 형식적인 우월감에 입각한 유대교Judaism: 猶太敎/유태교나 브라만교 Brahmanism: 婆羅門敎/바라문교에 저항하여 인류를 구제하려는 기독교의 사상과 불교의 자비는 서로 손을 잡고 오늘날의 인류를 구제하려는 종교로서 이해되어야 할 것이다.

예수의 불교수행

국내에서 출간된 서적 중, 예수의 불교수행을 가장 방대한 역사자료, 사진자료와 함께 가장 상세히 다룬 책은 『예수의 마지막 오딧세이(목영일 박사 저)』가 유명하다.

▲ 인도에서 수행중인 예수

2장 신약성서에 나타난 법화경과 기타 경전들

불사리탑

자등명 법등명
자신을 등불로 삼고 진리(부처님의 가르침)를 등불로 삼음.

석가가 세상을 떠난 후 그 유골은 불교 승단에 넘겨지지 않고 신자인 8명의 유력자에게 분배되어, 여덟 나라에 그 유골을 간직해 놓은 8개의 불사리탑佛舍利塔이 세워졌다.

그 후 *마우리아 왕조Maurya Dynasty: BCE 317~BCE 180의 3대 *아쇼카왕Ashoka: 재위 BCE 272~BCE 231이 이 8개의 탑을 파내어 유골을 재분배함으로써 수많은 나라에 8만 4,000개의 불사리탑이 건립되었다. 또한 유골을 분배받지 못한 사람들도 불탑을 세우고 그것을 숭배하면서 보살로서의 자각을 갖기에 이르렀다.

열반하기 전 베살리Vesali; Vaishali에서 심한 병으로 신음하던 석가는 *아난다阿難陀; Ananda에게 다음과 같은 유훈을 남겼다.

아난다여! 현재 또는 내가 이 세상을 떠난 후에도 남에게 의지하지 않고 자신과 법에만 의지하라(*自燈明 法燈明/자등명 법등명). 그리하면 나의 제자 가운데 가장 뛰어난 수행자가 될 것이니라. 「상응부경전 47-9병」

◀ 아란존자(阿難尊者)의 상

마우리아 왕조(Maurya Dynasty: BCE 317~BCE 180)

인도 최초의 통일제국을 세운 왕조로, 시조는 찬드라굽타(Chandragupta)이다. 그는 마케도니아 알렉산드로스 대왕(Alexander the Great)의 인도진입을 막아낸 인물이다. '마우리아' 라는 이름은 '공작(孔雀)'을 뜻하여, '공작왕조' 라고도 불린다.

BCE 4세기경 인도의 마가다(Magada)국은 난다왕조(Nanda Dynasty: BCE 343년경~BCE 321년)의 지배 하에 있었는데, 이 때 알렉산드로스대왕의 북서부 인도 침입은 인도인의 통일제국을 낳게 하는 계기가 되었다.

알렉산드로스대왕이 원정을 끝내고 철수한 뒤인 BCE 317년경, 찬드라굽타는 북서 인도의 인더스강 상류지역에서 군사를 일으켜 마가다의 난다왕조를 무너뜨리고 파탈리푸트라(Pataliputra)를 수도로 마우리아 왕조를 세웠다. 그는 인접국들을 평정하여 대부분의 인도 전역에 이르는 통일국가 마우리아 제국을 형성하였다.

마우리아왕조는 찬드라굽타의 손자인 제3대 아쇼카(Ashoka)왕의 36년간의 통치시기에 전성기를 이루어, 동쪽으로는 칼링가(Kalinga)왕국의 벵골만 연안, 남쪽으로는 북부 마이소르(Mysore), 서쪽으로는 소파라·사

▲ 찬드라굽타 왕

우라스트라, 북서쪽으로는 탁실라(Taxilla), 북쪽으로는 히말라야 산록까지 미치는 광대한 지역이었다.

그러나 BCE 180년 최후의 왕 브리하드라타(Brhadratha)왕에 이르러, 이 왕조의 장군이었던 푸샤미트라 슝가(Pusyamitra Sunga; 슝가왕조의 시조: BCE 180~144년)에 의해 멸망당하였다.

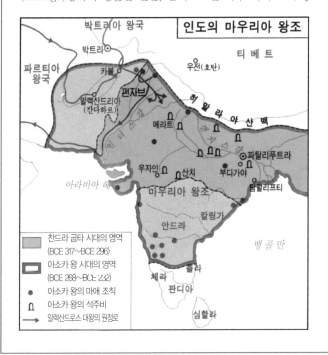

21
제1부 예수의 불교수행

"다른 종파들을 비난하지 말라. 이교도들을 업신여기지 말라. 오히려 그들 안에 존경할 만한 것이 있거든 그것이 무엇이든 존경하라."

— 아쇼카대왕 칙령 중에서

▲ King Ashoka

마우리아 왕조(Maurya Dynasty)의 제3대 왕으로, 시조 찬드라굽타(Chandragupta)의 손자이다.

그는 왕위계승과정에서 냉혹한 면을 보이기도 했으며 통일과업을 위한 정복전쟁의 하나로 칼링가(Kalinga) 왕국(현재 Orissa 부근)을 정복했는데, 이 전쟁에서 죽은 적군이 10만명이 넘었다.

그러나 아쇼카 왕은 이 전쟁에서의 참상에 깊이 깨닫고 그 후 전쟁 없는 평화롭고 이상적인 사회를 구현하기 위한 '법의 왕(Dharma Raja)'으로 탈바꿈한다.

불교에 귀의한 후, 그는 다르마(Dharma; 法; 진리: 보편타당성과 윤리성)에 바탕을 둔 이상적인 사회를 구현하기 위해 정치, 사회 및 다른 모든 면에서도 불교의 법을 가르쳤다. 아쇼카왕은 부처님의 사리를 재분배해 인도 각지에 8만 4,000개의 탑을 세우고, 제3차 불전결집도 지원했다.

그는 자신의 칙령을 제국 곳곳의 석주나 암벽에 조칙을 새겨놓았는데, 이 명문들은 그 시대를 알 수 있는 귀중한 고고학적 사료가 되고 있으며, 사르나트(Sarnath)에서 발견된 아쇼카 왕 석주(Ashoka's column) 주두(柱頭)의 사자상은 현재 인도의 국장(國章)이 되었다.

▲ 아쇼카 왕의 동전

▲ 아쇼카 왕의 6차 칙령석주의 단편, BCE 238년, 사암, Brahmi 출토, British Museum 소장

법화경과 신약성서

▲ 아쇼카 왕의 석주

아쇼카왕은 정치사적으로나 역사적으로나 위대한 왕으로 일컬어지며, 불교를 통해서 더욱 잘 알려진 인물로서 경전에서는 전륜성왕으로 묘사되고 있다.

그는 인도는 물론 그리스인의 통치로 헬레니즘의 영향을 받고 있는 간다라를 비롯하여 실론·시리아·이집트·마케도니아 등의 국왕들에게도 사신을 보내어 불법을 전파했다.

이러한 평화와 존중의 근본이념은 불교의 정법을 바탕으로 한 것으로, 타종교나 사상에 대해서도 관용과 포용의 정책이 실시되었다.

인도의 지역종교로 머물던 불교는, 도덕성과 진리를 통치이념으로 삼은 아쇼카왕의 정치이념과 적극적 포교활동으로 세계적 종교로 발전하는 계기를 맞이하게 되었다.

▲ 아쇼카왕의 석주의 사자상이 새겨진 오늘날의 인도의 100루피 화폐
(진위확인을 위해 비춰 보기 위한 흰 부분에도 사자상이 희미하게 비치고 있다.)

▲ 아란존자의 사리

석가가 이처럼 법dharma; 진리을 등불로 삼고 그 빛에 의해서만 자기수행을 하도록 가르친 것이다.

　*『묘법연화경妙法蓮華經』은 이와 관련하여 세상에 나타나게 되는데, 이 경전은 "여시아문如是我聞; evam maya-srutam; 이와 같이 나는 들었다; Thus have I heard" 이라는 어구로 시작되어 이 경전 전체가 석가의 *영취산상의 수훈垂訓 형식을 취하고 있다.

　『법화경』은 예수가 태어난 시대보다 550년 이상 앞서 이미 결집되어 폭넓게 유포되어 있었다. 예수가 인도, 간다라, 티베트 등지에서 불교수행을 하던 당시에는 알렉산더 대왕의 동방원정으로 가속화된 인도와 근동지방 사이의 문화교류가 활발하였다.

　따라서 『법화경』의 삼신불 사상이 기독교의 *삼위일체Trinitas; Trinity 이론에 직접적 영향을 준 사실이나, 법화경에 등장하는 비유형식이 신약성서에 그대로 녹아

▲ 영취산상수훈

▲ 갈릴리산상수훈

　　법화경과 신약성서

♣ 묘법연화경(妙法蓮華經; 法華經/법화경; The Lotus Sutra)

이 경은 법전(교리)과 불탑을 중시하는 보살들에 의해 성립된 대표적 대승경전으로, 삼승(三乘; 성문聲聞 · 독각獨覺 · 보살菩薩)을 한데 모아 일승(一乘; 부처)의 큰 수레로 일체 중생을 구제한다는 회삼승 귀일승(回三乘 歸一乘)정신에서 여래가 세상에 나와 모든 중생으로 하여금 부처의 경지에 들어가게 하는 데 근본목적이 있다고 하였다.

구마라습(鳩摩羅什; Kumarajiva/쿠마라지바)의 한역본『묘법연화경(妙法蓮華經)』7권 28품 외에도 다른 한역본과 네팔 · 티베트 등에서 발견되어 편집 정리된 산스크리트 원본 등 몇 가지가 있다.

♣ 영취산(靈鷲山; 기사굴산; Griddhakuta Hill; Hill of Vultures)

'신령스런 독수리 산' 이란 뜻으로, 그 이름은 산의 형상이 독수리 머리처럼 생긴데서 유래했다. 고대 인도 마가다(Magadha)국의 수도였던 라자그리하(Rajagrha; 王舍城: 현재의 Bihar주州 Rajgir) 부근에 있다.

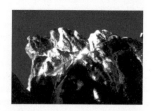

영취산에서의 석가모니의 법화경 설법은 영산회상(靈山會相) 또는 영취산상수훈(山上垂訓)으로 널리 알려져 있다.

♣ 삼위일체(三位一體; Trinitas; Trinity)

기독교의 기본적인 교의(教義)로서, 예수 그리스도가 계시(啓示)한 하느님은 성부(聖父) · 성자(聖子) · 성령(聖神)의 세 위격(位格)을 가지고 있지만 하나의 본성으로 존재하는 분이라는 교리이다. ≪p31 참조≫

이전까지 편집되었던 신약 내용의 모순점을 바로잡기 위해 1차 종교회의(니케아공의회/公議會; Councils of Nicaea, CE 325)에서는 '예수는 하느님' 이라는 교의가 교회의 정통신조로 공인되었으며, 2차 종교회의(Constantinople, CE 381)에서는 "신은 성부 · 성자 · 성령으로 존재한다."는 삼위일체를 교리로 채택하였고, 3차 종교회의(Council of Ephesos/에페소스 CE 431)에서는 '마리아를 하느님의 어머니로 숭배할 것' 을 결의하였으며, 4차 종교회의(칼케돈공의회; Council of Chalcedon CE 451)에서는 예수가 하느님이라는데 대한 성경의 모순을 해결하기 위하여 '예수의 인성과 신성을 구분할 것' 을 기독교의 정식 교의로 결의하였다.

들게 된 점은 전혀 이상할 것이 없다.

『법화경』의 결집시기는 붓다의 입멸 직후인 기원전 550년경으로 거슬러 올라간다.

제1차 불전 결집Rajagriha/왕사성 결집; 오백인 결집; 칠엽굴/七葉窟 결집은 붓다의 입멸 직후인 BCE 550년 경, 아라한 오백명이 마가다Magada국의 수도 라자그리하 남쪽 칠엽굴the Sattapanni Cave; Saptaparni동굴에서 마하가섭 존자의 주재 하에 아난 존자는 경을 외우고 우팔리 Upali 존자는 계율을 외워서 그 내용이 틀림이 없음을 전체 아라한의 승인을 받아 율장과 경장을 합송合誦; sangiti/상기티하는 방식으로 이루어졌다.

제2차 불전 결집칠백인 결집은 붓다의 입멸 후 1백년 경, 즉 BCE 4세기, 상좌부 비구 7백 명이 베살리Vaisali에 모여 경장과 율장을 결집하였다.

제3차 불전 결집파탈리푸트라성 결집; 일천인 결집은 마우리아 왕조 아쇼카Ashoka왕 즉위 18년, 즉 BCE 255년에 1천명의 비구가 수도 파탈리푸트라Pataliputra성城에 모여 이루어졌다.

제4차 불전 결집Kashmir 결집은 붓다의 입멸 후 600년경인 CE 155년, 쿠샨왕조의 카니시카Kaniska왕의 후원으로 파르슈바 Parsva · 바수미트라Vasumitra 장로 등이 주재하여 불교성지 카시미르Kashmir에서 이루어졌다. ≪예수와 붓다, pp93~99 참조≫

'메시아Messiah'라는 말의 근원이 되는 바파리波婆梨의 16제자 중 한 사람인 *장로長老; thera/테라 티사 메티아Tissa Metteya의 이름은 *『숫타니파아타Sutta-nipata』에 나오지만 미래불未來佛로서의 미륵

장로

오늘날 기독교에서 쓰이는 장로라는 말도 불교용어이다. 기독교가 불교의 교리를 차용했음을 보여주는 많은 사례 중의 하나로 일컬어짐. 금강경의 장로 수보리가 그 한 예이다.

법화경과 신약성서

보살彌勒菩薩은 등장하지 않는다. 그러나 『미린다왕문경』의 '미륵은 수천 명의 수행자 단체를 지도할 것이다.[Ⅱ-2-7]' 라는 말에서 볼 수 있듯이 이미 미륵메시아의 사상을 엿볼 수 있다.

또 같은 경 속에서 '석가모니 부처님은 자기를 죽이려고 한 *제바달다提婆達多: Tevadatta/테바다타와 광포한 코끼리 다나팔라카 Dhanapalaka: Nalagiri/날라기리: 護財/호재, 도적 앙굴리말라Angulimala: 鴦究利摩羅, 아들 라홀라Rahula: 羅睺羅에 대해서도 평등하다[Ⅲ-6-5]' 고 말하고 있다.

부처님을 죽이려 달려드는 살인마 앙굴리말라

『법화경』에 의하면 석가를 비롯한 '미래불未來佛' 즉, '올 자者' 가 될 수 있는 가능성을 지닌 자는 미륵보살 뿐 아니라 갠지스강의 모래 수만큼 많은 자가 그 가능성을 지니고 있으며, 악인이라고 불리는 제바달다도 미래의 세계에 나타나 '천왕天王' 이라는 이름을 지닌 붓다가 되리라는 예언을 하고 있다.

아득한 옛날 전생前生에 석가가 왕위를 떠나 최고의 법을 구하고 있었을 때 한 선인仙人이 『법화경』을 가지고 있었다. 석가는 그 경을 손에 넣기 위하여 그의 노예가 되어 평생 그를 위하여 일하였다고 한다. 바로 그 선인이 제바달다이다.

그 때 그 국왕이 지금의 나이며 그 때 국왕에게 대승법인 묘법연화경을 설하여 준 선인이 지금의 제바달다이다.

지금 내가 위없는 바른 깨달음을 성취하여 삼십이상의 거룩한 몸매와 팔십 가지의 잘 생긴 모양과 자줏빛 도는 황금색의 피부와 열 가지 힘과 네 가지 두려움 없음과 네 가지 붙들어 주는 법과 열여덟 가지 함께 하지 않는 법과 신통과 도력을 구족하여 중생들을 널리 제도하고 있는 것도 모두 제바달다의 선인으로 말미암아 이루어진 것이다.

「법화경 제바달다품(提婆達多品) 제12」

숫타니파아타
(Sutta-nipata)

숫타-니파아타란, '경(Sutta)의 집성(nipata)' 이라는 뜻으로 남전 대장경에 수록되어 있는데, 부처님께서 인간으로서 가야할 길을 단순하고 소박한 표현으로 일러주시는 내용이다.

모두 5장(사품, 소품, 대품, 여덟 편의 시, 피안)으로 이루어져 있으며, 각 장이 따로 독립된 경전으로 전해지다가 어떤 시기에 와서 하나의 경집(經集)으로 묶여진 것이다.

불교의 많은 경전 중에서도 『법구경』과 함께 가장 초기에 이루어져 부처님의 가르침과 초기불교의 모습을 보여주는 중요한 자료이다.

♠ 제바달다(提婆達多; Tevadatta/테바다타)

　제바달다는 제바(提婆), 조바달다(調婆達多), 조달(調達) 또는 달두(達兜)라고도 한다. 그는 부처님의 아버지 정반왕(淨飯王; Suddhodana/슈도다나)의 동생인 백반왕(白飯王 또는 곡반왕(斛飯王)이라는 설도 있음)의 아들로서 부처님의 10대 제자 중의 한 분이자 사촌종제(從弟)인 아난다(阿難陀; Ananda)의 친형이기도 하다.

　그는 불교에서는 가장 무도한 악인으로서, 기독교에서의 유다(Judas)에 비유되는 인물로 그려지고 있는데, 다른 악행도 많지만 특히 부처님을 살해하고 불교교단을 차지하려는 야심을 가지고 부처님의 교단을 분열시키려 온갖 술수와 책동을 다했다. 그는 바위를 굴리거나 날라기리(Nalagiri; Dhanapalaka/다나팔라카)라는 코끼리에게 독한 술을 먹여 취하게 해서 공격하게 하거나 손톱에 독약을 바르고 예배할 때 발을 찔러 부처님을 살해하려했으나 모두 실패했다.

♣ 앙구리마라(鴦究利摩羅; Angulimala)

　산스크리트(Sanskrit) 앙굴리말라의 음역(音譯)으로, 지만외도(指鬘外道), 일체세간현(一切世間現) 등으로 의역한다.

　처음에는 브라만교(Brahmanism) 스승의 시사(示唆)로 999명의 사람을 죽이고 그 손가락을 잘라 머리장식을 하고 다녔는데, 1,000명 째에 석가를 만나 교화를 받고 제자가 되었다고 한다. 일설에는 1,000명 째에 어머니를 죽이려 할 때 석가를 만났다고 한다. 그는 예전의 악행 때문에 사람들의 심한 박해를 받았는데, 그것을 잘 참고 견디는 참회의 생활을 함으로써 깨달음을 얻었다고 한다.

♣ 라후라(羅候羅; Rahula)

　석가모니 부처님의 아들로서, 부처님의 10대 제자 중의 한 분이다. 그는 남이 보지 않는 데서도 은밀하게 인욕행(忍辱行)과 수행을 철저히 실천하여 부처님으로부터 밀행제일(密行第一)이라는 칭호를 받는다.

　인도지역에서는 부처님 당시에는 물론 근세까지도 생계에 지장이 없을 경우 가장이 출가하는 것이 관례적으로 허용되었으므로 오늘날의 사람들이 생각하는 것처럼 부처님의 출가를 가장으로서의 의무를 무책임하게 저버리는 것으로 여겨서는 안 된다.≪p302 아슈라마 참조≫

　산스크리트(Sanskrit)로 '라훌라' 는 '장애' 로 의역되는데, 이는 싯다르타가 생로병사의 고통을 목격하고 출가를 결심하여 돌아오던 길에 아들이 태어나 "라훌라(장애)가 생겼구나." 라고 탄식했다는 일화에서 연유한다.

이처럼 제바달다야말로 전생에서 최고의 법전을 석가에게 준 사람이다. 석가 생존시 여러 번 석가를 살해코자 했던 제바달다는 산채로 지옥의 불 속에 떨어졌다고 하지만, 석가가 세상을 떠난 지 900년 후 인도에 간 법현法顯: 337~422의『불국기佛國記』나 현장玄奘: 600~664의『대당서역기大唐西域記: Journey to the West』에는 제바달다가 네팔Nepal이나 벵갈Bengal지방에서 불교승단 활동을 한 기록이 있다.

▲ 지옥으로 끌려 들어가는 제바달다

결국 석가가 세상을 떠난 후 그 후계자로서의 세력다툼에서 밀려난 제바달다가 승단을 이끌고 인도의 변두리 지방에서 포교 활동을 한 사실을 짐작할 수 있다.

당시 석가의 정통 후계자인 불교승단에 대한 반항이 석가를 비판하게 되어, 그 결과 석가의 재세 중 직접 석가에게서 설교를 들은 제자聲聞/성문: sravaka/슈라바카를 가장 아랫자리에, 다른 사람의 설교도 듣지 않고 독자적인 방법으로 깨달은 자緣覺/연각: pratyeka-buddha/프라티예카-부다는 그 위에, 그리고 가장 위에는 석가의 설법을 듣고 깨달음을 구한 자菩薩/보살; bodhisattva/보티사트바가 놓이게 된다.『법화경』에서는 보살의 선두에 미륵彌勒이 있고 모든 보살과 대중은 미륵을 통하여 석가에게 합장한다.

이 때 미륵보살이 우두머리가 되어 모든 보살들과 대중들이 부처님께 말씀드렸다.

"부처님이시여, 저희들을 위하여 말씀해 주시옵소서. 저희들은 진심으로 부처님의 말씀을 믿고 따르겠사옵니다."

이렇게 세 번을 되풀이하여 간절히 요구한 후 다시 말씀드렸다.

"부처님이시여, 저희들을 위하여 말씀해 주시옵소서. 저희들은 진심으로

법현(法顯)
중국 동진(東晉)시대 최초의 인도 순례승으로, 399년~412년까지 중앙아시아, 인도, 스리랑카 등 여러 나라를 여행했다. 그의 저서『불국기(佛國記)』는 오늘날 전해지는 가장 오래된 인도 여행기로 당시 인도의 지리, 역사, 불교 및 풍속을 말해주는 중요한 자료이다.

현장(玄奘)

소설『시유기』에는 삼장법사로 등장함.≪p315 참조≫

부처님의 말씀을 믿고 따르겠사옵니다."

대중들이 계속 간절히 요구하자 부처님께서 말씀하셨다.

「법화경 여래수량품(如來壽量品) 제16」

『법화경』「법사품法師品 제10」에도 이러한 미륵에 대한 기록이 있다.

약왕이여, 여래가 열반한 뒤 어떤 사람이 이 경전을 지니고, 읽고, 외우고, 쓰고, 다른 사람에게 말해주어, 위없는 바른 깨달음을 성취하겠다는 마음을 내게 한다면 그 공덕은 가히 헤아릴 수 없다. 그에게는 부처님의 위신력이 충만하여 어떠한 상황에서도 어려움 없이 하고자 하는 일을 이룰 수 있는 힘이 있다.

약왕이여, 이 경전이 말하여지는 곳이나, 이 경전이 있는 곳에는 칠보탑을 쌓아 장엄하게 꾸미지만 사리탑은 쌓지 않아도 좋다. 왜냐하면 이 경전 속에는 여래의 진실한 뜻이 있기 때문에 사리탑과 같은 것이다.

그러므로 어떤 사람이 이 칠보탑에 예배하면 그 공덕으로 위없는 바른 깨달음을 성취하겠다는 마음을 내게 할 것이다.

『법화경』아래 결집한 '불탑숭배보살단' 은 석가의 유골을 분배받지 않은 신자의 집단으로, 유골 대신에 경전과 불탑을 숭배하였다. 경전은 석가의 모든 것이기 때문에 불탑에는 유골을 안치할 필요가 없다고 그들은 주장한 것이다.

이처럼 불교의 *3신불三身佛: 법신/法身 · 보신/報身 · 응신/應身의 원리에 따라 경전을 석가나 승려보다 우위에 두는 교의는 후에 기독교가 콘스탄티노플 종교회의에서 삼위일체三位一體; Trinity론을 채택하는데 영향을 주었다.

삼신불
불교에서 동일한 부처의 본질을 세 가지 형태로 나누어 부르는 말로 법신불 · 보신불 · 응신불(또는 화신불)을 말함.

♠ 삼신불(三身佛), 삼위일체(The Trinity of Buddhism)에서 기독교 삼위일체로

물 · 얼음 · 수증기는 상황에 따라 각기 그 형태를 달리하지만 그 본질은 하나이다. 이와 마찬가지로 삼신불이란 동일한 부처의 본질을 세 가지 형태로 달리 나타낸 부처를 일컫는 말이다. 간단히 말해, 깨달음(법신/法身)을 얻기 위하여 원력을 세워 수행(보신/報身)하며, 중생들을 제도하기 위하여 다양한 여러 인간의 모습으로 이 땅에 오심(화신/化身 또는 응신/應身)을 상징하는 말이다.

법신불(法身佛)

법신(깨달음·법·불성)은 시공을 초월한 상주불멸의 진리 그 자체

· 보신과 화신의 본체
· 영원불멸의 진리를 상징적으로 형상화한 부처: 비로자나불

보신불(報身佛)

화신불(化身佛)

보신은 시공을 초월한 법신(깨달음·법·불성)을 찾아가는 노력·원력·수행

· 법신을 형상화한 인격체 부처: 노사나불

화신은 보신(원력·수행·정진)의 역할로 이루어진 결과물·깨달음

· 법신·보신을 볼 수 없는 중생을 제도하기 위해 직접 현세에 나타난 부처: 석가모니불

♠ 조로아스터교 삼위일체: BCE 6세기 성립   ♠ 기독교 삼위일체

Ahura Mazda/아후라 마즈다
성부

서기 381년 Constantinople 종교회의에서 의결하여 채택
성부

성자   성령
Saoshyant/사오샨트   Spenta Mainyu/스펜타 마이뉴
(=Messiah)

성자   성령

삼위일체론(Trinitarianism) 또는 삼신론(Tritheism)은 페르시아, 이집트, 인도, 아시아, 유럽 등 거의 모든 종교에서 볼 수 있는 보편적인 사상이다.

❶ 수메르 신화: An/안　　　－ 하늘의 신, 모든 신의 아버지(→Anu/아누)
　　　　　　　　Enril/엔릴 － 바람의 신(→Marduk/Bel/마르두크/벨)
　　　　　　　　Enki/엔키 － 물과 지혜의 신(→Ea/에아)

❷ 바빌론 신화: Anu · Marduk/Be－번개의 신, 바빌론의 수호신 · Ea

❸ 가나안의 삼신: El/엘－창조주 · Baal(바알－풍요의 신) · Keret－왕

❹ 이집트 신화: Osiris/오시리스 － 신들의 신, 죽음과 부활의 신
　　　　　　　Isis/이시스　　－ 최고의 여신
　　　　　　　Horus/호루스　－ 신의 아들, 태양의 화신

❺ 시리아의 삼신: Nimlot/님롯　　　　－ 하늘의 신(성부)
　　　　　　　　Tammuz/탐무즈　　 － 구세주(성자)
　　　　　　　　Semiramis/세미라미스 － 하늘의 여신(성모)

❻ 힌두 삼위일체(Hindu Trimurti): Brahma/브라흐마 － 창조의 신
　　　　　　　　　　　　　　　Vishnu/비쉬누　－ 유지의 신
　　　　　　　　　　　　　　　Shiva/시바　　 － 파괴의 신

❼ 바이킹의 삼신: Odin/오딘　　　－ 북유럽 모든 신의 왕, 전쟁과 죽음의 신(←고대 인도어 보
　　　　　　　　　　　　　　　탄Wuotan)
　　　　　　　　Thor/토르　　 － 하늘의 지배자로, 번개, 천둥, 비, 바람 등 날씨를 관장
　　　　　　　　Frigga/프리가 － 오딘(Odin)의 아내. 농업과 사랑의 신

❽ 이슬람교 이전 아랍의 3성처녀: al-Lat/알－라트　　－ 주권자
　　　　　　　　　　　　　　al-Uzzah/알－우자 － 강한 신
　　　　　　　　　　　　　　Manat/마나트　　 － 운명의 여신

❾ 삼성조(三聖祖): 환인/桓因　　　　－ 하느님
　　　　　　　　환웅/桓雄　　　　－ 신과 인간의 중간적 존재
　　　　　　　　단군왕검/檀君王儉 － 제사장왕

❿ 유교의 삼극설: 무극/無極 · 태극/太極 · 황극/皇極

⓫ 도교의 삼청설(三淸說): 태청/太淸 － 태상천군(＝노자)
　　　　　　　　　　　 상청/上淸 － 영보천군(천지창조 전의 혼돈을 상징)
　　　　　　　　　　　 옥청/玉淸 － 원시천존(최고의 신, 창조신)
　　　　　　　　　　　 － 서울 종로구의 삼청동이란 이름은 도교의 태청(太淸) · 상청
　　　　　　　　　　　　 (上淸) · 옥청(玉淸)의 3위(位)를 모신 삼청전(三淸殿)이 있었
　　　　　　　　　　　　 던 데서 유래.

그러므로 잘 들어라. 사람들이 어떤 죄를 짓거나 모독하는 말을 하더라도 그것은 다 용서받을 수 있지만 성령을 거슬러 모독한 죄만은 용서받지 못할 것이다. 또 사람의 아들을 거역해서 말하는 사람은 용서받을 수 있어도 성령을 거역해서 말하는 사람은 현세에서도 내세에서도 용서받지 못할 것이다.

「마태복음 12:31-32」

또한 사도使徒에 대해서도『법화경』에는 다음과 같이 씌어 있다.

약왕이여, 만약『묘법연화경』을 읽고 외우는 사람이 있다면 이 사람은 부처님을 장엄함으로써 자신을 장엄하게 하는 것과 같으며, 여래를 수호하는 호법 신장들이 어떠한 상황에서도 이 사람을 지켜줄 것이다.

또한 이 사람에게는 부처님께 예배 올리는 것과 같이 공경하고 예배를 올려라. 왜냐하면『묘법연화경』을 한 구절이라도 읽거나 외운 사람은 이미 위없는 바른 깨달음을 성취하겠다고 마음을 낸 사람이기 때문이다.

부처님께서 이 뜻을 거듭 펴시려고 게송으로 말씀하셨다.

「법화경 법사품(法師品) 제10」

이처럼『법화경』을 갖는 자는 무한한 공덕을 지닌다고 말하고 그들 사도를 찬양하는 자는 더 많은 복을 받는다고 말하고 있다.

기독교의 신은 살아있는 신이며 그것은 예수의 '아버지'만 신이 아니라 그 아들 예수도 항상 살아 있다. 이처럼 살아있는 부자에 대해서『법화경』에서는 다음과 같이 말하고 있다.

중생들은 내가 열반함을 보고 사리에 공경하며
사모하는 마음으로 부처님을 갈망히여
한결같은 마음으로 부처를 보고자 목숨을 아끼지 않으면
그때에 나는 대중들과 함께 영취산에 나타날 것이니라.

그때 내가 중생들에게 말하기를
'여래는 항상 여기 있어 멸함이 없지만
중생 위해 멸함을 보일 뿐이로다.
여래는 어디서나 항상 법을 설하고 있느니라.'

「법화경 여래수량품(如來壽量品) 제16」

여기서 깨달음의 경지를 나타내고 이 세상에 생존하는 자를 이끌기 위해 석가는 신묘한 수단을 쓴다. 그 때 석가는 깨달음의 경지에 들지 않고 이 세상을 향해 설법을 한다. 석가는 자기의 모습을 나타내고 이 세상에 생존하는 모든 사람을 지킨다.

사람들은 어리석어서 그가 서 있음에도 불구하고 그를 보지 못한다. 그들은 석가의 육체가 완전히 멸하였다고 생각하고 유골에 여러 가지 공양을 한다. 석가를 볼 수 없기 때문에 그들은 갈망하게 되고, 올바른 신앙심이 태어난다.

이 세상에 생존하는 자들이 올바르게 믿고, 애욕을 떠난 자가 되었을 때 석가는 제자들을 모아 이 영취산에 나타난다. 그리고 그들에게 이렇게 말한다.

그 때 나는 여기서 입멸한 것이 아니다. 승려들이여, 그것은 나의 신묘한 수단이다. 나는 언제나 계속 생명이 있는 자의 세계에 있는 것이다.

「여래수량품如來壽量品 제16」은 『법화경』 28장 중 가장 핵심적인 부분이다. 우리는 석가가 80년 만에 생애를 마친 것으로 생각하기 쉽지만 실은 끝없이 존재하는 석가가 인간의 몸으로 나타나는 것으로, 석가의 수명은 끝이 없는 것이다. 그리고 언제나 석가는 무한한 자비심을 가지고 우리를 지켜주는 것이다.

『법화경』의 이 구절은『신약성서』에는 다음과 같이 표현되어 있다.

영원한 석가 · 예수
내 육신은 가르침을 위해 이 세상에 잠시 오기 위한 수레와 같은 것 … 진정한 나는 내 가르침과 그 가르침을 믿고 따르는 너희들 속에서 영원히 살리라.

열 한 제자는 예수께서 일러 주신대로 갈릴리에 있는 산으로 갔다. 그들은 예수를 뵙고 엎드려 절하였다. 그러나 의심하는 사람들도 있었다. 예수께서는 그들에게 다가가 이렇게 말씀하셨다. "나는 하늘과 … 그들에게 세례를 베풀고 내가 너희에게 명한 모든 것을 지키도록 가르쳐라. 내가 세상 끝날 때까지 항상 너희와 함께 있겠다."「마태복음 28:16-20」

◀ 석가열반도
"… 그때에 나는 대중들과 함께 영취산에 나타날 것이니라. … 여래는 어디서나 항상 법을 설하고 있느니라."

예수승천도 ▶
"… 열 한 제자는 예수께서 일러 주신대로 갈릴리에 있는 산으로 갔다. … 내가 세상 끝날 때까지 항상 너희와 함께 있겠다."

역사상 이름을 남긴 사람들이 어려운 환경 속에서 큰 성공을 거두게 된 것은 강한 신앙심이 그 밑에 깔려 있기 때문이다. 그들은 노력을 게을리 하지 않았고 체념 없이 자기의 원망願望을 계속 지님으로써 인생을 바꿀 수 있는 '법칙'의 작용에 의해 위대한 업적을 남기게 된 것이다.

우리 인생에서는 느끼지 못하지만 운명을 좌우하는 근본적인 법칙이 있다. 그 법칙은 비록 눈에는 보이지 않지만 마음을 닦고 헤맴과 불안을 없애고 모든 표면적인 현상에 현혹되지 않고 사물의 근본을 바라보려고 노력한다면 보이지 않는 것을 볼 수가 있는 것이다.

또한 종교를 믿고 강한 신앙심을 인생에서 실천함으로써 보이지 않는 법칙을 볼 수 있는 것이다. 그러면 자기가 생각한대로 모든 것이 이루어지고 누구나 불가능하다고 생각했던 것이 가능해진다.

이것을 우리는 기적이라고 부르지만 눈에 보이지 않는 법칙의 작용에 의해서 누구나 기적을 실현할 수 있는 것이다. 『법화경』의 진리나 『신약성서』가 말하는 진리는 둘 다 눈에 보이지 않는 진리를 다루고 있지만, 『법화경』은 눈에 보이지 않는 진리에 대해서 더 직접적으로 그 본질에까지 이르도록 가르치고 있다.

오늘날 왜 서양문명이 막다른 골목에 이르렀는가? 거기에는 서양문명의 두 근간인 헬레니즘Hellenism과 헤브라이즘Hebraism 중 헤브라이즘의 일파인 기독교 사상Christianity과도 관련이 깊다고 말한다.

서양에는 인간의 '자연지배' 사상이 있다. 이것은 신이 인간에게 자연을 지배하는 권리를 주었다는 오만하고 어리석은 의식을 바탕으로 하고 있다.

하나님의 모습대로 사람을 지어내시되 남자와 여자로 지어내시고 하나님께서는 그들에게 복을 내려주시며 말씀하셨다. 자식을 낳고 번성하여 온 땅에 퍼져서 땅을 정복하여라. 바다의 고기와 공중의 새와 땅위로 돌아다니는 모든 짐승을 부려라.

「구약성서 창세기 1:27-28」

여기서 볼 수 있듯이 자연을 투쟁의 대상으로 보고 자연을 인간의 손으로 지배하려는 기독교적 자연관이 철저한 근대 합리주의를 낳게 하였다.

그 결과 자연의 철저한 이용과 인간의 자연지배로 수많은 공해가

법화경과 신약성서

생겨나고 자연이 무참하게 파괴됨으로써 자연의 생태계生態系가 깨어져 기상이변을 일으키고, 핵이라는 인류 멸망의 위기를 초래하는 무기까지 출현시켰다.

생태계의 파괴

반면 불교는 모든 동물·초목·생물의 생명을 존중하며 자연 속에 있는 모든 것이 서로 의존해 있다고 가르치고 있다.

그러기에 우리는 오늘날 서양에서 왜 불교가 성행하고 있는가를 쉽사리 알 수 있다.

여기서 우리는『법화경』과 '살아있는 신' 으로서 신약에 나타난 예수의 모습을 비교하였다.

▲ "나는 적을 물리치는 병사의 정신이 아니라 어머니의 무릎에 오르는 아이의 사랑을 갖고 매번 산을 찾았다."   -텐징 노르가이
(에베레스트 최초등정자)

▲ 자연을 단순히 정복과 이용의 대상으로 보는 기독교의 자연관 - Edmond Hillary

다음은 '공평무사한 신' 에 대해서『법화경』과『신약성서』를 비교해 보자.

석가모니 부처님의 공평무사는『법화경』「약초유품藥草喩品 제5」에도 나타나 있으며「신해품信解品 제4」와도 연관성을 지니고 있다.

신해란 붓다의 가르침을 믿고 이해하는 것을 말한다. 불성佛性이 각기 인간의 마음 속에 있다는 것을 이해한다는 것은 쉬운 일이 아니다. 그러나 이것을 믿고 마음으로 깨닫는다면 구원을 받을 수 있는 것이다.

특히 신해품에 나오는 '장자궁자長者窮子' 의 비유는 신약성서 누가복음에는 '탕자의 비유the Parable of the Prodigal Son'에 그대로 수용되어 있다. 특히 누가복음은 4복음서 중에서도 불교의 색채가 짙어 주목을 받아왔다.

법화경의 약초유품藥草喻品에 기록된 붓다Buddha: 석가모니 부처님의 가르침은 700년 후 신약성서에 수용되었다.

본 저자의 저서『예수와 붓다』에는 신약성서 마태복음에 어떻게 수용되어 있는지 설명되어 있다.

≪제2부 3장 참조≫

예수와 붓다

> 붓다가 모든 것을 봄은 한결같고 평등하여
> 귀하고 천하고 높고 낮음을 가리지 않고
> 지혜로운 이와 어리석은 이를 가리지 않고
> 평등하게 법비를 내리시네.
>
> 「법화경 약초유품(藥草喻品) 제5」

네 이웃을 사랑하고 원수를 미워하라고 한 말씀을 너희는 들었다. 그러나 나는 이렇게 말한다. 원수를 사랑하고 너희를 박해하는 사람들을 위하여 기도하여라. 그래야만 너희는 하늘에 계신 아버지의 아들이 될 것이다.

아버지께서는 악한 사람에게나 선한 사람에게나 똑같이 햇빛을 주시고 옳은 사람에게나 옳지 못한 사람에게나 똑같이 비를 내려 주신다.

「마태복음 5:43-46」

『법화경』의 가르침을 쉽게 이해하기 위해 붓다는 '약초의 비유the Parable of the Medicinal Herbs' 를 든다.

마치 비가 모든 약초와 초목 위에 골고루 내리듯 애증을 초월하여 누구에게나 평등하게 설법하여 불법에 나타난 평등과 자비심을 가르치고 일체 중생을 고뇌로부터 해탈케 하려는 석존의 지혜가 나타나 있다.

붓다는 구원을 위해 이 세상에 오셨으며 그의 가르침의 본질은 해방과 평안이며 그 궁극의 목적은 해탈이다.

마치 구름이 비를 내려 세상을 소생시키듯 그는 신분이 높은 자, 낮은 자, 현명한 자나 어리석은 자 모두에게 공평한 가르침의 비를 내리게 한다.

*가섭(迦葉; Kasyapa; Mahakasyapa)이여! 태양과 달빛이 모든 세계를 비추고 선한 자, 악한 자, 위에 있는 자, 아래 있는 자를 공평하게 비추는 것과 같다.

석가의 이러한 가르침을 신약에서는 '너의 원수를 사랑하라' 는 표현으로 나타내고 있다.

그러나 이제 내 말을 듣는 사람들아, 잘 들어라. 너희는 원수를 사랑하여라. 너희를 미워하는 사람들에게 잘 해주고 너희를 저주하는 사람들을 축복해 주어라. 누가 뺨을 치거든 다른 뺨마저 돌려대 주고 누가 겉옷을 빼앗거든 속옷마저 내어 주어라. 「누가복음 6:27-30」

이처럼 기독교가 악인·선인에 대해서 공평한 비를 내리고, 악인에 대해서도 자비를 베풀고, 지장보살처럼 지상에 머물러 마지막 한 사람까지 구원한다면, 최후심판의 날에 악인을 저주하고 기독교도만이 축복 받고 천국에 간다는 식의 불공평한 일은 없을 것이다.

마하가섭 존자

석가모니 부처님의 십대 제자 중의 한 분. 석존입멸 후 제자들의 집단을 이끌어 가는 영도자 역할을 해냄으로써 두타 제일(頭陀第一)이라 불림.
위는 선(禪)의 기원을 설명하기 위해 전하는 유명한 이야기인 염화미소(拈華微笑)를 나타내는 그림.

📖 **신약성서에 나타나있는 예수의 모순된 언행**

♣ "내가 너희에게 이르노니 악한자를 대적지 말라 누구든지 네 오른편 뺨을 치거든 왼편도 돌려 대며 또 너를 송사하여 속옷을 가지고자 하는 자에게 겉옷까지도 가지게 하며…." 「마태복음 5:39-40」

♣ 예수께서 이렇게 말씀하셨을 때 곁에 서 있던 경비병 한 사람이 '대사제님께 그게 무슨 대답이냐?'하며 예수의 뺨을 때렸다. 예수께서는 그 사람에게 '내가 한 말에 잘못이 있다면 어디 증거를 대보아라. 그러나 잘못이 없다면 어찌하여 나를 때리느냐?' 하셨다. 「요한복음 18:22-23」

(When Jesus said this, one of the officials nearby struck him in the face. "Is this the way you answer the high priest?" he demanded. "If I said something wrong," Jesus replied, "testify as to what is wrong. But if I spoke the truth, why did you strike me?" 「John 18:22-23」)

이 모순은 기독교 속에 유대교의 '선민의식elitism'이 뿌리박혀 있기 때문이다. 기독교란 대승불교와 유대교의 혼합물로서 불교에서 빌려온 '*자비慈悲; maitrikaruna/마이트리카루나; mercy'가 기독교를 세계적인 종교로 발전시킨 것이다.

그러나 두 종교간의 '자비'에 대한 해석은 매우 다르다.

자비
maitrikaruna (Skt.)
mercy (Eng.)

▲ 예수시대의 팔레스티나

예수께서는 이렇게 말씀하셨다. 어떤 사람이 예루살렘(Jerusalem)에서 여리고(Jericho)로 내려가다가 강도들을 만났다. 강도들은 그 사람이 가진 것을 모조리 빼앗고 마구 두들겨서 반쯤 죽여놓고 갔다.

마침 한 사제가 바로 그 길로 내려오다가 그 사람을 보고는 그냥 모르는 체 하고 지나가 버렸다. 그 뒤에 온 레위(Levi) 사람 역시 마찬가지였다.

그러나 사마리아(Samaria) 사람은 그의 옆을 지나가다가 가엾은 마음이 들어 가까이 가서 상처에 기름과 포도주를 부어 싸매어 주고는 자기 나귀에 태워 여관으로 데려가서 간호해 주었다. 그리고는 다음날 자기 주머니에서 돈 두 *데나리온(Denarion)을 꺼내어 여관 주인에게 주면서 '저 사람을 잘 돌보아 주시오. 비용이 더 들면 돌아오는 길에 갚아드리겠소'하고 부탁하고 떠났다.

데나리온
로마제국의 은화로 당시 노동자의 하루 임금에 해당하는 가치를 가짐.

자 그러면 이 세 사람 중에서 강도를 만난 사람의 이웃이 되어준 사람은 누구였다고 생각하느냐?

율법교사가 '그 사람에게 사랑을 베푼 사람입니다' 하고 대답하자 예수께서는 '너도 가서 그렇게 하여라' 하고 말씀하셨다.　　「누가복음 10:30-37」

"저가 하루 한 데나리온씩 품군들과 약속하여 포도원에 들여보내고…"[마가20:2]

여기서 자비로운 사마리아인the Good Samaritan은 '원수'를 사랑한 것도 아니고 '이웃'을 사랑한 것도 아니다.

로마의 입장에서 강도로 표현된 사람들은 유대독립군 열심당원들 Zealots이었으며 그들의 습격을 받아 죽어 가던 사람은 *세리였다. 세리를 구해주는 것은 매국노를 도와주는 행위나 마찬가지였다.

이 때문에 이방인인 사마리아인에 앞서 지나간 유대인들이 도움을 외면하고 지나가 버린 것이다. 소위 '착한 사마리아인'은 사실상 죽어 마땅한 매국노를 도와준 '나쁜 사마리아인'으로, 여기에는 의로움도 참된 자비도 없는 것이다.

또한 기독교의 신은 두려움의 신이다.

나의 친구들아, 잘 들어라. 육신을 죽이고 그 이상은 더 어떻게 하지 못하는 자들을 두려워하지 말라. 마땅히 두려워해야 할 자를 내가 너희에게 보이리니 곧 죽인 후에 또한 지옥에 던져넣는 권세있는 하나님을 두려워하라.
「누가복음 12:4-5」

『법화경』에는 이와 관련된 다음과 같은 구절이 있다.

사리불이여,

교만하고 게으르고 나에 집착하는 자와 오욕에만 탐착하는 범부 중생들에게는 이『묘법연화경』을 설하지 말라.

이 경전을 믿지 않고 비방하는 어떤 사람 수억 겁을 지내면서 부처 종자 끊어지며 의혹심을 일으키면 이 사람이 받을 과보 자세히 설할 테니 귀 기울여 들어 보라.
「법화경 비유품(譬喩品) 제3」

내가 살아있는 동안이건 육체가 멸한 후이건 이 경진을 버리거나 또는 승려들에게 가혹한 행동을 취한 자들은 응보를 들어라. 그 어리석은 자들은 인간계에서 죽은 후에 몇 겁(劫)이 끝날 때까지 지옥이 그들의 주소가 되리라.

석가는 여기서 악한 자는 죽은 후에 자기가 뿌린 씨의 인과응보로써 지옥에 빠진다고 말했지만 사람을 지옥으로 던진다고는 하지 않았다. 그러나 기독교의 신은 나쁜 인간을 지옥으로 보내는 권한을 가지고 있다.

자비로운 신이 인간을 죽이는 이 모순은 「출애굽기Exodus」의 질투하는 신의 개념에서 온다.

▲ 모세(Moses)와 십계명 ▼

너희는 다른 신을 예배해서는 안 된다. 나의 이름은 질투하는 야훼 곧 질투하는 신이다.　　　　　　　「출애굽기 34:13」

모세가 야훼 신에게서 받은 '죽이지 말라(출애굽기34:14)' 라는 유대인의 계율에는 큰 문제가 있다. 구약성서는 살인에 대해서 지나치게 관대하다. 다음 구절을 비교 · 검토해 보자.

Ⅰ 너희는 내 앞에 다른 신을 모시지 말라.
Ⅱ 너희는 위로 하늘에 있는 것이나 아래로 땅 위에 있는 것이나 땅 아래 물 속에 있는 어떤 것이든지 그 모양을 본 따 새긴 우상을 섬기지 말라.
Ⅲ 너희 하느님 이름 야훼를 함부로 부르지 말라.
Ⅳ 안식일을 기억하여 거룩하게 지키라.
Ⅴ 너희는 부모를 공경하라.
Ⅵ 살인하지 말라.
Ⅶ 간음하지 말라.
Ⅷ 도둑질하지 말라.
Ⅸ 이웃에게 불리한 거짓증언을 하지 말라.

법화경과 신약성서

X 네 이웃의 집을 탐내지 말라.「출애굽기 20:1-17」

이 모세의 율법Moses' Ten Commandments/십계은 구약성서의 중심 율법이다. 이것은 10항목으로서, 여기서 우리는 6번째 계명을 문제삼지 않을 수 없다.

'살인하지 말라' 는 것이 6번째 온 것은 살인보다 더 큰 죄가 5개가 있다는 뜻이 된다. 1계명에서 3계명까지의 율법은 야훼 신만을 숭배하고 다른 신은 믿지 말라는 무서운 신의 명령이다.

그 뿐 아니라 안식일에 일하는 것도 살인보다 더 무서운 죄이다. 따라서 인간에게 있어 살인의 정당화는 얼마든지 가능하다는 것이다.

"너는 당장에 가서 아말렉을 치고 그 재산을 사정보지 말고 모조리 없애라. 남자와 여자,아이와 젖먹이, 소 떼와 양떼, 낙타와 나귀 할 것 없이 모조리 죽여야 한다."

「사무엘 상 15:3」

▲ 이교도 블레셋인들을 쳐죽이는 유대교도 사사 삼손
▼ 이교도 유대인들을 죽이고 있는 기독교도 독일군

제1부 예수의 불교수행

미국의 어느 목사님이 어린 자녀들에게 bedtime story로 성경을 읽어주고 있었는데 그들이 갑자기 울음을 터뜨려서 당황하여 중단한 적이 있었다. 이 순백의 어린이들의 마음에 상처를 주어 눈물을 흘리게 한 것은 대체 무엇이었을까?

✝ 이집트의 파라오의 맏아들로부터 여종과 모든 짐승의 맏이에 이르기까지 죽을지라. 이집트 전국에 전무후무한 큰 곡성이 있으리라.

[출애굽기 11:5-6]

✝ …나 여호와 너의 하나님은 질투하는 하나님인즉 나를 미워하는 자의 죄를 갚되 아비로부터 아들에게로 삼 사대까지 이르게 하거니와 … [출애굽기 20:5]

✝ 모세가 그들에게 이르되, "어찌하여 너희가 여자들을 다 살려두었느냐? … 그러므로, 아이들 가운데서도 사내녀석들은 당장 죽여라. 사내를 안 여자도 다 죽여라. 다만 사내를 알지 못하는 여자들은 너희를 위하여 살려 둘 것이니라." [민수 31;13-18]

✝ 네 동복형제나 네 자녀나 네 품의 아내나 너와 생명을 함께 하는 친구가 … 다른 신들을 섬기자 할지라도 … 너는 용서 없이 그를 죽이되 죽일 때에 네가 먼저 그에게 손을 대고 후에 뭇 백성이 손을 대라. [신명기 13:6-9]

✝ 네 하나님 여호와께서 그 성읍을 네 손에 붙이시거든 너는 칼날로 그 속의 남자를 다 쳐죽이고, 오직 여자들과 유아들과 육축과 무릇 그 성중에서 네가 탈취한 모든 것은 네 것이니 취하라. 네가 대적에게서 탈취한 것은 네 하나님 여호와께서 네게 주신 것인즉 너는 그것을 누릴지니라. … 이 민족들의 성읍에서는 호흡 있는 자를 하나도 살리지 말지니… [신명기 20:13-16]

✝ 너는 당장에 가서 아말렉을 치고 그 재산을 사정보지 말고 모조리 없애라. 남자와 여자, 아이와 젖먹이, 소 떼와 양떼, 낙타와 나귀 할 것 없이 모조리 죽여야 한다. [사무엘 상 15:3]

✝ 지금 가서 아말렉을 쳐서 그들의 모든 소유를 남기지 말고 진멸하되 남녀와 소아와 젖먹는 아이와 우양 약대 나귀를 죽이라 하셨나이다. [사무엘상 15:3]

✝ 그들이 그 대적과 그들의 생명을 찾는 자에게 둘러싸여 곤핍을 당할 때에 내가 그들로 그 아들의 고기, 딸의 고기를 먹게 하고 또 각기 친구의 고기를 먹게 하리라 하셨다 하고 …
[예레미야 19:9]

✝ 사마리아가 그 하나님을 배반하였으므로 형벌을 당하여 칼에 엎드러질 것이요 그 어린 아이는 부숴뜨리우며 그 아이 밴 여인은 배가 갈리우리라
[호세아 13:16]

토인비를 비롯한 역사가들, 고고학자들 그리고 인류학자들은 이와 같은 내용이 살인, 보복 그리고 약탈을 일삼던 야만적인 고대유목민족의 부족장의 전형적인 행태와 사고의 한계를 드러내는 것임을 지적하고 있다. 즉, 여기서 등장하는 신의 본래의 정체는 사랑과 자비의 신이 아니라 증오심으로 가득 차 살생을 지시하는 약탈적 유목민족의 족장이었으며 이들이 부족신이나 민족신으로 신격화되었다는 것이다. 그러나 그 본래의 정체를 알려주는 단서들은 여전히 곳곳에 수없이 산재해 있다는 것이다.

이들 학자들은 경전의 내용을 신앙으로서 믿고 싶으면 가슴으로 보고, 역사적 사실로서 알고자 하면 사실을 사실로서 보는 학자적 양심의 눈과 진리 탐구자의 지성의 눈이라는 두 눈으로 보라고 말한다.

♣ 모세의 십계(Moses' Ten Commandments)

오늘날 모세 십계를 모세의 저작으로 믿는 신학자는 아무도 없다. 문헌상으로는 BCE 5~6세기경 바빌로니아 유수 이후 전승을 모아 경전화한 것이 명백히 드러난다. 특히 수메르의「슈루파크의 가르침」은 히브리 성서 십계명의 원형이 되었다.

인류 역사상 최초로 편찬된 법전은 BCE 2100년경에 공포된『우르 남무 법전(Ur Nammu Code)』이며, 이보다 350년 후에 만들어진 고대 바빌로니아 왕조의『함무라비 법전(Hammurabi Code)』의 모체가 되었다. 이 법전은 히브리 성서에 전해진 모세 계약법이나 십계명의 가장 근원적인 뿌리가 되었다.

예를 들면 '눈에는 눈으로, 이에는 이로(an eye for an eye, a tooth for a tooth)'라는 경구로 유명한『함무라비 법전』의 '동태복수법(同態復讐法)'이 "상해가 생겼을 경우에 생명은 생명으로 갚아준다. 눈은 눈으로, 이는 이로, 손은 손으로, 발은 발로 갚아야 한다"「출애굽기 21장」에 그대로 수용되었다.《성서의 뿌리-성경 속의 성.제37,64장 참조》

『신약성서』에서는 여기에 사랑의 가르침이 도입되었다고 하지만 그 뒤에는 구약 율법의 가르침이 있고, 예수의 배후에는 여전히 무서운 야훼신이 있는 것이다.

그러면 여기서 불교의 십선계十善戒; dasasila/다사씰라를 모세의 십계와 비교해보자.

一 산 것을 죽이지 마라.

二 도적질을 하지 마라.

三 음란한 짓을 하지 마라.

四 거짓말을 하지 마라.

五 말을 꾸미지 마라.

六 남의 욕을 하지 마라.

七 말을 이랬다저랬다 마라.

八 욕심내지 마라.

九 화내지 마라.

十 그릇된 생각을 갖지 마라.

여기서 죽이지 말라는 것이 제일 먼저 온 점으로 보아 불교는 도덕적으로도 가장 뛰어난 종교임을 입증하고 있다. 그것도 사람뿐 아니라 살아있는 동물·식물도 이유 없이 죽이지 말라는 것이다. 물론 인간이 살기 위해서 생물을 죽일 수도 있지만 거기에 대해서까지도 마음 아파하고 있다.

비단 인간뿐 아니라 우주의 모든 것이 절대불변의 존재가 아니라 생성하고 소멸하는 것이 그 본질인 이상, 불법은 언제나 설득되어야 한다. 그러기에 창과 칼을 들고 박해자가 설법자에게 덤벼들어도 참고 법을 설해야 한다고 『법화경』「법사품法師品 제10」에서는 말하고 있는 것이다.

법화경과 신약성서

이와 관련하여 『신약성서』에서는 다음과 같이 말하고 있다.

* '눈에는 눈, 이에는 이' 라고 하신 말씀을 너희는 들었다. 그러나 나는 이렇게 말한다. 앙갚음을 하지 말아라. 누가 오른뺨을 치거든 왼뺨마저 돌려대고, 또 재판에 걸어 속옷을 가지려고 하거든 겉옷까지도 내주어라.

「마태복음 6:38-40」

이 예수의 설교는『법화경』에서 인용한 것이므로 여기에 대해서도 구체적으로 비교해 보자.

함무라비 법전

그리고 예수는 제자들에게 이렇게 말씀하셨다. 나를 따르려는 사람은 누구든지 자기를 버리고 제 십자가를 지고 따라야 한다. 제 목숨을 살리려고 하는 사람은 잃을 것이며 나를 위하여 제 목숨을 잃은 사람은 얻을 것이다. 사람이 이 세상을 얻는다 해도 제 목숨을 잃으면 무슨 소용이 있겠느냐? … 나는 분명히 말한다. 여기 서 있는 사람들 중에서는 죽기 전에 사람의 아들이 자기 나라에 임금으로 오는 것을 볼 사람도 있다.

「마태복음 16:24-28」

눈에는 눈, 이에는 이
an eye for an eye, a tooth for a tooth

「눈에는 눈, 이에는 이」를 탈리오 법(lex talionis)이라 하는데, 'talio' 는 '동등한, 동일한' 의 뜻을 가진 라틴어 형용사 'talis' 에서 파생되었다.

그 원초적 유형은 바빌론(Babylon) 제1왕조의 6대 대왕인 함무라비 (Hammurabi: 재위 BCE 1792-1750)의 법전(The Code of Hammurabi)에서 발견된다. 복수주의(復讐主義)법, 동해형법, 또는 동태복수법, 동해 복수법(同害復讐法) 등으로도 불리는 원시 형벌법이다. 『구약성서』의 「출애굽기 21:24-25」에 인용되어 유명해졌다.

이 말에 대해 『법화경』에는 다음과 같이 나타나 있다.

경전을 듣고 여섯 신통을 얻게 하고
아라한 도를 얻게 하는 것도 어려운 일이지만
처음부터 지금까지 여러 경전 설했지만
그 많은 경전 중에 이 묘법연화경이 제일이네.

「법화경 견보탑품(見寶塔品) 제11」

이처럼 이 경은 지니기 어렵기 때문에 잠시나마 지닌다 해도 본인이나 여러 부처님이 기뻐할 것이다. 이 사람은 여러 부처가 칭송하여 계戒를 갖고 *두타頭陀; dhuta를 행하는 자로 무상의 불도를 얻게 될 것이다.

사실 *사두개파Sadducees; 사제파가 지배하는 정통파 유대교단으로부터 심한 박해를 받아 오면서 유대교 이단파 가운데 십자가 숭배를 그 특징으로 한 기독교는 브라만 계급에서 벗어나기 위해 싸워온 불교와 많은 공통점을 지니고 있다. 따라서 기독교에서의 십자가는 불탑의 변형인 것이다.

미래에 있어서 신앙의 승리에 대해 『법화경』에는 다음과 같이 나타나 있다.

부처님께서 말씀하시기를 시방에 골고루 내리는 단비는 산과 내와 골짜기, 초목과 약초들, 큰 나무와 작은 나무 온갖 곡식들, 한 맛의 비를 맞아 모두 풍성하게 자라지만 키 큰 나무, 작은 나무, 성품 따라 제각기 생장하네.

「법화경 약초유품(藥草喩品) 제5」

여기에 '포도' 라는 말이 나오는 점으로 보아 『법화경』은 서역에서

두타(dhuta)
의식주에 대한 집착을 버리고 심신을 수련하는 것.

사두개파
고대 유대교의 한 유파. 기록된 율법만을 받아들이고 바리새파에서 중시하는 구전(口傳)된 법(法)을 인정하지 않았다.
≪pp154~156 참조≫

편집되어 중국에 온 것임을 알 수 있다. 그 당시 포도는 카스피해 남쪽에만 있었고 중국·인도에는 없었기 때문이다.

사마 천(司馬遷)

중국 한(漢)나라 때의 역사가

　*사마 천司馬遷: Ssuma Chien/Sima Qian: BCE 145~BCE 85의 『사기史記: Historical Records』「대완전大宛傳: Fergana/페르가나」에는 파르티아 Parthia가 농경생활을 하며 포도주를 만들었다고 기록되어 있다.

　전한前漢 무제武帝: BCE 141~BCE 87의 명으로 장건張騫: ?~BCE 114이 기원전 139년에 중앙아시아로 간 이래로 중국과 서방의 문호가 열리게 된 것이다.

　당시 대월씨국大月氏國/大月支國이 현재의 아프가니스칸 동북부에 정주, 그 후계자인 크샤나 제국이 추장·왕·천자·황제의 칭호로 군림하고 그 나라의 화폐에는 그리스신·조로아스터신·힌두신·석가의 상이 새겨져 있던 점으로 보아 이 지역이 인도·중국·로마 문화의

▲ 실크로드의 개척자 장건의 동상
　(툰황의 양관 소재)

합류점이었음을 알 수 있다. 즉 로마·그리스·중국漢帝國/한제국을 연결하는 실크로드의 중심지였던 것이다.

　이 실크로드 한 지점에서 대승불교가 크게 일어나고 예수는 그곳에서

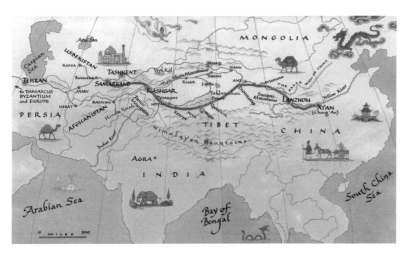

종교적 발상을 얻게 된 것이다.

『법화경』의 다음 구절은 예수의 탄생을 예언한 것으로 인용해 보기로 한다. 즉 예수는 불교도로서 세상에 나오게 된 셈인데 그 다음 구절도 함께 검토해 보자.

그러므로 수왕화보살이여, 이 약왕보살본사품을 그대에게 부촉할 것이니 내가 열반에 든 뒤 오 백년 동안 *남섬부주(南贍浮洲; Jambudvipa/잠부드비파)에 널리 전파하여 이 경전이 끊어지지 않게 하여라.
「법화경 약왕보살본사품(藥王菩薩本事品) 제23」

부처님이시여, 혼탁하고 악한 후오백세에서 이 경전을 받아 지니고 읽고 외우려면 이십일일 동안 한결같은 마음으로 정진해야 하며 …
「법화경 보현보살권발품(普賢菩薩勸發品) 제28」

이처럼 불멸佛滅 500년 후의 인물의 출생은 대승불교에 흔히 나타나는 정형定型이기도 하다.

예수가 태어났을 때 유대인들은 로마의 혹독한 압제 하에 시달리고 있었던 시기니 만큼 미륵彌勒; Maitreya/마이트레야; Messiah/메시아이 나타나 세상을 바로 잡아주기를 갈구하고 있었다.

이러한 구세적 존재에 대한 믿음은 당시 유대인의 반란에 강한 호소력을 주는 촉진제가 될 수 있었다. 따라서 예수 시대에는 그리스도라고 칭할 수 있는 인물이 많이 있었던 것이다.

그 때에 어떤 사람이 자, 보라. 그리스도가 여기에 있다. 저기에 있다 하더라도 그 말을 믿지 말아라. 거짓 그리스도와 거짓 예언자들이 나타나서 어떻게 해서라도 뽑힌 사람들마저 속이려고 큰 기적과 이상한 일을 보여줄 것이다. 그러므로 사람들이 그리스도가 광야에 나타났다 해도 나가지 말고 그리스도가 골방에 있다 해도 믿지 말아라.　　　「마태복음 24:23-26」

법화경과 신약성서

석가의 입멸 후 500년, 즉 정법시대 후기에 많은 사람들이 미륵의 이름으로 나타나 세상을 어지럽게 할 것이며, 정법이 무너질 때 한 인물이 나타나 불교를 일으킨다는 전승이 있었다.

예수는 어렸을 때 동방으로 떠나 대승불교를 익히고 특히『법화경』을 습득하고 이 전승에 편승하여 새로운 종교의 기틀을 만든 것이다.

『법화경』은 눈에 보이지 않는 우주의 진리에 대해 철저한 분석을 시도하고 있으며, 이 진리에 의해 모든 것의 본질을 볼 수 있다. 그것은 법화경에 나타난 석존의 예언에서 잘 볼 수 있다. 석존은 입멸 후 2500년 간의 세계에 대해서 다음과 같이 시대를 구분하여 예언하고 있다.

석존입멸 후 최초의 천년은 불법이 올바르게 지켜지는 정법正法의 시대이다/제1의 500년: 해탈견고시解脫堅固時, 제2의 500년 선정견고시禪定堅固時. 이 정법시대가 지나면 불교가 지켜지기는 하나 형식으로 흐르는 상법像法의 시대/제3의 500년: 다문견고시多聞堅固時. 제4의 500년: 다조탑사견고시多造塔寺堅固時가 1000년 계속된다.

이 상법시대가 지나면 물질문명이 지배하며 종교가 쇠퇴해 버리는 말법末法의 시대가 온다/제5의 500년: 투쟁견고시鬪爭堅固時. 말법시대에는 말 그대로 계戒/계율 · 정定/선정 · 혜慧/지혜 *3학三學의 기본이 무너지고 싸움이 일어나고 사견邪見이 판치는 시대가 된다고 예언하고 있다.

예수의 불교수행

국내에서 출간된 서적 중, 예수의 불교수행을 가장 방대한 역사자료, 사진자료와 함께 가장 상세히 다룬 책은 「예수의 마지막 오딧세이(목영일 박사 저)」가 유명하다.

삼학
불도를 수행할 때 반드시 닦아야 할 세 가지 근본 수행인 계학(戒學) · 정학(定學) · 혜학(慧學)을 말한다. 이 3학이 서로 융합될 때 이상적인 마음의 작용을 이루어서 완전한 인격이 형성된다.

▼ "이 말법의 시대가 지난 후에는 어떠한 시대가 오는가?" 《p488 참조》

석존입멸	정법시대 (1000년)		상법시대 (1000년)		말법시대 (500년)	?
	I(500년) 해탈견고시	II(500년) 선정견고시	III(500년) 다문견고시	IV(500년) 다조탑견고시	V(500년) 투쟁견고시	
	▶ 석존의 가르침을 따름 ▶ 교리의 정리 · 체계화 ▶ 불교의 전파	▶ 대승불교의 발흥 ▶ 불법의 적극적 실천활동 ▶ 대승불교 교리의 발전	▶ 발상지에서의 불교의 쇠퇴 ▶ 발상지에서 밀교 출현 ▶ 불교경전의 비교연구 성행	▶ 신앙의 외형적 표현에 치중 ▶ 많은 탑과 절이 세워짐 ▶ 동남아에서의 불사왕성	▶ 불법이 지켜지지 않음 ▶ 서양의 합리주의의 대두 ▶ 인류가 위기에 직면	

제1의 500년正法時代/정법시대-解脫堅固時/해탈견고시 간에는 석존의 가르침에 따라 사람들이 해탈하는 시기이다. 석존의 입멸 후 제자들이 모여 석존의 가르침을 정리하고/佛經第一結集/불경제일결집, 100년 후 700명의 신도가 모여 석존의 가르침을 통일한다/佛經第二結集/불경제이결집. 그 후 아쇼카Ashoka왕이 나타나 불교를 세계에 전파한다.

제2의 500년正法時代/정법시대-禪定堅固時/선정견고시은 초기 대승불교가 크게 일어났다. 여기서 불교는 자기 구제만을 문제삼는 소승의 경지를 벗어나 사람을 구제하기 위한 적극적인 실천활동이 전개된 시기이다.

200년 후 대승불교는 가지가 퍼져 *용수龍樹; Nagarjuna/나가르주나: 150~250가 나타나 그것을 다시 지키고 또 200년 후에 *세친世親; Vasubandhu/바스반두: 320~400이 나타나 그 흐름을 정리하게 된다.

◀ 용수
대승불교의 모든 학파에서 제2의 부처님으로 추앙될 만큼 불교사에 큰 족적을 남긴 인물로서 공(空)의 논리를 체계화한 중관파(中觀派)의 시조이다.

세친 ▶
자신의 형 무착(無著; Asanga)의 유식학(唯識學)을 계승하여 완성시켰으며 여러 대승경전을 연구하여 대승의 개척자로 불림. 대승불교의 양대주류의 하나인 유가행파(瑜伽行派)를 이루었다.

밀교(密敎)
다라니(dharani)나 만트라(mantra)를 외움으로써 깨달음에 이르고자하는 것으로 외부에서는 알 수 없는 비밀교라는 뜻.

제3의 500년像法時代/상법시대-多聞堅固時/다문견고시 초에는 인도에서 불교가 쇠퇴하게 된다. 이때는 상법의 시대로 불교의 열의는 줄어드나 불교신앙의 풍조는 그대로 남아 인도에서 대승불교가 사라진 대신 *밀교密敎; vajra-yana/바지라야나; Esoteric Buddhism가 나타나게 된다.

한편 불교는 중국·중앙아시아·한국·일본으로 퍼져 불교경전 내용의 비교·검토가 성행하게 된다.

제4의 500년像法時代/상법시대-多造塔寺堅固時/다조탑사견고시 초에는 불교의 정신이나 진리를 배우기보다는 신앙의 상징으로서 많은 탑, 절이 세워지는 시대이다. 따라서 중국은 唐의 말기로 주변의 월남·캄보디아·태국·미얀마에 많은 사원이 생긴다.

제5의 500년末法時代/말법시대은 불교의 발전이 정지되고 서양에서 합리주의가 대두한다. 이 시대는 서양의 *르네상스Renaissance: 문예부흥/文藝復興와 더불어 근대 합리주의가 성립되는 시기로 과학기술이 비약적으로 발전한다. 19세기의 서구열강의 침략과 식민지화, 20세기의 제1차, 2차 세계대전, 미·소 양대 진영의 대립, 지구환경의 파괴 등 말법시대의 심각한 양상을 드러낸다.

이 말법末法의 시대가 지난 후에는 어떠한 시대가 오는가? 이것은 『법화경』에서 다음과 같이 말하고 있다.

중생들이 합장하여 공경하며 '석가모니불 석가모니불' 하며 부처님의 명호를 큰 소리로 불렀다. 그리고 꽃, 향, 금은보화 등 여러 가지 보배들을 *사바(娑婆; Saha)세계를 향하여 던졌다. 이것들이 모두 변하여 보배휘장이 되어 부처님들을 장엄하였으며, 이때 시방세계가 툭 터져 막힘이 없는 하나의 세계가 되었다. 「법화경 여래신력품(如來神力品) 제21」

이처럼 현재 우리 인류는 대립과 투쟁의 종말적 말법시대에 살고 있지만 이 어려움을 견디어 나가면 인류는 밝은 세계를 맞이하게 될 것이다. 『법화경』이 지니고 있는 위대한 힘은 바로 그것이다.

우리는 여기서 『신약성서』가 얼마나 많은 부분을 『법화경』이나 그밖의 불경에서 받아 들여왔는가를 쉽사리 알 수 있다.

르네상스
중세와 근대 사이 (14~16세기)에 유럽에서 일어난 문화운동. 르네상스는 '재탄생'이란 뜻으로 학문 또는 예술의 재생 또는 부활이라는 의미를 가지고 있다.

사바세계
우리가 살고 있는 세계를 일컫는 말. 산스크리트 Saha(인; 忍)에서 유래한 것으로, 중생은 모든 번뇌를 인내하면서 살지 않으면 안되므로 인토(忍土)라고도 함.

3장 간다라에서의 예수

Ashoka
산스크리트
(Sanskrit)로 '걱정,
슬픔이 없는 자(One
without sorrow)' 라
는 뜻이다.

미린다왕문경
Milindapanha
/밀린다판하;
Questions of King
Milinda;
那先比丘經
/나선비구경.
박트리아의 그리스
인 왕 메난드로스와
나가세나 대사 사이
의 불교교리에 대한
대화를 문답형식으
로 엮은 경.
≪p11 참조≫

기원전 3세기, 아쇼카 왕*Ashoka; 阿育王/아육왕: 재위 BCE 272~BCE 231이 불교를 서방세계에 전한 이래, 인도와 서양의 여러 나라 사이에는 문화적인 교류가 매우 활발하였다. 이러한 동서문호의 교류는 불교가 세계 종교로 발전할 수 있는 계기가 되었다는 점에서 대단히 중요한 일이다.

불교 사상이 그리스 세계에 준 영향에 대해서는 『*미린다왕문경彌蘭陀王問經; Milindapanha/밀린다판하』을 보면 알 수 있지만, 서양 세계가 간다라에 끼친 영향에 대해서도 간과해서는 안 된다.

기원전 4세기경 마케도니아Macedonia의 알렉산더 대왕의 간다라 원정이 그 사상에 커다란 영향을 끼친 면은 중요하다.

▲ 알렉산더 대왕

알렉산더 대왕의 간다라 체재 기간은 비록 몇 개월에 지나지 않지만 그의 계승자들이 200년 가까이 인도 접경에 머물렀고, 그 후에도 헬레니즘의 영향을 받은 *스키타이인Scythian들이 수세기에 걸쳐 체재하였기 때문에 당연히 불교와 헬레니즘 세계와의 교류가 행하여 졌다. 그 결과 간다라 불교 예술이 태어나게 된 것이다.

스키타이
BCE 6세기~BCE 3세기경 유라시아 초원지대에서 활약한 백인종 이란계 기마유목민족.

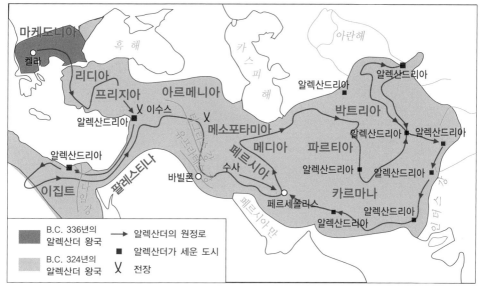

▲ 알렉산더 제국과 동방원정로

그리스인이 침입해 오기 전 인도의 불교도들은 석존의 상을 만들지 않았었다. 예를 들면 석존이 깨달았을 때의 상태를 나타낼 경우, 보리수로 그 자리만을 표시하여 석존의 존재를 상징화하였던 것이다.

이러한 것들이 간다라 불교 예술에서는 석존을 구체적인 불상으로 조형화造形化시킨 것이다. 그 후 대승불교도 서양 문화와의 교류 과정에서 꽃피게 된다.

▲ 보리수로 석존의 존재를 상징화. 산치대탑의 부조

이 무렵 기독교가 팔레스타인에 나타나게 된다. 인도를 중심으로 한 동양세계나 로마제국을 중심으로 한 서양 세계가 하나의 전환기에

55

들어선 시기이다.

*간다라Gandhara는 그곳을 지배하던 그리스인들이 떠난 후에도 계속 이민족의 침입이 있었기 때문에 *브라만교Brahmanism; 婆羅門 敎/바라문교나 불교가 경직된 채 생기를 잃고 있었다.

한편 지중해 연안의 광대한 지역을 지배한 로마는 공화정에서 제 정帝政으로 옮겨간다. 그 체제의 압력이 민중이나 주변의 피지배 민 족을 더 이상 견디기 어려울 정도로 억눌렀다. 이러한 시대의 전환기 에 사람들은 영웅의 출현을 기대하고, 영혼의 구제자를 구하게 된다.

간다라에서는 석존이 예언한 마이트레야Maitreya; 미륵/彌勒 보살의 출현을 기대하고 유대교도 사이에서도 그리스도Christos; Messiah/구 세주에 대한 갈망이 높아진다.

여기에 기독교의 발생과 불교 사이의 유사점이 있다. 즉, 당시는 말 세적인 암담한 양상을 띤 시대로 암흑이 짙을수록 새벽이 멀지 않은 것 처럼, 문명의 종말적 상황이 심각하면 할수록 사람들은 더욱 더 위대한 사상가·종교가를 필요로 하는 법이다.

팔레스타인의 경우, 유대교가 유대민족을 위한 종교로 국한되어 있었기 때문에 세계적인 종교가 될 수 없었으며, 불교도 또한 *소승 불교小乘佛敎; Hinayana/히나야나의 단계에 머물러 있었기 때문에 세 계적인 종교가 될 수 없었다.

그래서 민족종교인 유대교의 틀을 깨고 기독교가 일어나게 되었 으며, 대승불교大乘佛敎; Mahayana/마하야나가 출현하여 열린 종교가 됨으로써 전 세계에 전파되어 나간 것이다.

사실 예수 그리스도에 의해서 시작된 기독교가 대승불교의 한 분 파라는 것은 예수 자신이 간다라나 인도, 티베트에 가서 불교를 공 부한 사실이나, 『도마 복음서』가 담고 있는 불교적인 냄새를 풍기는

간다라(Gandhara)
현 파키스탄 페샤와 르(Peshawar) 일대 에 있던 옛 왕국; 건 타라국/乾陀羅國

브라만교
BC 1500년경 인도 아리안족의 침입 후 불교 이전에 브라만 계급을 위주로 『베 다』를 근거로 하여 생성된 민족종교. 후 에 힌두교로 발전됨.

소승불교
작은 수레(Lesser Vehicle)라는 뜻으로, 개인의 구원을 우선으 로 함.

대승불교
큰 수레(Great Vehicle)라는 뜻으 로, 이타적(利他的) 인 세계관을 바탕으 로 일체중생의 제도 를 목표로 함.

예수의 말씀이 이것을 보여주고 있는 것이다.

불교에서 당래불當來佛로서의 * '미륵'은 팔리어Pali語 '메테야 Metteya; Metteyya; Maitreya/마이트레야(Sanskrit)'에서 왔다.

또한 대승불교의 '구원실성久遠實成의 본불本佛'에서 기독교의 '하늘에 계신 우리 아버지'라는 개념이 나왔다.

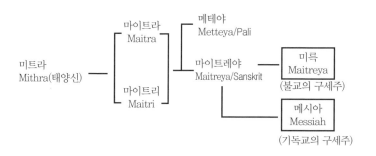

▲ 페르시아 태양신 Mithra에서 미륵으로, 그리고 메시아로

maitri-karuna
마이트리-카루나는 산스크리트로 '자비'라는 뜻이다. 그러므로, maitreya를 '자비의 보살'이라고 부르기도 한다.

과거에 서양 사람들은 불교를 기독교와 이질적인 것으로 여기기도 했으나 오늘날에는 많은 연구를 통해 놀랄 만큼 많은 유사점들이 밝혀지고 있다. 세계는 하나이며 동양과 서양을 이원론적 대립에 의해서 연구하는 시대는 이미 지나갔다.

간다라는 원래 동서문명의 접점지로 이미 오래 전부터 인종적으로나 문화적으로 서로 융합되어 있었다.

그 뿐 아니라 기원전 수 백년 전부터 『미린다왕문경』에서 볼 수 있듯이 동서양 사이의 교류가 빈번했다. 불교와 기독교는 인간으로서 살아야 할 참된 길을 제시한다는 점에 있어서 공통적이다.

보통 종교는 그 기원이 제사적·주술적이고, 부족사회의 정치적 요소와 밀접한 연관을 가지고 있다.

그러나 불교와 기독교의 발상에서는 그러한 요소를 볼 수 없다. 오히려 정치적 권력과 대결하는 구도에서 태어났기 때문에 불교와 기독교의 역사는 이따금 권력의 탄압에 의한 수난을 겪기도 한 것이다.

그것은 이 두 종교의 경우, 석존의 가르침이나 예수의 가르침이 정치적으로 폐쇄된 제사적 비술秘術의 종교보다 훨씬 높은 차원의 가르침이었기 때문이다. 따라서 그것을 실천하는 제자들의 행동은 필연적으로 인류화합의 세계를 지향한 민중구제를 이룩해야 한다.

*베르그송Henri-Louis Bergson: 1859~1941은 그의 만년의 저서 『도덕과 종교의 두 원천Les Deux Sources de la Morale et de la Religion; The Two Sources of Morality and Religion, 1932』에서 불교의 영향을 짙게 보여주고 있는데, 그는 집필하는 동안 인간의 구원 문제에 몰두하고 있었다.

특히 이 작품을 통해 제1차 세계대전 이후 러시아 혁명, 경제 대공황, *파시즘fascism의 대두, 프랑스 사회의 향락주의 등 서구문명의 극한 상황 속에서 시대적 고뇌와 위기를 타개해 나가기 위한 그의 진지한 노력을 엿볼 수 있다.

그가 주장한 도덕과 종교의 두 근원은 '닫힌 사회closed society' 와 '열린 사회open society' 그리고 '정적 종교static religion' 와 '동적 종교dynamic religion' 이다. 이러한 두 개념의 분할 대립관은 사회·국가·정치·도덕·종교에 대한 그의 독창적 견해이다.

특히 '닫힌 사회' 의 도덕이 결코 '열린 사회' 의 도덕으로 유도될 수 없다는 그의 주장이 이 저서의 핵심을 이루고 있다.

개인이나 가족·국가 집단은 사회적 본능에 의해서 조직되어

베르그송

프랑스의 철학자

파시즘·무솔리니

이탈리아어 fascio / 파쇼(결속·단결)가 어원. 본래 무솔리니의 국수주의적 반공 정치주의를 가리켰으나 오늘날에는 자유를 억압하는 모든 독재적 사상이나 정치체제를 일컬음.

폐쇄적이기 때문에 가족에서 국가로 확장되는 범주는 유한한 것이며, 반면 인류라는 열린 사회를 지향하는 도덕은 무한하다.

우리는 예수가 간다라, 인도, 티베트에서 구도의 길을 가며, 그가 왜 브라만교에서 불교로 옮겨갔는가 하는 점을 여기서 쉽게 이해할 수 있다. 이러한 점에 근거를 두고 대승불교의 '*보살菩薩; bodhisattva' 사상이 기독교의 '구제' 관념으로 변했을 가능성은 쉽게 납득이 간다.

예수 이전에 이미 유대교의 한 분파分派인 *에세네파Essenes가 사해死海연안에서 수천 명의 회원으로 구성된 수도단체를 형성하고, 불교의 영향 아래 불교의 출가수

행승단出家修行僧團과 똑같은 간결한 생활을 보낸 사실은 널리 알려진 일이다. ≪pp122~127 참조≫

본래 유대교는 유대인의 사생활 속에 체제종교體制宗敎로서 전해져온 것으로, 사회를 떠나 독자적 수도생활을 누린다는 것은 생각할 수 없는 일이다.

이 에세네파는 유대교의 일파라기보다는 불교 승가僧伽; sangha/상가; Buddhist Community의 영향 하에 이루어진 것이다.

보살

범어 bodhisattva의 음역(音譯)인 보리살타(菩提薩陀)의 준말. 보디(bodhi) 「깨달음·불지(佛智)」+사트바(sattva) 「존재(being). 즉, 보살은 '보리를 구하고 증득(證得)할 것이 확정된 구도자' 또는 '지혜를 본질로 하는 사람' 등으로 풀이할 수 있다.

에세네파

신비주의적 금욕주의를 부르짖으며 하느님과의 완전합일을 추구하여 사해의 쿰란 동굴지역에서 종교적 공동생활을 했다. 1945년 쿰란 동굴에서 『사해문서』가 발견되었다. 세례 요한과 예수가 이 파에 속했다고 하며 1세기말 경 소멸됨.

기독교 이전 유럽전역에서 불교가 성행했다는 사실은 유럽에서 오래된 불교사원의 유적과 유물들이 속속 발견되어 이미 입증되었다.

부처를 호위하는 헤라클레스상

부처를 호위하는 헤라클레스상은 아프가니스탄 핫타 지역에서는 집금강신으로, 동아시아에서는 금강역사로 표현되었다. 석굴암 금강역사의 원형은 바로 헤라클레스인 것이다.

▲ 「*부처를 호위하는 헤라클레스」 그리스 아테네 부근에서 발견

▲ 프랑스 마르세이유 부근에서 발견된 불상들 (BCE 2세기)

노르웨이 스타방게르(Stavanger)
• 금불상과 Dharani경 발견

스웨덴 비르카(Birka)
• 청동불상과 중국비단 발견
• 5세기의 유적

영국 노썸버런드(Northumberland)
• 간다라양식의 불상 다수발견

프랑스 마르세이유(Marseille)
• 석조불상 발견(BC 2세기)
이탈리아 폼페이(Pompeii)
• 화산유적지에서 청동불상출토
• 인도산 상아공예품 출토

그리스 아테네(Athens)
★ • 부처님을 호위하는 헤라클레스상

이집트 알렉산드리아(Alexandria)
★ • 불교사원터 발견
• 불교의식용품 출토

⬤ 불교의 영향을 받은 지역
★ 불교유적이 발견된 지역

▲ 유럽에서 불교의 영향을 받은 지역

하나의 예를 들면 서기 230년 경 신학자 *오리게네스Origenes: 185~254가 『구약』의 「에제키엘서The Book of Ezekiel」의 주註를 달면서 '당시 영국·프랑스에서는 이미 선주민족인 켈트족Celts의

오리게네스

이집트의 알렉산드리아 출생으로 알렉산드리아 학파의 대표적 신학자. 성서, 체계적 신학, 그리스도의 변증적 저술 등에 관한 많은 저서를 남김.

📖 **에제키엘[에스겔]서**

▲ 예언자 에제키엘

구약성서의 3대 예언서(이사야서, 예레미야서, 에스겔서) 중의 하나로, 유다왕국 말기부터 바빌론 포로기 전반에 걸쳐 활동한 선지자 에제키엘의 예언을 모은 책이다.

그는 BCE 597년 바빌론으로 잡혀간 유대인 포로들의 신앙지도자였다. 바빌론의 그발강(江)가에서 야훼 신으로부터 유대민족이 우상숭배한 벌로 유다왕국이 멸망하고 예루살렘이 파괴될 것이라는 예언을 듣고 전한다.

BCE 587년에 그의 예언대로 예루살렘이 함락된 후로는 실의에 빠진 동포들을 격려하기 위하여 유대의 회복과 부흥을 예언하였다.

민족종교인 드루이드교Druidism를 이끄는 성직자들Druides/드루이드; 사제; dru「strong」+ wyd「knowledge」과 함께 불교도들이 새로운 종교에 대한 가르침을 퍼뜨려 놓음으로써 기독교가 퍼지게된 기반이 이미 이루어져 있었다'고 기록하고 있다.

드루이드교

고대 갈리아 및 브리튼섬에 살던 선주민족인 켈트족(族)의 민족종교. 영혼의 불멸·윤회·전생을 믿었다. 기독교의 잔학하고 집요한 말살정책에 의해 쇠퇴했다.

드루이드들은 불교에서 윤회輪廻; samsara/삼사라; reincarnation사상을 받아들였고, 이미 기원전 3세기에 아쇼카 왕의 노력으로 불교가 당시 유럽의 변두리 지역인 영국과 프랑스 북부의 켈트Celt족 사이에서 유행되고 있었다.

서구의 학자들은 이 사실에 대해 놀라고 있다.

▲ 드루이드(사제)들

영화「반지의 제왕」에서의 간달프
-그의 원형이 바로 드루이드(사제)이다.

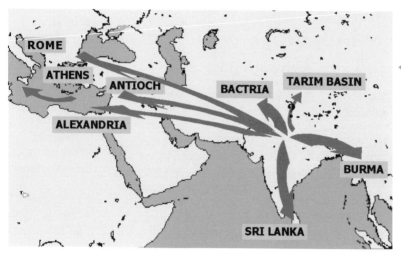

◀「아쇼카 대왕의 전법사(불교포교사) 파견」
아쇼카 왕은 기원전 3세기 경부터 전법사들을 아시아 각국은 물론 시리아, 이집트, 그리스, 로마 등 당시 유럽문화의 주요국가로 파견하여 불교의 세계화를 이루었다.

▲ 간다라지역 출토의 불상들(왼쪽)과 켈트인의 천둥신 타라니스(Taranis)의 부조(오른쪽)
  : 형태와 구도가 거의 흡사하게 닮아있음을 확인할 수 있으며 법륜(✵)의 형태까지 놀랄 만큼 같다.

간다라 출토 불족석(佛足石; Buddhapada)(왼쪽)과 ▶
켈트 민족신 케르눈노스(Cernunnos) 동전(오른쪽)

법화경과 신약성서

▲ 군데스트럽 콜드론
(Gundestrup Cauldron)

▲ 「문화의 흐름을 보여주는 부조물들」
　인더스 유역의 인장(印章)에 새겨진 Hindu 동물의 주신(主神) 파슈파티(Pashupati), 기원전 2000년 경(왼쪽),
　: 두 신의 앉은 자세, 머리에 쓴 뿔로 된 관, 주위에서 둘러싸고 있는 동물들의 모양 등의 묘사가 놀랄 만큼
　흡사하다.

　　1958년 프랑스의 학술 조사단이 아프가니스탄에서 아쇼카 왕의 조칙詔勅을 발견하였는데, 그것은 *아람어Aramaic와 그리스어로 씌어져 있었다.

　　이 아람어는 아리아 민족이 세운 가장 오래된 제국에서 쓰인 말로, 동으로는 *인더스강Indus River: Sindhu/신두: 大河 유역, 남으로는 이집트에 이른다. 그것은 다리우스 대왕Darius the Great: BCE 549~BCE 485

아람어
셈족에 속하는 아람인의 언어. BC 8세기에 아람인이 상업 민족으로 활약함에 따라 아람어는 국제 통상어가 되고, 아시리아나 신바빌로니아에서는 외교용어가 되어, 고대 페르시아에서 아프가니스탄에까지 퍼졌다.

◀ 아쇼카 조칙의 석각 명문
(아프가니스탄 칸다하르)
그리스어(위)와 아람어(아래)
의 2개국어로 쓰여져 있다.

"통치 10년에 이르러 알리노라 … 백성들을 더욱 경건하게 하고 전 세계 모든 것이 융성하게 하고 … 생물의 살생을 금하고 … 부모와 노인에게 순종하고 … 보다 나은, 보다 행복한 삶을 살게 될지니라."

인더스강

Sanskrit 명칭은
Sindhu/신두(大河).

이 페르시아 제국의 공용어로 사용한 것으로, 예수 그리스도 시대의 일상어이기도 하다. 예수도 당시 아람어를 사용하였다. 그래서 신약에서 예수의 말을 직접 인용한 부분에는 아람어를 쓰고 있다.

예수 그리스도가 특히 아람어를 통해 불교를 접촉하고, 불교에 정통한 불교도로서 한 때 활동한 생애의 시기에 대한 자료들도 발견되고 있다.

당시 중앙 아시아·인도의 서북방은 문명의 교차로라고 할 수 있을 정도로 동서와 남북을 잇는 문화 교류의 중심이었다. 따라서 수많은 오아시스 도시가 건설되었다.

그러나 그 후 징기스칸의 정복으로 오늘날과 같은 황폐한 지역으로 되어버렸다. 당시는 서로마와 맞서는 인구 100만이 넘는 도시가 중앙 아시아에 있었던 것이다.

당시 페르시아에서 인도까지는 하나의 거대한 문명권을 형성하고 있었으며, 중국·인도·로마 사이에

▲「캐시미르 주 슈리나가르(Srinagar)에 있는 예수의 무덤」
(왼쪽) 유대식 장례법에 따라 파란색과 흰색을 사용한 관의 장식
(오른쪽) 그 바로 밑 지하에 있는 예수의 무덤
: 캐시미르 주 슈리나가르(Srinagar)의 칸자르(Khanjar) 지역,
안지마르(Anzimar)에 있다.

아들과 함께 있는 탁실라의 예수상 ▶
(도마/Thomas와 마가/Mark도
이곳 Taxila를 방문했었다고 한다.)

♣ Bhavishya Mahapurana
(서기 100년경 카시미르(Kashmir)에
서 예수와 샬리바하나(Shalivahana)
왕과의 만남을 기록한 힌두의 문서)
의 일부분을 보면 다음과 같다.
"왕이 성자에게 누구시냐고 묻자,
'나는 하나님의 아들이요, 처녀에게
서 태어난 이요, 신앙의 전도자요, 진
리의 추구자요. … 그리고 나는 예수
라 불립니다.'
≪예수의 마지막 오딧세이, 목영일
교수 저 참조≫

법화경과 신약성서

행해진 문화교류의 통로로서 가장 국제적인 선진 문명권이었다.

그 때 팔레스타인과 인도 사이의 교류는 아주 활발했기 때문에 예수가 인도에서 티베트까지 여행할 수 있었던 것은 극히 자연스러운 일이었다.

불교는 기독교에만 영향을 준 것이 아니라 그리스 철학에도 영향을 끼쳤다. 따라서 간접적으로 오늘날의 서양 철학은 불교의 영향을 받고 있으므로, 그 사상이 점점 접근하는 것도 당연하게 여겨진다.

그 한 예로 불교가 가장 관심을 보이는 '자아', '존재', '생명' 이 그리스 철학의 바탕이 된 사실을 볼 수 있다. 불경에는 '너 자신을 반성하라' 는 자기 성찰을 권하는 문장이 수없이 많은데, 소크라테스 Socrates도 역시 * '너 자신을 알라Gnothi seauton; Know thyself' 라고 말하고 있다.

"다리우스" 는 "He Who Holds Firm the Good(선의 확고한 수호자)" 라는 뜻이다.

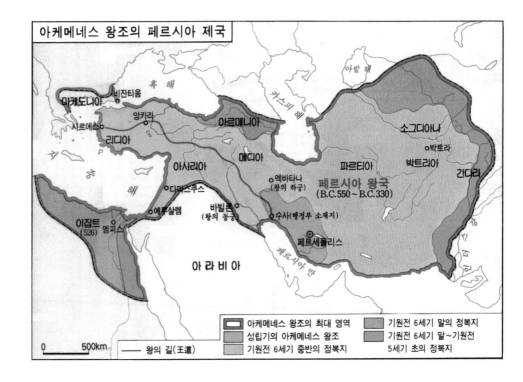

아케메네스 왕조의 페르시아 제국

아랄 해
카스피 해
흑 해
마케도니야
비잔티움
앙카라
사르데스
리디아
아르메니아
소그디아나
메디아
박트라
아시리아
파르티아
박트리아
엑바타나 (왕의 하궁)
페르시아 왕국 (B.C.550~B.C.330)
간다라
다마스쿠스
예루살렘
바빌론 (왕의 동궁)
수사(행정부 소재지)
이집트 멤피스 (526)
페르세폴리스
아 라 비 아
페르시아 만

0   500km
왕의 길(王道)

아케메네스 왕조의 최대 영역
성립기의 아케메네스 왕조
기원전 6세기 중반의 정복지
기원전 6세기 말의 정복지
기원전 6세기 말~기원전 5세기 초의 정복지

너 자신을 알라

; Gnothi seauton
; nosce te ipsum L.
그리스의 역사가
플 루 타 크
(Plutarchos;
Plutarch : 46~120)
에 의하면, 이 말은
원래 그리스 델피
(Delphi)에 있는 아
폴론의 신전 벽에 새
겨져 있던 격언으로,
소크라테스가 인용
한 것이라 한다.

철학·종교라는 것은 인생이나 세계에 대한 반성적인 사고나 혹은 인간으로서의 자각에서 출발한다. 사회제도를 아무리 바꾸어도 그것을 운영하는 인간이 변하지 않고서는 세상이 좋아지지 않는 것도 사실이다.

철학이나 종교에서는 사회제도의 개혁보다 인간의 내적인 개혁이 앞서야 하며, 인간 내면의 혁명이 무엇보다 중요하다고 말하고 있다. 그러므로 민중의 의식 변혁에 의해 일어난 사건은 뿌리가 생겨 언제까지나 지속되지만, 무력이나 권력에 의해 일어난 혁명은 희생만 크고 바로 망해 버린다.

예수는 불교에서 민중이 살 수 있는 지주支柱를 보고, 그 정신을 계승해 나간 것이다. 또한 불전이나 불교설화에서는 물론 인도·페르시아 등지의 설화와 전설에서 차용하거나 인용한 것도 많다.

불교와 기독교가 보편적인 종교로 발전한 이유는 첫째, 원시적 종교의 주술적 미신을 타파한 점, 둘째, 기성 종교의 제사 체계를 부정한 점, 셋째, 민족적인 편협한 관념을 극복한데 있는 것이다.

예수는 처음에 브라만교Brahmanism; 婆羅門敎/바라문교를 배웠는데, 브라만교가 계급차별제도caste에 안주하고 있는데 비해 불교는 처음부터 민족적 편협을 넘어서 세계 종교의 특성을 지닌 데 감화되어 불교의 세계로 몰입한 것이다.

이러한 점을 뒷받침하는 것들 중의 하나가 『도마 복음서』인데, 불교의 색채가 짙다는 이유로 기독교에서는 후에 신약 편집과정에서 *외경外經; Apocrypha으로 밀어냈다.

*콥트어Coptic로 된 이 문서는 그노시스적Gnostic 공동체의 서고에 들어있던 것이다. 예수 자신의 말을 그대로 디두모 유다 도마Didymos Judas Thomas가 기록한 이 문서는 대부분이 그리스어 원문의 번역이다.

콥트어

고대 이집트어 계통
의 언어로서, 3세기
~16세기경까지 기
독교 콥트교회 교도
들에 의해 널리 쓰
여졌으나 아랍어
(Arabic)에 밀려 17
세기에는 거의 사어
(死語)가 되었다.
콥트어는 초기 기독
교 관련 문헌이나 상
형문자로 쓰인 고대
이집트어를 해독하는
데 있어서 중요하다.

『도마 복음서』는 '예수께서는 말씀하셨다'로 시작되는 훈언訓言 114조로 되어 있고, 초기 기독교들에 의해 중요한 복음서로 유포되었다.

▲ 예수와 구별할 수 없을 만큼 닮아 쌍둥이(디두모)라고 불렸던 유다 도마

그러나 4세기 초 기독교 패권파에 의해 성서편집과 교리 다듬기가 행해지는데, 이때 편집의도에 불리한 초기 복음서들은 모조리 불태워지고 성서 소유자는 사형에 처해지는 수난을 겪었다.

불교와 기독교의 교두보 역할을 한 *그노시스파Gnoticism: 靈知主義/영지주의의 기독교 초기 성서문서들도 철저히 파괴되었다

순수 기독교도들이 이 문서들을 절벽 동굴 속에 감춘 것도 이 무렵이었다.

예수는 『도마 복음서』에서 신의 나라에 대해서 언급하지 않는다. 하늘에 계신 아버지의 이름으로서 '신'이라는 말을 삼가고 있다. 왜냐하면 신의 나라는 우리들의 마음 속에 있기 때문이다.

그노시스파
(Gnosticism; 靈知主義
/영지주의)
'그노시스'는 '지식', '영지(靈知)' 또는 깨달음(覺/각)을 뜻하는 그리스어이다.
이들은 초기 기독교의 일파로서 인간의 구원은 그리스도의 영(靈)의 힘으로 육체를 벗어나 영화(靈化)되는 데에 있으며, 영생은 하느님이 보내신 예수 그리스도를 아는 것이다라는 영지적·주지주의적 교의를 신봉했다.

📖 **정경 · 외경 · 위경**

① 정경 (正經, canon)
기독교에서 공식적으로 채용하고 있는 경전. 66권(구약 39권, 신약 27권)

② 외경(Apocrypha=제2 정경/Libri Deuterocanonci)
BCE 2세기 ~ CE 1세기경 성경의 편집 · 선정 과정에서 제외된 문서들.
❶❷ 제 1 · 2 에스드라서　❸ 토빗서　❹ 유딧서　❺ 다니엘서 증보판
❻ 에스더서 증보판　❼ 므낫세의 기도문　❽ 예레미야의 편지　❾ 바룩서
❿ 벤시락의 지혜서　⓫ 솔로몬의 지혜서　⓬ 제 1 · 2 마카베오서

③ 위경(Pseudepigrapha)
익명의 저자가 그 책의 주인공이 기록한 깃처럼 꾸민 차명서(借名書)들
❶ 에녹서　❷ 희년의 책　❸ 12 족장의 유언서　❹ 제3 · 4 마카베오서
❺ 아리스테아스가 필로크라테스에게 보내는 편지　❻ 바룩의 글
❼ 솔로몬의 시편　❽ 여 선지의 예언서　❾ 모세의 승천기.

4장 예수의 기본적 불교수행

예수의 13세 이후에서 29세까지의 16년 동안의 생애는 왜 성경에서 삭제되었는가? 그것은 그때까지의 그의 생애가 너무나 인간적이

▲ 소년 예수

었기 때문에 하나님의 외아들로서 신성시하기에는 문제가 있었기 때문이다.

그 당시의 제자들은 30세까지의 예수 생애를 기록하였다. 그가 세상을 돌며 수행하고 위대한 인물을 만나 그 밑에서 공부하고 지도를 받은 것에 관한 기록이다.

누구나 지식을 쌓고 깨달음의 지혜로 인간을 구제하기 위해서는 그 사람의 혼의 수행이 필요한 것이다.

당시의 갈릴리 호수 부근의 마을을 돌며 어민이나 가난한 목축민을 상대로 법을 설함에 있어 우선 예수는 아무리 무한한 진리를 담고 있는 가르침일지라도 상대방이 이해할 수 있는 능력범위 내에 한정시켜 설법을 해야 한다고 생각했다. 이러한 가르침의 방식은 그가 불교수행 시 배운 대기설법對機說法이었다.

당시 로마제국의 지배 하에서 유대인은 극도로 시달리며 살고

▲ 예수가 한때 수도했다고 하는 동굴
(인도북부 Uttar Pradesh州 Rishikesh에
있음)

◀ 인도에서 참선수행 중인 예수

있었다. 또한 수시로 독립운동이 일어나고 살육의 진압작전이 뒤따르는 등 사회가 극도로 혼란하여 사람을 죽이고 물건을 훔치는 일이 다반사였다.

그러한 여건 속에서 윤회전생의 어려운 철학을 가르치거나 인간의 마음 세계를 심도 있게 설한다 해도 전달되지 않았을 것이다. 당시 당면한 문제, 즉 '사람을 죽이지 마라', '도둑질을 하지 마라', '간음하지 마라' 등 사회의 혼란을 막고 악을 바로잡기 위한 윤리적인 문제의

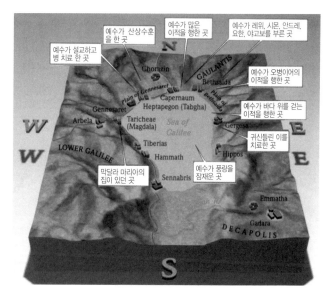

▲ 예수의 전도는 대부분 갈릴리 호수 주변에서 행해졌다

해결이 우선 시급하였다.

그래서 일차적으로 그러한 행위가 크나큰 악이고 죄라는 것을 가르치고 인간은 죄의 자식이니 참회하라고 하였던 것이다. 당시의 혼란한 사회상황에서 예수가 할 수 있는 것은 그것이 유일한 방편이었다.

예수가 젊었을 때 간다라Gandhara에서 스승 마니트라Manitra 스님에게서 배운 것은 설법의 방법, 계급타파, 마음의 문제, 초능력이 중심이었다.

누구나 똑같지만 예수라도 상대방이 이해할 수 있는 범위 내에서 말할 수밖에 없었다. 제 아무리 훌륭한 진리를 말할지라도, 제자들이 그 말뜻을 전혀 이해하지 못한다면 마음의 양식이 되지 않는다. 예수는 지옥, 천국에 대해서 잘 알고 있었으나, 당시 수준의 유대인에게는 그 내용까지 설명할 수가 없어 불교의 경우에서처럼 상세하게 다루지는 않았다.

예수는 하나님의 가르침을 통해 인간이 구제된다고는 하였으나 자기의 가르침만이 진리라고는 하지 않았으며, 자기를 믿지 않으면 지옥에 간다는 말도 하지 않았다.

예수는 간다라 지방에서 마니트라 스님에게서 불교의 가르침과 4성제 · 8정도≪p78 참조≫에 대해 배웠으나 그 깨달음의 방법에 대해서는 민중들에게 설법할 기회가 없었다.

그 대신 인간은 자기 마음의 단계에 따라 신을 느끼고 접근하게 되며, 그 수행의 단계는 제자들이 이해하기 어렵기 때문에 신을 사랑하고 이웃을 사랑하라고만 하였다.

　그러나 '신이란 무엇인가?'를 충분히 설명할 수는 없었다. 윤회전생의 법칙, 천국과 지옥의 개념, 깨달음의 단계, 신과 그 아들과 인간의 관계를 충분히 설할 수 있는 시간을 갖지 못하고 세상을 떠나게 된 것이다.

　예수는 석가모니처럼 45년이란 오랜 세월에 걸쳐 사람들을 단계적으로 이끌어 가기를 바랬으나 처형을 당하는 바람에 3년도 채 안 되는 짧은 기간으로

▲ 로마군의 예루살렘 성전파괴(서기 70년)

끝나고 말았다. 결국 진리를 구조적으로, 체계적으로, 체험적으로 설파할 기회를 잃고 만 것이다.

　게다가 유대가 로마에 의해 멸망할 때 기독교에 관한 문헌은 완전히 지상에서 사라져 버렸다. 따라서 예수가 말했다고 하는 신약성서는 곳곳에서 그 내용이 서로 모순된다. 제자들은 예수가 너무 일찍 세상을 떠난 데 당황하여 성서를 급조하였으며 후에 기록하는 자들도 자기들 생각을 적어 넣다 보니 그 기록이 서로 모순되어 버린 것이다.

　기원전 5,000년 전에 이미 인도와 파키스탄에는 *드라비다족 Dravidian이나 몽고족Mongoloid이 뛰어난 도시문명을 이룩해 왔다.

　기원전 1,500년경에는 아집이 강한 *아리안족Aryans이 인도에 침입하여 원주민을 쫓아냈다. 현재의 유럽인을 보면 알 수 있듯이

드라비다족
인도와 스리랑카의 선주민족으로 아리안족에게 정복당함. 흑인종이며 크게 타밀족과 텔루구 족으로 나누는데 현재 인도 인구의 30%를 차지함.

아리안족
인도게르만 어족계의 일파로 중앙아시아에서 인도와 이란에 정주한 민족. 'Arya' 는 '고귀한' 이란 자칭어.

과거에도 그들은 자기들의 번영을 위하여 전 세계를 식민지화하고 타민족을 노예화하였다.

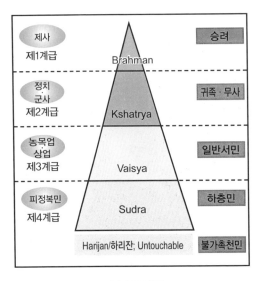

제사 제1계급	Brahman	승려
정치 군사 제2계급	Kshatrya	귀족·무사
농목업 상업 제3계급	Vaisya	일반서민
피정복민 제4계급	Sudra	하층민
	Harijan/하리잔; Untouchable	불가촉천민

▲ 카스트 제도

그들은 인도에 침입하여 카스트caste; varna/바르나; 色라는 신분제도를 만들고 가장 윗자리에 자기들의 종교인 브라만교를 두었다. 브라만교와 토착종교가 섞여 오늘날의 힌두교가 형성되었다. 카스트 제도에서는 브라만Brahman 계급 밑에 크샤트리아Kshatrya, 바이샤Vaisya, 수드라 Sudra의 계급을 두었다. 하리잔Harijan; 불가촉천민 계급도 생겨났다.

오늘날에도 인도에 가면 여전히 카스트 제도가 남아 있는 것을 볼 수가 있다.

부처님이 출가한 것은 이러한 계급차별을 없애기 위해서였으며 예수가 브라만교의 교리를 깊이 연구하고도 그 가르침을 비판한 것도 바로 이 계급제도 때문이었다.

부처님은 이러한 계급제도를 정치로는 해결할 수 없고 종교적 입장에서만 해결할 수 있다고 보았다. 예수도 여기에 공감하였다. 훗날 예수가 인도에서의 유학을 마치고 이스라엘로 귀국하여 자신의 교단을 이끌 때도 결코 로마에 무력으로 대항하는 투쟁방식을 택하지 않았다. 그는 *아힘사ahimsa; 비폭력주의; nonviolence를 고수하였다.

인간은 출생시의 신분에 따라 고귀하거나 천해지는 것은 아니다. 그가 무엇을 생각하고 무엇을 말하고 행동하는가에 따라 그 인간이 고귀한지 천한지 그 가치가 정해지는 것이다.

불교의 목적은 한 사람 한 사람에게 바른 인생관이나 세계관을 주어

예수가 배워 간 아힘사
예수는 로마에 대한 무력투쟁에 반대하였다. 이 때문에 예수는 로마에 맞선 무력독립 항쟁 단체인 열심당의 당원이자 자신의 첫 부인이었던 막달라 마리아와도 결별하게 된다. 또한 독립군 열심당 당수였던 가롯 유다와도 노선이 대립되어, 결국 가롯 유다의 열심당과 예수교단 사이의 협력체제가 무너지게 된다. 《예수의 마지막 오딧세이, 제 12장, 목영일 교수 저 참조》

인격의 완성, 즉 깨달음을 얻도록 이끌어주는데 있다. 따라서 불교는 부처님과 제자 또는 인간 하나 하나와의 대화로 시작된다.

*『아함경阿含經』이 말하고 있듯이 부처님의 설법은 상대방에 따라서 그 설법의 내용이나 방법이 다르다. 이것은 '*대기설법對機說法'이라 하며, 상대방의 소질이나 능력에 따라 상대방에게 알맞은 설법을 한 것이다. 상대방의 이해의 단계가 높아지면 그 내용도 바뀌는 것이다.

매우 영특한 예수에 대한 마니트라 스님의 가르침은 자연 속에서의 대화나 불교의 기초이론을 거쳐, 쉽게 고도의 진리를 전수하게 된 것이다.

불교에서는 지식은 식識, 지혜는 지智로 나뉘어, 식에 의한 것이 지에 의한 생을 목표로 한다. 따라서 우리가 남의 말을 듣거나 책을 읽을 때 그 표면에 나타난 양식이나 형식에 사로잡힘이 없이 그 의의, 목적, 참 내용을 아는 것이 매우 중요하다. 즉, 표면적인 지식이 아니고 체험적인 지혜가 중요한 것이다. 상대방의 지위가 높거나 명성이 있는 것이 중요한 것이 아니라 그 사람의 말과 행동 속에 참된 가치가 있는가 어떤가를 보아야 한다.

아함경(阿含經)

불교 경전 가운데 아함부(部)에 속하는 원시(原始) 또는 소승(小乘) 경전. 아함은 산스크리트 아가마(Agama)의 음역으로서, 전승(傳承)이란 뜻이다.

『한역대장경(漢譯大藏經)』안에는 ❶「장아함경(長阿含經)」❷「중아함경(中阿含經)」❸「잡아함경(雜阿含經)」❹「증일아함경(增一阿含經)」의 4가지가 있다.

팔리어(Pali語) 문헌에서는 5니카야(Nikaya)로 되어 있는데, 그 명칭이나 내용이 한역본과 대체로 상응한다.

4아함이ㅏ 5니카야는 그 하나하나가 1경(經)을 이루는 것이 아니라 각 아함과 각 니카야가 많은 경(經)으로 집성되어 있다.

최근의 불교설화·동화·비유 등은 이 『아함경』을 토대로 한 것이 많다.

목적이 뚜렷한 가르침이나 경전에 의하여 인간은 수행을 하는 것이다. 그러므로 지식도 자기가 소화하여 자기 것으로 만들지 않으면 깨달음이나 지혜를 얻는데 도움이 되지 않는다.

그 예로 아난阿難陀/아난다; Ananda은 부처님의 45년 동안의 설법 가운데 후반기의 25년 간을 언제나 부처님의 곁에 있었고 그 설법도 완전히 기억하였다. 그리하여 제1차 불전결집은 아난의 암송에 기초한 토론으로『아함경』이 이루어졌다.

▲ 제1차 불전결집에서 경을
암송하는 아난다

이처럼 아난은 기억력으로서의 지식에 있어서는 으뜸이었으나 깨달음에 대한 지혜의 관점에서는 부처님 제자들 가운데 가장 열등하였다.

그러나 예수예수 아라한; 이사/Issa 대사의 경우에는 이와는 반대였다.

불교는 인간의 고뇌와 불안을 제거하고 믿음을 통해 인간을 구제하는 가르침이다. 그것은 현실적으로 직면한 고뇌만을 제거하는 것이 목적이 아니라 *법法; dharma/다르마에 따라 살며 정신과 육체의 조화, 건강과 마음의 평안을 얻는 인간완성의 가르침이다. 이 법이란 개인, 가족, 사회, 국가 그리고 동식물을 포함한 이 세상의 모든 것이 조화를 이루고 이상의 땅을 만들기 위해, 인간으로서 어떻게 생을 누려야 하는가 하는 실현방법을 설해 주고 있다.

불교는 법을 설하는 인간학으로 그 법의 중심은 *연기관緣起觀이다. 즉, 이 세상의 모든 것은 고립되어 존재하는 것이 아니라 시간적으로 서로 연결되고 관계를 맺으며 존재한다. 그러기에 연기를 보는

아난다
석존의 멸후 불전 결집에 참가하여 경(經)의 결집에 지대한 업적을 남김.

법(다르마)
부처님의 가르침; 진리; 보편타당성과 윤리성
dharma(skt.)
damma(pali)

연기관
인연생기(因緣生起)의 준말로써 직접적인 원인과 간접적인 조건에 의하여 생겨나는 현상을 관조하여 보는 것.

자는 법을 보는 것이다.

마니트라 스님은 예수에게 법의 4가지 의미에 대하여 가르쳤다.

첫째는 이치에 맞는 특성에 관한 것으로 오늘날의 과학이나 수학적인 진리와 유사하다.

둘째는 선과 자비에 관한 것으로 윤리성, 즉, 집단생활에 있어서의 인간관계의 올바른 양식과 사회의 질서를 위해 지켜져야 할 규범에 관한 것이다.

셋째는 *공空: sunya/수니아과 무아에 대한 가르침으로, 실제나 사물의 고정성을 인정하지 않고 모든 현상은 변하며 무상하므로, 고정된 자아를 내세우지 않고 남을 도와 서로 조화를 이루면서 바르게 사는 조화에 대한 가르침이다.

넷째는 무아와 공을 실천하기 위하여 집착을 떠나 자유롭게 사는 종교적 특성에 관한 것이다. 이것은 현대적으로 해석하면 종교성 속에 포용된 합리성, 윤리성, 조화성이다.

예수는 마니트라 스님의 가르침을 통해 사랑에 대해서 깊이 연구하였다. 이러한 가르침은 칸트Immanuel Kant: 1724~1804의 철학의 핵심을 이룬다. 그는 그리스에서 시작된 서양철학의 본체를 논함에 있어 그 존재를 논증할 수가 없었기 때문에 철학 연구의 대상에서 제외시켰다. 그리고 진리의 표준적인 규범을 나타내는 비평철학을 전개하였다.

우선, 비판을 '순수이성비판'으로 보고 과학성과 그 합리성에 대하여 논하였다. 다음으로 비판을 '실천이성비판'으로 보고 실천적인 윤리도덕에 있어 선을 논했다. 마지막으로 비판을 '판단력비판'으로 보고 미와 조화를 논하였다. 그리고 이 3가지를 진, 선, 미로 규정하고 그것을 통합하는 것으로 성스러운 것을 논했다. 이것은 바로 부처님이 설한

공(空)
모든 현실을 실재하지 않는 것이라고 관조하는 것. 모두가 잠시 인연에 의해 나타난 현상일 뿐 절대적 실체는 없다고 보는 것.

칸트

독일의 철학자. 유럽 근세철학의 전통을 집대성하고, 인간학적 형이상학을 새로이 확립. 『순수이성비판』, 『실천이성비판』, 『판단력비판』의 3 비판서로 유명.

4법인
❶ 제행무상인
❷ 제법무아인
❸ 열반적정인
❹ 일체개고인

4성제
❶ 고성제(苦聖諦)
❷ 집성제(集聖諦)
❸ 멸성제(滅聖諦)
❹ 도성제(道聖諦)

8정도
번뇌를 없애고 해탈
(解脫)하여 깨달음의
경지인 열반의 세계
로 나아가기 위해서
실천수행해야 하는
8가지 길 또는 방법.
❶ 정견(正見)
❷ 정사유(正思惟)
❸ 정어(正語)
❹ 정업(正業)
❺ 정명(正命)
❻ 정정진(正精進)
❼ 정념(正念)
❽ 정정(正定)

4성제 · 8정도
≪P78 참조≫

법으로 마니트라 스님이 예수에게 가르친 법과 매우 유사한 점이다.

또한 연기로서의 법의 특징인 *4법인四法印에 대한 가르침도 주었다. 우선 제행무상諸行無常에서 모든 것은 변하고 이 세상에 확고부동의 것은 없으며, 제법무아諸法無我에서는 모든 것은 다른 것과 독립하여 존재하지 않고 현상계의 인생에는 고정된 것이 아무것도 없으며, 일체개고一切皆苦에서는 그 때문에 인생이 괴로움으로 넘치나, 열반적정涅槃寂靜에서는 그 집착을 떠나 열반의 경지에 이르면 마음이 안정된다고 가르쳤다.

이 연기설에 입각한 마니트라 스님의 최초의 가르침이 *4성제四聖諦; catur-arya-satya; the Four Noble Truths · 8정도八正道; astanga-marga; the Noble Eightfold Path인 것이다.

4성제苦/고 · 集/집 · 滅/멸 · 道/도에서 고와 집은 인간의 이상을 벗어난 가치, 즉 유전연기流轉緣起이고, 멸과 도는 인간의 이상에 이르는

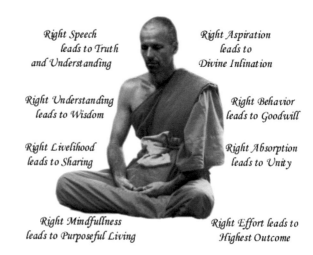

The Noble Eightfold Path to Enlightenment

Right Speech leads to Truth and Understanding

Right Aspiration leads to Divine Inlination

Right Understanding leads to Wisdom

Right Behavior leads to Goodwill

Right Livelihood leads to Sharing

Right Absorption leads to Unity

Right Mindfullness leads to Purposeful Living

Right Effort leads to Highest Outcome

법화경과 신약성서

가치, 즉 환멸연기還滅緣起라 하였다.

4성제를 논하기에 앞서 고락의 두 극단을 떠난 중도의 길을 논하고, 도제를 설함에 있어 8정도에 대하여 상세하게 지도한 것이다.

인간이 세상을 사는 근본목적이나 계획을 세움에 있어 가장 중요한 것이 정견正見이다. 바르게 보지 못하면 바르게 말하거나 살 수 없는 것이다.

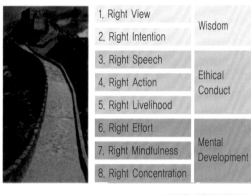

The Noble Eightfold Path

1. Right View	Wisdom
2. Right Intention	
3. Right Speech	Ethical Conduct
4. Right Action	
5. Right Livelihood	
6. Right Effort	Mental Development
7. Right Mindfulness	
8. Right Concentration	

예수가 자아를 극복하고 내재하는 참된 자아에 눈뜨게 된 것도 절대신인 우주와의 일체감을 체험하였기 때문이다. 예수는 자아를 십자가에 걸어 소멸시킴으로써 본래의 우주적 자아를 소생케 한 것이다. 이것은 인간관계의 시발점이기도 하다.

정견(正見)의 결여

삼독(三毒)
깨달음에 장애가 되는 근본적인 세 가지 번뇌, 즉 탐욕(탐貪)·노여움(진瞋)·어리석음(치痴)을 말한다.

정사유正思惟에서는 마음의 *3독毒에 대하여 논하고, 여기에서 벗어나 바른 마음과 자세에 입각하여 말과 행동을 하도록 가르쳤다.

정어正語에서 거짓말·욕설·쓸데없는 말의 해독에 대해 논하고, 정업正業에서는 살생·도적질을 삼가고 모든 생물에 도움이 되는 삶을 살도록 가르치고, 정명正命에서는 바른 직업·매일의 알맞은 생활방식·휴식으로 건강을 증진하여 일의 능률을 올리고, 정정진正精進에서는 윤리 도덕적인 면은 물론 올바른 이상을 위하여 어떠한 일에나 즐거운 마음으로 꾸준히 노력을 기울이라고 하였다.

정념正念에서 중요한 일은 언제나 어떤 일에 뜻을 세워 성취될 때까지 염두에 두고 실천에 옮기도록 가르치고, 정정正定에서는 위의 7가지를 점검하고 일상생활에서 정신을 통일하고 수행하여 자유로운 영혼을 지니라고 하였다.

법륜(chakra/챠크라)

팔정도를 상징

1 3과설(科說)

: 현상계의 일체 만유를 구성하는 요소를 크게 3종류로 나누어 설명하는 것.

① 5온(蘊): 색(色), 수(受), 상(想), 행(行), 식(識)

② 12처(處): 6根; 안(眼)·이(耳)·비(鼻)·설(舌)·신(身)·의(意)-6內處

6境; 색(色)·성(聲)·향(香)·미(味)·촉(觸)·법(法)-6外處

③ 18계(界): 6근(根)·6경(境)·6식(識)

2 4법인설(四法印說): 우주법계를 지배하는 4가지 일정불변한 근본진리.

① 제행무상인(諸行無常印)　　② 제법무아인(諸法無我印)

③ 열반적정인(涅槃寂靜印)　　④ 일체개고인(一切皆苦印)

3 12 연기설(緣起說): 모든 현상은 12가지 요소가 인과관계를 이루어 성립하며, 인생의 근본

적인 문제인 괴로움(苦)의 발생하는 과정과 소멸하는 과정을 단계적으

로 설명.≪p283 참조≫

① 무명(無明; avidya)　　　② 행(行; samskara)　　③ 6식(識; vijnana)

④ 명색(名色; namarupa)　⑤ 6입(六入; sadayatana)　⑥ 촉(觸; sparsa)

⑦ 수(受; vedana)　　　　⑧ 애(愛; trisna)　　　　⑨ 취(取; upadana)

⑩ 유(有; bhava) - 3계(界; 욕계, 색계, 무색계)의 25유(有)

⑪ 생(生; jati)　　　　　⑫ 노사(老死; ara-marana)

4 4성제(四聖諦; the Four Noble Truths): 이 세상의 고뇌의 원리를 설한 4가지 성스러운 진리

≪p282 참조≫

① 고성제(苦聖諦; duhkha)　　: 고통에 대한 성스러운 진리

② 집성제(集聖諦; samudaya) : 고통이 일어나는 원인에 대한 성스러운 진리

③ 멸성제(滅聖諦; nirodha)　 : 번뇌를 없애고 열반에 드는 성스러운 진리

④ 도성제(道聖諦; marga)　　 : 열반에 드는 8방법(8정도)에 대한 성스러운 진리

1) 8정도(正道; astanga-marga; Noble Eightfold Path)

❶ 정견(正見; samyak-drsti)　　❷ 정사유(正思惟; samyak-samkalpa)

❸ 정어(正語; samyak-vac)　　❹ 정업(正業; samyak-karma-anta)

❺ 정명(正命; samyak-ajiva)　　❻ 정정진(正精進; samyak-vyayama)

❼ 정념(正念; samyak-smrti)　　❽ 정정(正定; samyak-samadhi)

2) 6바라밀(sadparamita): 깨달음에 도달하기 위한 6가지의 수행의 도

❶ 보시(布施; dana)　　❷ 지계(持戒; sila)　　❸ 인욕(忍辱; ksanti)

❹ 정진(精進; virya)　　❺ 선정(禪定; dhyana)　　❻ 반야(般若; prajna)

5 수도론(修道論)

1) 5정심관(停心觀; 5문선(門禪), 5관(觀))

: 중생의 주관(主觀)을 다스리기 위한 5가지 수도의 방법. 이를 통해 온갖 삿된 마음을 끊기 때문에 5문선(門禪), 5관(觀)이라고도 함.

① 부정관(不淨觀): 중생의 탐욕심을 다스림.

② 자비관(慈悲觀): 중생의 진심(瞋心), 즉 성내는 마음을 다스림.

③ 연기관(緣起觀): 중생의 어리석은 마음을 다스림.

④ 수식관(數息觀): 중생의 산란한 마음(散亂心)을 다스림.

⑤ 불상관(佛像觀): 중생의 업장(業障)을 다스림.

2) 37보리분법(菩提分法; 37 助道品): 깨달음을 얻기 위한 37가지 수행방법

① 4념처(念處): 신념처(身念處) – 몸은 부정하다는 관

수념처(受念處) – 수(受)가 고통이라는 관

심념처(心念處) – 마음은 무상(無常)하다는 관

법념처(法念處) – 모든 법이 무아(無我)라는 관

② 4정근(正勤): 율의단(律儀斷): 아직 생기지 않은 악을 끊기 위하여 힘씀.

단단(斷斷)   : 이미 생긴 악을 끊기 위해서 힘쓰는 것.

수호단(隨護斷): 호법을 위해 악을 막고 선을 위해 힘씀.

수단(修斷)   : 이미 생긴 선을 잘 키우는 것을 말함.

③ 4여의족(如意足; 4신족(神足): 욕신족(欲神足) · 정진신족(精進神足) · 염신족(念神足) ·

사유신족(思惟神足)

5근(根): 신근(信根) · 정진근(精進根) · 염근(念根) · 정근(定根) · 혜근(慧根)

5력(力): 신력(信力) · 진력(進力) · 염력(念力) · 정력(定力) · 혜력(慧力)

7각지(覺支): 택법각지(擇法覺支) · 정진각지(精進覺支) · 희각지(喜覺支) ·

경안각지(輕安覺支) · 사각지(捨覺支) · 정각지(定覺支)

8정도(正道): 정견(正見) · 정사유(正思惟) · 정어(正語) · 정업(正業) · 정명(正命) ·

정정진(正精進) · 정념(正念) · 정정(正定)

3) 3학(學): 계(戒), 정(定), 혜(慧)

① 계학(戒學)

② 정학(定學)

③ 혜학(慧學) – 문혜(聞慧) – 교법을 듣고 얻는 지혜

사혜(思慧) – 생각하고 고찰하여 얻는 지혜

수혜(修慧) – 수혜란 선정을 닦아서 얻는 지혜

『신약성서』는 예수의 말이 나오는 부분은 극히 적고 제자들이 말한 내용이 대부분이라 예수의 말이라고 할 수는 없다. 그럼에도 불구하고 성서에는 마음의 편안함에 대한 말이 40번 정도 나온다.

마니트라 스님은 지도법에 대해서도 이끌어주었다. 사람을 교화함에 있어서 사람은 제각기 다르므로 그의 성격·소질·이해력·환경에 따라 거기에 맞는 가르침을 주고, 실천하기 쉽도록 해야 한다고 설하였다.

이와 같은 스님의 가르침은 바로 좌선을 통해 지혜의 눈으로 세상을 보는 *관법觀法으로 예수의 모든 수행의 기초가 되었다.

욕심이 많은 자에게는 물욕을 버리고 자기 중심적 마음에서 벗어나도록 보시를 가르치는 부정관不淨觀을 설하고, 화를 잘 내는 자에게는 마음을 다스리도록 자비관慈悲觀을, 어리석은 자에게는 인과의 법을 깨우치는 연기관緣起觀을, 중생의 산란한 마음을 편하게 해주도록 수식관數息觀을, 중생의 업장業障을 다스리기 위해 불상관佛像觀을 가르쳤다.

때로는 시체가 있는 곳에 데리고 가서 죽은 자를 보게 함으로써 보통 때에는 의식하지 못한 인간의 세계에 눈뜨게 하고 생사에 관한 욕망 집착을 없애도록 하였다.

아집이 강한 자에게는 고정된 자아가 없음을 가르치는 계차별관界差別觀, 불평불만하기 좋아하는 자에게는 인연관因緣觀, 행동력이 없는 자에게는 실천을 중시하는 수신행隨信行, 이기적이고 논리적으로 따지기 좋아하는 자에게는 수법행隨法行 등 상대방에 따라 설하는 가르침을 마니트라 스님은 예수에게 전수한 것이다.

4성제를 가르침에 있어서도 상대방이 무엇 때문에 괴로워하는지를 밝혀 인간을 깨달음에 이르도록 이끌라고 가르쳤다.

자기 중심적인 사고로 인하여 집착심, 오만이 생기는 것을 없애고

관법
5정심관(五停心觀)
중생의 주관(主觀)을 다스리기 위한 5가지 수도방법.
5문선(門禪), 5관(觀)이라고도 함.
❶ 부정관(不淨觀)
❷ 자비관(慈悲觀)
❸ 연기관(緣起觀)
❹ 수식관(數息觀)
❺ 불상관(佛像觀)

법화경과 신약성서

독선에 빠지는 일이 없도록 이끌도록 가르쳤다.

높은 경지에서 사물을 바르게 보아 인간·동물·자연에 대하여 자비의 마음을 지니게 하며, 그것들과 대립하지 않고 모두를 포용하여 무아가 대아가 되는 길을 가르쳤다.

그리고 *육신통六神通과 같은 신통력을 기르도록 하였는데, 신통력이란 본래 기적을 일으키는 힘이다.

그러나 마니트라 스님이 예수에게 역점을 둔 것은 그러한 기적이 중요한 것이 아니라 인간의 마음과 행동을 보고 미래를 예지하는 능력이 소중한 것이라는 가르침이었다.

마니트라 스님으로부터 이러한 능력을 전수 받은 예수는 어느 누구보다도 그 뛰어난 재능을 발휘하였다.

그러나 스님은 예수에게 개인의 명예나 이익을 위한 방편으로 신통력을 사용해서는 안 된다고 하였다.

예수는 8정도의 실천적 활용에 매우 뛰어났다. 훗날 예수가 자기 나라에 돌아갔을 때 *바리새파Pharisees 사람들이 예수를 없애기 위해 간음한 여인 앞으로 불러냈을 때 예수는 바로 8정도의 정견正見; 옳고 그른 것을 아는 것으로 바리새인들의 흉악한 계략을 꿰뚫어 보았던 것이다.

📖 **육신통(六神通)**

완전한 선정과 삼매의 경지에서 얻어지는 6가지 초자연적 능력. 어떤 일이 놀랍게 잘 될 때 신통하다고 하는데 바로 여기서 나온 말이다. 구사론(俱舍論) 권27 등에 나온다.

신족통(神足通)	몸을 크거나 작게 할 수도 있고, 또 물위를 걷는 등 어느 장소에나 갈 수 있는 신통력. 여의통(如意通)이라고도 함.
천안통(天眼通)	한 사람의 현재 상태를 보고 그의 미래까지 내다볼 수 있는 능력.
천이통(天耳通)	남의 말을 듣고 그 참된 의미와 가치를 판단할 수 있는 능력이다. 인간이란 제스처와 같은 비언어적 수단에 의해서도 많은 것을 표현한다.
타심통(他心通)	타인의 마음을 들여다볼 수 있는 신통력.
숙명통(宿命通)	한 사람을 보고 그의 전생과 과거에 더듬어 온 운명을 아는 능력.
누진통(漏盡通)	모든 번뇌를 소멸하고 육도윤회에서 벗어남을 깨닫는 능력.

바리새파
유대교의 주류로, BCE 1C~CE 1C에 사두개파(派)와 함께 유대교 양대 파를 형성했다.
바리새파는 율법의 엄격한 해석과 철저한 준수로 형식주의에 치우쳐, 율법을 지키지 않는 대다수 유대인들을 멸시하고 자신들을 우월하게 여겼다.
≪p156 바리새파와 사두개파 도표참조≫

▲ 바리새파(Pharisees)의 사람들

만약 간음한 여인을 돌로 쳐죽이라고 한다면 모세의 율법은 지킨 것이 되나 자기가 부르짖어 온 사랑의 가르침을 스스로 부정하는 결과가 되며, 반대로 말한다면 모세의 율법에 정면으로 도전하는 결과가 된다. 여기에 함정이 있다고 예수는 생각했다.

그래서 '너희들 중 죄 없는 자는 여인에게 돌을 던지라' 하여 두 가지 함정을 동시에 벗어났다.

예수와 간음한 여인
예수도 모르는 유명한 위작으로, 법화경에서 베껴다 개작한 이야기이다.
≪예수의 마지막 오딧세이, 목영일 교수 저, pp189~193 참조≫

여인을 자비로 도와준 것은 물론이고 여인을 비난하거나 자기를 해치고자 한 사람은 비난하지 않고 편안한 마음의 자세로 문제를 해결하였다.

예수가 '자기를 버리고 나날의 십자가를 메고 나를 따르라' 한 것도 이 세상을 쉽게 살고자 하는 자기를 버리고 육체적 번뇌를 벗어나라는 불교적 가르침이다.

그것은 마니트라 스님이 예수에게 들려준 다음 이야기와 관련이 있다.

▲ 예수와 간음한 여인
(Jesus and the Adultress)

한때 부처님이 숲 속에서 좌선을 하고 계셨는데 그때 네댓 명의 젊은이들이 와서 말을 걸었다.

"존자님이시여, 혹시 여기 한 여자가 지나가지 않았습니까? 그 여인이 우리 물건을 훔쳐 도망쳤습니다."
부처님께서는 그들의 질문에 바로 대답하지 않으셨다. 반대로 부처님께서 물으셨다.
"너희들은 무엇을 찾고 있느냐?"
"도망친 여인을 찾고 있습니다." 하고 청년들은 대답하였다.
그러자 부처님께서 이렇게 말씀하셨다.
"젊은이들이여, 도망친 여인을 찾는 것과 자기 자신을

찾는 것 중 어느 쪽이 중요하냐?"

"물론 자기 자신을 찾는 것이 중요하지요."

청년들은 솔직하게 이구동성으로 이처럼 대답하였다.

"그러면 내가 너희들에게 자기 자신을 찾는 법을 가르쳐주지."

젊은이들은 부처님 주위에 앉았다. 그들은 '도망친 여인을 찾기보다는 자기 자신을 찾아라'라는 부처님의 가르침에 크게 감화되었다.

▲ 예수와 간음한 여인 이야기의 원전인 법화경 바다-바기야(Bhadda-Vaggiya) 형제들 이야기

사실 젊은이들은 부인이나 애인을 데리고 숲에 놀러 온 것이다. 그중 한 청년이 여자를 한 명 돈을 주고 사서 데리고 왔던 것이다. 모두 즐겁게 노는 사이에 그 여인이 다른 여인들의 보석을 훔쳐 도망치자 그들은 그 여인을 잡기 위해 찾아다닌 것이다.

'잃어버린 물건을 찾기보다는 잃어버린 자기 자신을 찾아라'라는 이 불교 교훈이 훗날 동방으로 유학 와서 불교수행을 하고 있던 예수에게도 강한 인상으로 그의 뇌리에 깊이 박힌 것이다.

소크라테스도 광장에 나가 청년들에게 '너 자신을 알라'고 자기 탐구의 길을 제시한 것이다.

이러한 마니트라 스님의 가르침은 예수가 그의 제자들에게 역설한 바 있고, 특히 도마에게 전수한 '천국은 너의 마음속에 있다'라는 불성 내재론佛性內在論은 지금도 복음서에 기록으로 남아 있다.

또한 예수가 마니트라 스님에게서 받았던 마음의 세계에 대한 가르침은 신약성서 「*고린도인에게 보내는 편지The Letters of Paul to the Corinthians」에 '눈에 보이는 것은 일시적인 것이며 눈에 보이지

예수의 마지막
오딧세이

≪예수의 마지막 오딧세이, 목영일 교수 저, pp189~193 참조≫

고린도인에게 보내는 편지

신약에서 사도 바울이 그리스 고린도(코린토스) 지방의 신자들에게 보낸 편지. 첫째 편지(55년)는 「고린도전서」, 둘째 편지(56년)는 「고린도후서」로 불린다.

않는 것은 영원한 것'이라는 구절로 지금도 생생하게 살아있다.

인간세계는 마음을 중심으로 돌고 있다. 자기 마음이 수용할 수 있는 분량을 넘어서는 그 밖의 사물을 그 속에 담을 수도, 볼 수도, 들을 수도, 느낄 수도 없다.

인간의 행복의 조건 가운데 가장 중요한 것이 마음의 편안함이다. 마음이 편안하지 않은 상태에서는 건강도 재산도 행복을 가져다 주지 못한다. 마음이 편안하면 어떠한 상태에서도 행복을 스스로 찾을 수 있는 것이다.

이 인간의 마음을 다루는 것이 예수의 스승 마니트라 스님이 예수에게 전한 가르침의 원점이다.

스님은 이 마음을 *요별了別; visaya-vijnapti/비사야 비냐파티, 자아의식自我意識, 그리고 *알라야alaya; 아뢰야; 창고의 셋으로 나누어 설명해 주었다.

이 세 가지 부분 가운데 알라야가 가장 중요한 것이다. 이 인간의 마음의 창고에는 살아가면서 배우고 체험한 것을 넣어 두는 인간이 생각한 것, 말한 것, 행한 것이 전부 보관되는 기억의 창고와 같은 부분이다.

그것은 나무의 씨와 같은 것으로 알맹이라기보다는 향기로서 간직되는 것이다. 불교에서는 이것을 훈薰이라 한다.

한 사람의 마음의 창고는 그 사람의 인격이며, 그 안에는 좋은 씨도 나쁜 씨도 있다. 무엇이든 그것이 창고 안에 들어있을 때는 아무런 표식도, 선악의 구별도, 옳고 그름의 판단도 없다.

그러나 그것이 창고 밖으로 나올 때는 선도 되고 악도 되는 것이다. 그러므로 마음의 창고에는 좋은 씨를 넣어두는 것이 중요하다. 선의 씨를 넣어 두지 않으면 선의 꽃은 피지 않는다.

요별
인식작용
사물을 판단·식별
하는 부분

알라야(alaya)
Sanskrit(梵語/범어)로, "창고, 곳간(에 저장하다)"라는 뜻이다. 예를 들어, Himalaya(히말라야)는 hima「눈(snow)」 + alaya「창고」의 합성어로 전체적인 뜻은 「눈이 간직된 곳(The Abode of Snow)」이란 뜻이다.

법화경과 신약성서

중요한 것은 바로 지금 이 순간에 자기 마음의 창고의 씨앗을 바꿀 수 있다. 그러므로 과거 · 현재 · 미래의 삼세三世 가운데 현재가 가장 중요한 것이다. 자신의 미래를 바꿀 수 있기 때문이다. 지금 자기 마음의 창고에 좋은 씨를 심도록 하라.

인간은 마음을 어디에 두느냐에 따라 인간의 주위 환경을 바꾸어 나가는 성질이 있다. 여기에 관觀이 중요하다. 뛰어난 지도자는 사람들이 무엇을 바라고 구하며 무엇을 생각하느냐를 보아야 한다.

인간은 관에 의해 눈에 보이지 않는 음흡을 보아야 한다. 음이란 울림이다. 누가 말하면 그 소리를 듣고 마음의 울림을 아는 것이다.

자기가 남을 볼 때는 자기가 관이고 상대방은 음이며, 남이 나를 볼 때는 자기가 음이고 상대방이 관이다. 극락과 지옥이 섞여 있는 자기 마음이 상대의 음을 듣는 것이다. 그 소리를 자기 중심적으로 듣고 판단해서는 안 된다.

*관자재보살觀自在菩薩, Avalokitesvara Bodhisattva/아발로키테스바라 보디싸트바; 관세음보살이란 인간이 과오를 범하기 쉬운 관觀 속에도 자재自在의 관음觀音이 있음을 자각해야 한다는 뜻이다. 이것이 자기 완성, 자기 성장에의 길이다.

마니트라 스님은 하늘에서 물질이 내려오는 현상에 대해서도 예수에게 그 비법을 전수했으나 기적의 남용은 금하였다.

그러나 예수는 손쉽고 빠르게 신도들을 모으기 위해 기적을 남용하였다. 예수의 비극적 처형, 그 후 기독교에 대한 박해는 이 세상이 잘못되었다는 세기말 현상을 일으켰지만 그것은 정화되었다.

관세음과 관자재
Avalokitesvara의 한역. 구마라습이 번역한 구역에서는 관세음(觀世音)보살로, 현장법사가 번역한 신역에서는 관자재(觀自在)보살로 번역됨.

▲ 관세음보살
Namo Avalokitesvara!

5장 티베트 · 페르시아에서의 예수

예수는 간다라Gandhara와 인도에서 불교수행을 한 다음, 불교를 더 깊이 연구하기 위해 티베트Tibet로 떠났다. 라사Lhasa에 있는 고문서 를 읽고 성인 *멩스테Mengste의 지도를 받기 위한 것이었다.

멩스테 스님은 예수를 환영한 나머지 그가 희망한 대로 고대의 사본을 그에게 다 보여주고, 그가 묻는 것에 대해서도 아주 친절 하게 가르쳐 주었다.

▲ 포탈라궁(Potala Palace; 布達拉宮): 티베트 라사에 있는 달라이라마의 궁전

법화경과 신약성서

예수는 맹스테 스님이 방대한 지식과 초능력을 가지고 있음에도 불구하고 인류의 복지를 위하여 사용하지 않는 것을 이상하게 생각하였다. 예수는 고대의 수많은 사본을 다 익히고 나서, 맹스테 스님에게 자기가 익힌 지식과 그에게서 지도 받은 지식을 가지고 인류를 구제하겠다는 허락을 구하였다.

맹스테 스님은 이러한 예수의 인간 됨을 보고 그의 장래를 위해 그 뜻을 기꺼이 받아들였다. 예수가 그에게서 배운 지식은 요가나 영계의 빛을 받아 병자를 치료하는 심령술에 관한 비법과 예배 양식에 관한 것이었다.

예수는 우선 인도의 라다크Ladak 지방에서 병자를 고치기 시작했고, 그 후 인도 각지를 돌아다니며 병든 인간을 구제하다가 24세 되던 해에 페르시아에 이르렀다.

그는 페르시아 역대 왕들의 무덤이 있는 도읍지 *페르세폴리스Persepolis에 가서 유명한 마기Magi: 조로아스터교사제들사제들과 만나 수행을 하며, 티베트에서 익힌 지혜를 통해 마기 사제들의 철학을 재음미하게 되었다. 그는 우선 *조로아스터교Zoroastrianism; 拜火敎/배화교의 선과 악의 이원론二元論을 비판하고 마기승려 학자들과 진지하게 토론회를 가졌다.

그는 마기승들이 주장하는 선악의 이원론을 지양하였다. 모든 피조물은 제각기 그 고유한 색채와 형태를 가지고 있으므로 있는 그대로가 바로 선이고, 다만 이것이 이상하게 뒤섞여 서로가 부조화를 이룰 때 사람들이 그것을 악이라고 부를 따름이라고 주장하였다.

페르세폴리스
이란 남서부 팔스지방에 있는 아케메네스왕조의 수도. 그리스어로 '페르시아의 도시라는 뜻. 다리우스 1세가 건설했으나 알렉산더대왕의 페르시아 정복 때 소실됨(BCE 330).

조로아스터교
고대 페르시아의 불을 신성시하는 이원론적 일신교. 경전은 『아베스타』.

▲ 페르세폴리스의 유적지

동방박사는 온 적이 없었다

예수의 탄생을 축복하러 온 세 명의 동방박사(페르시아의 마기(magi, 사제들): 호르·룬·메르(Hor, Lun, Mer) 이야기는 마가가 브라만교의 성자 크리슈나의 이야기를 차용하여 꾸며낸 이야기이다.

즉, 인간이 자기의 의지나 불완전한 능력으로, 신이 만든 선 자체인 자연스러운 것을 잡되게 섞어 부자연스럽게 만들고, 그것을 인간이 스스로 악이라고 부른다는 것이다. 따라서 악이나 지옥불도 인간이 스스로 만들어 낸 것이며, 또한 그것을 없애야 하는 것도 인간의 과제라고 강력히 주장하였다.

토론이 없을 때 예수는 마을에 나가 병자를 치료하였다. 그의 기적적인 행적을 본 마기승들은 그런 지혜가 어디서 오느냐고 물었다.

이에 예수는 인간의 영혼이 신과 만나는 고요한 경지에 대해서 설명을 하였다. "그 경지는 빛으로 넘치는 세계로 그곳은 바위나 담으로 둘러싸인 곳도 아니고 무력으로 지켜야 하는 곳도 아닌 것이다. 산꼭대기든 골짜기든 들판이든 집안이든 그 어디서나 발견할 수 있는 곳으로, 그곳은 우리의 영혼(마음) 속에 있다"고 하였다.

이 영역은 바로 영혼의 세계이며, 마음이 맑은 자만이 그 속에 들 수 있으며, 거기에 이르려면 모든 고뇌와 긴장·의혹을 버려야만 하는 것이다. 그 때에 인간의 의지는 신의 뜻에 흡수되어 버린다.

그는 마기승들에게 자신의 머리 속과 마음속을 들여다보게 하여 거기서 스스로 찬란한 빛을 발견하도록 지도한 것이다.

이처럼 예수는 스스로 깨달은 진리를 바탕으로 사이러스Cyrus의 숲 속에서 수많은 마기승려들을 지도하였다. 그는 『법화경』과 유사한 세계에 대해서도 설명하였다.

만물은 다 묘법妙法이 아닌 것이 없고, 상相도 마찬가지이다. 따라서 인간 마음의 세계도 묘법인 것이다. 상에는 유有·무無의 두 가지가 있는데, 무상無相은 형이 없는 것 같지만 그 전체상은 뚜렷하다. 이것이 바로 미묘微妙로서 마음으로밖에 표현할 길이 없다.

또한 유형有形은 형을 지니고 있는데, 그것이 법法이고 체體인 것이다. 법法이 있는 것은 멸滅한다. 그것이 법의 길이며 상법의 길이다. 성性은 미묘해서 유有와 뚜렷한 법형法形을 낳는다. 그러므로 인간의 심체心體는 다 묘법으로 천지에 충만 되어 있다.

이처럼 예수는 명상에 드는 참된 방법, 인간의 영혼이 신과 만날 수 있는 방법, 거기에서 이루어지는 모든 기적에 대하여 마기승들과 토론하였다.

한편 예수는 불교와 조로아스터교를 비교·연구하면서 고국 유대풍토에 맞게 지도할 방법에 대해서 진지하게 생각하였다.

이 시점에서 불교, 조로아스터교, 기독교의 관계에 대해서 고찰해 보는 것도 매우 의의가 있다고 생각된다. 특히 '말세와 메시아의 도래'라는 문제를 중심으로 다루어 보기로 한다.

무량수경
대승불교 정토종(淨土宗)의 근본 경전. 『관무량수경(觀無量壽經)』, 『아미타경(阿彌陀經)』과 더불어 정토삼부경(淨土三部經)이라고 함. CE 100년경 북인도에서 만들어진 것을 인도 승려 강승개가 252년 위(魏)나라 낙양(洛陽)으로 가지고 가서 한역(漢譯)함.

불교의 *『무량수경無量壽經』에도 몇 가지 종류가 있지만, 그 중 『대아미타경大阿彌陀經』과 『무량청정평등각경無量淸淨平等覺經』에는 '오악단 비화단五惡段 悲化段'이라는 구절이 있다.

그것은 아미타불의 공덕이나 불국토의 모습을 설명한 후, 이 세상의 사람들이 5가지 악, 즉 살생·도적·음란·망언·음주에 깊이 빠져 구원받을 길이 없는 모습에 대해서 상세하게 그려냈다.

비록 이 세상은 악과 고뇌로 넘쳐 있지만, 그래도 언제나 자비심을 잃지 않고 불도를 지키는 자는 아미타불의 나라에 갈 수 있다는 것이다. 왜냐하면 거기에는 악이 없기 때문이다.

기독교 신약성서the New Testament의 「요한의 묵시록the Apocalypse; the Revelation to John」에서는 악으로 넘쳐있는 세상에

종말의 날이 오고 하느님의 나라가 도래하는 것으로 묘사하고 있다. 『무량수경』에서는 악이 창궐하는 세상을 아미타불이 구제하고 있다.

이러한 유사점은 기독교와 불교 모두 악이 창궐하는 세상의 종말의 날에 메시아Messiah, 구세주가 출현하여 악을 물리치고 죽은 자들은 부활하여 최후의 심판을 받는다는 조로아스터교 교리를 거의 그대로 수용한 결과이다.

예언자 조로아스터 사후 3천년 후에 구세주가 지상에 강림하여 지상천국을 건설한다는 조로아스터교의 '종말론과 구세주 사상'은 동서양 양대 종교로 이어졌다.

한 갈래는 인도북부까지 점령했던 페르시아 *아케메네스왕조에 의해 힌두교의 마이트레야 신앙으로 연결되고, 다시 대승불교의 미륵彌勒, Maitreya 신앙과 아미타신앙으로 이어졌다.

또 다른 한 갈래는 페르시아 *사산왕조의 국교에서 유대교로, 또 다시 600여 년 후 기독교로 이어졌다.

바빌로니아에서 노예생활을 하고 있던 유대인들을 해방시켜준 유대인들의 위대한 메시아였던 페르시아 키루스Cyrus II 대왕이 신봉하던 종교가 바로 조로아스터교였다. 따라서 유대인들이 조로아스터교의 메시아 사상을 유대교 교리로 받아들이게 된 것은 너무나 자연스럽고 당연한 것이었다.

이와 같이 조로아스터교는 동서양 양대 종교의 메시아 사상, 즉 불교의 미륵사상과 아미타신앙, 기독교 메시아 신앙의 출발점이 된 위대한 종교였다.

아케메네스왕조
고대 페르시아의 왕조. BCE 6세기 중엽에 키루스 이세가 세운 왕조로, 다리우스 삼세 때 알렉산더 대왕에게 멸망당함.

사산왕조
아르다시르 1세가 연 페르시아 왕조. 명칭은 선조이며 배화교의 제주(祭主)인 사산(Sasan)에서 유래함. 배화교의 이념을 기반으로 하는 신정국가(神政國家).

◀ 1534년째(2010) 꺼지지 않고 타오르고 있는 신성하고 영원한 불. 이란 야즈드(Yazd) 불의 신전(Atash Behram)

짜라투스트라(Zarathustra; Zoroaster/조로아스터)

조로아스터교의 교조 · 성자(聖者) · 예언자(BCE 1800년경). 페르시아어로는 짜라투스트라 (Spitama Zarathustra), 그리스어로는 조로아스터(Zoroaster)이다. 사료에 따르면 그는 아프가니스탄, 또는 이란 동부의 옥수스 강 유역 태생이라 한다.

성자는 12세에 집을 나가, 20세 경 구도의 길에 들어섰고, 30세 경 광명과 지혜의 최고신 아후라 마즈다의 계시를 받고 조로아스터교를 창시하였다. 그 후 아후라 마즈다를 예배하는 종교를 버리라는 악령 앙그라 마이뉴의 유혹을 받았으나 이를 이겨냈다. 그는 많은 어려움에도 열성적으로 전도하고 두 차례의 성전을 치렀다. 77세 때 유목민의 침입 시 신전의 성화(聖火) 앞에서 순교했다.

▲ 아후라 마즈다(Ahura Mazda)
창조주이자 선과 광명의 최고신

가운데 원=영혼(soul)
오메가(Ω)=사자(leo; lion)
아래 두 원=완성(completion)

▲ 교조 성(聖) 짜라투스트라

짜라투스트라는 이렇게 말했다

Also sprach Zarathustra; Thus Spoke Zarathustra 는 니체가 교조 조로아스터의 자유의지에 대한 경배의 표현으로, 자신의 사상이 무르익은 후기에 초인(超人, Übermensch), 권력에의 의지, 영겁회귀 등 자신의 중심 사상을 문학적으로 풀어 쓴 작품이다.

이 책을 원작으로 한 리하르트 시트라우스(Richard Strauss)의 교향시의 제목으로도 유명하다.

◀ 불의 신전에서 불에 타 순교하는 성(聖) 조로아스터

조로아스터교(Zoroastrianism)

① 동서양 양대 종교 메시아사상의 출발지, 조로아스터교

조로아스터교는 교조 조로아스터(Zoroaster)가 30세 때 다이티(Daiti)강에서 신의 계시를 받고 창시한 고대 페르시아 종교로, 창조주이자 유일신인 아후라 마즈다(Ahura Mazda)를 숭배하며, 선과 악의 이원론의 세계관을 가지고 있다. 아후라는 '주(主), 하느님'이라는 호칭이며 마즈다는 '광명·지혜'라는 뜻이다.

조로아스터교의 제례의식은 불이 타오르는 화로가 놓인 제단 앞에서 행해지는데, 이것은 불 자체를 숭배하는 것이 아니라 불꽃을 피워 경배를 표현하는 것이다. 따라서 배화교(拜火敎; 불을 숭배하는 종교)라는 번역은 적절치 못하다.

조로아스터교(敎)는 일신교(一神敎)로, 이것은 당시의 다신교적 세계에 혁명적인 것이었다. 조로아스터교의 유일신 사상, 선과 악으로 대비되는 세계관, 종말론, 내세관 등은 유대교·기독교·이슬람교·불교 등의 종교는 물론 서양철학에도 큰 영향을 미쳐 인간의 자유의지에 대한 고민과 탐구의 시발점이 되었다.

조로아스터교는 아케메네스왕조 시대(Achaemenian Dynasty, BCE 550~BCE 330)에 오늘날의 이란 동북부 지역을 중심으로 하여, 동쪽으로는 아프가니스탄까지, 서쪽으로는 그리스까지 전파되었다. 조로아스터교를 국교로 삼은 페르시아의 사산 왕조(Sasanian Persia, CE 226~651) 때 특히 크게 융성하였다.

② 조로아스터교의 경전과 이원론적 조로아스터교 교리

조로아스터교의 성전(聖典)『아베스타Avesta』는 창조주 아후라 마즈다가 예언자 조로아스터에게 계시한 우주의 창조, 법, 전례, 그리고 교조 조로아스터의 가르침 등이 아베스타어(Avestan)로 기록되어 있다.

경전 아베스타(Avesta, 페르시아어로 '지식'이란 뜻)는 BCE 1800년경부터 전승되어 오다가 사산왕조(Sassanid Empire) 때 최종적으로 집대성되어 편찬되었다.

경전 아베스타에 의하면, 태초에 아후라 마즈다에서 선한 영, 즉 천사인 스펜타 마이뉴(Spenta Mainyu, 아후라 마즈다의 성령)와 악한 영 앙그라 마이뉴(Angra Mainyu, 후에 Ahriman/아흐리만, 또는 Shaitin/샤이틴, Satan/사탄)가 나왔다. 영어 anger(분노)는 이 Angra에서 나왔으며, 기독교에서 마치 자신들의 창작물인양 착각하고 있는 사탄(Satan)이란 용어도 조로아스터교에서 가져 간 것이다.

선과 악의 구분이 명확한 이원론적 조로아스터교 교리에 따르면, 이 세상은 선과 악이 싸우는 투쟁의 현장이며, 인간은 타고난 이성과 자유 의지로 선 또는 악의 어느 한쪽을 스스로 선택하고, 또한 그 결과에 스스로 책임을 져야 한다.

③ 조로아스터교의 2단계 종말론

조로아스터교에서의 종말은 2단계로 되어 있다. 1단계 종말은, 사람이 죽어 영혼이 4일 후 천국 입구에 도달하면, 천사 미트라가 생전의 행위를 저울에 올려놓고 심판을 한다. 선한 쪽으로 기울면 그 영혼은 천국으로 가고, 악한 쪽으로 기울면 지옥으로 간다. 선행과 악행이 같아 저울이 평형을 이루는 사람들은 천국과 지옥 중간에 있는 연옥으로 간다.

1단계 종말은 시한적 임시조치로, 천국, 지옥 또는 연옥에 간 영혼은 영원히 그곳에 있는 것이 아니라 구세주가 나타나면 비로소 최후의 심판을 받게 된다.

2단계 종말은, 예언자 조로아스터의 사후 3000년이 되면 세상의 종말이 오는데, 그때 구세주(Saoshyant/사오샨트)가 나타나면, 천국·지옥에서 모든 영혼들이 부활하고, 최후의 심판이 행해져 모든 악한 영혼은 순화되어 선한 영혼과 합류한다. 악은 완전히 소멸된다.

	원본 조로아스터교 교리	기독교에서 차용한 내용
삼위일체	성부: 아후라 마즈다, 창조주 하느님 성자: 사오샨트, 창조주의 아들로 　　　인간을 구원해 줄 메시아 성령: 스펜타 마이뉴, 창조주의 영	성부: 야훼, 창조주 하나님 성자: 예수, 창조주의 아들로 　　　인간을 구원해 줄 메시아 성령: 창조주의 영
천사와 악마	천사: 하느님 아후라 마즈다의 편 악마: 사탄, 앙그라 마이뉴	천사: 하나님 야훼의 편 악마: 루시퍼(사탄은 조로아스터교 용어)
천지창조	천지가 창조주 아후라 마즈다에 의해 6단계에 걸쳐 창조됨.	천지가 창조주 야훼에 의해 6일에 걸쳐 창조됨, 7일날 안식.
종말	구세주 사오샨트를 받들어 구원받은 이들은 빛의 세계로 가고, 나머지는 불로 심판을 받는다. 구세주가 재림하는 날, 최후의 심판이 행해져 악은 멸한다.	구세주 예수를 믿고 구원받은 이들은 부활해 천국으로 들리워 올라가고, 나머지 사람들은 불로써 최후의 심판을 받고 유황불 지옥으로 떨어진다.
부활	조로아스터는 3일만에 부활하셨다가 공중에 올라가 아후라 마즈다 우편에 앉으셨다.	예수는 3일만에 부활하셨다가 공중에 올라가 야훼 우편에 앉으셨다.
구세주의 탄생과 사명시작	동정녀에게서 태어나고 12세에 집을 떠나 30세에 강에서 신의 계시를 받고, 12제자를 이끌고 기적을 일으키며 새로운 메시지를 가르침.	동정녀에게서 태어나 13세에 동방유학을 떠남. 30세에 요르단강에서 신의 계시를 받고, 12사도와 기적을 행하며 새 메시지를 전파.
선한 목자	구세주 샤오샨트는 선한 목자시다. 샤오샨트는 구원이시며 진리를 알려주시는 이다.	예수는 선한 목자시다. 나는 길이요, 신리요, 생명이며 나로 말미암지 않고는 천국에 갈 수 없다.

▲ 악신(惡神) 앙그라 마이뉴

◀ 선신(善神) 스펜타 마이뉴

아동용 장난감으로 제작된 ▶
앙그라 마이뉴 (아리만)

조로아스터교에 의하면 현 세계의 존속 기간을 1만 2천년으로 보고 그것이 3천년마다 분할된다고 하였다.

최초의 3천년은 선악의 영적 창조기로, 선신善神과 악신惡神이 전투를 시작하는 시기이다.

제2의 3천년은 선악의 대립기로, 선신 아후라 마즈다가 천사·하늘·물·땅·인간·동물·식물을 창조하고, 악신 앙그라 마이뉴는 악령을 창조하여 서로 대립하게 된다.

제3의 3천년은 선악의 투쟁기로, 이 때 짜라투스트라Zarathustra가 나타나 최후의 심판이 다가옴을 예언한다. 지금 우리가 살고 있는 현재가 바로 이 시기에 속한다.

조로아스터교에 의한 현 세계의 존속기간 12,000년

I (3000년) 선악의 영적 창조기	II (3000년) 선악의 대립기	III (3000년) 선악의 투쟁기	IV (3000년) 최후의 심판
▶ 선악신 각자의 정신적 피조물 창조 ▶ 만물의 형태나 활동 없음 ▶ 선신과 악신의 전투개시	▶ 선악이 패권장악을 위해 투쟁 ▶ 물질적 창조 ▶ 선신의 하늘, 땅, 인간창조	▶ 악신의 패권장악 ▶ 악신이 물질세계를 파괴 ▶ 인간을 악과 거짓으로 유혹	▶ 구세주 Shaoshant 등장 ▶ 선의 궁극적 승리 ▶ 모든 인간의 심판

법화경과 신약성서

인간들의 생전의 모든 행위는 '생명의 책the Book of Life'에 기록되기 때문에 이에 따라 인간의 영혼은 죽은 지 나흘째 되는 날 *'친바트의 다리Chinvat Peretum: 冥界/명계의 다리: the Bridge of the Separator: 이슬람에서는 As-Sirat/아즈 씨라트' 앞에서 미트라Mithra 를 비롯한 천사들에 의해 생전의 모든 행위에 대해 심판을 받게 된다.

"…미트라를 비롯한 천사들이 죽은 자의 영혼을 천칭으로 재어 선한 쪽으로 기우는지 악한 쪽으로 기우는지를 심판한다. 그리고 영혼은 다리를 건너게 된다.

선한 영혼이 건널 때는 다리가 넓어져서 그 영혼을 천국으로 인도하지만, 악한 영혼이 건널 때는 다리가 칼날보다 좁아져 그 영혼을 다리 밑의 지옥으로 떨어뜨린다."

▲ 친바트의 다리(Chinvat Bridge)

영혼을 천칭으로 재어 선량한 영혼은 천국에 가고, 악한 영혼은 지옥에 빠지게 된다. 선행과 악행이 저울에 균등하게 나타나는 사람의 영혼은 천국과 지옥 사이의 정죄계淨罪界: 연옥에 머물며 최후의 심판을 받을 날을 기다린다.

*단테Alighieri Dante: 1265~1321의 『신곡神曲: La Divina Commedia; The Divine Comedy』에 나오는 *'연옥purgatorium'의 개념도 바로 여기서 간 것이다.

제4의 3천년이 끝날 무렵, 즉 예언자 조로아스터의 사후 3천년이 되면, 세상의 종말이 온다. 이 때 혜성이 하늘에서 땅으로 떨어져 세상은 불바다가 되고, 용암이 흘러 내지를 뒤덮는다.

단테

이탈리아의 시인

최후 심판의 날, 구세주 사오샨트Saoshyant: one who brings benefit/은혜를 베푸는 자가 나타나 최후의 심판을 알린다.

천국과 지옥에 간 영혼은 종말에 이르러 구세주가 나타나면, 모든 영혼들이 부활하고, 악한 영혼은 순화되어 선한 영혼과 합류한다.

선신 아후라 마즈다는 악신 앙그라 마이뉴를 물리치고 승리하게 된다. 사탄과 악령들은 완전히 소멸된다.

아케메네스 왕조의 *아르타크세르크세스 2세Artaxerxes Ⅱ Mnemon: 재위 BCE 404~BCE 358의 하마단Hamadan: 당시 지명은 Ecbatana/에크바타나 비문에는 마즈다와 더불어 미트라Mithra와 *아나히타Aredvi Sura Anahita의 3신이 새겨져 있다.

이것은 초기의 조로아스터교 3신개념이 간다라의 *아미타삼존阿彌陀三尊과 같은 3신사상의 기반이 되었다.

이 조로아스터교의 3신 가운데 미트라는 인도의 미트라 신과 같으며, 기독교 이전의 로마제국을 지배하던 미트라교Mithraism의 태양신 미트라가 바로 같은 신이다.

이 '미트라Mithra'에서 '마이트레야Maitreya: 彌勒/미륵'라는 말이 파생되었다. 기독교의 '메시아Messiah' 라는 말도 바로 여기서 나온 것이다.≪p57 참조≫

'아나히타Aredvi Sura Anahita'는 원래 천상으로부터 대지를 비옥하게 하는 생명수를 뿌려주는 강과 물 그리고 풍요와 다산의 여신으로 간다라에서 관세음보살로 발전한다.

아나히타는 인도의 신 '사라스바티Sarasvati'나 그리스의 달의

아르타크세르크세스

고대 페르시아제국의 왕. 교양과 기억력이 뛰어나서 Mnemon/므네몬(기억력이 좋은 자)이라 불렸다.

아나히타

조로아스터교의 성스러운 물의 여신. 힌두교의 사라스바티(Sarasvati), 이슬람교의 나히드(Nahid), 불교의 변재천(辯財天; 지혜·음악·재보의 여신)에 해당.

아미타삼존불

중생을 보살펴 극락으로 인도하는 아미타불을 주존으로 하고 그를 좌협시하는 관세음보살과 우협시하는 대세지보살을 일컬음.

▲ 물과 풍요의 여신 아나히타

▲ 아르타크세르크세스 2세의 묘와 입구의 부조물
:중앙에 주신(主神) 아후라 마즈다의 상이 보인다.

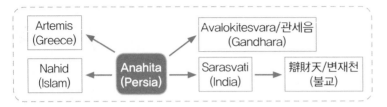

◀ 아나히타의 변천

여신이자 사냥의 여신인 아르테미스Artemis와 밀접한 연관이 있다.

우리가 이미 살펴본 바와 같이 대승불교 사상과 조로아스터교는 서로 밀접한 관계가 있다. 아미타사상이나 관세음보살사상은 모두 석가모니 부처님의 가르침과는 전혀 무관한 조로아스터교와 힌두교의 영향으로 생겨난 것이다.

또한 오늘날 기독교도들의 일부가 열광적으로 떠드는 말세와 구원에 대한 외침의 근원도 바로 여기이다.

기독교의 삼위일체Trinity 역시 바로 이 조로아스터교 삼위일체Trinity; 성부·성자·성령 개념과 불교의 삼신불법신·보신·화신을 혼용하여 차용한 것으로, 서기 381년 콘스탄티노플 종교회의에서 다수결로 채택하였다.《p31 참조》

조로아스터교의 아후라 마즈다는 광명의 신으로서, 대승불교에서 무량광불 아미타불과 광명을 지닌 *대일여래大日如來; Maha-vairocana/마하-바이로차나의 출발 근원으로 밝혀지고 있다.

마즈다는 광명 속에 상주하고 있는데, 불교에서 나오는 극락에 있는 아미타불무량광불/無量光佛, Amitabha, 무량수불/無量壽佛, Amitayus 역시 빛으로 덮여 있다.

아미타불의 국토인 서방정토西方淨土 극락은 10만 억 불토 서쪽에 있다고 한다. 인도의 『리그 베다Rig Veda』에 의하면, '무진장의 광명세계'는 석양이 지는 쪽이며, *이란Iran의 신화에서도 마즈다

대일여래
(大 日 如 來 ;
Mahavairocana/마하바이로차나; 비로자나불/毘盧遮那佛)

이란(Iran)
'아리아인의 나라'라는 뜻으로, 1935년 Persia에서 Iran으로 국호를 변경. 'Arya'는 '고귀한'이란 의미이다.

의 왕국은 광명의 땅, 죽은 자가 가는 서방의 세계라고 한다.

이러한 믿음은 기독교에도 그대로 받아들여졌는데 오늘날에도 영어로 'go west'는 '죽다'라는 관용어로 쓰이고 있다.

대승불교에 있어서 *보살菩薩: bodhisattva/보디사트바이라는 개념은 마즈다를 따르는 대천사와 그 밑에 있는 수많은 천사의 개념과 유사하다.

기독교의 천사개념은 물론 사탄이라는 말도 조로아스터교의 악신惡神 앙그라 마이뉴Angra Mainyu(후에 Ahriman/아리만)의 별칭인 샤이틴Shaitin 혹은 사탄Satan에서 간 것이다. 이처럼 조로아스터교 없는 기독교는 생각할 수조차 없다.

이란과 인도간의 문화교류는 기원전 5000년경 이래로 계속되어 왔기 때문에 조로아스터교의 성전聖典 『*아베스타Avesta』와 『리그 베다Rig Veda』 사이에는 언어적으로나 신화적으로 공통되는 요소를 지니고 있다.

보살(菩薩)
上求菩提 下化衆生 /상구보리 하화중생, 즉, 위로는 보리(菩提; 깨달음)를 구하고 아래로는 중생을 제도하는 대승 불교의 이상적 수행자. 성인.

아베스타(Avesta)
BCE 1800년경부터 전승되어 오다가 사산왕조 때 최종적으로 집대성 편찬됨.

베다(Veda)

베다의 어원은 Vid「알다」로써 고대 인도 아리아인들의 종교적 지식을 집대성한 경전이다. 베다는 가장 오래된 제식문학(祭式文學)으로 철학적 사변까지 포용하는 인도 최고의 문헌이다.

❶ 리그 베다(Rig Veda): 「Rig」는 성가(聖歌), 「Veda」는 경전이란 뜻으로, 제식(祭式) 때 신(神)들을 불러오고 찬양하는 종교시(宗敎詩)이다. 가장 오래되고 가장 중요한 성전(聖典)으로 여겨진다.

❷ 사마 베다(Sama Veda): 제식에서 제관이 부르는 찬가의 집성. 고대 인도음악 연구의 귀중한 자료.

❸ 야주르 베다(Yajur Veda): 야주스(Yajus)라는 제사의식(祭祀儀式)에서 사용됨.

❹ 아타르바 베다(Atharva Veda): 재앙을 막고 복이 오게 하는 주문(呪文)이 수록되어 있음.

본래 같은 문화의 뿌리에서 내려온 간다라와 이란의 아리아 문화에 있던 공통적 요소들이 활발한 문화교류를 거쳐 인도에서 더욱 현저하게 나타났다. 따라서 대승불교와 조로아스터교 사이에는 유사점들이 매우 많다.

후에 예수 그리스도는 여기에 유대교경전(구약성서)의 개념을 일부 수용하여 새로운 형태의 종교를 생각해냈다.

기원전 3세기 경 불교 교단教團은 교리해석 · 계율 · 이상 등을 놓고 대립하다가 보수적인 *상좌부上座部, Sthavirah/스타비라(Skt.); Theravada/테라바다(Pali)와 진보적인 대중부大衆部, Mahasamghika/마하상기카의 2대 부파部派로 분열되었다.

그 후 상좌부는 보수적 부파로 소승불교의 근본이 되었으며 대중부는 진보적 부파로 대승불교의 근본이 되었다.

또한 출가승려를 위한 불교와 재가신앙在家信仰의 불교도 사이에서도 대립이 있었다.

아무튼 재가불교在家佛敎집단과 그것을 지지하던 대중부의 여러 파가 보살사상과 성불의 이상을 주장해 온 것이다.

한편 당시 외래 민족의 끊임없는 침입이 불교의 개혁에 박차를 가하였는데, 이때 '대승大乘; Mahayana/마하야나'이라는 말을 내걸고 종래의 불교를 소승小乘; Hinayana/히나야나으로 폄하하여 비판한 것은 『팔천송반야경八千頌般若經』이 처음이었다.

이 경전은 이미 일찍부터 존재해 있던 아미타불에 대한 신앙과 *육바라밀六波羅蜜; Sadparamita/사드파라미타이나 보살사상을 기원 1세기 경 결집한 것이다.

여기서 조로아스터교와 대승불교의 유사점과 차이점을 살펴보기로 하자.

우선 유사점은 실제적인 인생의 고난에 대해서 신적인 구제자가

상좌부 · 대중부
석존의 멸 후 100년 경 교단(敎團)은 계율의 해석문제로 상좌부와 대중부의 2대 부파(部派)로 나뉘었는데 그 중 상좌부는 보수적인 부파로 소승불교의 근본이 되었으며 대중부는 진보적인 부파로 대승불교의 근본이 되었다.

6바라밀
깨달음에 도달하기 위해 보살이 수행하는 6가지 수행방법을 말함.
❶ 보시(布施)
❷ 지계(持戒)
❸ 인욕(忍辱)
❹ 정진(精進)
❺ 선정(禪定)
❻ 반야(般若)

법화경과 신약성서

세계를 정화하고 밝은 희망으로서의 미래를 가져다주는 점이다. 세계의 진보를 돕는 자비로운 보살들의 행적과 미래불 마이트레야 Maitreya: 彌勒/미륵에의 신앙이나 보살의 중생구제 문제인 것이다.

조로아스터교와 대승불교의 차이점은 무엇인가? 대승불교가 인도 종교의 특성상 비교적 형이상학적metaphysical인데 비해, 조로아스터교는 훨씬 현실적이고 현세와 밀착된 목적을 가지고 있다.

즉 조로아스터교는 정치적 목적을 가지고 있으며, 농민이나 유목민이 폭군의 악정과 박해에서 벗어나 평화롭게 사는 것을 목표로 하는 점으로 보아 그들의 인생고에 대한 관심은 실천적인 요소를 지니고 있는 것이다.

그들에게 있어서 인생의 고뇌는 그릇된 선택을 한 자의 사악한 행위에서 오는 것이다. 인생고란 기근·약탈·살인·박해 등으로, 광명과 지혜의 신 마즈다는 그러한 인생고로부터 실제적인 구원을 약속하는 것이다.

그러나 석존은 인생고를 생로병사生老病死라는 인간의 본질에서 포착하였다.

따라서 인생고를 벗어나는 길은 스스로의 번뇌나 무지를 없애고 마음의 절대적 안정을 얻는 데 있다고 하였다.

전쟁으로 인한 기근과 병으로 신음하던 민중들이 소승불교의 성자 *아라한阿羅漢: Arhat(Skt): Arahant(Pali)에게 구원을 청했을 때 그들은 자기 자신을 본받으라고 하였다.

속세를 떠난 이라한의 고요한 모습에 다소 감화된 민중들도 있었지만 결국 해결책을 이끌어 내지는 못하였다.

Maitreya
Bodhisattva in
meditation

아라한(阿羅漢)
4과(수다원·사다함·아나함·아라한) 중 최상의 경지를 이룬 이, 즉 온갖 번뇌를 끊고, 사제(四諦)의 이치를 깨달아 생사를 초월한 경지에 든 성인. 나한(羅漢)

지장보살
석가모니의 부촉을
받아, 그가 입멸한
뒤 미래불인 미륵불
이 출현하기까지의
무불(無佛)시대에 6
도(六道)의 중생을
교화·구제하는 대
원력의 보살.

그래서 『무량수경』에서는 보살이 모든 중생을 제도코자 한 것이다. 다시 말해 단 한사람이라도 구원을 받지 못하는 자가 있다면 *지장보살地藏菩薩: Ksitigarbha Bodhisattva/크슈티가르바 보디사트바; Earth Treasury[Earth Store] Bodhisattva은 자신의 열반도 포기한 채 그를 제도하는 것이다.

이처럼 모든 중생이 고난과 비참함에서 자유로운 불국토를 건설하기 위해 보살들은 실질적인 원을 세운다.

그 의지는 조로아스터교에 있어서 인생고의 구제와 확고한 개인의 서원과도 일치하는 것이다.

"Not until the hells are emptied will I become a Buddha; Not until all beings are saved will I certify to Bodhi."

지장보살 ▶
(Ksitigarbha Bodhisattva)
「茂仁 宋根榮 作」

단, 조로아스터교에서는 마즈다가 창조한 인간이 스스로의 이성과 자유의지로 선의 편에 드는가 또는 악의 편에 드는가를 직접 선택할 수 있다는 것이다. 결국 최후 심판의 날에 천국에 가느냐 지옥에 가느냐의 문제인 것이다.

그러나 불교에서는 이상에서 본 것처럼 악인까지도 신앙을 통하여 구제 받을 수 있다는 것을 강조하고 있다.

법화경과 신약성서

아미타불도 비록 종교적 수행을 하지 않고 악업을 쌓은 사람이라도 자기를 믿는다면 극락으로 이끌려고 한다.

이러한 점으로 보아 부처님의 자비는 과거의 업보에 의해서 지옥에 빠질 수밖에 없는 사람이라도 그 신앙에 의해서 업보를 바꿀 수가 있는 것이다.

또한 인도의 고전 *『바가바드기타Bhagavadgita』에서도 비시누 신은 자기를 믿는 자는 악인일 경우라도 신의 나라로 맞아들였다.

힌두교의 *삼위일체Trimurti/트리무르티, 三神一體를 이루는 신들우주 창조주 브라흐마Brahma, 유지·보수의 신 비시누Vishnu, 창조를 위한 파괴의 신 시바Shiva에 대한 신앙은, 불교의 아미타불 신앙에서처럼 악업을 쌓은 인간도 신앙에 의해서 그 업보를 바꿀 수가 있다는 것이다.

이점은 불교가 조로아스터교와 근본적으로 다른 점이다. 대승불교에서는 번뇌, 깨달음, 윤회, 열반, 부처님, 중생 모두 다 공空이기 때문에 인간은 벗어날 수 없는 업보의 속박에서 해방될 수 있다는 것이다.

결국 예수는 대승불교와 조로아스터교의 최종적인 문제에 직면하지 않을 수 없었고 보복법이 지배하는 유대사회의 풍토에서 조로아스터교 쪽으로 기울어진 것 같다.

그 결과, 기독교는 악인까지도 신앙을 통하여 구제한다는 대승불교의 수준에까지 이르는데는 처음부터 실패할 수밖에 없는 근본적 한계를 안고 출발했던 것이다.

힌두 삼위일체

창조의 신, 브라마

유지의 신, 비시누

파괴의 신, 시바

바가바드기타(Bhagavadgita)

『베다(Veda)』, 『우파니샤드(Upanishad)』 등과 함께 힌두교 3경전 중의 하나로서, 약칭하여 『기타』라고도 한다. '거룩한 신의 노래'라는 뜻으로, 고대 인도의 대서사시(大敍事詩) 『마하바라타(Mahabharata)』의 제6권에 들어 있다.

본래 크리슈나 신(神)을 믿는 바가바타파(派)의 경전이었던 것이 브라만교에 혼입된 것이다. 기타에는 우주에 대한 원리 해설이나 종교·철학·윤리와 문학적 특성 등 인도인의 정신이 통합되어 들어있다.

6장 불교성전과 신약성서의 유사점

　　팔리어*Pali語의 불교문헌은 산스크리트Sanksrit: 梵語/범어; 원어로는 Samskrit/상스크리타 문헌과 함께 유럽의 학자들에 의해 19세기 초부터 연구되어 왔다.

　　팔리어에 대한 본격적인 연구는 1820년대 프랑스의 산스크리트 학자인 유진 뷔르누프Eugene Burnouf: 1801~1852에 의해서 최초로 시도되었으며 19세기 말에는 그 연구가 크게 발전되었다.

📖 산스크리트 문헌의 개척자 유진 뷔르누프(Eugene Burnouf: 1801~1852)

　　19세기 초 이전에도 서양인들에 의한 불교에 관한 단편적인 연구는 있어왔으나 체계적이고 과학적인 불교 연구와 소개를 주도한 사람은 프랑스의 동양학자이자 산스크리트 학자인 유진 뷔르누프 (Eugene Burnouf)였다.

　　1826년 그의 개척자적인 저서 『팔리어에 관한 에세이(Essai sur le Pali)』를 쓴 것을 시작으로 『인도불교사입문』(1844), 『법화경 역주』(1852)는 서양에서의 근대 불교학의 효시를 이루었으며 그의 저서들은 오늘날에도 세기를 뛰어넘는 명저로 일컬어지고 있다.

▲ 유진 뷔르누프 (Eugene Burnouf)

그 결과 석가모니의 전기가 유럽에 소개되었으며『석가모니의 생애』를 읽고 가장 큰 충격을 받은 사람은 유럽의 성서 문헌학자들이었다. 그들은 복음서에 나타난 예수의 생애와 석가모니의 전기가 너무나 유사하다는 점에 대해 너무나 놀라지 않을 수 없었다.

20세기 초부터는 유럽의 성서학자나 인도연구가들이 불전과 복음서를 열광적으로 비교·연구하기 시작하였다.

최근 미국의 종교학자 *엘레인 페이절스Elaine Pagels: 1943~는『신앙 저 너머에; 도마 복음서의 비밀Beyond Belief; The Secret Gospel of Thomas』(2003)에서 도마 복음서에 나타난 예수의 말은 거의 전부가 석가모니 말씀이라는 논문을 발표하였다.

*루돌프 사이델Rudolf Seydel: 1837~1892은『예수의 복음과 석가와의 관계』(1882년)란 책에서 석가의 전기에서 유래한 복음서의 내용을 50여 가지나 찾아내어 흥미 있는 연구를 하였다.

*기독교의 불교원전 차용은 어떻게 이루어진 것인가?

우선 알렉산더 대왕의 동방원정 이후 불교가 서양으로 대거 전파된 점, 기원전 3세기경 아쇼카 왕의 포교사 파견, 그리고 예수 자신이 인도에서 불교수행을 한 점 등을 볼 때, 기독교가 태생적으로나 발생 환경적으로나 불교의 원전을 차용한 것은 조금도 놀랄 바가 없는 오히려 당연한 것이라 하겠다.

기독교가 불교원전에서 차용한 내용들을 최대최다 집대성하고 분석한『예수와 붓다』(민희식 저)에서 일부를 소개하면 다음과 같다.

팔리(Pali)

'팔리'란 '성전본문(聖典本文)'이란 뜻이며 팔리어는 BCE 2세기부터 2세기경에 걸쳐 발달한 북인도에서 유력한 언어이다. 특히 불전(佛典)을 기록하는 문어(文語)로 쓰였으며 5세기 이후 인도·스리랑카·미얀마·타이·캄보디아 등 여러 나라에서 남방(南方)소승불교의 성전에 사용되었으며 현재에도 남아있다

엘레인 페이절스

Harvard 대학 출신으로 Princeton 대학 종교학교수.

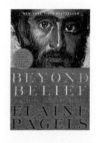

루돌프 사이델
독일의 철학자·신학자.

① 수태고지(受胎告知; Annunciation; 임신했음을 알림)

수태고지(임신사실을 알림)

『마야왕비의 탁태영몽도』
「마리아의 수태고지」

◈ 기둥이 있는 건물의 묘사와 앉아 있는 인물의 구도까지 동일하다.

⊙ 마야부인은 여덟 가지 계행을 지키기 위해 남편과 동침하지 않은 채 석가모니를 잉태했다고 불경에 기록되어 있다.
⊙ 마리아는 요셉과 약혼만 하고 동침하지 않은 상태에서 성령으로 예수를 잉태했다고 성경은 기록하고 있다.

② 시므온 이야기

탄생

『아기 석가에게 경배하는 아시타 선인』
「아기 예수에게 경배하는 시므온」
(렘브란트 작)

◈ 모사로 유명했던 렘브란트가 불교의 원본을 그대로 복제한 듯, 인물의 배치와 구도까지 흡사하다.

③ 신전에서의 12살 때의 예수

총명함을 보임

『브라만 신학자들을 놀라게 하는 어린 석가』(『과거현재인과경』)
「유대 신학자들을 놀라게 하는 어린 예수」(「누가복음 2장 41~50」)

◈ 석가는 키가 가장 크게, 예수는 가장 높은 곳에 앉아 있는 모습으로 묘사함으로써 총명함을 나타내고 있다.

⊙ 석가는 매우 총명하여 스승들을 놀라게 했다고 한다. 또한 무술과 스포츠에도 매우 뛰어나 이를 묘사하는 많은 부조물들이 남아 있다.

세례

『석가의 세례』에서는 연꽃이 피어나고 청작(파랑새)이 난다.

「예수의 세례」에서는 비둘기가 난다.

≪p136 참조≫

⊙ 석가의 태자책봉식에서 왕이 손으로 태자의 이마에 물을 끼얹고 '그대는 나의 후계자이니라'하고 선언하자 하늘에서 '좋도다! 좋도다!'하는 소리가 들려오고 하늘에서 청작 5백 마리가 날아 내려왔다. 『과거현재인과경』

⊙ 요단강에서 요한이 예수에게 세례를 하자 하늘에서 '너는 나의 아들이라' 하는 소리가 들려오고 흰 비둘기가 날아 내려왔다.

시험에 듦

『석가모니의 시험에 듦』

「예수의 시험에 듦」

◈ 마귀가 석가와 예수에게 식욕, 물욕, 권세욕 등으로 유혹하였다.

⊙ 마귀가 금식하는 석가에게 음식으로 유혹하자, '밥으로만 사는 것이 아니라 광음천처럼 기쁨을 양식으로 먹고산다'고 대답했다. 『상응부경전』 (누가 4:1)

⊙ 마귀가 금식하는 예수를 시험하여, '돌을 떡으로 만들어 보라' 고 하자, '사람이 떡으로만 살 것이 아니요 하나님의 입으로 나오는 말씀으로 살 것이라 하였느니라' 라고 대답했다.

물위를 걷는 이적(異蹟)

『강 위를 걷는 석가모니』

「호수 위를 걷는 예수」

◈ 『증일아함경 15-2』, 『본생경 무쌍품』 의 물위를 걷는 이적은 「마태복음 14:22~29」에서 그대로 재현되고 있다.

천민의 여인을 평등히 대함

『우물가의 마탕가 여인』
「우물가의 사마리아 여인」

⊙ 『마등가녀경(the Sutra of the Matanga Girl)』에서 아난존자가 우물가에서 Matanga caste(상종을 기피하는 천민)의 파카티(Pakati)라는 처녀에게 우물가에서 물을 청하자, 그녀는 자신이 천민의 딸이므로 귀하신 분께 물을 떠 바칠 수 없다고 말한다. 아난다는 자신은 부처님의 제자로서 빈부귀천 상하의 차별을 하지 않으니 물을 달라고 한다.
⊙ 「요한복음 4:3∼15」에서 예수가 우물가에 앉아 유대인들이 천하게 여겨 상종을 하지 않던 민족인 사마리아 여인에게 물을 청하자 자신이 사마리아 여자임을 들어 물을 떠주기를 사양한다. 예수는 자신은 사람을 차별을 하지 않는다고 말한다.

음식을 베푸는 이적(異蹟)

『유마의 탁반』
「빵과 물고기의 기적」

◈ 유마거사가 음식이 없는 상황에서 기적으로 신도들을 배불리 먹이고도 남았다.
『유마경 향적불품』

⊙ 난다가 신도 모두를 떡 한 덩이로 먹였으나 떡은 여전히 남았다. 『증일아함 20, 28』
⊙ 보리떡 5개와 물고기 2마리로 군중을 먹이는 기적을 보이는 예수「마태 14:17」

탕아의 비유

『장자궁자』
「탕자」

◈ 하인 복색의 궁자와 장자 아버지
거지 복색의 탕자와 장자 아버지

⊙ '장자 궁자'에서 '궁자'는 부처님의 가르침의 참된 뜻을 모른 채 미혹에 빠져 헤매는 중생들로 비유되고, 마침내 불성을 찾아 돌아온 가난한 아들을 용서하고 받아주고 전 재산을 넘겨주는 '장자'는 곧 석가모니 부처님을 상징한다.
『법화경 신해품』
⊙ '돌아온 탕자'는 곧 이 세상의 죄지은 사람들로 비유되고, 죄를 용서해준 탕자의 아버지는 곧 하나님과 하나님의 아들인 예수를 상징한다.
「누가복음 15:11∼32」

가난한 자의 헌금

『가난한 처녀의 헌금』
「가난한 과부의 헌금」
◈ 인물의 배치와 표정까지 거의 흡사하다. 처녀는 머리에 장식이 없는 것으로 보아 가난함을 알 수 있는 데 이 점까지도 동일하다.

◉ 불경 『현우경빈녀난타품』, 『본생경』, 『잡보장경』의 가난한 처녀 난타의 헌금에 관한 이야기는 헌금을 하는 데 있어서 중요한 것은 그 액수가 많고 적음이 아니라 그 속에 담긴 정성이라는 것을 말하는 내용이다.
◉ 가난한 처녀 난타의 헌금 이야기는 윤색이나 수정 없이 거의 그대로 신약성서 「마가복음 12:41~44」의 '가난한 과부의 헌금' 이야기로 차용되었음을 알 수 있다.

너 자신부터 되돌아 보라

『창녀를 붙잡으러 다니는 사람들』
「창녀를 붙잡아 끌고 온 사람들」

◈ 너 자신부터 되돌아보라고 요구한 석가모니와 예수의 가르침은 같은 것이다.

◉ 귀중품을 훔쳐 달아난 창녀를 잡으러 다니던 젊은이들에게 '죄지은 여자를 찾는 것과 그대들 자신을 찾는 것 중 어느 쪽이 더 급하냐'고 힐문하자, 젊은이들은 부끄러워 대답도 못하다가 '자기 자신을 찾는 것이 더 급하다'고 대답하고는 부처님의 설법을 듣는다.
◉ 예수는 간음한 여자를 잡아온 사람들에게 '너희 중에 죄 없는 자가 먼저 돌로 치라' 고 하였다. 즉, '너 자신부터 죄가 있는지 없는지 솔직하게 되돌아 보라' 는 말씀에 사람들은 자신의 양심에 비추어 보고는 하나씩 둘씩 그 자리를 떠났다. 「요한복음 8:1~11」

산상수훈

석가모니의 『영취산 산상수훈』
예수의 「갈릴리산 산상수훈」

◈ 예수의 산상수훈은 석가모니가 설파한 사랑과 자비에 대한 설법의 집약이다.

⑬ 가룟 유다의 배신과 예수를 저버린 제자들

제자의 배신

『데바다타의 배신』
「가룟유다의 배신」

◈ 석가와 예수는 제자 하나가 자기를 배신할
   것을 사전에 미리 알고 있었다.

⊙ 석가모니는 제자 데바다타가 배반할 것을 미리 알고 있었다. 그가 석가모니를 해치기 위해 난폭한 코끼리를 보내 위험에 처하게 되자 5백 명의 제자들은 모두 도망쳤다. 『아함경』

⊙ 예수는 자기의 제자들 가운데서 한 사람이 자기를 배신하고 팔아 넘길 줄 알고 있었다. 예수가 붙잡혀 가게 되자 그의 제자들은 모두 다 도망쳤다. 「누가복음」, 「마태복음」

⑭ 고향에서의 푸대접

⊙ 싯다르타가 깨달음을 이룬 부처님이 되어 고향 카필라성에 돌아오자 처음에 석가족들은 석가모니를 부처님으로 인정하려 하지 않았다. 그들에게는 단지 친족으로 보였을 뿐이어서 '저 싯다르타 태자는 내 동생뻘이다, 조카뻘이다' 하면서 경배하지 않았다. 나중에는 석가모니의 신통력을 보고 난 후에야 친족들이 모두 인정하고 경배한다. 『본생경』

⊙ 예수가 요한으로부터 세례를 받은 후 고향나사렛으로 돌아와 자신이 구세주라고 하자 고향사람들은 예수를 구세주로 인정하지 않고 '목수 요셉의 아들이 아니냐'고 업신여겼을 뿐이었다. 예수께서는 '선지자가 고향에서 환영을 받는 자가 없느니라' 하고 많은 능력을 행치 아니하셨다고 한다. 「누가 4:20~24」「마태 13:53~58」

⑮ 평등한 사랑

⊙ 비는 모든 초목에 골고루 내리듯이 석가모니 부처님의 가르침도 어떠한 차별도 없이 모든 중생들에게 골고루 내린다고 하셨다.
『법화경 약초유품』, 『법화경 신해품』

⊙ 예수는 '하나님이 악인에게도 선인에게도 해를 비춰주시고, 의로운 자에게도 불의한 자에게도 비를 내리신다' 라고 표현하고 있다.
「마태복음 5:39~47」

⑯ 좋은 열매와 나쁜 열매

⊙ 석가모니는 '착한 인(因)을 심지 않고 어찌 좋은 열매(果報)를 얻을 수 있겠느냐'고 말씀하셨으며 또한 좋은 나무는 '선업(善業)을 쌓는 행위' 또는 '선업을 쌓는 사람'을 상징하고 열매는 그 행(行)에서 얻어지는 과보를 상징한다.
『방등경』, 『법구경』

⊙ 예수는 '가시나무에서 포도를, 엉겅퀴에서 무화과를 따겠느냐' 또한 '아름다운 열매를 맺지 아니하는 나무마다 찍혀 불에 던지우리라'와 같이 석가모니의 좋은 열매와 나쁜 열매라는 비유를 그대로 인용하고 있다.
「마태 7:15~20」, 「누가 6:43~45」

법화경과 신약성서

⑰ 세례자 요한

⊙ 불경에는 석가모니가 부처님임을 증명하기 위해 부처님의 출현에 앞서 마하가섭이 등장한다. 그는 이미 많은 사람들을 이끌고 있다가 석가모니가 나타나자 이 분이 바로 부처님이시라고 만인에게 증명한다. 기독교에서는 세례요한이 이와 똑같은 역할을 하는 것으로 차용되어, 장소와 이름만 다를 뿐 이야기의 구성은 한 치도 다를 바가 없다.

⊙ 성경에서도 예수가 구세주임을 증명하기 위해 예수 출현에 앞서 세례요한이 등장한다. 예수 이전에 사람들이 요한을 그리스도로 여기고 있을 정도로 추앙을 받고 있다가 예수가 나타나자 "그는 성령으로써 너희에게 세례를 주시리라"하며 그가 바로 구세주이시라고 증명한다. 바로 부처님의 증명자 마하가섭의 역할 그대로인 것이다.

⑱ 말세

⊙ 석존 입멸 후 2000년 후에는 말법시대가 오는데, 이 시대에는 말 그대로 계·정·학의 기본이 무너지고 싸움이 일어나고 사견이 판치는 시대가 온다.   『아함경』

⊙ 불교의 말법시대를 예수는 말세로 표현했다. 이 시대에는 윤리가 무너지고, 재앙이 일어나고, 증오와 전쟁이 일어나고, 불법이 횡행한다.
「마가 13:4~13」, 「마태 24:6~22」

⑲ 거짓 선지자의 출현

⊙ 곳곳에서 거짓 부처님이 나타날 것이지만 끝까지 제대로 견디는 자는 각각 성불(成佛)하게 될 것이다.   『율장(律藏)』

⊙ 여기저기서 가짜 그리스도가 나타날지라도 믿음을 지키는 자는 구원을 받게 되리라.
「마가 13:21~23」, 「마태복 24:3~14」

⑳ 유아학살과 도피

⊙ 미륵(구세주라는 뜻)의 탄생을 두려워한 왕이 없애고자 하였으나 도피하여 생명을 구한다.
『현우경 바파리품(賢愚經 波婆離品)』

⊙ 메시아(구세주라는 뜻)의 탄생을 두려워한 헤롯왕의 유아학살을 피해 예수 일가는 이집트로 피신한다.

㉑ 가난한 사람을 돕는 것이 나를 돕는 것

⊙ 석가모니는 재물이나 도움을 어려움에 처한 사람에게 베푸는 것은 곧 부처님에게 보시하는 것과 같다고 말씀하셨다.   『제법집요경 보시품』, 『방등경』

⊙ 예수는 가난한 사람에게 먹을 것, 입을 것, 물을 주는 것은 곧 예수를 대접하는 것과 같다고 설교하고 있다.   「마태복음 25:35~46」

㉒ 내가 길이요, 진리요, 생명이라

⊙ 석가모니께서는 '나는 곧 법이니 나를 보는 자는 법(진리)을 보는 자'라고 말씀하셨으며, 열반에 드실 때 '자신을 등불로 삼고 법(진리; 부처님의 가르침)을 등불로 삼고 수행하라(법등명 자등명)'는 유훈을 남기신다.

⊙ 예수는 '내가 곧 길이요, 진리요, 생명이라'는 같은 의미의 말을 하고 있다. 또한 예수는 '나를 본 자가 곧 하나님을 본 자'로 말하고 있다.
「요한 14:5~12」, 「누가 2:30~32」

㉓ 하나님의 나라는 너희 안에 있느니라

⊙ 석가모니께서는 '극락이 따로 있는 것이 아니라 네 마음 속에 있다'라고 말씀하셨다. 또한 '네 마음이 곧 부처다(心卽是佛)'라고도 가르치셨다.　『원각경 보안보살장』

⊙ 예수도 '하나님의 나라는 볼 수 있게 임하는 것이 아니요 또 여기 있다. 저기 있다고도 못하리니 하나님의 나라는 너희 안에 있느니라'라고 부처님의 가르침을 그대로 인용하고 있다.　「누가복음 17:20～21」

㉔ 진정한 보물

⊙ 석가모니께서는 '세속적인 재물은 참다운 보물이 아니며, 마음 속에 지녀야 할 참다운 보물은 자비, 경건, 절제, 침착함이다. 다른 사람이 가질 수 없고 도둑이 훔쳐갈 수 없는 보물을 가지고 떠나라'라고 가르치셨다.　『소송경(小誦經)』, 『잡아함경』

⊙ 예수는 '너희를 위하여 보물을 땅에 쌓아두지 말고 하늘에 쌓아 두라. 저기는 좀이나 동록이 해하지 못하며 도적이 구멍을 뚫지도 못하고 도적질도 못하느니라.'라고 말씀하셨다.　「마태 6:19～20」, 「요한 17:14～16」

㉕ 하나님과 재물을 동시에 섬길 수 없다

⊙ 해탈과 재물을 동시에 추구할 수는 없다.　『무문자설경 13.5』

⊙ 하나님과 재물을 동시에 섬길 수 없다.　「누가 16:13」

㉖ 의식주를 걱정하지 말라

⊙ 석가모니께서 제자들에게 먹고, 입고, 잠잘 곳을 걱정하지 말고 5가지 욕심에서 벗어나 해탈하라고 당부하고 있다.　『법구경 92～3』

⊙ ... 또 너희가 어찌 의복을 위하여 염려하느냐 들판에 핀 백합을 보라 수고도 아니하고 길쌈도 아니하느니라 ...　「마태 6:24～33」

㉗ 예수 모습의 변용

⊙ 석가의 피부가 밝게 빛났다.　『장아함경16』

⊙ …저희 앞에서 변형되사 그 옷이 광채가 나며 세상에서 빨래하는 자가 그렇게 희게 할 수 없을 만큼 심히 희어졌더라….　「마가9:2～13, 마태17:1～13, 누가9:28～36」

㉘ 너희와 영원히 함께 하리라

⊙ 석가모니는 생사에서 벗어나 항상 머무르며 중생들을 깨우치고 고해에서 건져내 주고 있다. 석가모니 부처님은 영원히 살아 있으며 중생들의 깨우침을 위하여 인간의 모습으로 잠시 이 세상에 오셨을 뿐 그 수명은 무량수(無量壽), 즉 영원하다.　『법화경 여래수량품』

⊙ 예수는 사람들을 구원하기 위하여 이 세상에 잠시 출현했다 갔을 뿐 결코 죽은 것이 아니라 영원히 살아 있다고 말한다. '내가 세상 끝날 때까지 너희와 항상 깨어 있으리라'고 하였다.
「누가복음 24:13～53」, 「마가복음 16:1～20」,
「마태복음 28:5～20」

법화경과 신약성서

또한 초기 기독교에서 불상의 양식을 상당부분 차용하여 예수상을 만든 것도 기독교가 불전을 차용한 것과 같은 흐름으로 볼 수 있다. 그 고고학적 자료의 몇 가지만 보면 다음과 같다.

두광

신광

▲ 미륵보살
탁실라에서의 미륵보살 상은 후에 동서양문화의 합류지점이었던 이집트 에서 예수상이 됨.

▲ 초기의 예수상, 870년경
아우레우스 고사본
미륵보살상의 앉은 자세(교각상)를 본떴 으며 광배(두광·신광)의 모양도 차용했 음을 볼 수 있다. (오늘날 예수상에서는 두광만 남아있고 신광은 사라짐.)

▲ 중세본의 예수상
중세 예수의 모습에는 불교의 미륵상으로부 터의 대대적인 차용을 볼 수 있다.

◀ 손바닥의 상처부위에 연꽃을 새겨 넣은 연화 수 보살상.
사르나트 출토.

(연꽃 문양이 아니라 십 자가형으로 생긴 못자국 이라고 하는 고고학자들 도 많다.)

 십자가에서 못박혀 죽은 성자

십자가에 못박아 죽이는 형벌은 페르시아에서 시작되어 주변 국가로 퍼져나갔다.

BCE 7세기경 인도에서 십자가형을 받은 성 자 크리슈나(Krishna)는 나중에 예수의 십자가 형의 전형이 된다. 십자가 처형 방식은 이후 알렉 산더 원정 때 헬레니즘 세계와 로마에 전해졌다.

크리슈나가 십자가형을 받은 지 약 7백년 후 로마의 식민지 유대지방에서 예수가 다시 십자가에서 못박혀 죽음으로써 십자가의 신앙 은 반복 된다.

제1부 예수의 불교수행

반 덴 베르크

네덜란드의 철학자 겸 신학자

샤르팡티에

스웨덴 태생의 인도 · 이란학자

가르베

독일의 산스크리트 어문학자 · 동양학자

예수와 붓다

이와 같은 사실로 오늘날 많은 성서문헌학자들은 신약성서 내용의 대부분을 하나의 개작으로 보고있다.

사이델은 복음서의 기록자 또는 개작자가 석가모니의 말씀을 직접 인용한 것이 아니라 불교의 주제와 테두리를 변주곡처럼 기독교화하면서 시적으로 변용하여 복음서를 만들었다고 결론을 내렸다.

예수는 불교를 공부하고 그보다 500년 전에 부처님이 갠지스강을 중심으로 법을 전하였듯이 인류를 구하기 위하여 팔레스티나에서 그 가르침을 전하고자 한 것이다.

또한 *반 덴 베르크Van den Bergh는『복음서에 있어서의 인도의 영향』(1904년)에서 15가지의 예를 들었고, 파벨G. Fabel은『불교와 신약성서』(1913년)에서 10개의 예를 들었다.

한편 토마스J. E. Thomas는『석가의 생애』(1927년)에서 문헌적인 배려를 시도, 석가의 생애와 복음서와의 관계로서 16가지 예를 제시하고 있다.

*야알 샤르팡티에Jarl Charpentier: 1884~1935는 불교의 '아시타Asita 선인' 과 '시므온Simeon' 에 대한 연구를 위해 불교경전에서 복음서가 차용한 내용을 연구하였다.

*리하르트 폰 가르베Richard von Garbe: 1857~1927의 경우도 종교의 비교연구를 통하여 기독교의 복음서가 불교에서 그 이야기를 빌려온 것을 증명하고 있다. 이러한 사실을『*예수와 붓다』(민희식 박사 저)에 수록되어 있는 내용 중 일부를 들어 간단히 소개해 보기로 한다.

① '아시타 선인' 과 '시므온'
② '악마의 유혹'
③ '호수를 거니는 베드로' 와 '강을 걷는 신자'
④ '빵과 물고기의 기적' 과 '유마의 탁반托飯'

아시타Rishi Asita 선인仙人은 아기 싯다르타를 보자 크게 기뻐하며 품에 안고 찬양한다.

아시타 선인은 시므온이라는 인물로 번안되었다. 예수가 태어나고 정화의 기간 40일이 지나자 양친은 그 아이를 하느님에게 바치기 위해 예루살렘으로 데리고 간다. 그런데 예루살렘의 시므온Simeon이라는 의롭고 경건한 사람이 예수를 보자 두 팔에 안고 신을 찬양한다.

이 분은 깨달음을 얻고 진리의 법을 폄으로써
세상을 무명에서 건져내실 분이시다! 「나라카경」

주여, 이제는 말씀하신 대로 이 종은 편안히 눈을 감게 되었습니다.
주님의 구원을 제 눈으로 보았습니다. 「누가복음 2:29-30」

석가의 탄생과 아시타 선인의 전설은 팔리어·산스크리트·한문경전 등에 나오는데, 성서문헌학자들은 팔리어 경전『수타니파타 Suta-nipata』의 「나라카경Naraka經」을 신약성서 시므온 이야기의 원본으로 밝혀내고 있다.

다음은 석가모니의 세례장면을 예수의 세례장면과 비교해 보기로 하자.

『*수행본기경修行本起經』의 석가모니 전기를 보면 싯다르타 태자가 접근하자 여신 아바야Abhaya; 無畏가 땅에 엎드려 경탄하는 구절로 되어 있다.

석가가 세례를 주저하는 내용이 신약성서에는 세례자 요한이 세례 주기를 주저하는 것으로 각색되어 있다.

싯다르타 태자가 여신에게 경배하려 하자, 그 여신이 태자를 맞아 합장하고 '이 분은 깨달음을 얻어 중생을 제도하실 분으로 제가 경배를 받아서는 안됩니다. 제가 경배하는 것이 마땅합니다' 하며 태자의 발에 엎드려 경배하였다. 「수행본기경」

수행본기경
후한시대인 197년에
한역(漢譯)됨.

그 즈음에 예수께서 세례를 받으시려고 갈릴리를 떠나 요르단강으로 요한을 찾아 오셨다. 그러나 요한은 '제가 선생님께 세례를 받아야 할 터인데, 어떻게 선생님께서 제게 오십니까?' 하며 굳이 사양하였다. 예수께서 요한에게 '지금 내가 하자는대로 하여라. 우리가 이렇게 해야 하느님께서 원하시는 모든 일이 이루어진다'하고 대답하셨다. 그제서야 요한은 예수께서 하자시는 대로 하였다. 「마태복음 3:13-15」

도마가 전하는 바에 의하면, 「히브리인에 의한 복음」에서는 예수의 어머니가 '요한이 면죄를 위한 세례를 한다고 하니 함께 가자'고 하자, 이에 예수는 '내가 세례를 받을 만한 죄를 진 일이 무엇이냐'고 반문하며 세례 받기를 거부하였다고 기록되어 있다.

반 덴 베르크는 이것이 대대적인 가필과 편집에 의한 왜곡을 겪기 이전의 신약성서의 원형임을 밝히고 있다.

다음은 '강을 건너는 사리푸트라'와 '호수 위를 걷는 베드로'의 경우를 비교해 보자.

붓다의 제자 사리푸트라(Shariputra)는 저녁에 아치라바티(Aciravati) 강의 둑에 도착했다. 그는 강을 건널 배를 찾을 수가 없었다. 그래서 명상에 잠겨 붓다를 생각하며 강 위를 걸었으나 물에 빠지지 않았다. 그러나 도중에 파도를 보자 그만 무서운 생각이 들어 물에 빠져들게 되었다. 그러나 믿음을 굳건히 하여 다시 수면 위를 걷게 되었다 무사히 강을 건넜다.

「본생경(本生經: Silanisamsa Jataka) 190
무쌍품 & 증일아함경(Ekottargama Sutra) 15-2」

『*쟈타카Jataka』 제190화에 나오는 이 이야기가 신약성서에서는 베드로가 호수 위를 걷는 이야기로 재등장한다.

쟈타카(Jataka)
본생담(本生譚)이라고도 한다. 석가모니 부처님의 전생에 관한 이야기를 모은 책으로 팔리어 삼장에 547개의 이야기로 수록되어 있다.

물위를 걷는 신자
『쟈타카(본생담)』
이 기적은 약 500년 후 갈릴리의 호수에서 예수에 의해 재현된다.

물위를 걷는 예수

밤 사경에 예수께서 바다 위로 걸어서 제자들에게 오시니 제자들이 보고 놀라 유령이라 하며 무서워하여 소리지르거늘 예수께서 즉시 일러 가라사대, "안심하라, 내니 두려워 말라."

베드로가 대답하여 가로되, "주여, 만일 주시어든 나를 명하사 물위로 오라 하소서" 한대, 오라 하시니 베드로가 배에서 내려 물위로 걸어서 예수께로 가되 바람을 보고 무서워 빠져 가는지라 소리질러 가로되, "주여, 나를 구원하소서!" 하니, 예수께서 즉시 손을 내밀어 저를 붙잡으시며 가라사대, "믿음이 적은 자여 왜 의심하였느냐?" 하셨다.

「마태복음 14.25-31」

물 위를 걷는 것은 불교에서는 명상과 요가에 의해 습득된 신통력의 하나이다. 그러나 기독교에서는 이것을 이해하지 못하므로 단순히 기적이라고 표현할 수 있을 뿐이다.

다음은 가난한 처녀와 과부의 헌금 이야기를 비교해 보자. 불경에는 『*대장엄론경大莊嚴論經; Sutralamkara』 제22화에 처녀의 이야기가 있으며, *새뮤얼 빌Samuel Beal: 1825~1889의 영역(1882년)에 의해 유럽에서 소개된 바 있다.

법회에서 많은 사람들이 보시하는 것을 보았으나 그 가난한 처녀는 가난하여 아무것도 공양할 것이 없었다. 그녀는 자신이 가진 전 재산인 두 개의 동전을 바쳤다. 이 때 아라한 승려가 이것을 보고 '이 처녀는 대지와 바다의 모든 보물을 공양한 것과 같다'라고 말했다. 「대장엄론경 제22화」

예수께서 헌금 궤 맞은 편에 앉아서 사람들이 헌금 궤에 돈을 넣는 것을 바라보고 계셨다. 그 때 부자들은 여럿이 와서 많은 돈을 넣었는데, 가난한 과부 한 사람은 와서 겨우 렙톤(lepton) 두 개를 넣었다. 그것을 보시고 예수께서 이렇게 말씀하셨다. "나는 분명히 말한다. 저 가난한 과부가 어느

대장엄론경

인도 쿠샨왕조 제3대 카니시카왕 시대의 불교시인이자 학자인 아슈바고샤(Asvaghosa; 馬鳴/마명: 100~160)가 경건한 전설을 집록(集錄)하여 이를 운문 및 산문으로 옮겨놓은 것.

마명은 12대조사로 대승불교의 할아버지로 불리움. 주요저서는 대승기신론.

Samuel Beal

케임브리지 대학 출신이 동양학자이자 최초의 불교경전 영역자.

렙톤
그리스의 화폐단위
; 1/100 드라크마
(drachma)

누구보다도 더 많은 돈을 헌금 궤에 넣었다. 다른 사람들은 다 넉넉한데서 얼마씩 넣었지만, 저 과부는 구차하면서도 있는 것을 다 털어 넣었으니 생활비를 모두 바친 셈이다."

「마가복음 12:41- 이하」

▲ 예수시대의 렙톤

다음은 법화경 「신해품信解品 제4」 전편에 걸쳐 등장하는 '장자궁자長者窮子' 이야기를 신약성서에서 '탕자의 비유' 이야기와 비교해 보자.

어느 백만장자가 어린 아들을 잃어버렸다. 그 아들은 20년 동안을 고생하며 객지를 떠돌아다니다 아버지의 집에까지 오게 되었으나, 그는 그 장자가 자기의 아버지임을 알지 못하였다.

장자가 반가움에 아들에게 갑자기 다가서려 하자 아들은 공포심에 도망치려 하였다. 그래서 아버지는 아들에게 접근하기 위하여 자기도 헌옷을 입고 일꾼처럼 같이 일하였다. 세월이 지나 결국 두 사람은 마음이 통하게 되었다.

아버지는 훗날 세상을 떠나기 전 그 청년일꾼이 자기 아들임을 밝히고 아들에게 전 재산을 물려주었다.

「신해품 제4」

이 비유에서 장자인 아버지는 부처님, 궁자인 아들은 일체중생, 아들이 방황하는 모습은 묘법을 몰라 고생하는 것, 재산을 물려받은 것은 자신이 불성을 가지고 있음을 믿고 깨닫게 된 것을 의미하는 것이다.

일체중생이 자신에게 불성이 있음을 자각하지 못한 채 윤회

속에서 괴로워할지라도 조금씩 깨닫게 되면 결국 부처가 될 수 있다는 것이다.

▲ 돌아온 탕아

어떤 사람이 두 아들을 두었는데, 작은 아들이 아버지에게서 제 몫으로 돌아올 재산을 나누어 받아 먼 고장으로 떠나갔다. 거기서 방탕한 생활을 하다가 그는 마침내 알거지가 되고 말았다. 그는 아버지 집으로 발길을 돌렸다. …

아버지는 하인을 불러 제일 좋은 옷을 꺼내 입히고 살찐 송아지를 잡아 주었다 ….

밭에 나가 있던 큰아들이 돌아오다 그것을 알고 화가 나 집에 들어가려 하지 않았다.

아버지가 나와서 달랬으나, 그는 아버지에게 '아버지, 저는 여러 해 동안 아버지를 위해서 종처럼 일하였습니다. 그래도 저에게는 친구들과 즐기라고 염소새끼 한 마리 주지 않으시더니, 창녀한테 빠져 아버지의 재산을 다 없앤 동생에게는 살찐 송아지까지 잡아 주시다니요!'하고 투덜거렸다.

이 말을 듣고 아버지는 '얘야, 너는 늘 나와 함께 있고 내 것이 다 네 것이 아니냐? 그런데 네 동생은 죽었다가 다시 살아왔으니 잃었던 사람을 되찾은 셈이다. 그러니 이 기쁜 날을 어찌 즐기지 않겠느냐?' 하고 말하였다.

「누가복음 15:11-32」

자신에게 불성이 있음을 자각하지 못한 채 괴로워하다가 결국 자신이 불성을 가지고 있음을 깨닫고 불성으로 돌아오는 일체중생을 궁자窮子로 비유한 법화경에서의 일화가 신약성서에는 회개하고 아버지에게 돌아오는 탕아의 비유로 *번안翻案, adaptation되어 있다.

다음은 '유마의 탁반'과 '빵과 물고기의 기적, 또는 *오병이어五餅二魚의 기적'을 비교해 보자.

번안(adaptation)
외국 작품의 줄거리나 사건은 그대로 두고 인물, 장소, 풍속, 문화적 요소 등을 자국의 것으로 바꾸어 개작하는 일.

오병이어
한 아이가 안드레에게 보리떡 5개와 물고기 2마리(5병2어)를 가져왔다고 한다. 오천명이 넘는 남녀노소의 군중에서 점심을 지참한 사람이 이 아이밖에 없었다는 억지논리가 참으로 막무가내식이다.

유마경

『유마힐소설경(維摩詰所說經)』의 약칭. 구마라습(鳩摩羅什)이 번역한 대승불교 경전.
유마힐거사를 문병 온 문수보살이 거사와의 대화에서 대승의 깊은 교리인 불이(不二)법문을 유마거사의 침묵을 통해 깨우치게 된다는 내용.

『*유마경維摩經; Vimalakirti Nirdesa Sutra』 제10장을 보면 병이 난 유마거사維摩詰; Vimalakirti/비말라키르티를 문병 온 보살들이 유마거사와 문답을 한다.

장로 사리불이 점심시간인데 보살들이 갈 생각을 안 하니 무엇을 먹겠는가 하고 생각하였다.

유마거사는 그 생각을 알아차리고 물질적인 식사 생각을 하면서 법문을 들으면 안 된다고 꾸짖는다.

그리고 유마거사는 신변(神變)으로 묘향세계에서 향대여래(香坮如來)가 보살들과 식사하는 모습을 보여주고 그 식사의 일부를 얻어온다 ….

그 때 성문(聲聞)이 이 많은 사람이 어떻게 다 식사를 할 수 있느냐고 묻는다.

그러자 그 화신(化身)의 보살은 '장로들이여, 당신들의 지혜와 덕을 여래의 덕과 비교하지 마시오. 비록 바닷물이 말라도 여기에 있는 식사는 모자라는 법이 없소. 왜냐하면 여래의 식사는 무진장의 계율과 지혜와 선정(禪定)으로 되어 있기 때문이라오' 라고 말한다.

그래서 모인 사람들은 식사를 하게 되었는데 그것은 정말 대단한 식사였다. 　　　　　　　『유마경維摩經; Vimalakirti Nirdesa Sutra 제10장』

예수께서 '빵이 몇 개 있느냐고 물으시매, 그들이 '보리떡 5개와 작은 물고기 2마리뿐입니다'라고 하자, 예수께서는 사람들을 땅에 앉게 하시고, 보리떡 5개와 작은 물고기 2마리를 손에 들고 하느님께 감사의 기도를 한 다음, 떼어서 제자들에게 주었다.

제자들은 그것을 사람들에게 나누어주어 모두 배불리 먹었다. 그리고 남은 조각을 주워 모으니 바구니에 가득 찼다. 먹은 사람은 여자와 어린이들 외에 남자만도 사천 명이나 되었다.「마태복음 15:34-38」

이와 유사한 이야기는 『쟈타카Jataka; 本生潭』 제17, 18에도 나타나 있다.

19세기 말 유럽의 학자들은 석가의 전기와 예수를 둘러싼 복음서의 내용에 지대한 영향을 준 점에 대해서 열광적으로 연구하였다.

20세기에 접어들자 여기에 대한 많은 찬반론이 대두되었으며, 그것은 *아써 바샴Arthur L. Basham: 1914~1986에 의해 일단락을 짓게 된다.

바샴은 불교와 기독교의 대응관계를 팔리어의 자료보다는 산스크리트 문헌에 비추어 연구하였다.

그 현저한 대응의 예로써 법화경의 '장자궁자'와 신약성서의 '탕자의 귀환', 『미란다왕문경』의 '열반의 도시'와 『요한의 묵시록』에 나오는 '새로운 예루살렘의 도시', '아시타 선인과 시므온' 그리고 어린 시절 석가모니의 전기와 기독교 복음서 외전外典에 나오는 수많은 이야기를 비교 연구했다.

그 외에도 바샴은 반야바라밀의 인격화인 불모佛母와 후기 유대교의 신적인 지혜와의 관계, 불교의 업보윤회설과 초기 *『우파니샤드Upanishad』와의 관계를 그리스의 *피타고라스Pythagoras: BCE 582~BCE 507 사상과 관련하여 고찰하고 있다.

아써 바샴

호주태생의 역사가·동양학자. 저서 Wonder That Was India(1954)가 특히 유명.

피타고라스

그리스의 종교가·철학자·수학자.

📖 우파니샤드(Upanishad)

기원전 6~3세기경에 성립된 브라만교(波羅門敎: Brahmanism)의 성전 베다에 속하는 일군의 성전. 우파니샤드의 어의는 upa 「near」+ ni 「down」+ s(h)ad 「to sit」로 '사제간에 가까이 앉음' 또는 '사제간에 전수되는 신비한 가르침'으로 해석된다. 인도의 철학과 종교 사상의 원천을 이루며 사람·신·우주의 이치를 밝힌 것이다.

우파니샤드의 근본 사상은 만유의 근본원리를 탐구하여 대우주의 실체인 브라만(Brahman; 梵)과 인간의 자아의 본질인 아트만(atman; 我)의 궁극적 일치인 범아일여(梵我一如)의 사상으로 관념론적 일원철학이라고 할 수 있다.

7장 소승을 버리고 대승의 길을 택한 예수

요세푸스

요세푸스

필로

모세 오경에 관한 주
석서와 철학 작품을
저술하였다.

예수가 그의 스승 *세례 요한John the
Baptist에 의해서 이 세상에 알려질 무
렵, 유대교Judaism; 猶太敎에는 사두개파
Sadducees와 바리새파Pharisees 외에 에
세네파Essenes가 있었다.

예수는 앞의 두 파를 적으로 삼아 반기
를 들었다가 처형되었다. 복음서에서 에세
네파에 대한 기록도 말살되었다.

▲예수에게 세례하는 세례요한

그러나 그들의 활동은 예수와 동시대에 살았던 유대인 역사학자
플라비우스 요세푸스의 저술이나 철인 알렉산드리아의 필로Philo of
Alexandria: BCE 20~CE 50의 저서에 의해서 증명되고 있다.

📖 **플라비우스 요세푸스(Flavius Josephus: CE 37~100)**

유대의 제사장 · 역사가. 본명은 요셉 벤 마티아스(Joseph ben Matthias)로 예루
살렘의 제사장 가문에서 태어났으며 유대교의 독립을 위하여 싸웠다. 후에 로마 황
제가 된 베스파시아누스의 포로가 되어 투항하였으며 베스파시아누스의 황제 즉위
를 예언하여 풀려난 뒤 이름을 플라비우스로 바꾸고 로마군에 협력하였다. 예루살
렘이 함락되자 로마로 가서 황제로부터 시민권, 연금, 토지 등을 하사 받고 저술에
몰두하였다.

주요저서로 『유대전쟁사(Bellum Judaicum)』(7권), 『유대고대사(Antiquitates
Judaicae)』(20권), 『아피온 반론(Contra Apionem)』(2권) 등이 있다.

법화경과 신약성서

12사도 중의 한 사람인 요한과 혼동을 피하기 위해 보통 세례자 요한이라 부른다. 그는 에세네파 출신으로 광야에서 낙타가죽 옷차림에 메뚜기 콩(메뚜기 모양의 야생 콩)과 석청(石淸; 야생 꿀)을 먹고 살았다

그는 서기 28년경부터 유대 요르단 계곡에서 수천 명의 제자들을 거느리고 요한공동체를 이끌며 예언활동을 하였다.

그는 "죄를 회개하라"고 외치며 요르단 강에서 세례운동을 펼쳤다. 이때 예수도 그에게 세례를 받았는데, 세례요한은 예수의 이종육촌 형이었다.

요한은 헤롯왕의 아들 헤로데 안디바왕이 동생 빌립보의 아내 헤로디아와 결혼한 것을 불륜이라고 비난하다가 체포되어 목이 잘려 죽었다.《p133 참조》

예수는 처음에는 요한의 복사로 있었으나 차츰 예수파를 형성하다가, 요한이 참수되자 달아난 후 자신의 교단을 만들었다. 예수교단이 커지자 기존의 요한교단과 세력다툼을 하는 과정에서 요한격하운동을 벌였다. 그 결과, 예수의 제자들에 의해 예수의 스승으로서의 요한은 삭제되고 신약에서는 '다음에 올 그리스도의 길을 준비하는 예비자'로 폄하되었다. 예수의 스승을 예수의 종복으로 격하시키는 모욕적 행위를 저지른 것이다.

◀ 세례 요한의 오른손 뼈로 주장되는 유골
　(터키 박물관 소장)

▼▼ 러시아 정교회가 소장하고 있는 세례 요한의 유골
　　(손의 뼈)과 줄지어서 세례 요한의 유골을 보고 있
　　는 러시아 정교회 신도들

◀ 사해연안 쿰란 지역의 제
4 동굴 (11개 의 동굴에
서 성서사본들이 발견 되
었다.)

▲ 쿰란의 수도원 유적지

▲ 수도원 내부의 복원도

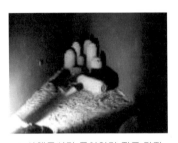

▲ 사해문서가 들어있던 점토 단지

펼쳐지기 전의 ▶
성서사본 두루마리의 원상태

▲ 두루마리의 일부를 펼친 모습

단편들을 하나하나 맞추어 나가며 해독작업을 하는 고고학자 ▲
(이로 미루어 보아 고문서 해독이 얼마나 어려운 작업인지를 짐작할 수 있다.)

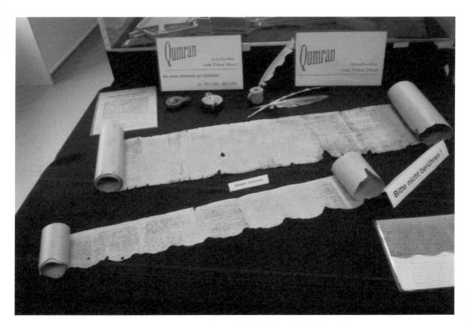

▲ 해독작업이 끝난 후 전시되어 있는 문서 사본들

사해死海 북서부 연안의 키르벳 쿰란Khirbet Qumran에는 4,000명의 에세네파 사람들이 쿰란공동체Qumran Community를 이루고 있었는데, 그들은 '물에 의한 정화의식baptism; 洗禮/세례'을 하고 입회하는 생활공동체로서, 엄격한 성직제도와 식사규칙을 채택하였다. 또한 독신주의자이며 채식주의자로서 개인재산을 공유재산으로 삼았다.

그들은 구세주의 출현을 열렬히 기다리며 성서를 연구하였으며, 불교처럼 살생을 금하는 원칙에서 동물을 죽여 신에게 바치는 것에 대해서 반대하였고, 그 때문에 예루살렘 신전 예배에는 참가하지 않았다.

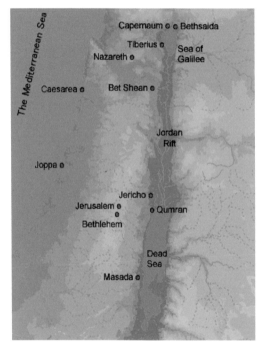

그들은 흰옷을 즐겨 입었고 약초를 연구했으며 영혼의 불멸과 지옥의 존재를 믿었다.

기독교나 유대교측 모두 여기에 대한 고고학적 자료를 갖고 있지 않다가 1947년 사해死海 서안의 동굴에서 히브리어Hebrew와 아람어Aramaic로 된 고문서사해문서; Dead Sea Scrolls와 수도원 유적이 발견됨으로써 '반예루살렘·반유대'적인 그들의 신앙이 이교異教에 의해서 이론적 뒷받침이 되고 있다는 점을 확인할 수 있었다.

에세네파의 일파인 쿰란파는 두 구세주를 섬겼는데, 첫 번째 메시아는 '아론의 메시아대제사장 역할의 메시아'였고, 두 번째 메시아는 '이스라엘의 메시아세속적 왕 역할의 메시아'였다. 그러나 '이스라엘의 메시아'라는 표현은 기독교나 유대교 경전에서는 찾아볼 수 없다.

법화경과 신약성서

우선 '사제 *스가랴Zechariah의 아들', 요한이 나타난 다음에 '다윗 David의 아들', 예수가 나타났다는 4복음서를 보거나 요한이 세례를 준 곳인 요르단강Jordan River이 사해로 흐르는 강구인 점을 미루어 볼 때, 물로 세례를 준 세례 요한은 에세네파의 한 계통일 가능성이 짙 다. 또한 여기에 나온 '예수파(기독교)'와 '쿰란파'와의 차이 역시 '대 승불교파'와 '소승불교파'와의 차이와 너무나 닮아 있다.

인도의 경우, 아쇼카왕Ashoka: 재위 BCE 272~BCE 231 이후 불교 는 쇠퇴한다. 그것은 브라만교가 인도사회와 일체화한 데 반해 불교 는 세속을 떠난 폐쇄집단으로 분열을 계속했기 때문이다.

역사적으로 보면 기원전 180년에 마우리아 왕조Maurya Dynasty: BCE 317~BCE 180가 무너지고, 그 후 승가 왕조Sunga Dynasty: BCE 185~BCE 78가 일어나면서 브라만교가 국교화 된다.

이 무렵, 불교의 전통적 교단에 대한 내부 투쟁을 극복하려는 불교 의 자각이 대승불교를 일으키게 된다.

소승불교도는 현실을 도피, 폐쇄적 승원생활을 하면서 정치 또한 교섭하지 않았기 때문에 그 입장도 애매하였다. 이에 반해 대승불교 도는 브라만과 적극적으로 논쟁하여 그들을 이겨내고 있었다.

후에 예수 그리스도가 자신이 연구한 브라만교에 비판을 가하고 불 교를 옹호한 것도 바로 대승불교의 이러한 점에 매혹되었던 것 같다.

대승불교大乘佛敎:Mahayana/마하야나 Buddhism; the Great Vehicle는 소승불교小乘佛敎: Hinayana/히나야나 Buddhism; the Small Vehicle처럼 승원에 갇혀 있는 것이 아니다.

대승불교는 불법佛法을 사회에 열고, 정치상의 권력자인 왕을 비판 하고, 불법의 이념인 *법dharma/다르마'의 입장에서 정치에도 발언 하고, 탄압과도 싸우며, 사회에 도전하는 에네르기가 있다.

스가랴

서기전 6세기 후반 히브리의 예언자. 구 약의 『스가랴서(書)』 는 그의 예언을 적 은 것으로 BCE 520~BCE 518년 바 빌론 포로에서 귀환 한 백성을 위로하고 희망을 주기 위해 쓴 예언서.

요르단강

필자는 이스라엘과 요 르단 국경에 위치하고 있는 이 요르단강과 인근의 성서형성의 무 대를 여러 차례에 걸 쳐 답사해왔다.

법
① 보편 타당성과 윤 리성
② 붓다가 깨달은 진 리, 연기법

그래서 대승불교도는 스스로 수도를 하면서 불행한 중생을 구제 교화하는 석존 본래의 정신, 즉 소승불교가 *아라한阿羅漢; Arhat(Skt.); Arahant(Pali)을 지향한데 반해 보살菩薩; 菩提薩陀/보리살타; Bodhisattva이 되고자 하는 것이다.

소승불교의 승려들은 석존을 자기들보다 높은 존재로 보고 스스로 아라한성인이 되기를 바랐다. 그러나 이것은 원시불교 교단의 특징적 사고방식으로, 그렇다고 해서 그들이 쉽사리 아라한이 될 수 있는 것도 아니었기 때문에 사제 팔정도를 중심으로 한 계율주의에 빠져 민중구제를 지향한 본래의 불교로부터 멀어진 것이다.

한편 대승불교는 *아라한과阿羅漢果보다는 당연히 *불과佛果를 지향한다. 그 이유는 부처는 석존 한 사람만이 아니라 부처처럼 보살로서의 수행을 하면 누구나 부처가 될 수 있다는 혁명적 사상 때문이다.

보살의 수행은 곧 육바라밀六波羅蜜의 수행으로서, 모든 중생을 구제하고자 하는 큰 원願과 확고한 결의와 용감한 정신, 이 세 가지가 갖추어짐으로써 비로소 대승의 보살이 될 수 있는 것이다.

보살(菩薩; bodhisattva/보디사트바)

보살(菩薩)은 Sanskrit(산스크리트; 梵語/범어) bodhisattva/보디사트바를 한자로 음사(音寫)한 보리살타(菩提薩陀)의 준 말이다.

보디사트바(bodhisattva)는 보디/bodhi「보리(菩提; 깨달음·지혜·불지/佛智)←budh(깨닫다)」+ 사트바/sattva「생명 있는 존재(being); 중생(衆生)·유정(有情)」의 합성어로, 그 전체적 어의는 '보리를 구하는 존재' '지혜를 본질로 하는 사람'등으로 풀이할 수 있다.

보살의 사전적 정의는 '성불하기 위해 수행 정진하는 높은 수준에 오른 성인들'이다.

보살의 일반적 정의로는 '안으로 자신의 수행에 힘쓰며 밖으로는 중생을 위하여 신명을 바쳐 희생하고 봉사하는 성인'이다. 즉 상구보리 하화중생(上求菩提 下化衆生; 위로는 보리(菩提; 깨달음)를 구하며 아래로는 일체 중생을 제도함)하는 대승 불교의 이상적 수행자를 말한다.

오늘날 광의로는 재가·출가를 막론하고 성불하기 위하여 수행에 힘쓰고 있는 모든 불교신자를 총칭하는 이른바 '범부(凡夫)의 보살'을 의미한다.

법화경과 신약성서

사과(四果)

소승불교에서 깨달음에 이르는 4단계를 말한다.

- 아라한과(阿羅漢果; Arhant/아르한트; the fruit of Arhatship)
  수행을 완수하여 모든 번뇌를 끊고 다시 생사의 세계에 윤회하지 않는 아라한(성인)의 자리로,
  소승불교의 궁극에 이른 성문(聲聞) 사과의 최상위 단계. 불생(不生)

- 아나함과(阿那含果; Anagamin/아나가민; the fruit of a Non-returner)
  욕계(欲界)의 아홉 가지 번뇌를 모두 끊고, 죽은 뒤에 천상에 가서 다시 인간에 돌아오지 않는.
  성문(聲聞)의 제2위의 단계. 불환(不還), 불래(不來)

- 사다함과(斯陀含果; Sakrdagama/샤크르다가마; the fruit of a Once-to-be-reborn)
  수혹의 구품 가운데 상육품을 끊은 성자이다. 남은 하삼품의 수혹 때문에 반드시 인간계와 천상계를
  한 번 왕래한 뒤 열반에 드는 성문(聲聞)의 제 3위의 단계이다. 일래과(一來果)라고도 함. 일왕래(一往來)

- 수다원과(須陀洹果; Srota-apanna/슈로타아파나; the fruit of a Stream-entrant)
  그릇된 견해나 진리에 대한 의심을 버리고 성자의 무리에 들어가는 성문(聲聞)의 초보적 단계. 예류(豫流).
  입류(入流)

소승은 *업業: karma/카르마으로서 인생고人生苦에 얽매여 있기 때문에 이 번뇌를 없애고 윤회의 세계를 벗어나려면 자연히 인생에 대한 자세는 수동적·타율적이 된다.

반면 대승은 자기가 중생을 구제하기 위하여 인생고를 인수한다. 즉, 고苦의 세계를 피하지 않고 오히려 그것을 받아들여 중생을 제도코자 하는 것이다.

또한 소승이 자기 하나의 완성을 위한 수행임에 비해, 대승은 일체 중생을 구제하고 사회전체를 정화시키는 것이다.

소승은 석존의 말씀을 금언처럼 지키고, 교단통제를 위한 계율을 엄격하게 지키는 가운데 석존의 본래 정신으로 돌아가 경문을 해석한 것이다. 따라서 소승불교는 이론적·학문적 경향이 많은 대신에 실천성이 없는 것이 많고, 대승불교는 이론이나 학문보다 실천 신앙을 중시하여 모든 이론을 실천의 기초로 삼고 있다.

업
삼업(신·구·의).
즉 몸·입·뜻으로
짓는 선악의 소행(所行). 전세(前世)에 지은 선악의 소행으로
말미암아 현세에서
과보로 나타난다.

*카알 야스퍼스Karl Theodor Jaspers: 1883~1969가 '석존이 가르
치는 것은 인식체계가 아니고 구제 실천의 길이다' 라고 말하였듯이,
석존도 당시 브라만 계급이 이론을 위한 이론, 학문을 위한 학문으로
타락한 것을 비판하고 그것을 극복하기 위하여 민중 속에 뛰어든 것
이다.

그러나 *아비달마 불교는 석존이 비판한 브라만교와 똑같이 이론
적이 되어 민중교화의 실천활동을 잊어버렸다.

따라서 초기 대승불교도는 다시금 현실에 입각해서 석존시대의 본
래 정신으로 되돌아간 것이다. 예수 또한 석존이 세상을 떠난 후 500
년이 지난 후의 이 사태를 잘 파악하였던 것이다.

그래서 예수는 교리와 이론에 집착한 *바리새파Pharisees와 사두
개파Sadducees를 맹렬히 공격하고, 엄격한 에세네파Essenes나 쿰란
파Qumranites에서 벗어나기는 하였으나, 에세네파는 그래도 존중하
여 비판을 하지 않은 것 같다.

예를 들면 쿰란파나 에세네파는 특별히 선정된 사람만 받아들이
고, 불구자의 입단은 거절한 '문을 닫는 에세네파' 인데 반해 '예수파'
는 장님·불구자도 초대한 「누가복음 14:13」 '문을 연 에세네파' 였다.

요한의 제자들이 와서 "우리들과 바리새파들은 계율을 지키고 단식
을 하고 있는데 당신의 제자들은 왜 단식하지 않습니까? 「마태복음 14」,
「마가복음 2:18」, 「누가복음 5:33」" 하고 물었을 때 예수는 대답하였다.

📖 **아비달마(Abhidharma; 阿毘達磨; 論藏/논장)**

불교경전은 경장(經藏)·율장(律藏)·논장(論藏)의 3장(三藏; tri–pitaka/트리피타카)으
로 나뉘어지는데, 석가의 설법을 경(Sutra/수트라), 승단을 위한 계율규정을 율(Vinaya/
비나야), 또 경에 대한 설명과 주석을 논(Abhidharma)이라 한다.

대법(對法; 對(abhi)+法(dharma))이라고 의역하기도 한다. ≪p310 참조≫

요한이 와서 먹고 마시지도 않으매, 보라 그것은 악령에 사로잡혀 있다고
말하고, 인자는 먹고 마시매, 보라 저것은 탐식자·주정뱅이 또 세금 걷는
자나 죄인의 동료라고 한다. 그러나 옳고 그른 지혜는 그 일이 증명한다.

「마태복음 11:8」, 「누가복음 7:33」

여기서 볼 수 있듯이 예수는 분명하게 바리새파와 요한파가 지니
고 있는 형식주의·계율주의를 비난하고 있다.

사실 에세네파는 불교적 유대교 일파로서, 세례 요한은 소승불교에
속하는 수도자일 가능성이 짙다. 이 세례 요한에 대해서는 유대인 역
사학자 플라비우스 요세푸스Flavius Josephus의 『유대고대사Antiquities
of the Jews; Antiquitates Judaicae L.』에 상세히 보고되고 있다.

요한은 갈릴리 영주 헤로데 안디바와 그의 형제 헤로데 빌립보의 처 헤로
디아와의 관계를 맹렬히 비난하였기 때문에 안디바에 의해 감옥에 갇힌다.

「누가복음 3:19」

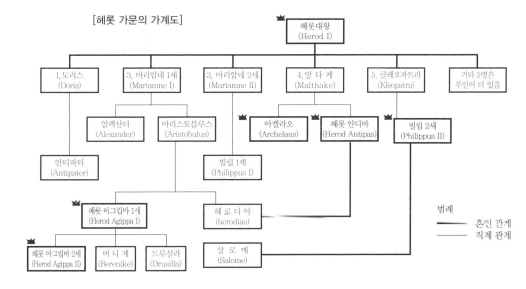

[헤롯 가문의 가계도]

범례
━━━ 혼인 관계
─── 직계 관계

그러나 그가 갇혀있었던 장소는 어느 복음서도 기록조차 하지 못하였다. 그러나 요세푸스는 그곳을 마케론티스Machaerontis; Machaerus Gk.; '검劍' 이라는 뜻라고 기록하고 있다. 세례요한은 이곳 마케론티스에서 헤로디아Herodias의 딸 살로메Salome의 요구로 안디바Herod Antipas/헤롯 안티파스에 의해 참수 당했다.

▲ 세례요한의 참수장면

▲ 살로메

그가 죽은 후 사람들은 '세례 요한이 부활하여 그의 위대한 힘이 예수의 속에서 작용하기 때문이다' 라고 생각한 것과「마가복음 6:14」, 「누가복음 9:19」, 예수의 제자들까지도 예수에게 "요한이 자기 제자들에게 기도하는 법을 가르친 것처럼 우리에게도 가르쳐 주옵소서「누가복음 11:1」" 라고 말한 데서 알 수 있듯이 예수의 스승인 요한이 당시에는 예수보다 더 위대한 존재였던 것이다.

헤로디아(Herodias)

당시 유대인들이 로마인의 지배를 혐오하여 구세주가 나타나기를 바라던 상황에서 '천국은 가까이에 왔다' 고 외치며 세례 요한이 나타났기 때문에 유대인들은 '요한이야말로 우리가 기다리던 다윗David의 아들 구세주가 아닌가' 하고 믿은 것이다.

성서에는 그 이름이 밝혀져 있지는 않으나, 유대의 역사학자 요세푸스(37~100)의 『유대고대사』에서 살로메(Salome: CE 14~62)라고 적고 있다.

헤롯왕의 아들 헤롯 안디바가 이복동생인 빌립보의 아내였던 헤로디아(Herodias)와 결혼하자, 세례자 요한은 그 결혼이 불법이라고 비난했고 결국 안디바에 의해 감금되었다.

헤로디아는 불륜이라고 비난한 세례 요한을 원수로 여기고 딸 살로메를 이용하여 죽일 계획을 세웠다.

헤롯왕의 생일축하연에서 살로메가 춤을 추어 헤롯을 기쁘게 하자, 헤롯이 '네가 원하는 것은 무엇이든 다 들어주겠노라'고 말한다.

그러자 어미 헤로디아의 사주를 받은 살로메는 '세례 요한의 머리를 소반에 얹어 여기서 내게 주소서'라고 청한다.

▲ 헤롯왕 앞에서 뇌쇄적인 춤을 추는 살로메

고민하던 헤롯은 왕으로서 한 맹세를 지키기 위해 세례 요한의 머리를 살로메에게 가져다주라고 명령한다.

살로메는 그것을 자신의 어미인 헤로디아에게로 가져간다.

이 일화는 매우 흥미를 끌어 많은 회화(繪畵)가 탄생했고, 오스카 와일드(Oscar Wilde)의 시(詩), 리하르트 슈트라우스(Richard Strauss)의 오페라 등 많은 예술작품의 소재가 되어 왔다.

한편, 유대법에는 이혼이 금지되어 있었지만, 로마법에서는 가능했다. 헤로디아와 모든 헤롯가문의 사람들은 로마 시민권을 가지고 있었으므로 두 사람의 이혼과 재혼은 그들에겐 합법적인 행위였다.

▲ 세례요한의 목을 받는 살로메

그러나 예루살렘의 레위Levi가 요한에게 "당신은 누구십니까?" 하고 묻자 "나는 구세주도 예언자도 아니다" 라고 대답하였다. 그 다음 날 세례 요한이 예수에게 세례를 한다.「요한복음 1:19-21」

「요한복음 1:30-35」에는 요한이 요르단강에서 예수에게 세례를 줄 때까지 만해도 예수를 알지 못한 것으로 쓰여 있으나,「누가복음 1:41」에서는 요한이 어머니인 엘리사벳의 태내에 있을 때 이미 그의 6촌 동생 예수가 구세주라고 안 것으로 되어있어 서로 모순된다.

유대 자료들은 '당시 그리스도로 불리던 요한이 참수된 후, 예수파가 기존 요한교단과의 세력다툼에서 승리하였다. 그 후 신약편집 과정에서 예수를 신의 아들로 묘사하기 위해 예수의 육촌형이자 스승이었던 요한을 '장차 올 그리스도의 길을 준비하는 예비자' 또는 '예수의 신발 끈 풀기도 감당치 못할 자'로 격하했다'고 밝히고 있다.

오늘날 성서학자들은 예수의 세례부분이 석가모니의 전기에서 온 것으로 보고 있다.

『과거현재인과경』 제2권에는 석가모니가 10살 때 태자책봉식에서 머리에 물을 붓는 의식을 받는다. 아버지인 정반왕淨飯王; Suddhodana/슈도다나의 손에 의해 자식의 머리 위에 물이 퍼부어지고 정반왕이 '그는 나의 후계자' 라고 선언하자, 하늘에서 그 뜻을 받아들이는 소리가 들려온다.

▲ 「부처님의 머리 위에 물을 붓는 의식」 BCE 6세기 Peshawar Museum, Pakistan 소장

예수가 요한으로부터 '물에 의한 의식baptism; 洗禮' 을 받고 나자 하늘에서 '이는 내 사랑하는 아들이요 내 기뻐하는 자라' 는 소리가 들려온다.「마태복음 3:17」,「마가복음 1:11」,「누가복음 3:22」

물론 석가모니의 '물에 의한 의식'은 왕위계승이라는 세속적인 것
이었고, 예수의 경우는 종교적인 것이었다는 차이는 있었다. 또한 석
가모니는 10살 때, 예수는 30세 때 세례를 받았다.

석가모니는 그 후 태자라는 감미로운 향락생활을 스스로
버리고 처자도 버린 채 치열한 고행을 하지만 결국 별 효과
를 얻지 못한 채, 30세 된 어느 날 강에서 몸을 씻는다.

그러나 고행 때문에 몸이 쇠약해져 자기 힘으로는 도저
히 물 밖으로 올라올 수가 없었다. 그 때에 하늘에서 신이
내려와 석가모니가 물에서 나오도록 도와준다.『과거현재인
과경 제3권』

▲「16세 때의 싯다르타 태자상」
루브르(Louvre) 박물관 소장

고행상(Fasting Buddha)
편암, 높이 83㎝, 시크리 출토
Lahore Museum, Pakistan

석가모니 고행상

오랜 기간에 걸친 치열한 고행으로 석가모니의 몸은
여윌 대로 여위어 갈비뼈가 앙상하게 그대로 드러나고,
힘줄이 튀어나오고, 뱃가죽은 등에 닿았다. 그러나 그
의 자세는 꼿꼿하고 눈의 광채도 예리하게 살아 있다.
드러난 힘줄 하나 하나마다 강렬하게 내뿜는 기가 느
껴진다. 육체와 감각의 구속을 초월하려 용맹정진하는
석가모니의 모습 그 자체는 이미 깨달음만큼이나 위대
하고 감동적이다. 고행이 깨달음에 이르게 하는 직접적
인 원인은 아니라 할지라도 깨달음에 이르기 위해 거
쳐야 하는 하나의 중요한 과정임에는 틀림이 없다.
「석가모니의 고행상」은 육신을 초월한 불교의 이상과
형이하학적 세계의 충실한 재현을 강조한 그리스 고전
예술의 이상이 절묘하게 결합되어 탄생한 간다라 미술
최고의 걸작이자 더없이 위대한 인류문화유산이다.

"… 강에서 몸을 씻는다. 그러나 고행 때문에 몸이 쇠약해져 자기 힘으로는 도저히 물 밖으로 올라올 수가 없었다. 그 때 하늘에서 신이 내려와 …"

◀ 천사들이 석가모니가 물 밖으로 나오도록 도와주는 모습

▲ 싯다르타에게 우유죽을 공양하는 수자타(Sujata) 처녀

이 부분은 예수가 30세 때 요르단강에서 세례를 받고 물에서 오르자 '보라, 하늘이 열리고 신의 영이 비둘기처럼 자기 위에 내려오는 것을 보았다' 「마태복음 3:16」, 「마가복음 1:10」, 「누가복음 3:22」의 내용에 해당된다. 석가모니의 경우는 비둘기 대신 500마리의 청작靑雀과 아홉 마리의 용이 나타난 것으로 되어 있다.

▲ 「석가모니의 세례(灌浴/관욕)」 British Museum 소장

▲ 예수의 세례

석가모니는 네란자라강Neranjara River; 尼連禪江에서 몸을 씻고 난 후 49일 간 부다가야Buddha Gaya; Bodhgaya의 보리수 밑에서 악마의 유혹을 받는다. 이 부분은 예수가 요르단강에서 세례를 받은 후 황야에서 40일간 악마의 유혹을 받는 것으로 번안되었다.「마태복음 4:1」,「누가복음 4:1」

첫째, 석가모니의 경우, 남방 불교의 팔리어 경전『상응부경전 Samyutta-nikaya』제4 악마상 응Mara- samyutta 25편 중 제 18의「탁반의 설화」는 돌로 빵을

▲ 네란자라강(왼 쪽)과 요르단강(오른 쪽)
: 두 강의 강폭과 수량까지도 흡사한 모양이 실로 놀랍다.

만들라는 악마의 유혹에 대해 예수가 '인간은 빵으로만 사는 것이 아니고 신의 말로 산다' 고 대답한 것과 일치한다.

둘째, 악마가 예수를 산에 데리고가 세상 모든 나라의 부귀 영화를 보여주고 자기 밑에 굴복하기를 권하였으나 예수는 '신만을 섬긴다' 고 대답하였다.「마태복음 4:8」,「누가복음 4:5」 이것은 불교의 같은 경전인 제20「통치의 설화」을 번안한 것이다.

셋째, 악마가 예수를 예루살렘의 신전 위에 세우고 '네가 신의 아들이면 여기서 뛰어내리라' 고 말하자, 예수는 '주主인 신을 시험해서는 안 된다' 고 대답하고 있다.「마태복음 4:5」,「누가복음 4:9」

악마의 유혹 이야기 세 번째에 속하는 것은 석가모니가 *왕사성 王舍城; Rajagrha/라자그리하의 영취산靈鷲山; 기사굴산; Griddhakuta Hill; Vulture Peak에서 만난 악마의 이야기나 석가모니가 녹야원鹿野 苑; Sarnath/사르나트; Mrgadava/므르가다바; Deer Park에서 악마를 만난 이야기, 석가모니와 제바달다提婆達多; Tevadatta/ 테바다타의 이야기에서 볼 수 있다.

왕사성
석가시대 마가다왕국의 수도

영취산

석가가 법화경과 무량수경을 설법한 왕사성 인근의 산으로 독수리머리 모양으로 생겼음.

녹야원
석가모니의 최초 설법지. 옛 지명은 Mrgadava.

제바달다
석가의 종형제이자 부처님 음해세력의 우두머리.

이처럼 예수의 세례에서 악마의 유혹에 이르기까지 그 근원을 거슬러 올라가면 불교경전에 도달하게 된다.

인간은 왜 많은 번뇌 속에서 헤매어야 하는가? 석가모니와 예수는 이 문제에 대해서 진지하게 고민한 것이다. 여기에 대한 기독교의 해답은 원죄설the Theory of Original Sin이다. 사과 하나로 온 인류를 죄인으로 옭아맬 수 있었던 기독교 원죄설도 사실은 수메르와 그리스 신화에서 따 온 것이다.≪성서의 뿌리(민희식 저) 참조≫

아담과 이브가 범한 죄가 자손에게 전해져 유대민족의 원죄가 된 것이며, 그 때문에 유대민족은 메시아가 나타나 죄를 사해야만 구원을 받고 천국에 갈 수 있다는 것이다.

인간의 존재 자체가 죄가 있는 존재로서 원죄로 얽매인 세상에서 벗어나려면 현실을 도피하지 않고서는 벗어날 길이 없다는 발상이다.

이 현실도피의 사고는 불교에서의 *정토사상淨土思想과도 통하는 것으로, 소승불교의 번뇌단진煩惱斷盡의 사고와 상통한다. 번뇌를 없애거나 거기에서 도피하려는 종교의 실천이 반사회적, 또는 은둔적 경향을 띠게 되는 이유도 여기에 있다.

인간의 근원적 번뇌에까지 눈을 돌리지 않았던 원시 민족의 여러

▲ 「낙원추방」 미켈란젤로 작

신앙이나 고대의 제사가 세속적 생활과 일체화된 데 반해 불교나 기독교는 세속과의 투쟁을 통해 여기에 일단 예리한 하나의 선을 그은 것이다.

결국 번뇌의 문제를 해결코자 하는 종교는 인간 사회의 현실을 인정하고 고뇌를 품은 가운데 인간을 구제해야 한다. 이것이 바로 불법 가운데 대승의 가르침에 의한 '번뇌즉보리煩惱卽菩提'의 법문이다.

그것은 번뇌에서 도피하는 것도 아니고 번뇌를 멸진滅盡하는 것도 아니며, 그대로 두고 번뇌를 보리菩提; bodhi/보디; 깨달음로써 여는 것이다.

『법화경』의 결경結經인『관보현보살행법경觀普賢菩薩行法經; 觀普賢經/관보현경』에는 번뇌煩惱·입入·고苦의 세계에서 반야般若; prajna/프라즈냐; 지혜·해탈解脫; nirvana/니르바나의 경지를 구현하는 모습을 마치 *흰 연꽃이 진흙탕 속에서 그 더러움에 오염되지 않고 깨끗한 꽃을 피우는 모습으로 표현하였다.

관보현보살행법경
법화 삼부경의 하나로, 석존이 입멸하기 3개월 전 대림정사에서 아난·가섭·미륵의 물음에 설법한 것으로, 죄를 참회하는 법과 그 뒤의 공덕을 설법함. 법화경의 결경으로 송(宋)의 담마밀다(曇摩蜜多)에 의해 번역됨.

▲ 흰 연꽃(pundarika/푼다리카; 白蓮花)

흙탕물은 생명의 번뇌지만, 연꽃은 해탈의 경지이다. 연꽃에 있어서 흙탕물은 불가피한 것이다. 깨달음은 번뇌 없이 이루어질 수 없고, 연꽃이 크면 클수록 연못의 물도 깊은 것이다.

예수가 에세네파의 소승 불교적인 면을 비판하고 여기에서 벗어나 대승에의 길을 간 것은 「신약성서the New Testament」가 『법화경The Lotus Sutra』에서 받은 영향이나 「도마 복음서the Gospel of Thomas」에 나타난 사상을 통하여 알 수 있다.

연꽃
백련화(pundarika)
청련화(utpala)
홍련화(padma)

8장 영원한 부처님과 아버지 하나님

예수는 신의 아들이 되기 위하여 일찍이 석존釋尊; Shakyamuni: BCE
563~BCE 483이 체험한 바를 경험하게 되며, 그것은 『신약』에서 악마
의 유혹으로 나타난다. 『신약』에서 그 장면을 인용하면 다음과 같다.

▲ 광야에서의 예수

그 뒤에 예수께서 성령의 인도로 광야에 나가
악마의 유혹을 받으셨다. 사십 주야를 단식하시고
나서 몹시 시장하였을 때 유혹하는 자가 와서 "네
가 하나님의 아들이거든 이 돌더러 빵이 되라고 해
보라." 하고 말하였다.

예수께서는 "사람이 빵으로만 사는 것이 아니라
하나님의 입에서 나오는 말씀으로 살라"고 하지 않
았느냐고 대답하셨다.

그러자 악마는 예수를 거룩한 도시로 데리고 가
서 성전 꼭대기에 세우고 "네가 하나님의 아들이거
든 뛰어내려 보라. 신이 '하나님이 천사들을 시켜
너를 시중들게 하시리니, 그들의 손으로 너를 받들
어 너의 발이 돌에 부딪히지 않게 하시리라' 하지
않았느냐?" 하고 말하였다.

예수께서는 "주이신 너의 하나님을 시험하지 말라" 고 대답했다.

악마는 다시 높은 산으로 예수를 데리고 가서 세상의 모든 나라와 그 화려한 모습을 보여주며 "네가 내 앞에 절하면 이 모든 것을 너에게 주겠다" 하고 말하였다. 그러자 예수께서는 "사탄아, 물러가라! 성서에 주인 너희 하나님을 경배하고 그 분만을 섬기라고 하지 않았느냐?" 하고 대답하셨다. 마침내 악마는 물러가고 천사들이 와서 예수께 시중들었다.

「마태복음 4:1~11」

예수가 요르단강에서 세례를 받은 후 황야에서 40일간 악마의 유혹을 받은 장면은, 바로 석존이 네란자라강Neranjara River; 尼連禪江/니련선강에서 몸을 씻고 나신 후 49일간 부다가야Buddha Gaya; Bodhgaya의 보리수 아래에서 악마의 유혹을 받은 장면을 유대식으로 각색한 것이다. ≪p137 참조≫

석존의 경우, 남방불교경전『상응부경전相應部經典; Samyutta-nikaya』 제4 악마상응Mara-samyutta 25편 중 제18 「탁발의 설화」는 악마가 예수에게 돌을 빵으로 바꾸라고 한 이야기에 해당되고, 높은 산에 예수를 데리고가 세상의 모든 부귀영화를 보여주고 그 앞에 엎드리면 이것을 다 주겠다는 이야기는『마라-사미유타』 제20 「통치의 설법」에 해당된다.

끝으로 예수를 보고 악마가 높은 데서 뛰어내리라고 한 장면 역시, 『마라-사미유타』 제11 「돌의 설화」에서 석존이 *영취산靈鷲山; 기사굴산; Griddhakuta Hill; Vulture Peak에서 악마와 만난 이야기와 제13 「돌의 파편의 설화」에서 석존이 녹야원에서 악마와 겪은 이야기에서 볼 수 있다.

이처럼 예수에 대한 악마의 유혹 이야기의 참뜻은 불교경전에 의해서 해명이 될 수 있는데, 그 점에 대해서 살펴보기로 한다.

영취산

신령스러운 독수리 산이란 뜻이다.

제1부 예수의 불교수행

성인은 누구나 수행修行을 거쳐야 하지만, 예수는 불교도로서 석존처럼 육체에 집착되어 있는 상념想念을 정화하기 위한 수도생활을 한다. 석존의 경우, 단식 중에 수많은 악마의 유혹을 받아 이를 물리쳤고 예수 또한 단식중에 똑같은 악마의 유혹을 받고 이를 물리친다.

여기서 말하는 악마란 업상념파業想念波이다. 업業: karma이란 인간이 육체를 가지고 이 세상에 태어나 여러 가지 일에 부딪치면서 의식하고, 생각하고, 행동하는 것의 총체로서, 거기에는 선업과 악업이 있다. 즉, 이 업의 상념이 파동이 되어 이 세상에서 저 세상으로 회전하는 것이 업상념파業想念波이다.

이것이 응결되면 구체적인 악마의 형태를 이루어 나타날 수 있다. 인간이 육체에 사로잡혀 있을 때 그 상념행위의 파도를 형체가 있는 세계로 표현하게 되면 그것이 마귀나 악마가 되는 것이다.

이러한 업상념파가 자기의 마음 속에 존재하게 되면 외적인 업상념파의 유혹, 즉 악마의 유혹에 빠지게 된다. 이것이 성자의 앞길을

막는 올가미이다. 그것은 여자의 유혹이나 금전욕·권세욕의 형태로 나타나기도 하고 때로는 협박을 통해 공포심을 일으키는 형태로 나타나기도 한다.

예수는 불교수행에서 경지에 오른 *보살菩薩:

법화경과 신약성서

Bodhisattva이고 성인이지만, 육체를 가지고 있기 때문에 육체세계의 업상념 파동을 느끼지 않을 수 없는 것이다. 그러지 않고서는 이 세상 사람들의 고뇌를 자기의 고뇌로써 받아들일 수가 없고 따라서 인간을 구제할 수도 없는 것이다. 보살이 육체를 가지고 태어나는 것은 육체 세계의 고뇌를 자기의 고뇌로서 받아들이기 위한 것이다.

보살(菩薩)
上求菩提 下化衆生
/상구보리 하화중
생, 즉 위로는 보리
(菩提; 깨달음)를 구
하고 아래로는 중생
을 제도하는 대승불
교의 이상적 수행자.
성인.

다음으로 이 고뇌를 초월하기 위한 시련을 겪어야 한다. 그때 성 인은 이 세상의 모든 집착에서 떠날 수 있어야 한다. 석존의 경우와 마찬가지로 예수가 단식 중에 시련을 겪는 것은 단식을 함으로써 육체파동이 영적인 것으로 될 수 있기 때문이다.

본래 육체파동은 유파동幽波動을 거쳐 영파동 靈波動으로 가는 것이다. 이 유파동권幽波動圈은 육체계의 물질파동과 영체계의 영파동이 교류하 는 것으로, 우리의 현재의식顯在意識과 잠재의식 이 만나는 장소이기도 하다.

단식을 통해 육체파동이 지니고 있는 더러움이 영파동의 빛으로 정화되는 과정에서 인간은 육체

▲ 예수 보살(Bodhisattva Issa (Jesus))

적인 심한 고통을 겪게 된다. 이 때 인간은 쉽사리 명예심이나 금전욕 에 굴복하거나 기적을 바라기 쉽기 때문에 강한 신념이나 신앙이 필 요하다.

예수는 40일간의 단식을 통하여 "악마야, 물러가라"라는 말로써 업상념파를 물리친다. 예수가 악마의 시련을 이겨낸 것은 자기 몸 안 의 육체계에 유계幽界파동이 흘러 들어와 그것이 신의 빛에 의해서 소 멸되었기 때문이다.

석존에게 있어서 인류구제에의 출발점은 심신 통일을 위한 단식이

▲ 예수 나한(Arhat Issa (Jesus))의 상

▲ 예수 나한의 상이 있는 공죽사(恐竹寺)

중국 운남성 곤명시에서 12km 떨어진 곳에 있는 공죽사(恐竹寺)는 500 나한상으로 유명한데 이 곳에 있는 500 나한상 중 109번째가 예수 나한(아라한)의 상이다.

이 예수 아라한상은 불교가 인도에서 동아시아로 동진하는 과정에서 전해진 많은 불교역사와 문화의 한 단편으로, 인도에서 불교수행을 했던 예수 보살의 얼굴모양 등 외모를 상당히 충실하게 묘사하고 있음을 볼 수 있다. 바로옆의 몽골리안(황인종) 아라한들의 얼굴윤곽과 코카시안(백인종) 예수 아라한의 그것은 너무나 뚜렷한 대조를 보이고 있다.

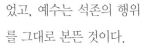

었고, 예수는 석존의 행위를 그대로 본뜬 것이다.

예수가 악마와 함께 성스러운 도시에 가는 장면도 예수의 상념 속의 문답이 악마의 형태로 나타난 것이다.

종교의 수행을 하는

▲ 석존의 경우처럼 시험받는 예수

법화경과 신약성서

가운데 가장 위험스러운 것은 자기를 과시하고
자 하는 욕망의 발현이다. 누구나 기적을 일으
켜 세상 사람들을 놀라게 하고 싶은 것이 사실
이다.

악마는 인간의 업상념을 상징화한 것으로 예
수에게 돌을 빵으로 만들라고 명한다. 예수는
섣불리 자기의 능력을 과시하지 않고 '인간은
빵으로만 사는 것이 아니다' 라고 대답하였다.

석존 앞에서 많은 불교도가 바다 위를 걷는
기적을 일으키자 석존은 '너희들은 배가 없느
냐?' 라고 말한 이야기도 마찬가지이다. 또한

▲ 광야에서 단식 중인 예수

악마가 예수에게 '네가 신의 아들이라면 높은 데서 뛰어내려 보라' 했
을 때에도 예수는 '주를 시험해서는 안 된다' 고 대답했다.

성자가 제 아무리 많은 신통력을 발휘할 수 있는 능력을 가지고
있더라도 그것이 인류를 위하여 근본적 도움이 되지도 못하는 채,
자기과시를 위하여 신통력을 사용하는 것을 석존은 금하였다.

예수는 손쉽고 빠르게 신도들을 모으기 위해 기적을 남용하였다.
여기서 바로 예수의 비극이 시작된 것이다.

예수가 인도 · 티베트에서의 불교수행에 정진한 후 고향에 돌아와
요르단Jordan 강변에 나타나자 유대인들은 '구세주' 다윗David의 아
들 유대인 왕이 나타났다고 좋아하였다.

그러나 세례 요한은 예수가 구세주라고 증언한 바 없다. 세례 요한
이 참수 된 후, 예수의 제자들에 의해 요한이 예수를 구세주로 부른
것으로 각색되었다.

*그리스도Christos GK.: Christus L.: Chirst' 란 원래 메시아

그리스도
그리스어로 '기름부
음을 받은 자'란 뜻
으로 '구세주'를 의미
한다.

Messiah와 같은 의미를 내포하고 있지만, 세례요한도 예수도 유대교에서 말하는 메시아와는 다른 의미를 부여하고 있다.

예수가 이 지상에서 현세적 이익을 기반으로 왕국을 건설한 다윗의 자손인 구세주인지, 아니면 천국에 신의 왕국을 건설하여 참회하는 자를 구제하는 신의 아들인 구세주인지에 대하여, 예수 자신은 분명히 자기는 신의 아들 '그리스도' 이지 다윗의 아들 '메시아' 가 아니라고 말하고 있다.

'예수께서는 성전에서 가르치시면서 이렇게 말씀하셨다. "율법학자들은 그리스도를 다윗의 자손이라고 하는데 그것은 어떻게 된 일인가?" 다윗이 성령의 감화를 받아 스스로 "주 하느님께서 내 주님께 이르신 말씀, 내가 네 원수를 발 아래 굴복시킬 때까지 너는 내 오른편에 앉아 있으라 하지 않았느냐" 이렇게 다윗 자신이 그리스도를 주님이라고 불렀는데 그리스도가 어떻게 다윗의 자손이 되겠는가?

「마가 12:35-37」, 「마태 22:41-45」, 「누가 20:41-44」

다만 여기서 예수가 인용하는 「시편Psalm 110:1」의 '주主는 나의 주主에게 말하여' 란 뜻이 주Jehovah/여호와가 주David/다윗에게 말한 것으로 해석될 수 있기 때문에 예수는 유대인들에게는 다윗의 자손으로 해석되었던 것이다.

그 때문에 유대인들 사이에는 분쟁이 일어났는데, 그것은 지상에 정토淨土를 구하는 자와 천상에 천국을 구하는 자 사이에 일어난 분쟁이었다.

이 말씀을 들은 사람들 중에는 "저 분은 분명히 예언자이다. 또는 그리스도이다." 하고 말하는 사람들이 있는가 하면, 어떤 사람들은 "그리스도가 갈릴리(Galilee)에서 나올 리가 있겠는가? 성서에도 그리스도는 다윗의 자손으로 다윗이 살던 동네 베들레헴(Bethlehem)에서 태어나리라고 하지 않았느냐?" 하고 말했다. 이렇게 군중은 예수 때문에 갈라졌다.   「요한복음 7:40-43」

법화경과 신약성서

이처럼 유대교 안에 또 하나의 예수파가 생겼으며, 그들은 예수를 다윗의 자손으로 보는 파와 하느님의 아들로 보는 파로 나뉘어진 것이다.

예수에 대한 인식에는 근본적인 차이가 있었다. 유대인들은 다윗의 자손인 예수의 기적을 일으키는 능력과 예수교단 신도들의 힘까지도 가세시키고 이용하여 로마군을 몰아내고 유다의 독립을 실현코자 하는 그들의 숙원을 이루고자 하였다. 특히 예수와 같은 12사도 협의회 회원으로서 동료 예수에게 많은 도움을 주어왔던 열심당 당수 *시몬이 그러한 사람들 중의 하나였다.

시몬

열심당원(Zealot) 시몬. 열심당은 1~2세기경 로마의 지배에 항거하여 폭력과 무력으로 독립을 쟁취하려 한 열광적 유대인 애국자의 집단.

그러나 예수는 '나는 다윗의 자손이 아니다'라고 한 말을 듣고, 유대인 가운데는 예수가 '사마리아인인가?' 하고 의심한 자도 있었다. 유대인들은 '당신은 사마리아사람이며, 마귀 들린 사람이오' 하고 대답했다.「요한 8:48」

예수는 이방인 갈릴리 사람「마태 4:15」이라 불리었고, '나사렛Nazareth에서 무슨 좋은 것이 나오랴「요한 1:40」' 하였다. 유대인이 멸시한 변경의 땅, 갈릴리의 나사렛은 이전에는 이스라엘 왕국북왕국의 중심으로, 사마리아Samaria보다 북쪽에 위치하고 있어서 갈릴리에서 예루살렘으로 가기 위해서는 사마리아를 거쳐가야 했다.

남북왕국과 주변국가들

B.C. 1000~B.C.925년경
□ 다윗과 솔로몬 시대의 헤브라이 왕국
B.C. 860년경
이스라엘 왕국
시리아 왕국
유다 왕국

베리투스
시돈
페니키아
티루스
다마스쿠스
사마리아
예루살렘
가자
사해

▲ 남북왕국의 대립시대

사마리아인은 유대인의 적으로 누가복음에 나오는 예수의 발 밑에 엎드린 사마리아인「누가 17:16」과 부상당한 나그네를 구한 *선한 사마리아 인the Good Samaritan「누가 10:30-34」이 기록된 점으로 미루어 보아, 예수는 유다인과 달리 사마리아인에 대해서 매우 호의적이었다.

선한 사마리아인

예수는 사마리아인에게 영원한 생명을 이루는 열매 이야기를 하였다. 사실 이스라엘 사람들은 모세Moses이래 여러 번 그들의 민족신 여호와를 만나 그 모습을 보거나 소리를 들었다고 하였다.

그러나 예수는 '너희는 아버지의 음성을 들은 적도 없고 본 직도 없다「요한 14:8」' 고 단언하고 있다. 그는 12제자들에게도 자기의 아버지를 나타내지 않았다.「요한 14:8」

결국 예수 이외에 아무도 하느님의 소리를 듣거나 그 모습을 본 자가 없으며, 보지 않고 믿는 자만이 축복을 받게 되는 것이다.「요한 20:29」

또 예수는 사마리아의 여인에게 '내 말을 믿어라. 너희들이 이스라엘 신전이 있는 시켐 산이나 유다의 신전이 있는 예루살렘의 언덕도 아닌, 다른 장소에서 나의 아버지에게 예배할 때가 꼭 온다' 고 말하고 있다.

이와 같이 예수의 설교는 너무나도 석존의 설교와 유사하다. 결국 예수의 '하느님 아버지' 는 '영원한 부처님' 을 가리키고 있는 것이다.

오직 예수만을 신의 외아들로 보는 독선적이고 배타적 신앙은 곧 모든 인간이 형제라는 예수의 가르침을 배반하게 되는 것이다. 이처럼 예수가 불교의 영향을 받아 유대교의 배타적 사상에서 벗어나 인류에 대한 사랑을 부르짖게 된 것을 우리는 높이 평가해야 한다.

석존과 예수는 각기 그 전도지역의 상황과 풍토, 그리고 전도 대상이 되는 사람들의 수준에 차이가 있었으므로 *전도방법에 있어서 각자 독특한 면이 있었다. 그러나 기독교 사상은 불교의 뿌리깊은 영향하에 이루어졌으므로 두 종교가 많은 공통점을 지니고 있음을 잊지 말아야 한다.

당시 예수가 처해있던 처지를 이해하기 위해서는 역사적 배경인 남북 왕국, 즉 이스라엘Israel왕가와 유다Judah왕가의 극심한 대립은 물론 여호와 예배의 정통과 이단을 둘러싼 유대인의 예루살렘 신전과 사마리아인의 *시켐Sichem 신전과의 대립관계도 살펴볼 필요가 있다.

'다만 이스라엘북왕국 백성중의 길 잃은 양들을 찾아가라「마태

전도방법의 특징
예수의 경우, 그 환경 때문에 영혼의 순화 지도와 더불어 사회 개혁에도 관심을 표명하지 않을 수 없었다.
자기의 본심 개발에 중점을 둔 불교와는 달리 기독교가 사회 복지에 더 중점을 둔 것도 거기에서 유래한다.

시켐
에프라임(Ephraim) 지파의 도시로 이스라엘왕국의 첫 번째 수도였다.
Shechem, Shkhem 으로도 표기.

10:6」라는 예수의 말로 보아, 예수는 남왕국, 즉 다윗가의 유다왕국과 연관이 있는 것이 아니라, 북왕국, 즉 친 이스라엘·친 사마리아계 인물이었던 것으로 이스라엘 학계는 밝히고 있다.

그러나 예수가 죽은 후 예수파는 예수를 남왕국 '다윗'의 자손으로 간주한 것이다.

그것이 오늘날의 복음서에 영향을 주고 있는데 「마태복음서 1:1-17」에는 아브라함에서 다윗 그리고 요셉에 이르기까지의 42대에 걸친 계보를 보여주고 있다.

비록 요셉이 다윗의 자손이라 할지라도 예수가 요셉의 피를 받은 친아들이 아닌 이상, 다윗의 직계 자손일 수 없는 것이다.

유다 출신의 다윗 왕King David: 재위 BCE 994~BCE 96이 예루살렘을 중심으로 통일 이스라엘 왕국을 구축하였으나 그의 아들 솔로몬 왕King Solomon: 재위 BCE 961~BCE 922이 죽자 왕국은 북 이스라엘 왕국 The Kingdom of Israel과 남 유다 왕국The Kingdom of Judah으로 분리되었다.

그 후 북왕국 이스라엘 BCE 933~BCE 721은 아시리아Assyria에 의해 멸망하고 남왕국 유다BCE 933~BCE 586는 바빌론Babylon에 의해 멸망하였다.

페르시아 왕 *키루스 2세Cyrus Ⅱ the Great: 재위 BCE 559~BCE 529는 BCE 538년 바빌론을 정복하고 구舊 유다 왕국의 백성이 예루살렘으로 가서 신전을 세우도록 해 주었다.

▲ 남북왕국의 분리
(the divided kingdom)

솔로몬 왕

오늘날 고고학자들의 연구와 발굴결과 그는 도시국가의 영주에 불과했으며 그의 업적은 대부분 부풀려진 것으로 밝혀졌다.

키루스 2세 대왕

페르시아 제국의 건설자. 유대민족을 해방시켜준 위대한 구세주. 인자하고 이상적인 군주로 주변 민족들로부터도 존경을 받음.
여호와 신이 메시아라고 칭송한 위대한 왕이다.
《성서의 뿌리, 민희식 저 참조》

왕국의 분리이전의 역대왕(Kings Before Division of Kingdom)

1 Saul(사울: BCE 1021~1000): 이스라엘 초대왕

2 Ish-Bosheth (or Eshbaal)(이스보셋/에스발: BCE 1000): 사울왕의 아들

3 David(다윗: BCE 1000~962): 유다의 왕, 후에 유다 · 이스라엘의 왕

4 Solomon(솔로몬: BCE 962~922): 유다 · 이스라엘의 왕

★ 같은 색은 왕위의 부자계승, 다른 색은 왕위의 역성계승을 의미

남왕국(유다왕국) Kingdom of Judah(BCE 933~586)	북왕국(이스라엘왕국) Kingdom of Israel(BCE 933~721)
○ Solomon(솔로몬)에서 이어지는 본래의 왕국으로 수도는 예루살렘.	○ Jeroboam Ⅰ(여로보암)이 이스라엘을 분리 독립시킴. 왕국의 수도는 세켐.
① Rehoboam(르호보암: BCE 933~917)	① Jeroboam Ⅰ(여로보암: BCE 933~912)
② Abijam(아비얌: BCE 916~914)	② Nadab(나답: BCE 912~911)
③ Asa(아사: BCE 913~873)	③ Baasha(바아사: BCE 911~888)
④ Jehoshaphat(여호사밧: BCE 873~848)	④ Elah(엘라: BCE 888~887)
⑤ Jehoram(여호람: BCE 848~842)	⑤ Zimri(시므리: BCE 887)
⑥ Ahaziah(아하시야: BCE 842)	⑥ Tibni(티브니: BCE 887~883)
⑦ Athaliah(아달랴: BCE 841~835)	⑦ Omri(오므리: BCE 883~877)
⑧ Jehoash(예호아스: BCE 835~796)	⑧ Ahab(아합: BCE 876~853)
⑨ Amaziah(아마샤야: BCE 796~767)	⑨ Ahaziah(아하시야: BCE 853~852)
⑩ Uzziah(웃시야: BCE 767~739)	⑩ Joram(요람: BCE 852~841)
⑪ Jotham(요담: BCE 739~731)	⑪ Jehu(예후: BCE 841~813)
⑫ Ahaz(아하스: BCE 731~715)	⑫ Jehoash(여호아스: BCE 798~781)
⑬ Hezekiah(히스기야: BCE 715~686)	⑬ Jeroboam Ⅱ(여로보암2세: BCE 781~753)
⑭ Manasseh(므낫세: BCE 686~641)	⑭ Zechariah(스가랴: BCE 753~752)
⑮ Amon(아몬: BCE 641~639)	⑮ Shallum(살룸: BCE 752 (1개월))
⑯ Josiah(요시야: BCE 639~609)	⑯ Menahem(메나헴: BCE 752~741)
⑰ Jehoahaz(예호아스: BCE 609)	⑰ Pekahiah(브가히야: BCE 741~739)
⑱ Jehoiakim(여호야김: BCE 609~597)	⑱ Pekah(베가: BCE 739~731)
⑲ Jehoiachin(여호야긴: BCE 597)	⑲ Hoshea(호세아: BCE 731~722)
⊙ BCE 587년 바빌로니아(Babylonia)의 네부카드네잘(Nebuchadnezzar)에 의해 멸망	⊙ BCE 722년 아시리아(Assyria)의 사르곤 2세(Sargon Ⅱ)에 의해 멸망

메디아인Median 키루스 2세의 아들 캄비세스
2세Cambyses Ⅱ:재위 BCE 530~BCE 522가 애굽
埃及:애굽: Egypt을 정복하고 다리우스 왕Darius
때에는 페르시아 제국이 완성되었다.

▲ 이집트 원정 중인 캄비세스 2세

이 때 유대인은 아케메네스 왕조
Achaemenian Dynasty:Achaemenid Persian
Empire: BCE 559~BCE 330의 페르시아 제국
의 주민으로서 보호를 받게 되었다.

이때부터 200년 동안 유대교는 페르시아의 조로아스터교
Zoroastrianism:Mazdayasna/마즈다야스나: 拜火敎/배화교의 영향을 받는다. 그
결과, 유대교는 '빛과 암흑', '선과 악', '천국과 지옥', '죽은 자의 부활',
'영혼의 불멸' 등 이원 대립적인 페르시아 종교이론을 차용할 수 있었다.

그 후 알렉산더 대왕Alexander the Great/Alexandros Gk.이 페르시아 제국
을 정복BCE 331하였으나 대왕이 죽자BCE 323, 그 제국은 붕괴되고, 부하 장
군들이었던 *디아도코이Diadochoi Gk.: 후계자들가 제국을 분할하였다.

이리하여 안티고노스Antigonus Ⅰ/Antigonos Gk.: BCE 382~BCE 301의 마케

도니아 왕국Kingdom of
Macedonia, 셀레우코스
Seleucus/Seleukos Gk.: BCE
358~BCE 281의 시리아 왕
국Kingdom of Syria, 프톨레
마이오스Ptolemy/Ptolemaeos
Gk.: BCE 367~BCE 283의 이
집트 왕국Kingdom of Egypt
이 수립된 것이다.

▲ 알렉산더 제국과 분열

▲ 자신의 애마 부케팔로스(Bucephalos)
  를 타고 전투중인 알렉산더
  「다리우스 대왕과의 전투부분도」

▲ Phalanx (고대 그리스의 方陣/방진)
  창병(槍兵)을 네모꼴의 밀집대형으로 배치하는 진형
  으로, 동방원정에서 무적을 자랑하였다.

▲ 알렉산더의 죽음

▲ 알렉산더의 대리석관(Istanbul 소재)

▲ 알렉산더 대왕의 상이 있는 동전

▲ 알렉산더 대왕이 출정에 앞서 창병들을 사열하
  고 있다. (영화의 한 장면)

마케도니아왕국(Kingdom of Macedonia)

- 안티고노스 왕조
  (Antigonid Dynasty: BCE 306~BCE 168)
- 왕조의 시조
  Antigonos(Antigonus Ⅰ: BCE 382~BCE 301)
  별명: Monophthalmus(the One-Eyed; 애꾸)
- 업적: 메소포타미아 · 소아시아를 지배 하에 둠.
- 사망: 입소스 전투(Battle of Ipsos, Phrygia; BCE 301)
  에서 패하여 죽음.

시리아왕국(Kingdom of Syria)

- 셀레우코스 왕조
  (Seleucid Dynasty: BCE 312~BCE 64)
- 왕조의 시조 Seleukos(Seleucus Ⅰ: BCE 358~BCE 281)
  별칭: Nicator(니카토르; 戰勝王)
- 업적: 아르메니아에서 인도에 이르는 광대한 영토를
  다스리는 왕국을 건설함.
- 사망: 마케도니아 원정 준비 중 프톨레마이오스
  케라우누스에게 암살 당함.

이집트왕국(Kingdom of Egypt)

- 프톨레마이오스 왕조
  (Ptolemaeos Dynasty: BCE 305~BCE 30)
- 왕조의 시조
  Ptolemaeos Ⅰ(재위 BCE 367~BCE 283)
  별칭: Soter(소테르; 구원자)라 칭함.
- 업적: 수도 알렉산드리아의 경영에 힘써 그곳을
  이집트에서의 그리스 문화의 중심지로 만듦.

유대인은 처음에는 이집트 왕국에 속하였다. 그러나 그 후 시리아 왕국의 지배를 받게 되면서 시리아 왕 안티오코스 4세Antiochos IV Epiphanes: BCE 215~BCE 163가 BCE 168년에 유대인의 신전에 그리스의 신 제우스Zeus를 모시려고 하자, 유대인은 반란을 일으켜 BCE 142년 스스로 독립하게 되었다. 그 후 유대인에 의한 78년 간에 걸친 *하스몬 왕조Hasmonean Dynasty: BCE 142~BCE 63이 계속되었다.

그 당시 유대사회에서는 양대 세력인 사두개파Sadducees와 바리새파 Pharisees의 대립이 시작된다.

사두개인이라는 명칭은 솔로몬 왕 시대의 제사장이었던 사독Zadok에서 유래하였다.《성서의 뿌리, 민희식 교수 저 참조》

사두개파는 권력화 된 성직자들을 중심으로 한 상류계급 출신의 보수집단이었다. 이들은 당시 로마식민정권에 유착하여 유대인들의 독립항쟁을 막는 등 열심당과 유대 동족들의 증오의 표적이 되었다. 예수를 처형시키고 기독교가 퍼지

▲ 유대인의 종교를 탄압한 시리아의 안티오코스 4세가 예루살렘에 입성하는 그림. 1460년대 성경의 삽화.

Torah(토라)
모세가 시나이산에서 신에게서 받았다고 하며 모세5경·율법·펜타튜크라고도 함. 헤브라이어로 "가르침, 지시"의 뜻으로 유대교의 율법을 말한다.그리스어로는 Pentateuch (penta「5」+teuchos 「volumes」라 함.

는 것을 막는데 앞장선 것도 바로 사두개인들이었다.

사두개인들은 유대의 전통적 율법주의자들로「율법Torah; 모세5경; The Five Books of Moses」만을 성서로 삼았다. 이들은 기독교가 페르시아 조로아스터교에서 받아들인 천국과 지옥, 부활, 천사, 영혼 등의 종교개념을 부정했다.

한편, 바리새인이라는 명칭은 히브리어 '파라쉬parash; '분리된 자'에서 유래하였으며, 이들은 지식인 중심의 중산계급 출신으로 민중의

The Hasmonean Dynasty
LINEAGE

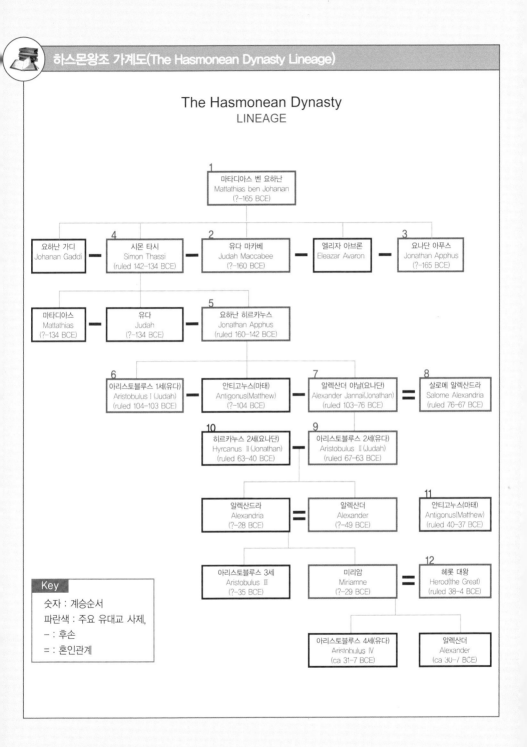

1
마타디아스 벤 요하난
Mattathias ben Johanan
(?-165 BCE)

4
시몬 타시
Simon Thassi
(ruled 142-134 BCE)

요하난 가디
Johanan Gaddi

2
유다 마카베
Judah Maccabee
(?-160 BCE)

엘리자 아브론
Eleazar Avaron

3
요나단 아푸스
Jonathan Apphus
(?-165 BCE)

마타디아스
Mattathias
(?-134 BCE)

유다
Judah
(?-134 BCE)

5
요하난 히르카누스
Jonathan Apphus
(ruled 160-142 BCE)

6
아리스토블루스 1세(유다)
Aristobulus I (Judah)
(ruled 104-103 BCE)

안티고누스(마태)
Antigonus(Matthew)
(?-104 BCE)

7
알렉산더 야낼(요나단)
Alexaner Jannai(Jonathan)
(ruled 103-76 BCE)

8
살로메 알렉산드라
Salome Alexandria
(ruled 76-67 BCE)

10
히르카누스 2세(요나단)
Hyrcanus II (Jonathan)
(ruled 63-40 BCE)

9
아리스토블루스 2세(유다)
Aristobulus II (Judah)
(ruled 67-63 BCE)

알렉산드라
Alexandria
(?-28 BCE)

알렉산더
Alexander
(?-49 BCE)

11
안티고누스(마태)
Antigonus(Matthew)
(ruled 40-37 BCE)

아리스토블루스 3세
Aristobulus III
(?-35 BCE)

미리암
Miriamne
(?-29 BCE)

12
헤롯 대왕
Herod(the Great)
(ruled 38-4 BCE)

아리스토블루스 4세(유다)
Aristobulus IV
(ca 31-7 BCE)

알렉산더
Alexander
(ca 30-7 BCE)

Key

숫자 : 계승순서
파란색 : 주요 유대교 사제,
– : 후손
= : 혼인관계

분파	사두개파(Sadducees)	바리새파 (Pharisees)
기원	솔로몬왕 시대의 제사장 사독에서 유래	파라쉬(히브리어 '분리된 자')에서 유래
구성	부유한 기득권층 · 세속화된 제사장들 바리새파와 함께 유대공회의 양대 세력	진보적 독립적인 중산계급 유대교의 주류(主流)를 이룸
특징	권력과 타협하여 세속적인 영달을 유지 모세5경과 성문화된 율법만을 받아들임 구전(口傳)된 율법(法)을 인정하지 않음 예수의 신성과 구세주임을 믿지 않음 영혼불멸 · 부활 · 천국과 지옥을 부정	유대교의 정통성 유지에 가장 큰 공헌 율법 · 구전율법 · 유대전통을 엄격히 준수 회당문화와 형성에 지대한 영향력 행사 예수의 신성과 구세주임을 믿지 않음 영혼불멸 · 부활 · 천국과 지옥 등을 믿음

▲ 사두개파와 바리새파의 비교

지지를 받으며 로마에 저항하였다.

이스라엘이 멸망한 후에도 유대의 율법과 전통을 지켜낸 것이 바로 이들이다. 후대의 랍비들은 바리새파를 이스라엘 민족의 진정한 수호자요, 애국적 지주라고 찬양하였다.

그들은 진보주의자들로서 유대교를 개혁하고 발전시키는데 힘썼다. 과거 유대인들이 알지 못했던 천국과 지옥, 부활, 천사, 영혼의 존재 등 페르시아 조로아스터교의 이원 대립적 종교개념을 받아들여 오늘날 기독교의 중요 교리로 자리잡게 된 것도 바로 바리새인들의 업적이었다.

바리새인들은 선진 그리스사상이 밀려들어오자 유대 민족성을 잃는 것을 경계하여 율법의 준수를 강조했다.

신약성서의 저자들은 헬라파 유대인들로서 유대사회의 정황에 무지하였다. 그들은 정작 로마에 매국행위를 일삼고 예수를 잡아죽인 사두개파는 내버려두고, 바리새인들만을 공격하는 방식으로 복음서를 쓰는 실수를 저질렀다. 그 결과 오늘날 신약 복음서를 읽는 독자들에게는 바리새인이 위선자의 대명사로 이미지가 잘못 각인되게 되었다.

하스몬의 왕 아리스토불루스 2세Aristobulus Ⅱ : 재위 BCE 67~BCE 63 는 그의 형 히르카누스 2세Hyrcanus Ⅱ : 재위 BCE 63~BCE 40가 왕위를 빼앗으려 바리새파의 지원을 등에 업고 BCE 63년에 분쟁을 일으키자

**율법(Torah/토라)
모세5경**

모세가 시나이산에서 신에게서 받았다고 하며 모세5경 · 율법 · 펜타튜크라고도 함. 헤브라이어로 "가르침, 지시"의 뜻으로 유대교의 율법을 말한다.그리스어로는 Pentateuch (penta「5」-Heuchos「volumes」라 함. 창세기(Genesis), 출애굽기(Exodus), 레위기(Leviticus), 민수기(Numbers), 신명기(Deutronomy)

법화경과 신약성서

이를 해결코자 로마제국에 조정을 의뢰한다.

그러나 로마장군 폼페이우스Gnaeus Pompeius Magnus: BCE 106~BCE 48의 군대는 예루살렘을 점령한 후 왕을 포로로 잡아가고, 왕의 형 히르카누스 2세는 왕이 아닌 태수太守 겸 대사제로 임명되어 유다 왕국은 멸망하게 된다.

폼페이우스

그 후 아리스토불루스 2세의 아들 마타디아스 안티고누스 Matthathias Antigonus: 재위 BCE 40~BCE 37가 당시 로마의 적인 파르티아 왕국Parthia: 安息國/안식국의 지원 아래 왕위를 굳히려 했으나, 에돔인Edomite인 헤롯, 바로 그 유명한 헤롯왕Herod the Great: BCE 73~BCE 4/재위 BCE 38~BCE 4이 로마에 가서 원로원의 지원을 얻어내어 안티고누스를 타도하고 유다의 왕이 되었다. 헤롯은 유대인이 아니었음에도 로마의 지원 하에 사두개파와 손잡고 유다의 왕으로서의 권력을 유지하게 된다.

헤롯왕

정치감각이 뛰어나고 노회한 왕이었다.

유대인은 로마의 가혹한 세금에 시달리며 열심당과 바리새인들이 중심이 되어 산발적으로 독립을 위한 투쟁을 전개해 나가게 된다.

▲ 폼페이우스와 그의 참모들(영화의 한 장면)

9장 최첨단 과학의 세계를 능가하는 법화경의 세계

프랑스의 작가, 대표적 계몽사상가.

볼테르Voltaire: François-Marie Arouet: 1694~1778의 단편 『미크로메가 Micromegas』를 대학시절 읽었을 때는 그 참뜻을 알지 못하였으나, 요즘 나는 다시 한번 읽고 크게 감동을 받았다.

1752년 볼테르가 프러시아Prussia에 머물며 쓴 이 작품은 멋진 첨단과학소설이기 때문이다.

출간 당시 『Micromegas』 표지의 모습 ▶

『시리우스(Sirius)성(星)의 청년 미크로메가는 매우 영특하고 키는 40㎞나 되며, 250세 때 열심히 공부하여 450세 때는 우주의 비밀을 알기 위하여 여행을 떠난다.

마침내 토성에서 만난 사람과 함께 혜성의 꼬리를 잡고 다시 지구에 돌아오지만 지구에는 아무것도 없었다.

법화경과 신약성서

그때 청년의 목걸이 끈이 끊어지면서 다이아몬드가 흩어진다. 토성인이 현미경처럼 보이는 그 보석으로 지구를 바라보니 바다 저쪽에 무엇인가 보였다. 그것은 고래였다.

다시 미크로메가는 큰 다이아몬드를 눈에 대고 바다를 보니 배가 있었고 배를 잡으니 그 안에 사람이 있었다. 그리고 원자처럼 조그만 인간이 무엇인가 지껄이고 있었다. 지껄인다는 것은 생각할 줄 안다는 것이며 생각한다는 것은 영혼이 있다는 증거다.

그래서 그는 인간에게 영혼이 무엇이며 물질이 무엇이냐고 묻는다.

"…큰 다이아몬드를 눈에 대고 바다를 보니 배가 있었고 배를 잡으니 그 안에 사람이 있었다."

▲ Micromegas

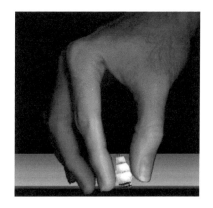

그 원자인간은 자칭 아리스토텔레스(Aristotle)파(派), 데카르트(Decartes) 파(派), 로크(Locke)파(派)라고 주장하고 어떠한 질문에 대해서도 자신 있게 대답하였는데, 그 내용이 서로 달랐다.

미크로메가는 원자 같은 인간의 지식에는 흥미가 있었지만 무엇이든 다 아는 체 하는 원자 인간의 오만에 화가 난 나머지 그들에게 『우주의 진리에 관한 모든 것』이라는 책을 전해 준다.

인간들이 그 책을 파리 아카데미에 가지고 와서 펼쳐보니 백지였다.』

여기서 먼저 생각나는 것은 *소크라테스Socrates: BCE 469~BCE 399가 자기를 그리스에서 가장 현명한 자라고 말한 자에게 자기는 아무것도 모른다는 점을 알고 있다고 말한 점이다.

또 하나는 거인인 미크로메가가 볼 때 지구인은 너무나 작아 눈에 보이지 않는 미세한 존재라는 점이다. 미크로micros와 메가megas는 그리스어로 각기 미세함과 거대함을 뜻한다. 매크로macro도 메가megas와 거의 유사한 뜻으로 쓰인다.

신문이나 잡지의 경제면을 읽어보면 거의 매크로macro 중심적, 즉 거시적巨視的일 뿐 미크로적微視的/미시적 사례가 뒷받침하는 경우는 보기 드물다. 다시 말해, 매크로의 포괄적 견해 속에 하나 하나의 미크로의 구체적 안이 나오는 경우 는 적다.

미크로메가는 다이아몬드를 눈에 대기 전까지만 해도 지구에는 생물이 존재하지 않는다고 생각하였다. 그러나 다이아몬드를 통해 인간을 발견하고 원자 같은 인간이 지껄이는데 놀라고 그 원자인간이 아는 척 하는데는 더 더욱 놀란 것이다.

매크로 분석에서 조심할 점은 이 세상에는 수치화 할 수 있는 것만이 존재하는 것은 결코 아니라는 점이다. 우리는 노동 의욕, 풍요, 인생의 목적과 같이 원칙적으로 정량화 할 수 없는 것을 억지로 수치화 하여 결론을 이끌어 내는 일을 흔히 목격하게 된다.

『열자列子』를 읽다보면 '조삼모사朝三暮四' 라는 이야기가 나온다. 송나라의 저공狙公이라는 사람이 기르고 있는 원숭이들에게 앞으로 도토리를 아침에 3개, 저녁에 4개를 주겠다고 하자 모든 원숭이가 화를 냈다.

그래서 다시 아침에 4개, 저녁에 3개를 주겠다고 하니 원숭이들이

법화경과 신약성서

매우 만족해했다는 이야기다.

이 이야기만큼 인간의 미분적 사고의 함정을 잘 그려낸 말은 없다. 아침에 얻는 도토리가 하나 많다는 것은 증감의 자로 재면 플러스가 되고 변화의 미분계수는 포지티브positive하다. 그리고 저녁 때 몫을 합친 총 개수라는 적분치로 보면 마찬가지이다. 즉, 전체적으로 보면 같은 결과가 나온다. 눈앞의 이익이나 차이에 사로잡히거나 권모술수로 인간을 농락할 때 흔히 쓰는 말이다.

Oh, no! It's not fair!

이 가르침은 우리 사회에서 얼마든지 볼 수 있다. 그때 그때의 학교 성적이나 증권시세에 기뻐하고 슬퍼하는 사람은 미분적 사고를 즐기는 자이며, 어린이의 인격형성에 기초를 쌓거나 긴 안목을 가지고 먼 앞날의 증권시세를 바라보는 것은 적분적 사고이다.

*IMF의 위기 속에서 사람들은 시간축의 감각을 상실한 채 그때그때 상승하는 곡선을 그대로 믿는 미분적 사고만 키우고 있었다.

우리가 흔히 말하는 장기적 안목이라는 표현도 사실 매우 모호한 것이다. 100년 대계를 세우는 자에게 있어서는 1~2년은 미분적 지표인 단기계획에 속하나, 4분기마다 순이익을 다투는 경영자에게는 그 1~2년이 적분적 지표인 장기계획이 되는 것이다.

IMF
국제통화기금
(International
Monetary Fund)

사고의 축에 따라 단기의 주체가 되느냐 장기의 주체가 되느냐가 결정된다. 중요한 것은 자기 나라 산업의 이익만을 추구하는 미분적 사고는 통용되지 않으며 적분적 사고를 조화시켜 나가야 한다는 점이다.

우리는 지나치게 세분화·전문화만 힘써왔다. 결국 분열·세분화·전문화의 큰 흐름 속에서 융합·통일화의 필요성이 생기는 것은 모든 학문 분야에 있어서 공통되는 점이다.

서양에는 '전부' 와 '무'all or nothing의 두 개념 밖에 없다. '전부'란 자기가 존재하지 않으면 아무것도 존재하지 않는 세계이고 '무無'란 자기 부정의 세계이다.

여기에 대해 동양에는 '전부' 와 '무' 외에도 '*공空: sunyata/수니야타; emptiness' 이라는 세계가 있다. 자기를 자연의 흐름에 맡길 때 비로소 찾게 되는 참된 자기가 '공' 이다.

서양에서의 무無는 유有에 대한 부정으로서의 무이다. 동양의 무의 개념은 서양적 유무의 대립을 초월한 곳에서 유와 무를 성립시킨다.

이외에 중中은 공空인 동시에 유有, 유有인 동시에 공空임을 바로 알아 어느 한 쪽에도 치우치지 않는 진공묘유眞空妙有를 말한다. 이것이 바로 '공, 즉 가중假中' 의 개념이다.

... Being empty, the key to transcendentals

공(空)
감지되지는 않으나 무한한 에너지.

한국인이 수없이 어려움을 겪으면서 그때마다 끈기 있게 이를 극복한 것도 공의 세계를 발상했기 때문이다.

단, 미래에 있어 한국적 저력은 '개인이 집단에서 이탈하여 자기의 기초나 능력을 파악한 뒤 다시 집단에 들어가야 생긴다' 는 자세가 필요하다. 인간 사회의 움직임은 집단의 파동적인 움직임이고 개인은 입자적으로 움직이는 것같다.

집단주의를 중시하는 한국사회에서는 사회적인 파동적 역동성만을 중시하고 개인적인 하나의 입자적 역동성은 소홀히 취급했다.

그러나 앞으로는 개인의 입자적 역동성을 개발해야 한다. 따라서 남이 무엇을 하는가에 마음을 쓰지 말고 자기 스스로가 생각하고 직감력으로 느끼고 행동할 수밖에 없다.

여기서 중요한 것은 인내와 정열과 끈기, 그리고 집중력이다. 속박 상태에 있는 개인은 마땅히 해방되어야 한다. 이러한 문제를 불교와 현대의 최첨단 과학의 입장에서 살펴보는 것도 매우 중요하다.

며칠 전에 만나 즐겁게 이야기를 나눈 친구가 갑자기 세상을 떠났을 때가 있다. 그가 쓰던 물건도 내 앞에 있고 엊그제 있었던 일도 생생하게 느껴지지만 그는 이 세상 어디에도 존재하지 않는다.

이러한 일은 누구에게나 닥쳐오는 숙명적인 일로 인간의 죽음이야말로 이 세상의 신비로움과 무상을 느끼게 하는 아주 큰 사건이다.

불교나 기독교, 회교는 사후세계를 인정하고 그것을 전제로 어떻게 이 세상을 살아가야 하는지를 가르치고 있다.

그러나 대부분의 과학자들은 실제로 죽음의 세계를 이단시하고 배척해 왔다. 그것은 과학의 범주에서는 다룰 수가 없는 문제였기 때문이다.

그러나 최근에는 사정이 달라졌다. 오늘날의 양자역학에서는 이 세상과 저 세상의 경계가 실험에 의해 확인되었고 미국과 유럽에서는 초광속신호超光速信號, 즉 텔레파시telepathy나 영계통신의 메커니즘mechanism이 과학적 연구의 대상이 되고 있다.

양자역학이 오늘날 자연에 대한 과학자들의 관점을 근본적으로 바꾸어 놓았다. 그것은 미크로 세계에 있어서 지금까지 과학으로는 생각할 수 없었던 기이한 현상들이 일상적으로 일어나고 있는 것이다. 미크로의 세계에는 귀신이나 유령이 들락거린다.

18세기 최대의 과학자로 자신의 영계체험을 남긴 스웨덴의 *스웨덴보리Emanuel Swedenborg: 1688~1772는 현세와 영계의 관련성을 다음과 같이 표현하고 있다.

스웨덴보리

스웨덴의 저명한 과학자, 철학자 겸 신학자.

"이 세상이란 영계의 무한한 공간 속에 떠 있는 하나의 고무공과도 같은 것이다. 고무공인 자연계의 주위는 다 영계로 둘러싸여 있다. 고무공 안에도 모두 영계가 침투되어 있다."

Swedenborg ▶

사실 중요한 것은 우리의 물질세계는 미크로 세계의 법칙에 의해 이루어지고 있다는 점이다. 양자역학이 세운 법칙은 어떠한 현상이나 이 세상의 보이지 않는 기본법칙을 바탕으로 한다.

따라서 우리가 인식하는 물질세계는 존재하지 않는 것이다. 왜냐하면 이 세상의 사물은 다 자기의 의식이 만들어 낸 것으로 실체로서 존재하는 것은 아니기 때문이다. 그 배후에는 큰 스크린으로 가로막은 넓은 '저 세상'이 존재하여 '이 세상'을 통제하고 있다고 양자역학은 결론을 내리고 있다.

우리가 보는 산이나 바다, 그곳을 비추는 빛 등 이 세상을 구성하는

법화경과 신약성서

실체적인 존재는 눈에 보이는 것과 그 뒷면에 감추어진 이중레벨의 공간구조가 그 배후에 펴져 물질 현상을 일으키고 있음을 양자역학은 과학적으로 설명하고 있는 것이다.

　*롤랑 바르뜨Roland Barthes: 1915~1980는 "우리를 둘러싸고 있는 일상의 광경 그 자체가 신화이다. 아무런 이상도 느끼지 않는 사람은 그 마음이 마비되어 있는 것이다." 라고 말하고 있다.

롤랑 바르뜨

프랑스의
작가 · 평론가

　현재 인류는 물질문명에서 정신문명에의 전환기에 있는 것이다.

　근대 양자역학이 밝혀낸 '이 세상' 의 본질은 완전히 불교와 파장을 같이한다. 인간을 중심으로 '현세와 내세' 의 관련을 논하는 불교는 양자역학과 어떠한 관련이 있는가? 이 문제에 대하여 보다 깊이 생각해 볼 필요가 있다.

　양자역학의 비밀은 '의식이 현실을 창조한다' 는 점을 비롯해 '입자는 개체인 동시에 파동이다' 라는 이율배반적인 특질과 '파동뭉치의 수축' 이라는 현상이 보여주는 바와 같이 개개의 입자가 우주 구석구석까지 비국소적으로 펴져있다는 결론이다. 양자역학의 핵심문제로서 '파동뭉치의 수축' 을 구체적으로 설명하면 다음과 같다.

　상자 안에 있는 하나의 전자 상태를 상상해보자. 전자는 개체(입자)인 동시에 파동이기 때문에 이때 전자의 파동은 상자 전체에 파동으로 존재하게 된다.

　따라서 이 상자 사이에 철판을 넣어 상자를 2개로 나눌 때 전자가 어느 한쪽으로 가야 하는데도 불구하고 그것 자체가 파동이기 때문에 두 상자에 동시에 존재한다.

　이때 한쪽 상자에서 전자 입자가 발견되는 확률은 50%이지만 파동으로 존재하는 확률은 100%이다. 한쪽 상자에서 전자를 발견하려 하면 그 순간 전자의 파동은 다른 쪽 상자에서는 사라지고 공空이 된다.

이처럼 파동이 완전히 형태를 바꾸어 소멸하는 것을 양자역학에서
는 '파동 기능의 붕괴the collapse of wave function' 또는 '파동 뭉치의
수축' 이라고 한다.

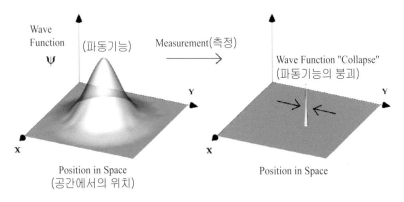

Wave Function "Collapse"
(파동기능의 붕괴)

Wave Function ψ (파동기능)   Measurement(측정)

Position in Space
(공간에서의 위치)

Position in Space

▲ 파동 기능의 붕괴(the collapse of wave function)

결국 단 하나의 입자가 우주의 구석구석까지 존재하고 확대해가면
서 역으로 우주 전체가 하나의 입자를 향하여 수렴收斂; convergence
된다.

그러므로 인간 육체의 소립자 하나에 전 우주의 천억이 넘는 은하
나 태양이 포함되어 있는 것이다. 이것이 바로 불교의 진수로 불교에
서는 이것을 자기 안에 우주가 있다고 표현하는 것이다.

바다란 물고기나 해초를 뜻하기 이전에 바닷물을 가리킨다. 자연
의 주체인 우주 또한 은하계나 태양 등 천체가 아닌 우주 전체를 차지
하는 공간(진공)이다.

이 공간이라는 존재가 물리학에서는 말살되었다. 공간은 허무인가
존재인가? 근대 과학은 '진공은 아무것도 존재하지 않는 허무' 라는
존재부정론과 '진공은 존재하므로 실재한다' 는 존재 긍정론이 명확한
답을 내지 못하고 서로 다투며 병존해 왔다.

법화경과 신약성서

양자역학이 가져온 진공의 새로운 개념은 '진공의 흔들림' 과 '진공의 분극vacuum polarization' 이다. '진공의 흔들림' 이란 원자 전체가 부는 바람에 흔들거리는 나뭇잎처럼 공간에 의해 흔들리는 현상이며 '진공의 분극' 이란 진공에서 물질(소립자)이 생기거나 소멸하는 현상을 말한다.

여기에서 자연계의 주역인 '공간' 을 무시해온 서양과학의 허점이

▲ 진공의 분극(vacuum polarization)

드러난다. 불교의 '*색즉시공 공즉시색色卽是空 空卽是色' 에서 볼 수 있듯이 공간은 이 세상의 주역임을 증명하고 있으며, 현대과학의 양자역학은 불교의 진리를 입증하고 있다. 공간이야말로 만물을 낳는 모체물질母體物質인 것이다.

인간은 지구에 살면서도 오랫동안 지구를 객관적으로 보지 못하고 아폴로 8호가 우주에서 찍은 사진으로 처음 보게 된 것이다.

불교에서는 부처는 자기 안에 존재하고 있다고 설하고 있다. 남이 보건, 안 보건 자기를 꾸밀 수 없다. 남에게 해를 끼치는 일은 자기 안에 있는 불성을 상처 입히는 일로 죽은 후의 세계에까지 가지고 가게 된다. 물론 신앙심을 가진 자와 안 가진 자의 차이는 있다. 양자역학의 등장은 종교를 과학과 연결시켰고 그 과정은 법화경에 나타나 있다.

동양사상의 핵심은 불교에 있고 그 근본사상은 『반야심경般若心經; Maha-Prajna-paramita Hridaya Sutra/마하프라즈냐 파라미타 흐리다야 수트라; The Heart Sutra of the Great Perfection of Wisdom』 에서 말하는 '색즉시공 공즉시색' 으로 이 세상 모든 것의 근원은 공이고 공에서 만물이 태어났고 다시 공으로 돌아간다는 가르침이다.

색즉시공 공즉시색
물질이 공과 다르지 않고 공이 물질과 다르지 않으니, 물질이 곧 공이요, 공이 곧 물질이다. 『반야심경』 의 일부분 내용.

우주에서 본 지구

반야심경
마하반야바라밀다경의 요점만을 260자로 간결하게 설명한 짧은 경전. 당나라 현장이 번역.
≪p296 참조≫

이것은 공간(진공)이 물질을 낳고 또한 공간에 환원시키는 모체물질과 같은 개념으로 이미 고대 불교는 현대과학의 거점을 지적하고 있었다는 것이다. 서구인들에게는 '공간이 사물'이라는 논리가 아직 제대로 이해되지 않는다.

양자역학에서 말하는 하나의 소립자가 우주 구석구석까지 시간을 초월하여 비국소적으로, 즉 보편적으로 퍼져 있다는 사실을 불교에서 다음과 같이 설명하고 있다.

법화경에서는 우주(시간과 공간)의 도처에 무한한 부처가 존재한다고 말한다. 이처럼 우주의 본질 그 자체가 부처라는 것은 불교의 기본적 사고방식으로서 그 정점에 *비로자나불毘盧遮那佛; Vairocana Buddha/바이로차나 붓다; Cosmic Buddha이 있다.

비로자나불

산스크리트로 '태양'이라는 뜻으로 진리의 본체.

3법인
3가지 불변의 진리.
제행무상인
제법무아인
열반적정인

이것은 하나의 소립자가 우주의 구석구석까지 비국소적으로 퍼져 있다고 보는 양자역학의 결과와 같은 이론이다.

불교의 목표인 깨달음의 요점은 *삼법인三法印에 있다. 첫째가 제행무상諸行無常으로 시간·공간적으로 볼 때 어떠한 사물도 확고한 것은 없고 반드시 생멸의 변화를 한다는 것이다. 둘째는 제법무아諸法無我로 모든 것은 시간·공간적으로 서로 관련 지우며 존재한다고 가르치고 있다. 셋째는 열반적정涅槃寂靜으로 변화하는 자기와 만물을 고정시켜 거기에 집착하는 일을 멈추면 편안한 깨달음의 경지에 이를 수 있다는 것이다.

이 삼법인을 존재론적으로 보면 독립적으로 고정된 자아라는 것은 없다. 즉, 우주의 모든 존재는 근원적인 실체는 없고 생멸을 지배하는 엄밀한 업만이 있다고 보는 것이다.

이것은 양자역학이 도달한 '우주의 법칙'으로 '자기의 의식이 현실을 창조하고 객관적 사물이란 존재하지 않는다'는 양자역학의 결론이다.

종교에서는 보통 사랑을 중시하지만 『*법구경』에서는 사랑이 번뇌를 낳는다고 말하고 있다. 이처럼 불교에서는 외부의 객관적 사물에 집착하기 보다 자기 스스로를 바라보라고 말한다.

불교는 일체를 무상, 무아로 보고 깨달음을 통해 인간의 집착을 소멸시키고자 한다. 공은 우주의 모든 것이며 자기를 포함한 모든 것이 똑같은 공의 산물이므로 자기와 같은 존재가 된다. 그러므로 우주의 본체와 자기가 동일화되는 것을 대아로 보고 육체에 한정된 소아를 버리고 대아에 살라고 한다.

이 세상의 모든 현상은 자기의 마음이 만들어낸 가상의 세계이므로 자기의 상념을 바꾸다보면 세상의 현상, 즉 가상세계를 바꿀 수 있다는 것이다.

예수Jesus; Iesus; Issa; 耶蘇는 '이 세상은 우리들의 잠재의식으로 생각하는 것이 반영된 것이며 인간의 상념이 만들어낸 세계' 라고 말한 바 있다.

이 말은 예수가 불교수행을 할 때 습득한 불교의 8식론, 즉 잠재의식에 입각한 상념 에네르기의 존재를 밝히고 있는 것이다.

법구경

Dharmapada/
다르마파다(Skt.)
Dhammapada/
담마파다(Pali)
간다라의 소승(小乘)다르마트라타(Dhar-matrata; 法救/법구)가 석가모니 부처님의 금언(金言)을 모아 기록한 경전. 423편의 시로 구성되어 있는데 석가모니의 가르침이 간명하게 표현되어 있어 널리 애송됨. 인생에 지침이 될 좋은 시구들을 모아 엮은 경전.

예수(Jesus; Iesus; Issa; 耶蘇)는 나라마다 어떻게 불리나?

다른 경우에서도 그러하듯이, 예수의 이름 역시 각 민족이 사용하는 언어의 발음상 특성에 맞게 각기 변형되어 불린다. 히브리어로는「예수(Jesus)」, 라틴어로는 「이에수스(Iesus)」, 영어로는 「쥐저스(Jesus)」, 이슬람권이나 불교권에서는 「이사(Issa)」, 「유즈 아사프(Yuz Asaf)」 그리고 한자 음역으로는 「야소(耶蘇)」로 불린다.

이는 사도 베드로(히브리어)가 라틴어로는 「페트루스(Petrus)」, 영어권에서는 「피터(Peter)」, 불어권에서는 「피에르(Pierre)」, 이탈리아어나 스페인어권에서는 「피에드로(Pietro)」, 러시아어권에서는 「표토르(Piotr)」로 불리는 것과 같은 이치이다.

또한 예수는 인도에서 「유즈 아사프(Yuz Asaf)」라는 이름으로도 불렸는데, 이는 '정화된 사람들의 지도자' 라는 의미를 담고 있다.

분류	성질	특징
전5식(前五識) ▶ 오관(五官)	▶ 5근(根)에 의해 발생 ▶ 안식(眼識), 이식(耳識), 비식(鼻識), 설식(舌識), 신식(身識)	▶ 경계(境界)를 분별하지 않고 지각(知覺)하기만 함.
전6식(前六識) ▶ 의식(意識)	▶ 6근(根) (신체의 다섯 감각기관과 이를 통솔하는 의근(意根)에 의해 발생 ▶ 작용이 표면적으로 진행하여, – 8식(識) 중 나타나는 모습이 가장 뚜렷하며 업을 짓는데 주도적 역할을 함. ▶ 삼계(三界)에 윤회할 때 생사(生死), 선악의 인과(因果)의 작용처	▶ 분별을 하지만 이어지지 않음 ▶ 마음으로 경계를 분별함 ▶ 식은 오온(색 · 수 · 상 · 행 · 식)이 화합하여 ▷ 아상이 생겨나며 ▷ 욕심, 탐욕 등이 생겨남
전7식(前七識) ▶ 마나식 (manas)	▶ 末那識; 말나식 등으로도 나타냄 – 프로이드가 말하는 잠재의식(무의식)도 여기에 속한다고 할수 있음. ▶ 아의식(我意識)이 강한 자아의식 ▶ 아라야식을 자신의 실아(實我)로 집착하므로 – 아견(我見), 아애(我愛), 아만(我慢)등의 번뇌 발생 ▶ 6식의 오염 또는 청정의 근본	▶ 대상을 분별하며 그것이 이어짐 ▶ 마음으로 마음을 분별함 ▶ 집착이 가장 강한 단계임 ▶ 작용이 잠재적으로 진행
전8식(前八識) ▶ 아라야식 (alaya) 또는 아뢰야식	▶ '알라야'는 산스크리트로 '곳간(에 저장하다)'라는 뜻 ▶ 무몰식(無沒識), 진망화합식(眞妄和合識), 장식(藏識), 진이숙식(眞異熟識), 집지식(執持識), 아다나(adana)라고도 함 ▶ 생사윤회의 주체이며 선악의 업(業)으로 인하여 그 과보를 받는 주체 즉 업의 창고 ▶ 밑바닥에 숨겨져 있는 잠재의식 – 중생들이 나로 착각하는 근본이며, 근본생명임	▶ 대상을 분별하지 않지만 이어짐 ▶ 8식이 바다와 같다면, 6식과 7식은 파도와 같고, 그 경계는 바람과 같다 ▶ 8식에 가리고 있는 무명(無明)이 없어진 밝고 맑고 깨끗한 상태를 이루는 것을 반야(般若), 즉 지혜를 이룬 경지라고 말함

▲ 8식도(八識圖)

8식론은 인간의 의식구조를 이론적으로 설명한 것으로 마음이라는 것은 표층의식에서 심층의식까지 8층의 단계가 있음을 말해주고 있다.

최초의 의식(5식)은 인간의 감각에 입각한 지각이며, 6식은 이성을 나타내는 것으로 6층은 표층의식이고 이것이 우리의 감각작용과 연결되어 생기는 '의식하는 마음'인 것이다.

제7식마나식; manas은 본능이나 숙업적(宿業的) 마음으로 표면에 떠오르지 않는 무의식적인 감추어진 본성을 말하며 소위 현대심리학에서

법화경과 신약성서

잠재의식이라는 것이다.

제8식아라야식; *alaya/알라야은 마나식을 초월한 능력으로 인간이 이 것을 의식하고 쓸 수만 있다면 무한한 힘을 발휘할 수 있다는 것이다.

불교의 근본적인 사상은 '윤회輪廻; samsara; reincarnation사상'으로 누구도 그 순환에서 벗어날 수 없다. 윤회를 벗어나지 않은 상태에서는 사람은 바퀴가 돌아가듯 천상–인간–수라–축생–아귀–지옥의 *6도六道 사이를 돌며 생물로 태어나고 죽는 윤회를 계속하게 된다.

▲ 욕계(慾界) - 육도(六道)

번뇌의 근원은 마음의 3독 三毒: 탐욕/탐貪 · 노여움/진瞋 · 어리석음/치痴으로 여기에 대응하는 것이 지옥계, 아귀계, 축생계이다. 수라는 인간의 이기심에서 부딪히게 되는 세계이다. 그 위에 인간계와 윤회의 세계에서는 가장 높은 천상계가 있다.

이 윤회의 세계를 넘어선 깨달음의 세계에는 *성문聲聞 · 연각緣覺 · 보살菩薩 · 부처佛陀의 4성도가 있어 전부 합치면 십계가 된다.

알라야(alaya)
Sanskrit(梵語/범어)로, "창고, 곳간에 저장하다"라는 뜻이다. 예를 들어, Himalaya(히말라야)는 hima 「눈(snow)」 + alaya 「창고」의 합성어로 전체적인 뜻은 「눈이 간직된 곳(The Abode of Snow)」이란 뜻이다.

육도(六道)
깨달음을 얻지 못한 무지한 중생이 윤회전생(輪廻轉生)하게 되는 천상계 · 인간계 · 수라계 · 축생계 · 아귀계 · 지옥계의 6가지 세계.

성문
석가모니 부처님의 가르침을 듣고 수행하는 사람

연각
홀로 깨달음을 얻은 사람

보살
자타가 함께 깨달음을 얻고자 하는 성인 (상구보리 하화중생/上求菩提 下化衆生)

▲ 윤회도 – 반복해서 인간으로 또는 축생으로 태어나고 죽는 모습을 보여주고 있다.

📖 **윤회(輪廻; samsara/삼사라; reincarnation)**

생명이 있는 모든 중생은 죽어도 다시 태어나 생이 반복된다고 하는 고대 인도사상
으로 전생(轉生)·재생(再生)·유전(流轉)이라고도 한다. BCE 600년경 『우파니샤드
(Upanishad)』의 문헌에 잘 설명되어있다.

동양에서는 물론 서양의 고대 철학에서 현대에 이르기까지 많은 영향을 끼쳤다. 특
히 피타고라스(Pythagoras) 등 많은 그리스 사상가들과 헤르만 헷세(Hermann
Hesse), 니체(Nietzsche)의 영겁회귀(永劫回歸)사상 등에 영향을 주었다.

불교의 이상은 윤회세계에서 벗어나는 일로 이것이 해탈인 것이다.

불교를 서양에 전파한 사람들의 대부분은 그리스인들이었다. 특히 알렉
산더의 인도원정 이후 불교사상이 그리스 사상과 유대교 및 그 파생종교인
기독교에 대거 유입된 사실이 뚜렷해진다.《불교와 서구사상, 제29장 참조》

일찍이 인도에 유학하여 불교수행을 한 예수도 귀국하여 윤회輪廻;

법화경과 신약성서

전생/轉生: samsara(Skt.): reincarnation를 설하였으며, 윤회전생은 기독교 초기 5세기까지도 기독교 교리로 정식 인정되던 보편적 기독교 사상이었다.

교부들도 불교의 윤회사상을 수용하여 가르쳤다. 로마에서 자신의 집에 기독교 교리학교를 열었던 순교자 유스티누스Justinus, 165-?는 윤회를 가르쳤고, 조직신학의 시조인 교부 그리스 신학자 오리게네스Origenes, 185-254, 성 그레고리St. Gregory of Nyssa, 335-394, 성 히에로니무스St. Eusebius Hieronymus, 345-419도 윤회전생을 가르쳤다. 성 제롬St. Jerome, 347-420: 라틴어역 성서 완성자, 성 아우구스티누스St. Augustinus, 354-430도 윤회사상을 가르쳤다.

그러나 각 개인 스스로의 노력으로 선업을 쌓아 윤회에서 벗어나 영혼구원이 가능하다는 불교의 윤회전생 사상은 오로지 신격화 된 황제 또는 예수를 통해서만 구원받는다는 교리의 생성에 위협이 아닐 수 없었다.

결국 로마황제는 왕권과 교회권 강화를 위해 당시에 널리 퍼져있던 윤회전생사상을 독단으로 삭제하였다. ≪성서의 뿌리(신약)-그리스·인도사상과 신약성서, 제5부 참조≫

폭군 콘스탄티누스 황제Constantinus, 280-337는 325년, 동로마제국의 폭군 유스티니아누스 황제Justinianus, 재위 527-565와 그의 악명 높은 아내는 독단으로 553년, 이전까지만 해도 기독교의 근본교리였던 윤회사상을 삭제할 것과 오리게네스의 윤회전생 교의를 이단으로 규정하였다.

이렇게 하여 신약성서에서 윤회전생輪廻轉生과 관련된 구절들은 무단으로 삭제되었으나 성서 곳곳에는 여전히 수많은 단편들이 남아있다.≪성서의 뿌리-성경 속의 성, 하권 제231장 참조≫

양자역학의 결론은 지금까지 과학의 대상에서 제외된 종교의 여러 가지 개념을 정통과학의 핵심으로 삼는데 있다. 그 좋은 예가 기도이다. 이것은 인간의 상념의 힘이 현실을 창조한다는 것을 의미한다.

법화경에서 말하는 기도라는 상념의 힘에는 공간의 물성物性이 크게 관여하고 있다. 공간에 있는 물성에 대하여 상념의 힘이 직접적으로 동화되면 그것이 물체 내부의 구석구석까지 침투되어 소립자의 운동상태에 변화를 가져온다. 상념의 힘이 소립자의 발생과 소멸에 관여함으로써 현실로 인식되는 삼라만상이 생기는 것이다.

과학자는 마음이 눈에 보이지 않는다고 하지만 그 존재는 눈에 보이는 것보다 더 명확하게 확인된다. 과학이 '상념의 힘' 이라는 존재를 무시해온 것은 공간의 물성物性을 파악하지 못했기 때문이다.

서양의 대뇌 생리학자들은 '인간은 뇌로 생각하는 것이 아니다. 뇌는 컴퓨터와 같은 것으로 마음이라는 프로그램 제작자가 따로 있어 뇌를 조정하고 있다' 고 주장하고 있다.

지금까지 과학은 물질을 해체하는 방향으로는 발전해 왔으나 전체로서의 작용을 파악하는 면에서는 큰 진보가 없었다. 법화경은 과학이 아직 발견하지 못한 심오한 세계를 설명하고 있다.

양자역학은 종교상의 기도가 단순한 종교의식이 아니라 '현실을 창조하고 원망願望: 원하고 바람을 실현하는 것' 임을 물리적으로 증명한 것이다.

우리의 기도는 정열, 신념, 시간의 총화에 따라 실현되는 것이다. 이것은 인간 의식의 세계를 창조하기 때문이다. 따라서 인생에 있어 가장 중요한 것은 우리 눈에 보이지 않는 것이다.

2

예수 전후의 기독교사와
법화경의 영향

01장 초기 기독교의 형성과 로마제국 /176

02장 법화경과 기독교 이데올로기의 확립 /186

03장 콘스탄티누스 대제 때의 미륵사상과 기독교 /198

04장 로마를 정복한 소위 정통기독교의 유럽정책 /210

05장 슈타이너의 기독교의 불교정신 기원설 /218

1장 초기 기독교의 형성과 로마제국

시나고그

장로
오늘날 기독교에서 쓰이는 장로라는 말도 불교용어이다. 기독교가 불교의 교리를 차용했음을 보여주는 많은 사례 중의 하나로 일컬어짐. 금강경의 장로 수보리가 그 한 예이다.

기독교의 초기의 포교활동은 세계 각지에 있는 유대인Jew; 猶太人 사회를 중심으로 전개되었다. 거기서 *시나고그Synagogue; 유대교회당; 히브리어 Bet Hakeneset 의 번역어라고 불리는 신도의 공동체가 태어났다. 예루살렘Jerusalem이 그 중심지가 되고 초기의 지도자들은 예수의 제자들이다. 교회의 공통적 유대는 세례와 성찬의 의식이었다.

서기 70년 로마가 예루살렘을 약탈하자 유대교도들뿐만 아니라 기독교도들도 흩어지게 되었다.

2세기 초에 이르자 유대인 조직은 강해졌고, 그것은 기독교 교회의 사교, *장로, 조사제助司祭의 3계급으로 이어졌다. 그러나 그들은 교회의 관리나 운영만을 담당하였다.

기독교도가 위험분자나 테러리스트로 등장하게 된 것은 2세기 초이다. 그 이유는 기독교인이 로마의 황제나 신들에게 공물을 바치고 예배하는 로마의 제사를 거부했기 때문이었다.

로마인은 유대인에 대해서는 그들이 민족종교의 전통을 지키는 것을 허가했으나 기독교인에게는 종교활동을 인정하지 않았다. 로마가 기독교인들에게 로마의 신에 대한 공식적 예배를 요구하였으나 그들이 거부하자 이를 벌하기 위해 기독교인들에 대한 학살이 시작되었다.

기독교도들에 대해서는 로마 정부보다 로마민중이 더 무서웠다. 왜냐하면 그들은 로마에서의 기근, 전염병, 홍수 등 천재天災가 일어날 때마다 신의 노여움에 의한 것이라 생각하고 그 노여움의 죄를 기독교인들에게 돌렸기 때문이다.

특히 기독교인들의 인간 평등에 대한 가르침이나 야간에 행해지는 집회 등은 로마의 근간이념과 사회 질서를 무너뜨린다고 생각했다.

당시에는 기독교 일파인 *그노시스주의Gnosticism; 그노시즘; 靈智主義/영지주의가 세력을 뻗치고 있었는데 그 사상은 불교를 중심으로 한 조로아스터교Zoroastrianism와 미트라교Mithraism가 바탕을 이루었다.

여기에 기독교는 심각한 딜레마에 빠지게 되었다. 기독교가 유대교Judaism의 테두리 안에 계속 머물면 유대교의 전통 속에 흡수되어 사라질 우려가 있었다. 반면 유대교에서 벗어나 그노시스에 빠지게 되면 그 바탕인 불교 사상에 휩쓸리게 될 우려가 있었던 것이다. 기독교는 유대교로 가느냐 그노시스화 되느냐의 기로에 서게 되었다.

이 위기를 벗어나게 하는데 큰 역할을 한 사람들이 바로 *교부敎父; Father of the Church들이었다.

그노시스주의
그리스어 Gnosis「앎」에서 유래한 것으로 통찰과 영적인 지식의 토대 위에 신앙의 기초를 두는 초기 기독교의 원류. 후에 정치세력의 개입으로 교리해석투쟁에서 소수파로 밀려남.

교부(敎父)
'교회의 아버지'라는 뜻으로 신앙상 맺어진 사제지간을 부자(父子)관계로 보는 지칭이다. 주로 초기 기독교 교리의 정립과 교회의 발전에 큰 공헌을 한 종교상의 스승과 저술가들을 이르는 말이다.

기독교도들을 처음으로 박해한 로마의 황제는 *네로Nero Claudius Caesar Augustus Germanicus: CE 37~68/재위54~68였지만 그 후 박해는 더 심해졌다.

서기 80년에 완공된 로마 원형 경기장에서는 기독교인들을 잡아와 서로 죽이게 하고 황제나 고관들이 그것을 즐겨 구경했다. 그로 인해 많은 순교자가 나오게 되었다. 로마의 신앙을 받아들이지 않은 것이 그 이유였다.

▲ 세네카(Seneca, Lucius Annaeus: BCE 4~CE 65) 철학자이자 비극작가. 네로의 스승이었으며 네로가 즉위하자 섭정이 되었으나 서기 65년 네로에게 역모를 의심받자 스스로 혈관을 끊고 자살하였다.

▲ 네로 황제와 그의 어머니 아그리피나(Agrippina). 그는 후에 자신의 어머니마저 살해했다.

▲ 로마의 원형경기장에서 처형되는 기독교도들 「영화에서」

초기 기독교가 공인될 때까지 기독교도들만 고난과 시련을 겪은 것은 아니었다. 기독교 초기부터 313년 *밀라노 칙령Milano 勅令: Edict of Milan으로 콘스탄티누스 황제Constantinus I: 274~337/재위 306~337가 기독교를 공인할 때까지 교황의 역사와 역대 교황들의 생애도 이에 못지 않게 비참했다.

밀라노칙령(勅令)

313년에 로마의 콘스탄티누스 황제가 밀라노에서 발표한 칙령. 기독교를 처음 공인한 것으로, 로마 제국의 종교 정책의 전환점이 되었다. 오랫동안 계속된 기독교 탄압에 종지부를 찍었다.

권력강화를 위해 기독교를 이용한 태양신교 교황 콘스탄티누스 대제

디오클레티아누스 황제 퇴위 후 로마제국에는 4명의 황제가 분립하고 있었다. 콘스탄티누스는 패권을 잡기 위해 기독교와 손잡고 그 대가로 종교의 자유를 부여했다. 그는 몹시 잔인하여 재혼한 처와 전처소생의 아들을 끓는 물에 넣어 죽였고, 공의회에서는 그가 신하의 아내와 간통한 사실을 비난한 아리우스파를 이단으로 몰아 제거했다.

밀라노칙령은 "어느 신에게나 자유를 부여하는 것이 최고신의 뜻에 합당하다"라는 내용이다. 즉, 예수를 다신교국가인 로마의 신들 중의 하나로 추가적으로 인정해 준다는 것이지, 기독교를 유일한 종교로 한다는 내용이 아니다.

그는 미트라(태양신)교 신봉자로서 310년에 주조된 화폐에는 SOL INVICTUS(불패의 태양신)라고 새겨져 있다. 그는 사망하는 날까지 미트라교의 수장인 Pontifex Maximus(최고의 사제; 교황)라는 칭호를 지니고 있었다.

콘스탄티누스 황제

Sol Invictus coin

여기서 그때까지의 역사를 살펴보기로 한다. 서기 30년 예수가 십자가

▲ 베드로의 순교: 그는 감히 예수처럼 십자가에 똑바로 매달릴 수 없다하여 거꾸로 매달린 채 죽었다.

처형 후 사라지자 그의 추종자들을 중심으로 초기 기독교가 형성되기 시작하였다. 이때 교단의 패권을 놓고 베드로파와 예수의 첫부인 막달라 마리아파가 격돌하였으나 베드로파가 승리하였다.

*베드로Petrus: Peter: ?~67는 서기 67년 로마에서 처형당했으며, 그때 자기의 노예 리누스Linus: 67~76를 후계자로 삼았으나 그도 역시 서기 76년에 처형당했다.

시몬 베드로

예수의 수제자(首弟子). 원래 이름은 그리스식 이름인 시몬(Simon)이었는데, 예수가 그에게 '케파(Cephas: 반석이라는 뜻)'라는 아람어 이름을 지어 주었다. 그 이름은 그리스어로는 페트로스, 영어로는 피터이다.

밀라노 칙령이라고 하면 보통 콘스탄티누스 황제가 크리스트교를 공인한 것으로 알고 있다. 그러나 여기에는 두 가지 중대한 오해가 있다.

첫째, 밀라노칙령은 기독교를 유일한 종교로 한다는 내용이 아니다. 전통적으로 다신교국가인 로마에서는 백성들이 어떤 종교를 신봉하든 자유였으나, 기독교만은 금지되어 있었다. 이 칙령은 기독교 신앙의 자유도 허가한다는 내용이다.

둘째, 밀라노 칙령은 콘스탄티누스 혼자 공포한 것이 아니다. 사실은 당시 로마의 두 황제였던 콘스탄티누스 황제와 리키니우스 황제가 CE 313년 6월 밀라노에서 공동으로 공포한 것이다.

전 문

전부터 우리(콘스탄티누스와 리키니우스) 두 사람은 신앙의 자유를 방해해서는 안 된다고 생각해왔다. 뿐만 아니라 신앙은 각자 자신의 양심에 비추어 결정해야 할 일이라고 생각해왔다. 따라서 우리 두 사람이 통치하는 제국 서방에서는 이미 기독교도에 대해서도 신앙을 인정하고 신앙을 깊게 하는 데 필요한 제의를 거행하는 자유도 인정했다. 하지만 이 묵인 상태가 실제로 법률을 집행하는 자들 사이에 혼란을 불러일으켰고, 따라서 우리의 이런 생각도 실제로는 사문화되었다는 것을 인정하지 않을 수 없다.

그래서 정제 콘스탄티누스와 정제 리키니우스는 제국이 안고 있는 수많은 과제를 의논하기 위해 밀라노에서 만난 이 기회에 모든 백성에게 매우 중요한 신앙 문제에 대해서도 명확한 방향을 정해야 한다는 데 의견이 일치했다.

그것은 기독교도만이 아니라 어떤 종교를 신봉하는 자에게도 각자가 원하는 신을 믿을 권리를 완전히 인정하는 것이다. 그 신이 무엇이든, 통치자인 황제와 그 신하인 백성에게 평화와 번영을 가져다준다면 인정해야 마땅하다. 우리 두 사람은 모든 신하에게 신앙의 자유를 인정하는 것이 가장 합리적이며 최선의 정책이라는 합의에 이르렀다.

오늘부터 기독교든 다른 어떤 종교든 관계없이 각자 원하는 종교를 믿고 거기에 수반되는 제의에 참가할 자유를 완전히 인정받는다. 그것이 어떤 신이든, 그 지고의 존재가 은혜와 자애로써 제국에 사는 모든 사람을 화해와 융화로 이끌어 주기를 바라면서.

너는 베드로이다. 내가 이 반석 위에 내 교회를 세울 터인즉 죽음의 힘도 감히 그것을 누르지 못할 것이다. 나는 너에게 하늘나라의 열쇠를 주겠다. 네가 무엇이든지 땅에서 매면 하늘에서도 매여 있을 것이며 땅에서 풀면 하늘에서도 풀려 있을 것이다.[마태복음 16장 18~19절]

　기독교에서는 "내가 이 반석 위에 내 교회를 세우리니"를 예수가 '베드로'라는 반석 위에 교회를 세운다는 의미로 해석하여 그에게 교황의 지위를 부여함으로써 교황제를 확립하게 되었다.
　또한 "천국의 열쇠를 네게 주리니"라는 구절은 예수가 베드로에게 교회의 통치운영권을 부여하는 것, 즉 베드로를 후계자로 인정하여 그에게 교단의 수위권(首位權)을 주는 것으로 해석하여 후에 그를 초대 로마교황으로 추서(追敍)하였다.
　그로부터 그의 뒤를 잇는 역대 로마교황들은 모두 다 그 권한을 위임받는 것으로 간주하여 그리스도의 대리자라고 부르게 되었다. 그리고 '천국의 열쇠'는 교황의 절대적인 권위를 상징하는 말이 되었다.
　그러나 베드로Peter를 그리스어의 '페트라petra, 바위, 반석'에 비유하여 그를 반석으로 해석하는 것은 명백한 오류이다. 왜냐하면 '이 반석'은 베드로 개인을 가리키는 것이 아니라 그가 가졌던 '믿음'을 가리키는 것이기 때문이다.
　다시 말해, 예수가 말하고자 한 것은 '베드로 위에'가 아니라 '베드로가 예수를 하나님의 아들이라고 말한 그 믿음'을 반석'으로 하여 그 위에 교회를 세우겠다는 뜻이었다. 그러나 이 말은 교회이익을 위해 철저히 왜곡 이용되었다.
　그러나 실은 위 마태복음 16장19절마저도 구약 이사야 22장 22절을 목적에 맞게 변조한 것이다.

리누스는 클레투스Cletus: 76~88를 후계자로 임명했으나 서기 88년에 그도 처형당했다.

　그 후 대부분의 후계자후세에 교황으로 추서들은 로마 제국의 평화를 위협하는 테러리스트로 간주되어 로마황제에 의해 처형되었다. 그들은 죽기 전에 후계자를 임명했고 기독교인들은 그 결정을 받아들였다.

　클레투스Cletus를 이은 교황 클레멘스Clemens는 서기 97년에, 에바리스투스Evaristus는 105년에, 알렉산더 1세Alexander I는 115년, 식스투스 1세Sixtus I는 125년, 텔레스포루스Telesphorus는 136년, 히기누스Hyginus는 140년, 피우스 1세Pius I는 155년, 아니체투스Anicetus는 166년, 소테르Soter는 175년에 각기 처형되었다.

　이어서 엘레우테리우스Eleutherius는 189년, 빅토리우스Victorius I는 199년, 제피리누스Zephyrinus는 217년, 칼리스투스 1세Callistus I는 222년에 처형되었고, 울바누스Urbanus I는 후계자를 지명하기도 전에 230년에 처형되었다.

사도 베드로

그는 후에 패권파의 교회 주도권 장악을 위해 그리스도의 대리자, 초대교황으로 꾸며졌다.

이 름	출 신 지	재위기간
1. 성 베드로(St. Petrus)	갈릴래아	?-67
2. 성 리노(St. Linus)	투스치아	67-76
3. 성 클레토(St. Cletus)	로마	76-88
4. 성 클레멘스(St. Clemens)	로마	88-97
5. 성 에바리스토(St. Evaristus)	그리스	97-105
6. 성 알렉산데르 1세(St. Alexander I)	로마	105-115
7. 성 식스토 1세(St. Sixtus I)	로마	115-125
8. 성 텔레스포로(St. Telesphorus)	그리스	125-136
9. 성 히지노(St. Hyginus)	그리스	136-140
10. 성 비오 1세(St. Pius I)	아퀼레이아	140-155
11. 성 아니체토(St. Anicetus)	시리아	155-166
12. 성 소테로(St. Soter)	캄파니아	166-175
13. 성 엘레우테리오(St. Eleutherius)	니코폴리	175-189
14. 성 빅토리오 1세(St. Victorius I)	아프리카	189-199
15. 성 제피리노(St. Zephyrinus)	로마	199-217
16. 성 갈리스토 1세(St. Callistus I)	로마	217-222
17. 성 우르바노 1세(St. Urbanus I)	로마	222-230
18. 성 폰시아노(St. Pontianus)	로마	230-235
19. 성 안테로(St. Anterus)	그리스	235-236
20. 성 파비아노(St. Fabianus)	로마	236-250
21. 성 코르넬리오(St. Cornelius)	로마	251-253
22. 성 루치오 1세(St. Lucius I)	로마	253-254
23. 성 스테파노 1세(St. Stephanus I)	로마	254-257
24. 성 식스토 2세(St. Sixtus II)	그리스	257-258
25. 성 디오니시오(St. Dionysius)	불명	259-268
26. 성 펠릭스 1세(St. Felix I)	로마	269-274
27. 성 에우티키아노(St. Eutichianus)	루니	275-283
28. 성 카이오(St. Caius)	달마타	283-296
29. 성 마르첼리노(St. Marcellinus)	로마	296-304
30. 성 마르첼로 1세(St. Marcellus I)	로마	308-309
31. 성 에우세비오(St. Eusebius)	그리스	309-309
32. 성 밀티아데스(St. Miltiades)	아프리카	311-314
33. 성 실베스테르 1세(St. Sylvester I)	로마	314-335

기독교도들은 비밀 회의를 열어 폰티아누스Pontianus를 제18대 교황으로 임명했으나 히폴리투스Hippolytus라는 광신적 적수가 그를 이단자로 고발함으로써 교회사상 최초의 대립 교황의 난이 벌어졌다.

▲ 교회사상 최초의 두 대립교황 Pontianus 와 Hippolytus

▲ 히폴리투스의 처형
거열형(車裂刑)을 당하고 있다.

두 교황은 당국에 체포되어 노예로서 *사르디니아Sardinia 섬으로 이송되었다.

그곳으로 보내어진 노예들은 남녀 구별 없이 도착하자마자 왼쪽 눈은 칼로 도려내어지고 끓는 납물로 그곳을 태웠다. 왼쪽 무릎의 신경을 자르고 왼발의 관절은 태웠고 30세 이하의 남자는 거세되었다. 그리고 붉게 달구어진 쇠로 이마를 지져 낙인烙印을 찍었다. 두 발목에는 60cm 정도의 쇠사슬이 메어지고 허리에도 쇠사슬을 감았다.

또한 말뚝에 묶여 가죽끈으로 60대를 맞았고 그때 죽지 않고 살아남은 자는 노예로 중노동을 하게 된다. 죄수는 하루에 5시간의 노동을 4번하고 그 사이 한 시간씩 쉴 수 있을 뿐이었고 식사도 물과 빵만이 전부였다.

간수는 로마인이 아닌 대부분 북방 게르만인 이었기 때문에 언어도 통하지 않았다.

사르디니아

이탈리아 반도 서쪽 해상에 있는 지중해 제2의 섬. 사르데냐 (Sardegna).

제2부 예수 전후의 기독교사와 법화경의 영향

폰티아누스와 히폴리투스는 여기서 만나 서로 화해하고 지냈으나 며칠 후 처형되었다.

서기 313년 콘스탄티누스와 리키니우스 두 황제가 밀라노 칙령으로 모든 종교와 기독교까지도 로마제국의 공인된 종교로 인정할 때까지 기독교인은 박해와 공포에 시달리며 아무것도 소유한 것이 없었다.

그러나 서기 314년 실베스테르 1세Sylvester I 교황 때부터 사태는 일변

▲ 교황 실베스테르 1세 앞에서의 콘스탄티누스 대제의 개종

하였다. 콘스탄티누스 황제는 분열된 로마 제국에 대한 자신의 통제력을 강화하기 위해 기독교를 정치적으로 이용하고자 한 것이다.

황제의 재정 원조로 교황은 상상을 초월하는 부자가 되었고, 기독교인들은 세속적, 종교적 권력을 장악하게 되었다.

교황 실베스테르 1세가 335년 12월 31일 70세로 세상을 떠날 때까지 기독교 이외의 모든 세력은 씨가 마르고 많은 사람이 학살되었다.

콘스탄티누스 대제로부터 서품을 받은 실베스터 주교는 로마교회의 사도승계를 천명하고 예수의 혈족에 의한 세습승계를 부정하였다.

한편 예루살렘을 중심으로 한 지역에서는 예수–야고보예수의 둘째 동생–시몬예수의 셋째 동생–유드예수의 넷째 동생의 순으로 예수의 혈족에 의한 기독교 수장의 승계가 이어지고 있었다. 예수 혈족들은 로마교회의 사도승계에 반발하였다.

마침내 서기 318년 예수의 넷째 동생 유드Jude의 후손 요세Joses를 포함한 8인의 예수 혈족 대표단이 로마에 가서 기독교 교황 승계권을 놓고 실베스터 주교와 쟁론을 벌였다.

기독교를 이용한 콘스탄티누스 황제

사실 콘스탄티누스 황제는 기독교를 통치력 강화를 위해 이용했을 뿐, 오히려 기독교의 세력이 커지자 이를 몹시 후회하며 다시 억제하려 했다. 그는 교회를 자기세력으로 끌어들이기 위해 개종이라는 제스처를 취했을 뿐 죽는 순간까지 자신의 종교였던 태양신교를 고수했다.

예수의 마지막 오딧세이

≪예수의 마지막 오딧세이, 목영일 교수 저, 제2부 8장 참조≫

대표자 요세는 예수가 유대인인 만큼 로마가 아니라 예루살렘이 기독교의 중심이 되어야 하며, 기독교 교황 승계권 역시 예수의 직계 혈족들이 맡아야 한다고 주장하며, 그것이 예수 자신의 유증遺贈임을 밝혔다.

실베스터 로마주교는 예수 혈족 대표단의 주장을 일언지하에 기각하였다. 그는 인간구원의 권능은 더 이상 예수에게 있지 않고 콘스탄티누스 대제에게 있으며, 또한 로마황제의 권위가 예수보다 상위에 있음을 밝혔다.

이것으로서 예수의 혈족에 의한 교황승계의 꿈은 물거품이 되고 로마황제의 뜻에 따라 사도승계가 이루어지게 되었으며, 본산 교회本山敎會, Mother Church도 자연 로마교회로 굳어지게 되었다.

이때 최초의 로마교회 주교가 리누스Linus였던 사실을 무시해 버리고 베드로를 최초의 로마주교, 즉 초대 로마교황으로 추서追敍하기에 이르렀다.

콘스탄티누스 황제는 아주 포악하여 자기 자식을 별 일 아닌 듯 마구 죽이고, 부인조차 솥에 삶아 죽이는 등 마음에 들지 않는 사람은 닥치는 대로 죽였다.

콘스탄티누스 황제는 자기의 절대 권력을 강화하기 위하여 72회에 걸쳐 전쟁을 일으켜 수많은 로마인과 이방인을 죽였다. 그는 337년 5월 22일 죽을 때 교황에게 너무나 큰 권력을 준 것을 후회하며 세상을 떠났다.

이로 인해 유일신을 믿는 정통 기독교는 사랑을 저버리고 오직 두려움과 복종만을 강조하는 계층사회를 만들었다. 신은 그 정점에 서서 공포와 무지로 인간을 다스리고, 성서는 신을 두려워하라고 되풀이하였다.

2장 법화경과 기독교 이데올로기의 확립

오랜 박해로부터 벗어나 기독교가 권력을 잡게되자 교회에는 황제에게 교의문제에 관여할 수 있는 권리가 부여되었다.

콘스탄티누스 황제Constantinus I: 274~337/재위 306~337는 교회의 복잡한 이데올로기 논쟁을 정리하기 위하여 325년 제1차 공의회 Nicaea 公議會; Councils of Nicaea; Nicene Council: CE 325를 니케아 Nicaea; 오늘날 터키 남부의 해안도시 이즈닉Iznik에서 소집하고 스스로 의장이 되었다.

황제는 모든 종교문제를 오직 정치적인 관점에서만 다루고 새로운 신조에 부합되지 않는 사교邪敎는 죽이거나 추방하여 그 결속을 확고히 하였다.

만인이 믿어야할 신조는 황제의 권한으로 정해졌다.

이 니케아 신조Nicaenum; the Creed of Nicaea는 정치적 수단으로 이용되어 이를 비판

▲ 콘스탄티누스 황제가 니케아 공의회를 주재하고 있는 광경

법화경과 신약성서

하는 순수한 기독교인들을 학살해버렸다.

이렇듯 유일신의 신앙을 한 차례 회의에서 소수인원의 의논으로 결정해버리고, 투표로 예수를 신격화하기로 하였다.

그리고 예수가 하나님 아버지, 아들 그리고 성령으로 된 신의 분신이라는 *삼위일체三位一體; Trinitas; Trinity의 개념을 불교의 법화경과 그 밖의 다른 종교의 고대신의 개념을 따서 채택하기로 결의하였다.

특히『법화경』의 중심사상인「여래수량품如來壽量品」에 있어서의 '영원한 부처'로서의 부처님에 대한 언급이 그 핵심이 되었다. 이로써 신약성서의「요한복음서」는 구원실성久遠實成의 주 그리스도Christ; Messiah; 구세주에 대해서 언급하게 된 것이다.

▲ 조로아스터교 삼위일체

▲ 힌두교 삼위일체
(Trimurti)

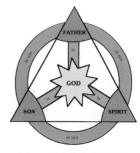

▲ Nicea 공의회에서 결정한
기독교 삼위일체(Trinity)

법화경의 핵심이 되는 사상은 세 가지로 요약할 수 있다. 첫째는 '*일승묘법一乘妙法'이라는 만인이 성불할 수 있음을 가르치는 사상이고, 둘째는 '구원실성의 부처'라는 인간을 영원히 구제하는 사상, 그리고 '보살행'이라는 그 실천이론이다.

'일승묘법一乘妙法'은 모든 중생이 누구나 성불할 수 있는 능력이 있음을 가르치는 부처님의 평등사상이다. 일승一乘; ekayana/에카야나은 원래 단 하나의 수레를 말한다.

'구원실성久遠實成'의 부처란 부처님이 영원한 과거, 현재, 미래에 걸쳐 중생을 교화하신 부처님이었다는 가르침으로, 특히 법화경이 처음 태어난 간다라Gandhara 지방에서 이 신앙이 강하였다.

'보살행菩薩行'은 법화경을 전하는 일이 성불成佛을 위한 행위임을 가르치고 있다. 보살은 특히 *6바라밀Sadparamita을 지켜야 한다는 내용이 최근 아프가니스탄의 바미안Bamiyan에서 발견된 *카로시티 Kharosthi 문자로 된 최초의 불경에도 기록되어 있다.

『법화경』은 「방편품 제2」에서 「수학무학인기품 제9」까지를 제1기로 하여 서기 50년경에, 「법사품 제10」에서 「여래신력품 제21」과 「서품 제1」을 2기로 100년경에, 그리고 「약왕보살본사품 제23」에서 「보현보살권발품 제28」까지를 제3기로 서기 150년경 700년 간 구전되어오다 문자화된 경으로 결집되었다.

불교에서는 비로사나불毘盧遮那佛; Vairocana; 大日如來은 법신불法身佛, 노사나불盧舍那佛은 보신불報身佛, 역사상의 석가여래는 응신불應身佛; 化身佛/화신불로서 이 세 부처님이 삼위일체를 이루고 있다.

법신불은 형形이 없이 영원히 존재하는 법法;진리 그 자체의 부처님이고, 보신불은 법신의 과보가 나타난 부처님으로 형이 없는 법을 구현화하여 형을 주는 부처님이다. 응신불은 중생을 구제하기 위해 때에 따라서 우리의 세계에 나타나는 부처님이다.

법신불 · 보신불 · 응신불은 3개의

◀ 카로시티 (Kharosthi) 문자
고대 페르시아의 아케메네스왕조 때 널리 쓰이던 아랍어에서 파생된 문자로 3세기경 동부 아프가니스탄 탁실라(Taxila)지방에서 주로 쓰였다.

다른 부처님이 아닌 단 하나이며 어느 부처님에 있어서나 다른 두 부처님이 그 속에 포함되어 있다.

법신불(法身佛)

법신(깨달음·법·불성)은 시공을 초월한 상주 불멸의 진리 그 자체

· 보신과 화신의 본체
· 영원불멸의 진리를 상징적으로 형상화한 부처: 비로자나불

보신불(報身佛)

보신은 시공을 초월한 법신(깨달음·법·불성)을 찾아가는 노력·원력·수행

· 법신을 형상화한 인격체 부처: 노사나불

화신불(化身佛)

화신은 보신(원력·수행·정진)의 역할로 이루어진 결과물·깨달음

· 법신·보신을 볼 수 없는 중생을 제도하기 위해 직접 현세에 나타난 부처: 석가모니불

▲ 기독교 삼위일체의 모태가 된 삼신불 : 법신·보신·화신 ≪p31 참조≫

이와 같이 로마의 기독교도는 아버지 · 아들 · 성령으로 된 삼위일체를 받아들이고, 성령이 아버지와 아들 양방兩方에 귀속한다고 생각하였다.

반면 콘스탄티노플의 기독교도는 열렬한 유일신주의자로 성령은 아들로부터, 아들은 유일신 하나님으로부터 생긴다고 주장하여 성령의 근원에 대해서 논쟁이 벌어졌다.

기독교는 381년 데오도시우스 1세Theodosius I: 347~395/재위

378~395의 소집으로 콘스탄티노플에서 열린 2차 종교회의에서 삼위일체를 교리로 채택하기로 결정하였다. 법신불은 '하나님 아버지', 보신불은 '천국에 있는 그리스도', 응신불은 '역사상의 예수'로 대체되었다.

신약성서의 4복음서요한/John · 마태/Matthew · 마가/Mark · 누가/Luke보다 먼저 쓰여진 52편의 문서군이 1945년 이집트 카이로 남쪽 나그 하마디에서 발견되었다.

이 *나그 하마디 문서Nag Hammadi Codices는 313년 콘스탄티누스 황제의 칙령으로 패권파 기독교가 로마의 공인종교가 되자 바로 세상에서 자취를 감추었다. 추방된 기독교도들은 종교적 순수성 때문에 실크로드Silk Road에서도 평이 좋았다.

이슬람교의 성전聖典『코란Koran; Quran/꾸르안』에서는 후세까지 기독교의 삼위일체를 신 · 마리아 · 예수로 기록해왔다.

하나님 · 그 아들을 낳은 마리아 · 처

▲ 나그 하마디

음 하나님 아들로 태어난 예수로 이루어진 원래의 기독교의 삼위일체가 콘스탄티노플Constantinople; 오늘날의 Istanbul, Turkey에서 열린 2차 종교회의에서 말살되고 새롭게 만들어진 것이다.

성령에 대해서도 히브리어의 여성명사 '*루아흐Ruah; 聖靈/성령: Holy Spirit'가 아닌 그리스어의 중성명사 '프뉴마Pneuma'가 쓰이게 되었다.

여기에서 아버지와 아들과 중성의 성령으로 이루어진 3위1체가 형성된 것이다. 그들은 '거울이 몇 조각이 나도 그 하나 하나는 같은 상像을 비춘다. 물과 얼음과 수증기는 그 모양은 달라도 같은 성분인 것이다'라는 비유로 중세시대까지 역설해왔다.

사실 17세기에도 스페인의 아그레다Agreda 수녀원에 있었던 마리아Maria: 1602~1665가 쓴『신비로운 신의 나라The Mystical City of God』에서 2차 종교회의의 결정 이전에 신봉하던 신 · 마리아 · 예수로 이루어진 본래의 삼위일체를 밝힌 내용이 문제가 되어 그녀의 저서가 말살된 일이 있었다.

신흥 기독교는 법화경을 차용하여 유일신의 신앙을 만들어냈다. 기독교는 이어서 당시 다신교 국가였던 로마에서 흥성하고 있던 *미트라교Mithraism에서도 역시 거의 그대로 모방하였다.

제국의 수호자인 *미트라Mithra: 태양신 또는 광명의 신는 로마의 태양신 아폴로Apollo나 그리스의 태양신 헬리오스Hellios와 밀접한 관계가 있었다.

미트라의 탄생일은 동지가 바로 지난 12월 25일이었는데 이 날이 예수의 탄생일로 정해졌다. 미트라의 탄생을 목격한 것은 양치기로 그들은 미트라가 하늘나라로 가기 전에 최후의 만찬을 가졌다.

미트라신의 승천일昇天日은 춘분春分으로 이 날은 예수의 부활절 Easter: Pascha/파스카 GK이 되었다.

기독교가 근거지로 점거한 바티칸 언덕은 본래 미트라 신전이 있던 곳이었다.

미트라교 최고사제의 칭호는 파테르Pater 또는 파트룸Patrum이었는데 이것이 바로 오늘날 교황 Pope을 의미하는 파파Papa; Pape의 어원인 것이다.

▲ 아그레다의 마리아

미트라교(Mithraism)

고대 인도와 페르시아에서 유래한 광명(光明)의 신 미트라를 신앙하던 종교.

로마의 미트라

Sol Invictus(쏠 인빅투스; 불패의 태양신). 페르시아에서 시작된 미트라는 인도에서는 마에트라로, 불교와 결합해서는 미륵으로 발전됨.

▲ 교황이 쓰고 있는 주교관(미트라)

광명의 신 또는 태양신 미트라에 대한 신앙은 약 4천년 전 페르시아에서 시작되었다. 미트라교는 동으로는 인도와 동아시아까지, 서로는 로마제국을 포함한 전 유럽, 북아프리카와 흑해에 이르기까지 광범위하게 퍼져 있었다. 로마 기독교의 국교화 과정에서 미트라 신앙의 의식, 제도, 관습, 교리 등은 사라지지 않고 초기 기독교에 의해 대부분 그대로 수용되었다. 그러므로 미트라 신앙을 알지 못하면 기독교를 올바로 이해하기 어렵다.

　미트라는 고대 페르시아의 빛·계약의 신이었다. 로마에서는 Sol Invictus(솔 인빅투스; 무적의 태양신)라고도 불리어 졌다. 인도에서는 "마에트라"로, 불교와 결합해서는 '마이트레야(Maitreya)' 또는 '메테야'로 불리어 졌으며, 중국에서는 마이트레야의 발음을 따서 미륵(彌勒)으로 불리었는데 한국과 일본에 이르기까지 미륵신앙으로 발전해 나갔다.

　미트라는 승천하기 전에 태양과 싸우고 신성한 황소를 죽였는데 그 황소의 피로부터 인간에 유익한 모든 식물과 동물들이 나왔다.

　미트라에움(Mithraeum; 미트라교 사원)은 그가 태어난 바위동굴을 상징하여 동굴모양으로 만들어졌고, 황소를 제물로 바치는 의식이 행해졌다. 미트라 동굴사원에서

▲ 미트라와 미트라에움(Mithraeum) ▼

법화경과 신약성서

발견되는 그림이나 부조에는 황소를 제압하는 태양신 미트라가 묘사되어 있다.

5세기경 기독교도들은 곳곳의 미트라교 지하사원을 접수하여 미트라 신상을 파괴하고 기독교 사원으로 개조했으나 오늘날에도 미트라의 흔적들을 찾아볼 수 있다. 특히 로마의 성 클레멘타인 교회 지하의 아치형 매장토굴은 그곳이 미트라에움이었음을 명확히 보여주고 있다.

미트라교(태양신교)라는 틀 속에 기독교를 부어넣은 사람은 콘스탄티누스 황제였다. 미트라는 군인통치의 로마제국의 태양신이자 군신(軍神)이기도 하였다. 니케아 종교회의를 주도했던 그는 태양신의 독실한 신봉자로서 로마황제라는 막강한 권력을 이용하여 예수의 기독교를 태양신교라는 틀 속에 부어넣어 새로운 로마제국식 기독교를 합성해낸 것이다. 그 결과 미트라와 예수는 동화되어 거의 모든 면에서 동일하게 되었다.

몇 가지 예를 들자면, 콘스탄티누스 황제는 초기 기독교인들이 지키던 토요일 안식일을 태양신의 날인 일요일로 바꾸었다. 오늘날에도 유대교인들은 여전히 토요일을 안식일로 지키고 있다. 또한, 예수의 생일을 1월 6일에서 태양신의 재생일인 12월 25일로 바꾸었다(카톨릭에서는 354년부터, 그리스정교에서는 379년부터). 그밖에도, 천국과 지옥, 영의 거듭 남을 통한 구원, 구세주의 고난을 통한 구원, 최후의 만찬, 최후의 전쟁, 심판의 날에 죽은 자의 부활, 재림의 교리 등 거의 흡사하다.

미트라	예수
❶ 12월25일(동지)에 처녀에게서 태어났다.	❶ 겨울이 아닌 계절에 처녀에게서 태어남.
❷ 목동들이 출생과정을 지켜보았다.	❷ 천사가 목동들에게 탄생소식을 전했다.
❸ 열 두 제자가 있었다.	❸ 열 두 제자가 있었다.
❹ 태양신의 아들(성자)로 삼위일체를 이룸.	❹ 야훼의 아들(성자)로서 삼위일체를 이룸.
❺ 죽은 지 3 일만에 부활하였다.	❺ 죽은 지 3일 후에 다시 일어났다.
❻ 이스터/에오스트레(Eostre; 봄의 여신) 축 제일이 미트라의 부활일이 되었다.	❻ 미트라의 부활일을 기독교에서 예수의 부활절로 삼았다.
❼ 미트라를 기리는 거룩한 날은 태양의 날, 즉 일요일이었다.	❼ 거룩한 날은 구약에서는 토요일이었으나 미트라교를 수용하여 일요일로 바꾸었다.
❽ 태양신을 뜻하는 둥근 빵, 물로 성찬의식.	❽ 빵과 포도주로 성찬의식을 함.
❾ 성직자 계급제도가 있었으며 예배할 때 십자가, 염주 등이 사용되었다.	❾ 성직자 계급제도가 있으며 예배할 때 십자가, 로사리오(묵주) 등이 사용됨.
❿ 미트라교의 주교는 태양신의 상징으로 미트라(미테르; 주교관)를 썼다.	❿ 기독교의 주교들은 오늘날에도 미사를 드릴 때 미트라(미테르; 주교관)를 쓴다.
⓫ 사제를 파더(Father)라고 불렀다.	⓫ 기독교 사제를 파더(Father)라고 부른다.
⓬ 미트라의 에너지가 인간의 두뇌에 축적되어 후광으로 발산한다고 믿었다.	⓬ 미트라교의 영향으로 중기 기독교 성화에서부터 후광이 나타나기 시작한다.
⓭ 승천하기 전 최후의 만찬을 갖는다.	⓭ 승천하기 전 최후의 만찬을 갖는다.
⓮ 십자가는 고대에 거의 모든 종교에서 사용된 상징이었다. 메소포타미아에서는 태양숭배의 상징으로도 쓰였다.	⓮ 기독교에서는 6세기 이후 십자가 형상을 기독교의 상징으로 받아들이기 시작하여 13세기 이후부터 본격적으로 사용함.

▲ 이집트 신화의 삼위일체
호루스 · 오시리스 · 이시스

고대 이집트신화에서 삼위일체를 이루는 오시리스Osiris · 이시스Isis · 호루스Horus에서도 신 · 어머니 · 아들의 이야기가 있어 이것을 법화경의 사상에 연결시켰다.

*데오도시우스 2세Theodosius Ⅱ: 401~450/재위 408~450는 431년 에페서스Ephesus; Ephesos/에베소에서 열린 3차 종교회의the 3rd Ecumenical Council에서 예수의 어머니 마리아의 신성과 인성을 놓고 *비성모설非聖母說을 주장하는 콘스탄티노플의 대주교 네스토리우스Nestorius: ?~451와 *신인신모설神人神母說을 주장하는 알렉산드리아의 주교 키릴로스Kyrillos; Cyril: 827~869가 대립하자 황제 독단으로 '마리아를 신神; 예수의 어머니로 숭배할 것'을 결정하였다.

▲ 네스토리우스

▲ 키릴로스

그러자 로마의 수호신 퀴벨레Cybele; Kybele; 키벨레; Rhea GK 신전은 마리아의 성당이 되어 퀴벨레 대신 마리아가 로마의 수호신으로 들어앉게 되었다.

이를 시작으로 *판테온Pantheon의 제신諸神, 미네르바Minerva; Athena GK 신전, 타흐리르Tahrir의 페니키아 여신을 모신 신전 등이 모조리 사라지고 모두 마리아 신전이 되었다.

또한 키프로스Cyprus 섬의 아름다운 비너스Venus; Aphrodite GK 신전도 파괴되어

▲ 대지의 여신, 퀴벨레

▲ 판테온과 그 내부의 모습

마리아 신전으로 되었다. 로마의 여러 도시를 지키는 신 미네르바도 마리아로 바뀌고 항해자를 보호하는 이시스신, 임신한 여자들을 보호하는 유노Juno; Hera GK도 모두 마리아로 바뀌었다.

오늘날 한국에서 기독교인들이 자신들의 민족혼의 지주인 단군을 배척하고 말살하려 하는 것도 그와 같은 흐름이다.

기독교 이전의 신앙에서는 여신은 처녀/순결 · 어머니/자비 · 노파/지혜 의 세 가지 모습을 가지고 있었으나 처녀와 어머니의 이미지만을 구현하고 노파는 악마로 간주하여 교회의 적이 되었다.

교회는 그들의 이데올로기를 만들기 위하여 모든 토착신앙을 이용하거나 말살하여 절대적인 힘을 구축하였다.

319년 콘스탄티누스 황제는 성직자의 면세와 병역면제의 법을 정하고 사교가 죄를 지어도 법정에서 재판 받는 일이 없도록 하였다.

380년 *데오도시우스 1세Flavius Theodosius I: 347~395/재위 378~395는 삼위일체를 믿지 않는 자는 정신이상자로 보고 국가에서 처형한다고 선포하였다.

데오도시우스 법전에 의해 교회의 행위에 거역하는 것은 불가능해지고 388년에는 정통 기독교인들이 종교문제를 공개 토론하는 것도

판테온(Pantheon)
'모든 신들의 신전'이란 뜻으로 로마의 신들을 모신 신전. 로마의 장군 아그리파에 의해 건설되고 1세기에 하드리아누스 황제가 개축한 로마 최대의 원개(圓蓋) 건축물로 본당 내부의 벽감(壁龕)에 신상을 모셨다.

데오도시우스 1세

서기 392년 기독교를 국교(official state religion)로 선포함.

제2부 예수 전후의 기독교사와 법화경의 영향

금지되었다.

435년에는 제국 내內의 모든 이교도는 사형에 처하는 법이 만들어졌으며 기독교도가 유대교나 다른 종교를 가진 자와 결혼하면 간통죄로 몰려 처형당했다. 이로써 역사를 왜곡한 서양신의 자화자찬의 세계사의 기초가 이루어진 것이다.

그 후 순수한 기독교인들조차도 실크로드를 거쳐 중국으로 도망치게 되었다. 이때 오히려 본래의 참된 기독교교리가 전해지고 그 가르침은 *경교景敎: Nestorianism의 형태로 중국에 남아 있게 되었다.

경교(景敎)
네스토리우스가 주창한 그리스도교 일파의 중국 명칭으로. 781년에 건립한 대진경교유행중국비(大秦景敎流行中國碑)에서 비롯되었다고 한다.

콘스탄티누스 황제는 자신이 창조한 종교에 범죄, 부패, 타락의 씨를 뿌렸다고 수많은 학자들은 주장하고 있다.

그에 의해 로마의 사교는 왕이되고, 사교구는 왕국이 되었다.

그는 330년 *비잔티움 Byzantium에서 콘스탄티노플 Constantinople로 이름을 바꾼 아름다운 신도시를 건설하고 로마제국의 본거지를 그곳으로 옮겼다.

▲ 대진경교유행중국비

비잔티움
그리스 시대에는 비잔티움(Byzantium)으로, 동로마제국 시대에는 콘스탄티노플(Constantinople: 콘스탄티누스의 도시)로, 그 후 오스만 제국 시대에는 이스탄불(Istanbul)로 불렸다. 이스탄불은 기독교의 문명과 이슬람의 문명이 공존하여 조화를 이루었던 모습을 보여주는 대표적인 도시이다.

그는 정교분리政敎分離의 원칙을 실천하여 교황의 종교적 권력과 세속적 권력을 분리하고자 한 것이다.

콘스탄티노플은 330년부터 터키에 의해 함락되는 1458년까지 80명의 황제와 그와 같은 수의 대사교archbishop: 대주교가 군림하였다.

319년의 알렉산드리아 공의회와 325년의 니케아 공의회에서 콘스탄티누스는 기독교의 종규宗規를 정했다.

381년 당시 로마제국의 수도는 콘스탄티노플이었으므로 그곳의 대사교는 다른 도시의 대사교보다 우월하다는 것도 이때 결정되었다.

경교(景敎; Nestorianism)

경교(景敎)는 네스토리우스가 주창한 그리스도교 일파의 중국 명칭으로, 781년에 건립한 대진경교유행중국비(大秦景敎流行中國碑)에서 비롯되었다고 한다.

서기 431년 예수의 어머니 마리아의 비성모설을 주장하는 콘스탄티노플의 대주교 네스토리우스의 요청으로 에페소스 공의회가 소집되자, 신인신모설을 주장하는 알렉산드리아의 주교 키릴로스는 네스토리우스가 회의에 도착하기도 전에 자신의 지지세력을 이끌고 가서 주교들을 뇌물로 매수하여 회의를 일방적으로 미리 열고 적수인 네스토리우스를 이단으로 몰아 추방했다.

추방된 네스토리우스 일파는 시리아를 거쳐 이란 지방에 정착하여 전도하였다. 중국에는 635년(당태종 9년)에 대진국(大秦國; 로마) 사람 아라본(阿羅本; Araham) 일행이 당나라의 수도 장안(長安)에 도착하여 선교한 데서 비롯된다.

경교는 신라에까지 전래되었으며, 이를 뒷받침하는 자료로는 불국사에서 발견된 돌십자가, 해남 대흥사의 십자가, 마리아 상과 유사한 관음상 등이 있다.

▲ 불국사 돌 십자가
(통일신라 8-9세기, 1956년 경내발견)

▲ 성모 마리아와 아기 예수의 상으로
추정되는 불보살상 양식의 토상(土像)

3장 콘스탄티누스 대제 때의 미륵사상과 기독교

사해문서(死海文書)

사해서안 쿰란동굴에서
발견된 문서군으로 구
약성서사본 및 유대교
관련 문서를 포함하고
있다.

콥트어
고대 이집트어 계통
의 언어로 초기 기독
교 관련 문헌해독에
중요함.

헬라어(Hellas語)
고대 그리스어. 헬
라스(Hellas)는 고대
그리스인이 자기 나
라를 부르던 이름으
로 그리스의 옛 이름
인 헬레네스에서 옴.

1945년 이집트의 수도 카이로Cairo 부근 나그 하마디에서 발견된 문서Nag Hammadi Codices나 그보다 더 오래된 *사해문서死海文書: Dead Sea Scrolls의 일련의 많은 사본(52편)은 진지한 초기 기독교의 가장 중요한 문서이다.

313년 콘스탄티누스 Constantinus 대제의 칙령으로 기독교 패권파가 로마제국의 공인을 받은 후 이 문서들은 세상에서 자취를 감추어 버렸었다.

*콥트어Coptic로 쓰여진 이 사본군群은 서기 120년 이전에 쓰여진 *헬라어 원전을 필사한 것들이다.

그 가운데는 불성내재론佛性內在論을 강조한 도마 복음서도 들어있다. 초기의 순수한 기독

▲ 4복음서 이외의 복음서를 불태움

법화경과 신약성서

교도들은 정치권력을 등에 업은 기독교 패권파의 탄압과 학살로부터 그들의 참된 신앙을 지키기 위해 그 문서를 땅 속에 묻어두었다.

그 당시 *4복음서보다 더 오래되고 진실한 이 초기 기독교신앙의 문서를 소유한 자는 사형에 처해졌다.

순수 기독교도들의 유일한 선택은 이 문서들을 감추거나 없애버리는 수밖에 없었다. 이 사본들이 도자기 속에 봉인되어 절벽 구멍 속에 감추어진 것도 이 무렵이었다.

4복음서
요한(John) · 마태
(Matthew) · 마가
(Mark) · 누가(Luke)
복음서.

▲▲ 4복음서 이외의 복음서를 불태우고 있는 광기가 섬뜩하게 느껴진다. 기독교도들의 광기에 비하면 진시황의 분서갱유는 일시적이었고 국지적이었던 점에서 볼 때 훨씬 미온적이었고 덜 잔인했다.

▲ 라틴어 성서가 아닌 영역성서도 모조리 불태움, 런던

▲ 4복음서 이외의 복음서는 물론 영어로 번역된 복음서를 소지하거나 읽는 자도 모두 화형에 처해졌다.

▲ 책을 불태우는 광기 어린 나치스. 베를린, 1933년 히틀러의 독일제3제국에서는 당시 정권의 이념에 맞지 않는 책은 대대적으로 모두 불태워 버렸다.

1947년 2월, 예리고(Jericho)에서 남방 약 15km 지점에 있는 사해 북서부 연안의 키르벳 쿰란(Chirbet Qumran) 지역에서 베두인족의 소년 무하마드 아드디브(Muhammad adh-Dhib)는 잃어버린 염소를 찾다가 암벽에 동굴이 하나 있는 것을 발견했다.

그가 동굴 안으로 돌을 던져 보니 무엇인가 깨지는 소리가 들려와 안으로 기어 들어가 보았다. 소년은 그곳에서 높이 약 60cm 정도 되는 여러 개의 토기 항아리를 발견하였다.

그 항아리 속에서는 그가 기대했던 보물 대신에 지저분한 아마포(亞麻布)에 쌓여 악취 나는 가죽 두루마리들이 나왔다.

이 보잘것없는 두루마리들은 많은 우여곡절과 복잡한 경로를 거쳐 실망한 목동의 손으로부터 성서고고학자들의 손으로 넘어갔다.

고고학자들은 그것이 예수 탄생이전의 성서사본인 것을 알고 대단히 놀랐다. 이들 두루마리 중 5개를 시리아의 예루살렘 정교회(正敎會)의 대주교 마르 아타나시우스 사무엘(Mar

▲ 사해 사본이 보관되어 있던 단지

Athanasius Y. Samuel)이 샀으며, 나머지 3개는 예루살렘의 헤브라이 대학교 수케닉(Eleazar L. Sukenik) 교수가 매수하였다.

그 후, 수케닉의 아들인 이갈 야딘(Yigal Yadin)이 1954년에 25만 달러를 지불하고 사무엘 대주교로부터 5개의 두루마리를 모두 사들여 현재는 이들 두루마리 전부가 이스라엘의 국가소유로 되어 있다.

▲ 사해연안 쿰란 지역의 Q4(제4 동굴)
: 다른 동굴들과는 달리 이곳은 인공 굴이다.

1949년 요르단 고고학연구소의 하딩(L. Harding)과 성서 고고학자 드 보(R. De Vaux)는 성서의 여러 사본들 및 외경(外經)에 대한 사본조각들과, 알려지지 않은 700점을 상회하는 기록물들을 찾아냈다.

1951~56년에 걸쳐 드 보(R. De Vaux)는 쿰란 언덕에 위치한 수도원 유적지를 발굴하여 이곳이 요세푸스를 비롯한 고대의 역사가들이 언급하고 있는 유대교의 한 종파인 에세네파(Essene)의 쿰란 공동체(Qumran Community)임을 밝히게 되었다. 물탱크, 공동의 식사를 위한 대형식당, 연구실, 기도실, 성서 필사실 등이 잇따라 발굴됐다. 세례요한과 예수도 이 공동체의 일원이었던 것으로 추정되고 있다. 이곳은 서기 68년 로마군에 의해 완전히 파괴되었다.

1956년까지 사해의 북서해안에 있는 쿰란 와디 주위에 있는 11개의 동굴에서 약 870개의 문서들이 발굴되었다. 이 동굴들에서 가장 중요한 사본들이 발굴된 곳은 Q1(제1동굴), Q4(제4동굴), Q11(제11동굴)이었다.

특히, Q1(제1동굴)에서는 손상되지 않은 『이사야서』 사본이 완전한 상태로 발견되었는데, 그것은 폭이 약 26cm, 길이가 약 7.34m에 이르는 가죽두루마리였다. 이 방대한 두루마리는 BCE 2~BCE 1세기의 것으로 보인다. 이 두루마리는 잘 다듬어진 열 일곱 장의 짐승가죽을 길게 잇대어 실로 꿰매어 만들어 진 것이다. 이것은 현재 예루살렘의 이스라엘 대학박물관에 소장되어 있다. 사해문서의 발굴은 구약성서 연구에 획기적인 전기가 되었다.

▲ 제1 이사야서 두루마리(Great Isaiah Scroll)

그 후 2000 여 년이 지나서야 우연이 다시 빛을 보게 된 이 원류 기독교의 순수한 성서사본들은 기독교 패권파의 위선과 기만을 여실히 드러냈다.

이처럼 이단자로 취급되어 생사의 지경에서 헤매던 순수 기독교도들은 당시 로마에서 기독교 사상이 유입되기 이전에 크게 우세했던 *미트라교Mithraism 교리와 불교의 아미타사상을 차용하였다.

아미타불阿彌陀佛: Amitayus 「무한한 생명/무량수無量壽」 또는 Amitabha「무한한 빛/무량광無量光」Buddha은 '*나무아미타불'하며 염송할 때의 바로 그 아미타불로 대승불교의 성립 후 생긴 것이다.

아미타 신앙은 서방 극락정토에 계시는 부처로 아미타불을 믿고 나무아미타불을 외우면 누구나 극락에 갈 수 있다는 믿음이다. 기독교는 교리확립 당시 미트라교를 매개로 불교의 교리를 수용하였다. 따라서 기독교 교리는 불교 교리의 로마식 버전처럼 된 것이다.

첫째, 아미타불과 *크리스트Christ; 그리스도; 基督/기독가 살고있는 방향이 같은 점이다. 아미타불이 거주하시는 극락세계는 천상에 있는 것으로 생각되지만 경전에 의하면 '서방십만억토西方十方億土'에

미트라교
고대 인도와 페르시아에서 유래한 광명(光明)의 신 미트라를 신앙하던 종교. 미트라는 태양신 또는 광명의 신이다.

아미타사상
아미타불은 서방 극락정토에 계신 부처님이며, 법장 비구 때에 48대원을 세워 아름답기 그지없는 극락정토를 이룩하였다. 아미타사상은 누구든지 이 부처님을 믿고 염불하면 사후에 속세의 서쪽에 있는 청정불국토(淸淨佛國土)에 태어나게 된다고 하는 사상이다. 정토사상(淨土思想)이라고도 한다.

크리스트
외아들, 즉 독생자(獨生子; Only Son)라는 뜻. Latin어로는 Unigenitus/우니제니투스. 조로아스터교에서는 짜라투스트라, 로마의 태양신교에서는 미트라를 일컫는 말이다. 기독교에서는 예수를 일컫는 말.

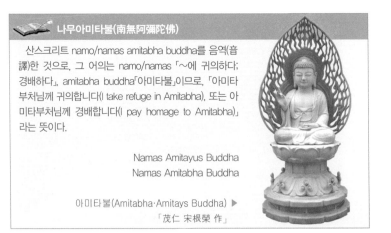

나무아미타불(南無阿彌陀佛)

산스크리트 namo/namas amitabha buddha를 음역(音譯)한 것으로, 그 어의는 namo/namas「〜에 귀의하다; 경배하다」, amitabha buddha「아미타불」이므로, 「아미타 부처님께 귀의합니다(I take refuge in Amitabha), 또는 아미타부처님께 경배합니다(I pay homage to Amitabha)」라는 뜻이다.

Namas Amitayus Buddha
Namas Amitabha Buddha

아미타불(Amitabha·Amitays Buddha) ▶
「茂仁 宋根榮 作」

위치하는 서방정토the Pure Land of the West에 계시다. 크리스트의 강생의 땅은 인도보다 더 서쪽인 미트라Mithra 신이 거주하는 페르시아쪽이다.

서방극락정토

중국 수나라 시대의 고승 도작道綽: 562~645은 서방을 아미타불의 거처로 보고 서쪽을 등지고 앉거나 자지 않고 제자들에게도 그렇게 하는 것을 금했다.

둘째, 아미타불처럼 크리스트 역시 '생명'이나 '빛'으로 불린다. 「요한복음 1:4」은 크리스트에 대해서 "말씀 속에 생명이 있었으니 이 생명은 인간을 비추는 빛이었다."라는 내용으로 시작된다. 무량광의 구세주처럼 크리스트도 영원한 생명과 빛의 구세주이다. 기독교의 형성시기에 불교와 미트라교로부터 교리를 거의 그대로 차용한 사실이 잘 드러나는 점이다.

셋째, 원래 석가모니 부처님의 가르침은 자력사상이다. 이에 반해 인간을 보는 방식에 있어서 아미타불과 크리스트는 인간이 자력으로 구원받지 못하는 요소를 지니고 있음을 인정하고 있다.

자기가 선하다고 믿는 인간도 아미타여래와 크리스트의 눈으로 보면 죄가 많은 것이다. 인간이 최선을 다하고도 되지 않는 일이 있어 그것을 기도로써 이루게 하는 아미타불과 크리스트의 눈은 자비로 넘쳐있다.

넷째, 아미타불이나 크리스트의 경우 또 하나의 다른 위대한 존재자 밑에서 인류구제의 결의를 굳힌 점이다.

*무량수경無量壽經; the Sukhavativyha Sutra; the Infinite Life Sutra에 의하면 아미타불은 처음에는 어느 나라의 왕이었으나 *세자재왕불世自在王佛 밑에서 깨달음을 얻고자하는 마음을 일으켜 왕위를 버리고 출가하여 법장法藏; Dharmakara/다르마카라이라는 이름을 가지고 수행하였다.

무량수경

대승불교 정토종(淨土宗; the Pure Land School of Buddhism)의 근본 경전의 하나. 『관무량수경(觀無量壽經)』, 『아미타경(阿彌陀經)』과 더불어 정토삼부경(淨土三部經)이라고 함.

세자재왕불

세자재왕여래(世自在王如來). 아미타불(阿彌陀佛)이 법장비구(法藏比丘)였을 때의 스승 부처(師佛).

제2부 예수 전후의 기독교사와 법화경의 영향

세자재왕불이란 '이 세상에서 스스로의 힘으로 존재하고 아무에게도 의존하지 않는 왕'이라는 뜻으로 크리스트의 하나님 아버지가 바로 그러한 존재이다. 아미타불은 세자재왕여래 아래서 그리고 예수는 하나님 밑에서 인류구제의 결의를 하고 이 세상에 나타난 것이다.

다섯 번째, 아미타불의 속죄와 구제를 위한 기반을 크리스트 역시 그대로 수용하고 있는 점을 들 수 있다. 『무량수경』에서는 아미타불이 수행함으로써 그를 믿는 자를 구제하고, 『신약성서』에서는 크리스트가 십자가에 못 박힘으로써 그를 믿는 자를 구원한다.

무량수경에 의하면 아미타불은 세자재왕여래 밑에서 결의를 굳혀 사람들이 그 이름만 불러도 구제 받게된다. 그는 5겁*劫; kalpa이라는 긴 세월동안 수행을 쌓고 깨달음을 얻어 그 이름을 부르는 자는 고난의 수행을 하지 않아도 구원을 받게 되는 것이다.

아미타불은 모든 중생을 위해 오랜 수행을 하였으며 예수처럼 처참한 죽음을 겪지 않고 편안한 마음속에서 중생을 구제하게 된 것이다. 여기에서 나무아미타불이라는 염불이 시작된 것이다.

성서에 나오는 "나의 이름을 부르는 자는 모두 구원을 받으리라." *「사도행전/使徒行傳; the Book of Acts 2:21」라는 말도 여기에서 온 것이다. 기독교 사상에 끼친 불교의 영향을 보여주는 많은 예 중의 하나이다.

기독교에서는 인간은 누구나 죄인이므로 자기 힘으로 구원을 받을 수 없어서 예수가 인간의 원죄를 업고 처참하게 죽었다는 교리를 세우고 있다. 반면 불교에서는 인간에게는 많은 가능성이 있어서 자기 힘으로 일을 이룰 수 있으나 그것도 한계가 있으므로 인간의 힘이 미치지 못하는 면을 도와준다는 면에서 매우 밝은 면이 있다. 기독교는 너무나 어둡고 부정적이고 체념적이다.

여섯 번째, 아미타불처럼 크리스트도 악인을 대상으로 구원의 손을

겁(劫; kalpa)
시간의 단위로 측정할 수 없이 길고 영원하며, 무한한 시간을 가리킴.

사도행전(使徒行傳)
예수 그리스도가 죽은 후, 사도들의 행적(行蹟)을 기록한 책으로, 신약성서 중 유일한 역사문서.

바울(Paulus)

본명은 사울. 3회에 걸친 대전도여행을 하여 '이방인의 사도'라고도 한다. 바울은 기독교 사상을 확립하였다. 오늘날 기독교 사상은 사실상 바울의 사상이라고 한다.

뻗친 점을 들 수 있다. 아미타불이 원을 일으킨 것은 무명에서 헤매는 중생을 성불시키기 위한 것이다. 탐貪/탐욕 · 진瞋/노여움 · 치痴/어리석음에 눈이 멀어 헤매는 인간을 구제하고자 하는 것이다.

실질적 기독교 교리의 주창자인 사도 *바울Paulus: 10~67도 구원의 대상을 죄인으로 보고 자기 자신도 죄인 가운데 죄인이라고 하였다. 둘 다 인간의 구원은 신앙에 의해서 얻어진다고 하였다.

중국의 선도善導: 613~681는 정토종淨土宗; the Pure Land School of Buddhism을 크게 일으켰으며 나무아미타불을 불러 구원받는 *칭명염불稱名念佛; recitation of Amitabha Buddha's name을 고안하였다. 그렇게 함으로써 아미타불 신앙을 생활과 밀접하게 연결시킨 것이다.

한편 *미륵불彌勒佛; Maitreya Buddha은 석가모니불이 입멸한 후 56억 7000만년 후에 석가모니불에 이어 이 세상에 오실 미래의 구세주Messiah 이시다. 미륵불이 도솔천에서 이 지상에 내려오셔서 모든 인간을 구제하듯이, 기독교 세계의 구세주인 크리스트 역시 재림할 때 신자들이 부활해서 지상에 나타난다.

칭명염불
아미타불의 명호(名號)인 '나무아미타불'을 부르는 일. 정토교에서 아미타불의 정토에 왕생하는 5가지 정행(正行) 중의 하나이다.

미륵보살반가사유상(彌勒菩薩半跏思惟像)

미륵보살반가사유상은 미륵보살이 도솔천에서 수행하면서 56억 7천만년 후에 사바세계에 오셔서 어떻게 하면 모든 중생들을 구제할 수 있을까 하고 그 진공묘유(眞空妙有)의 방도를 사유하고 있는 상이다.
로댕(Rodin)의 「생각하는 사람(the Thinker)」과 가장 뚜렷한 대조를 이루는데, 생각하는 사람이 단테의 신곡의 지옥에 비유되는 삶의 무게에 짓눌려 고통에서 벗어나려 하는 상이라면, 미륵보살반가사유상은 중생을 구제할 방도를 생각해냈을 때의 그 안온한 모습과 미소로 보는 이로 하여금 편안함과 희망을 갖게 하기 때문에 더욱 감동을 준다.
독일의 철학자 카알 야스퍼스는 미륵보살반가사유상을 '지상에서 모든 시간적 속박을 초월해서 얻은 인간 존재의 가장 청정하고, 가장 원만하며, 가장 영원한 모습의 표징'이라고 극찬한 바 있다.

로댕의 「생각하는 사람」

▲ 미륵보살반가사유상

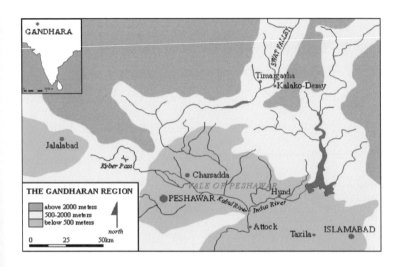

≪p113 참조≫

탁실라/탁샤실라
BCE 6세기~CE 5
세기 말까지 번성했
던 파키스탄 펀잡
주 북서쪽 끝에 있는
고대유적지. 서기전
326년 알렉산더대왕
에게 정복당했으며
동서문화의 교류를
보여주는 귀중한 유
적지이다.

스와트(Swat)
파키스탄 북서 국경의
인더스강 상류에 있는
스와트강 계곡에 위치
하는 산간지방.

▲ 부처님을 방문하러 오는
프라세나지트왕

미륵불은 *탁실라Taxila에서 처음으로 태어나 간다라Gandhara에
서는 미륵 신앙이 매우 강하였으며 후에 이집트로 건너가 예수 상의
원형이 된다.≪p113 참조≫

본 저자는 아미타 신앙이 처음 발생한 *스와트Swat의 우디그람
Udegram을 프랑스·파키스탄의 동료 고고학자들과 수십 여 차례에
걸쳐 답사, 발굴, 세미나 개최 등을 해오고 있다.

*코살라Kosala왕국의 프라세나지트 왕King Prasenajit/
Pasenadi; 波斯匿王/파사익왕이 석가국 왕족을 왕비로 맞이
하고자 하였다. 석가족은 코살라국을 우습게 여기고 왕녀
라 하고는 하녀 바사바카티야Vasabhakhattiya; 禹翅利利/
우시찰리를 보냈다. 프라세나지트는 그녀를 맞아 비두다바
Vidudabha; 毘瑠璃/비유리를 낳았다.

비두다바가 어린 시절 어머니의 나라에 간 적이 있었는데
모두들 그가 하녀의 아들이라고 하여 그를 멸시하였다. 훗날
비두다바가 왕이 되자 이를 복수하기 위해 석가국을 쳤다.

이때 4명의 석가족이 밭을 갈다 그들이 오는 것을 보고 싸우다 힘이 모자라 성에 들어와 그 일을 보고하자 칭찬을 하지 않고 그들을 추방하였다.

그 4명은 히말라야 산으로 가서 각기 4나라의 왕이 되었다. 그 중 조장나국鳥仗那國; Udyana/우드야나 「정원」이라는 뜻의 왕이 된 남자는 용의 딸과 결혼하였다. 왕이 죽자 아들 우타라세나Uttarasena가 왕이 되었다. 스와트강 유역에 악룡惡龍이 나타나 농작물을 해쳐 민중이 괴로워하자 부처님이 날아와 악룡에게 법을 설하고 궁전에 가서 왕모王母가 시력을 잃은 것을 고쳐주었다.

어느 날 우타라세나 왕은 하늘이 붉게 타는 것을 보고 부처님이 열반에 드신 것을 알고 부처님의 사리舍利; sarira/사리라를 8개국에서 분배받아 가는데 가서 자기도 석가족 왕이니 사리를 달라하여 천인天人의 도움으로 얻게된다. 그는 사리를 흰 코끼리 등에 싣고 고국에 돌아왔다. 그런데 스와트Swat지방 남부에 이르자 코끼리가 넘어져 돌이 되어 버렸다.

코살라왕국

마가다왕국과 함께 북인도를 지배하였던 강국으로 갠지스강 유역을 장악하였으나 후에 마가다왕국에 병합되었다. 석가모니가 태어난 가비라국도 이 왕국의 지배하에 있었다.

코끼리 등에 사리를 싣고 가는 모습

우타라세나왕은 그 바로 자리에 탑을 세웠는데 그것이 바로 *싱갈다르탑Shingerder Stupa이다. 그 주위에는 코끼리 모양의 산도 있다.

사실 석가모니는 갠지스강 평원에서 활약했으므로 이 지방에 간 적이 없고 원시경전에서도 그 이름을 볼 수 없지만 우타라세나 왕은 실존 인물이었다.

◀ 싱갈다르 탑
(Shingerder Stupa),
Barikot, Pakistan
미륵사상이 처음 발생한
우디그람(Udegram) 부근.
돌과 벽돌로 축조.
직경10m, 높이15m.
당(唐)나라 현장법사가 쓴
대당서역기(大唐西域記)에도
기록이 있다.

아쇼카 왕Ashoka: 재위 BCE 272~BCE 231 때 이곳에 불교가 전해진 후 스와트Swat 지방은 불상이 처음 일어난 곳이지만 전란을 많이 겪고 마을의 많은 젊은이들이 죽었다.

이 싱갈다르 탑에서 2km 되는 곳에 우디그람 Udegram이란 마을이 있다. 이곳이 바로 아미타신앙이 처음으로 일어난 곳이다.

▲ 우디그람을 굽어보고 있는 마을 뒷산의 요새지

법화경과 신약성서

본 저자는 프랑스 · 파키스탄 정부의 초청, 박물관 또는 학술단체
들의 요청으로 이곳을 수십 차례에 걸쳐 현장답사를 해오고 있다.

그 당시 페르시아의 미트라교Mithraism의 영향으로 전쟁에 나가 언
제 죽을지 모르는 젊은이들이 부처님의 자력사상에 덧붙여 부처님을 아
미타로 보고 죽은 후 좋은 곳으로 가기를 기원하였다. 이 시기에는 아직
아미타 불상이 구체화되지는 않았으나 이후 기원의 대상을 형상화하고자
하는 욕구와 필요에 따라 점차적으로 아미타 불상이 나타나게 된다.

『법화경』도 이 부근에서 처음 기록되었으나 석가모니 부처님과 다
보여래多寶如來; the Prabhutaratna Tathagata/프라부타라트나 타싸가
타; the Buddha of Abundant Treasures의 두상은 이곳에서 만들어지
지 않고 후에 실크로드나 중국에서 탄생한 것 같다. 본 저자가 간다라
에서 40년 이상을 불교사학 및 고고학적 연구와 답사를 해왔지만 이
곳에서 이 두 부처 불상을 발견한 적이 없기 때문이다.

4장 로마를 정복한 소위 정통기독교의 유럽정책

에드워드 기본

영국의 역사가.
그의 『로마제국쇠망
사』는 세기의 명저
로 손꼽히는데, 이
저술은 2세기부터
1453년 콘스탄티노
플의 멸망까지 1300
년 동안의 로마역사
를 다룬 것으로, 로
마사 중에서 가장 광
범위하고 체계적이
다.

영국의 역사가 *기본Edward Gibbon: 1737~1794은 『로마제국쇠망
사The History of the Decline and Fall of the Roman Empire』 에서
로마제국을 멸망시킨 것은 기독교라고 결론을 내렸다.

예수가 세상을 떠난 것이 서기 33년이지만 그 후 20년이 지날 무
렵 로마에서는 기독교인들이 하층민 중심으로 세를 불리며 유대인들
과 주도권을 놓고 싸움을 벌였다.

로마인이 기독교도를 박해한 이유는 이미 본 바 있다. 64년에는 흉
악한 네로 황제가 기독교의 박
해를 시작하였다. 그 해에 그는
로마시市에 불을 지르고 그 죄
를 기독교인에게 뒤집어씌워 대
학살을 하였다. 바울Paul이나
베드로Peter가 순교한 것도 이
무렵이다. 기독교가 로마제국의
국교가 된 391년까지 3세기 이
상이나 박해는 계속되었다.

▲ 네로황제가 불타는 로마를 바라보며
현금을 타며 시를 읊고 있다

1세기 말에는 *카타콤catacomb이 만들어져 지하에 묘지를 만들어 사방으로 연락통로를 만들고 죽은 자를 장사 지내고 다소 넓은 공간에는 제단을 만들어 몰래 예배하였다.

기독교도의 수는 나날이 늘어났다. 팔레스티나와 로마에서도 기독교에 가입한 자들은 대개 하층민이었다. 원래 예수는 어디까지나 박해받는 불쌍한 인간들의 입장에 있었다.

그러나 로마의 도시가 확장되고 국제도시로 그리스문화가 휩쓸면서 기독교는 지식층에도 파고들면서 기독교는 차츰 예수의 기독교에서 바울의 기독교로 변모하며 권력화 되었다.

▲ 카타콤 내부: 해골들과 예배집기들이 보인다

카타콤(Catacomb)
로마의 좁은 미로로 된 지하묘지. 기독교가 공인되기 전 초기 기독교도들이 박해를 피해 예배장소로도 이용했다.

당시 콘스탄티누스 대제는 정치적으로 로마 원로원과의 대립에 의해 자기의 생명이 극도로 위기에 놓여 있었다. 그래서 그는 기독교를 공인하고 그 힘을 빌어 다신교를 옹호하는 로마 전통세력을 물리치고 자신의 권력기반을 공고히 하기 위해서 기독교를 이용했다.

기독교는 마침내 박해자 로마제국을 새로운 사상으로 정복하였다. 로마정신은 사라져버린 것이다. 동시에 예수의 본래의 가르침이나 그 정신은 더욱 철저하게 사라져버리고, 바울의 사상만 남았다. 이름만 예수교일 뿐 그 내용은 바울교로 변질된 것이다.

콘스탄티누스(Constantinus) 대제 ▶
그는 처자식을 끓는 물에 삶아 죽이기도 한 포악한 황제였으며 죽는 날까지 태양신교를 신봉했으나, 기독교를 옹호한 대가로 기독교는 그에게 대제라는 칭호를 붙여주고 그를 성인반열에 올려 그의 초상화에는 기독교성인처럼 nimbus(후광)을 그려 넣었다.

로마를 정복한 기독교는 이어서 당시 유럽에서 가장 세력이 강한 켈트Celt문명을 정복하는데 눈을 돌렸다.

켈트인의 종교는 지중해 지역의 그리스·로마인처럼 다신교였다.

켈트족이 BCE 6세기부터 살던 오늘날의 프랑스 일대의 지역.

시저Julius Caesar/율리우스 케사르가 켈트인의 세력권이었던 오늘날의 프랑스 즉 *갈리아Gallia를 침략했을 때 켈트의 신들을 로마의 신들과 비교하기도 하였다. 하지만 켈트의 신들은 보다 더 신비롭다. 오랫동안 유럽중부의 산림지대에서 살아왔기 때문이다.

켈트인 고유의 민족종교인 *드루이드교Druidism를 다스리는 지도자는 드루이드Druides라고 불리는 성직자로 그들은 점을 잘 치는 예언자이자 재판관, 의사, 그리고 제사를 맡아보는 사제계급이다.

기독교인이 켈트사회에 들어가 처음으로 한 일은 이 드루이드의 권위를 없애는 일이었다. 드루이드를 악마로 몰아 죽이고 그들의 성지를 철저하게 파괴해버렸다. 경치가 좋은 곳에 있는 성지는 남김 없이 불태우고 기독교회를 세웠다.

기독교는 유럽토착의 민족종교들을 말살시키려 했지만 그 혼과 맥박은 여전히 살아남아 있으며, 오늘날 부활운동이 활발히 일고 있다.

▲ 드루이드 숲 속 요정

자연숭배자인 켈트인은 목숨을 건지기 위해 기독교로 개종한 자도 많았지만 자기들의 성지에 대한 민족적 정서를 버릴 수가 없었다. 그것은 숲 속의 샘, 참나무, 돌 등이었다.

기독교는 이를 달래어 흡수하기 위한 유화정책의 일환으로 샘가에 교회를 세워 샘의 물로 축복을 주고 그 샘의 신비로운 영험을 기독교화하였다.

또한 참나무는 게르만인의 신앙의 대상이었기 때문에 그 나무에 악마가 깃들고 마녀가 음란한 짓을 한다는 소문을 내어 다 베어버렸다. 지금도 참나무는 독일민족의 상징으로 사랑을 받고 있다.

▲ 신성한 나무 mistletoe(겨우살이)를 채취하는 모습

게르만 민족의 신 토이펠Teufel도 흉악한 마귀로 몰아 없애버렸다.

▲ 드루이드 샘의 요정

독일 시인 *하이네Heinrich Heine: 1797~1856는 그의 저서 『유형 당한 신들The Gods in Exile/Die Götter im Exil 1853』에서 독선과 아집의 기독교가 세계를 지배한 후 이전까지 귀중한 문화유산의 일부를 이루어 왔던 그리스·로마의 신과 유럽의 모든 신들이 유배당하고 악마로 매도당한 것을 탄식하고 고발하고 있다.

하인리히 하이네

독일의 낭만주의와 고전주의 전통을 잇는 서정시인

제2부 예수 전후의 기독교사와 법화경의 영향

이방 종교인 기독교는 가는 곳마다 그곳의 토착종교를 공격하고 신전을 빼앗아 교회를 들여앉히는 특유의 속성을 보였다.

과학과 철학 앞에서는 기독교 교리의 맹점이 저절로 폭로되게 되자 4세기말부터 기독교도들은 과학자와 철학자들을 극도로 증오하여 기독교의 적대세력으로 몰아 죽이기 시작하였다.

교회가 당시 국제적 학문의 집결지인 알렉산드리아의 무세이온Mouseion at Alexandria; Musaeum; 왕실부속연구소에서 강의하던 그리스계 여성 천문학자이자 당대 최고의 신플라톤주의 철학자이자 수학자인 히파티아Hypatia, 370-415를 참살한 사건은 오늘날까지도 지탄의 대상이 되고 있다.

◀ 아테네 학당의히파티아,
라파엘로 작

412년 광기에 불붙은 주교 키릴루스Cyril of Alexandria, 376-444와 기독교도들은 히파티아를 잡아 발가벗긴 후 여호와 신전으로 끌고 가 머리카락을 모조리 뽑고 사금파리도자기 파편; ostraca로 살 껍질을 벗겼다. 그리고 그녀의 몸을 토막내 여호와 신의 번제물로 올려 제단에서 불태웠다.

기독교의 히파티아의 살해는 과학과 철학의 종언을 의미하였다. 이방 종교 기독교가 유입되면서 기독교 교리에 불리한 철학이나 과학은 물론 어떠한 다른 사상도 허용되지 않는 종교적 광기의 시대에 접어든 것이다. 조악한 히브리 문화의 변형, 즉 기독교 문화의 횡포가 시작된 것이다.

키릴루스 주교는 사후에 기독교 성인으로 추대되었다.

법화경과 신약성서

드루이드교 삼위일체

Triskelion

땅 · 바람 · 불

기독교는 그 세력이 미치는 어느 곳에서나 토착종교에 대해 말살정책을 써왔다. 그러나 역사상 야만족이 힘으로는 타민족을 정복한 후 오히려 그 피정복민의 문화에 정복당해왔듯이, 기독교 역시 자신보다 우월한 수많은 종교의 갖가지 요소에 정복당해왔다.

드루이드교의 많은 풍속들 역시 오늘날 기독교와 동화되어 마치 기독교 고유의 축제처럼 지켜지고 있는데, 할로윈, 메이폴 등이 그 예이다.

▲ 드루이드교도들의 예배

▲ 메이폴

▲ jack-o'-lantern

무용담의 소재로 자주 등장하는 드루이드교

드루이드교에 대한 서양인들의 향수는 많은 사가(saga; 무용담)의 형태로 수많은 소설이나 영화를 통해 홍수처럼 표출되고 있다.

소설 「반지의 제왕(The Lord Of The Rings)」도 그 중의 하나이다.

▲ 드루이드(사제)가 간달프의 원형

215

▲ 터키 카파도키아의 암벽에 있는 동굴수도원

정치권력과 결탁하여 특권 세력층을 형성한 기독교인들은 도시를 중심으로 그 세력을 뻗쳐 나갔다.

그러자 이에 반발한 순수 기독교인들은 박해를 피해 산 속이나 사막에서 은둔하여 은자隱者의 생활을 보내게 되었는데 이것이 기독교의 최초의 수도원이다.

지금도 터키Turkey의 카파도키아Cappadokia의 계곡사이에서는 현재의 바울의 기독교가 아닌 예수의 기독교 수도사들이 청빈한 생활을 했던 동굴 수도원을 볼 수 있다.

이것을 참고로 하여 소위 제도권 기독교인들은 은둔보다는 실천을, 고행보다는 배움을 중시하는 새로운 수도원을 만들었다.

이탈리아 중부 움브리아Umbria주州 누르시아Nursia 출신의 *베네딕투스Benedictus/베네딕토: 480~550는 529년에 로마와 나폴리의 중간지점에 있는 *카시노산Monte Cassino의 토착종교 신전을 부수고 수도원을 만들었다.

이것이 후에 서양의 수도원의 모델이 되었다. 수도사의 노동, 안정된 생활, 학습, 사회활동 등에 눈을 돌린 것이다. 그것은 소위 제도권 기독교의 경제적 자립에 도움이 되었다. 즉, 자급자족의 체제가 이루어진 것이다.

하지만 예수의 본래의 참된 가르침은 거의 찾아보기 힘들게 변질되었다.

베네딕투스

베네딕토수도회를 창설함. 그 후 다른 수도회에 결정적인 영향을 끼친 수도회 회칙 및 수도원 개혁안을 완성함.

몬테 카시노

Monte는 라틴어로 산이라는 뜻. 이탈리아 라치오주(州) 카시노시(市)에 있는 산. 해발고도 519m.

▲ 몬테 카시노 수도원

법화경과 신약성서

오늘날 기독교 전도의 근원은 개혁파 헬레니스트Hellenist로 그 대표가 *바울Paulus of Tarsus/타소의 바울로: Paul: 10~67이다. 그는 기독교에 경제감각을 도입하여 기독교를 세계최강의 지배적 종교로 만들어냈다.

바울

본명은 사울. 3회에 걸친 대전도여행으로 '이방인의 사도'라고도 불린다. 기독교 최대의 전도자이자 신학자였으며, 오늘날 기독교를 형성하는 가장 중추적인 사상가.

패권을 잡은 소위 베드로파와 바울파 기독교 세력은 로마제국의 막강한 정치력을 빌어 마침내 유럽에 종교의 제국주의를 건설할 수 있었다. 이로써 유럽은 교황을 정점으로 각 국의 추기경과 각 지역의 주교가 다스리는 수직적 지배구조 하에 놓이게 되었다. 기독교는 군대 조직과 흡사한 통제체제로 유럽의 수많은 선주민의 종교를 파괴하고 교회의 권위에 도전하는 모든 것은 이단으로 몰아 숙청했다.

당시 유럽에서는 인간도 종교를 위해 존재하는 종이나 도구에 지나지 않았으며 과학과 예술도 종교의 시녀로 전락하고 말았다. 기독교의 결정에 따라 인간 예수는 신이 되었으며, 태양조차도 지구의 주위를 운행해야 했으며, 수 천년을 이어오던 고대 올림픽도 잡신들의 잔치에 불과하므로 중단되어야만 했다.

바야흐로 유럽은 암흑기라는 숨막히는 질식의 도가니로 들어간 것이다. 기독교는 유럽을 천국이라는 이름의 거대한 지옥으로 탈바꿈시켰다.

기독교가 유럽인들에게 휘두르던 독선과 아집 그리고 무지의 칼날은 나중에 결국 온 인류를 겨누고 고통 속으로 몰아넣었으며 그 후유증은 지금도 계속되고 있는 것이다.

마하트마 간디

인도의 정치가이자 민족 운동 지도자. 세기의 성자

세기의 성자 *마하트마 간디Mahatma Gandhi: 1869~1948는 다음과 같이 질타한 적이 있다. "나는 예수를 사랑한다. 그러나 너희 예수 교도들은 증오한다. 왜냐하면 너희 예수 교도들은 예수를 닮지 않았기 때문이다I like your Christ; I do not like you Christians. You Christians are so unlike your Christ." 라고.

5장 슈타이너의 기독교의 불교정신 기원설

루돌프 슈타이너*Rudolf Steiner: 1861~1925는 현대 독일의 가장 뛰어난 영능력을 가진 철학자신지학/神智學 · 인지학/人知學의 창시자이자 기독교인으로서 그는 기독교가 불교정신에 바탕을 두고 있음을 밝혀냈다.

루돌프 슈타이너는 '불교적 세계관'이 성서의 「누가복음」 속에 그대로 나타나 있음을 발견했다. 누가복음은 불교를 알기 쉽게 설명하는 복음서이다. 그것은 불교를 소박하고 간결하게 서술하였기 때문이다.

▲ 루돌프 슈타이너

오스트리아 태생의 천재적 철학자 · 교육사상가. 신지학(神智學; theosophy)을 창시했으며 후에 인간의 정신세계를 과학적 · 영적으로 탐구하는 인지학(人智學; anthroposophy)을 열고 인지학협회(人智學協會)를 창설했다.

자유롭고 새로운 인간교육을 위해 그가 창립한 자유 발도르프 학교는 현재 세계적으로 800여 개교에 이른다.

그는 예술교육을 중시하여 수업과 예술을 결합한 창의적 교육방법론인 교육예술(Erziehungskunst)을 창안하였다.

1914년 스위스 바젤에 건설한 자유 정신과학대학인 괴테아눔(Goetheanum)은 과학 · 예술 · 교육 · 의료 등 광범위한 분야에서 고대의 비의(秘儀)를 현대에 살리는 종합적 문화운동의 거점이 되고 있다.

법화경과 신약성서

불교를 이해하기 위해서는 본격적인 연구와 수행이 필요하다. 불교는 자비와 사랑의 가장 순수한 가르침으로 부처님이 한 행위 속에서 그 자비와 사랑의 복음이 이 세상의 모든 존재에 주어졌다. 이 세상의 살아있는 모든 것을 자비의

▲ 괴테아눔(Goetheanum), at Dornach, near Basel, Switzerland, 1928

따뜻한 마음으로 공감하는 불교도의 마음 속에서 사랑의 복음이 퍼져 나가고 있다. 이것이 「누가복음」에도 실행 가능한 사랑이 설명으로 나타나 있다.

『법화경』은 병자의 괴로움에 대하여 구원의 손을 뻗쳐 병을 고쳐 주려는 마음의 책이다. 법화경의 장자궁자의 비유와 누가복음의 탕아의 귀환의 비유가 그 좋은 예이다.

이처럼 인간의 영혼에 생명을 부여하는 기독교의 모든 것이 불교에서 온 것이다.

부처님의 응신應身은 「누가복음 2장」에서 양치기들에게 그리스도의 탄생을 고하는 천사로 나타나지 않는가? 불교의 세계관이 기독교 속에 흘러들어 기독교는 세계적 종교가 된 것이다.

예수의 가르침의 근간은 불교이다. 기독교 속에 스며 들어온 석가모니 부처님의 가르침의 핵심은 *8정도八正道; astanga-marga; the Noble Eightfold Path이다. 8정도는 업의 그릇된 작용에서 벗어나려 할 때 행하는 것이다. 부처님이 인류에게 준 것은 자비와 사랑의 정신과 지혜이다.

8정도
번뇌를 없애고 해탈(解脫)하여 깨달음의 경지인 열반의 세계로 나아가기 위해서 실천수행해야 하는 8가지 길 또는 그 방법.
❶ 정견(正見)
❷ 정사유(正思惟)
❸ 정어(正語)
❹ 정업(正業)
❺ 정명(正命)
❻ 정정진(正精進)
❼ 정념(正念)
❽ 정정(正定)

그는 인류의 진화의 역사 가운데 아주 중요한 시기에 붓다 Buddha; 깨달은 이가 되었다. 석가모니가 깨달음을 얻지 못하였더라면 인간의 영혼은 *법法; Dharma/다르마; truth을 알지 못하였을 것이다. 법은 인간이 업의 그릇된 작용에서 벗어날 때 그 힘을 발휘할 수가 있는 것이다.

석가모니가 깨달은 덕택에 인간이 자신의 혼을 통해 법을 발전시키고 그 기초인 8정도의 깊이에 이르게 된 것이다. 그의 가르침은 인간의 내면에 관한 것이다. 인간의 끝없는 진화가 불교근본의 진화이고 우주적 진리와 통하는 것이다. 붓다의 사명은 영혼의 내면에 대한 바른 가르침을 주는데 있다. 인간에 관한 문제를 철저하게 밝히기 위해 석가모니는 우주의 비밀에 대해서 상세하게 말하는 것을 피하였다.

우선 인간의 영혼이 선량한 방향으로 가도록 가르침으로 인간을 내적인 존재로 파악하고 거기에서 인류의 고향인 우주적 모태를 통찰하였다. 불교의 가르침을 인식할 때 인간의 영혼은 안에서부터 따뜻해진다. 그 따뜻함이 「누가복음」에 그대로 흘러 들어왔다.

그밖에도 그는 「마가복음」·「마태복음」·「요한복음」에 대해서도 「누가복음」처럼 완벽한 불교해설서는 아니더라도 이 세 복음 또한 상당부분에 있어 불교의 흐름을 이어받고 있음을 설하였다.

354권의 슈타이너 전집 중에서 기독교가 불교에서 기원한 것이며 예수의 가르침은 불교를 쉽게 해설한 것임을 중점적으로 나타내는 저서로는 특히 Das Markus Evangelium 1912, Das Lukas Evangelium 1909, Von Jesus zu Christus 1911-12, Das Mathäus Evangelium 1910, Das Johannes Evangelium 1908 등이 유명하다.

3
법화경의 세계

법화경의 개요 /222

산상(山上)에서의 집회(集會)

01장 서품 /232
02장 방편품 /242
03장 비유품 /250
04장 신해품 /260
05장 약초유품 /268
06장 수기품 /274
07장 화성유품 /280
08장 오백제자수기품 /288
09장 수학무학인기품 /294
10장 법사품 /304

천공(天空)에서의 집회(集會)

11장 견보탑품 /314
12장 제바달다품 /324
13장 권지품 /336
14장 안락행품 /344
15장 종지용출품 /352
16장 여래수량품 /360
17장 분별공덕품 /380
18장 수희공덕품 /388
19장 법사공덕품 /396
20장 상불경보살품 /406
21장 여래신력품 /420
22장 촉루품 /428

지상(地上)에서의 집회(集會)

23장 약왕보살본사품 /434
24장 묘음보살품 /442
25장 관세음보살보문품 /452
26장 다라니품 /468
27장 묘장엄왕본사품 /476
28장 보현보살권발품 /484

법화경의 개요

1.법화경 해제解題; 이름의 뜻풀이와 의미

『묘법연화경妙法蓮華經; The Lotus Sutra or Sutra on the White Lotus of the Sublime Dharma』에 있어서 '묘법妙法'이란 부처님이 설하시는 멋진 가르침이란 뜻이며 '연화蓮華'란 그 부처님의 가르침이 연꽃과 같다는 뜻이다.

백련꽃(pundarika)

마하바라타

인도 고대의 산스크리트로 쓰여진 대서사시. '바라타족(族)의 전쟁을 읊은 대서사시(大史詩)'란 뜻. 바라타족에 속한 쿠르족과 반두족의 18일간의 전쟁에서 반두족이 승리하는 내용이다.
본 내용은 전체의 약 5분의 1에 지나지 않으나 그 사이에 신화·전설·종교·철학·도덕·법제·사회제도 등에 관한 삽화(揷話)가 많이 들어 있어 귀중한 자료가 된다.

『묘법연화경또는 간단히 법화경』의 Sanskrit 원제목은 『Saddharma Pundarika Sutra삿다르마 푼다리카 수트라』이다. 「Saddharma」는 「묘법妙法; 정법/正法; 석존의 가르침; 진리」, 「pundarika」는 「백련 꽃」, 「sutra」는 「끈으로 꿰어 엮은 경經」이라는 뜻이다. 그러므로 전체로는 '백련 꽃과 같은 신묘한 부처님의 가르침을 엮어 놓은 경'이라는 의미이다.

연꽃에는 여러 가지 상징성이 있다.

첫째, 연꽃은 이상의 경지를 상징한다. 무더운 인도에서 물가는 시원한 곳이라서 삶의 이상적 장소이므로 그곳에 피는 연꽃은 괴로운 현실과 대립되는 이상의 경지를 상징한다.

인도의 대서사시 「*마하바라타Mahabharata」의 천지창조의 신화에는 비시누Vishnu의 배꼽에서 황금색 연꽃이 자라 그 위에 범천 Brahma/브라마이 앉아 세계를 창조한다.

둘째, 연꽃은 처염상정處染常淨, 즉 진흙탕 속에서 피되 그 더러움에 물들지 않음을 상징한다. 고해苦海의 늪 속의 번뇌와 갈등에 뿌리를 내리고 양분을 뽑아 맑은 하늘을 향하여 피는 연꽃은 번뇌에서 해탈하여 열반으로 가는 부처님의 가르침과 같은 것이다.

셋째, 연꽃의 화과동시花果同時; 꽃과 열매가 동시에 생김는 수행과 성불의 동시성을 상징한다. 사과나 배, 포도, 오이, 호박 등 모든 식물은 꽃이 핀 다음에 열매를 맺는다. 그러나 연꽃은 다른 꽃과 달리 아름다운 꽃을 피움과 동시에 이미 그 속에 열매가 형성되어 종자를 확고하게 지니는 특색이 있다. 다른 식물처럼 꽃피고 나서 열매를 맺지 못하거나 하는 경우란 없다.

여기서 우리가 배워야 할 중요한 점은 수행과 깨달음의 관계이다. 수행을 마친 후 깨달음을 얻는 것이 아니라, 수행 속에는 이미 깨달음이 내포되어 있다. 천태대사를 비롯한 많은 법화경 해석가들은 화과동시를 방편과 진실, 수행과 깨달음 등의 동시성을 상징하는 것으로 보고 매우 중요하게 설하고 있다.

넷째, 연꽃이 나타내는 가르침과 묘법이라는 가르침은 같다는 것을 상징한다. 원래 연꽃은 비유로 쓰였으나 묘법연화경에서 연화蓮華라는 뜻은 부처님께서 깨달으신 경지를 아름답게 피어난 연꽃에 비유함으로써, 연꽃은 하나의 비유가 아니라 부처님의 가르침 그 자체로, 묘법과 연꽃은 일체인 것이다. 이와 같은 묘법과 연꽃을 연결한 것이 바로 이 묘법연화경으로, 수행의 단계 속에 이미 부처님이 지도하는 세계가 내포되어 있는 것이다. 이처럼 묘법연화경은 어디까지나 현실을 살아가는 사람을 위한 지혜의 보고이며 인생을 위한 지침인 것이다.

♣ 천태대사의 연화 3비유

연꽃의 의의를 해명함으로써 법화경의 깊은 세계를 밝혀낸 사람은 *천태대사이다. 그는 연꽃이 나타내는 3가지 비유를 다음과 같이 설명한다.

연꽃은 먼동이 틀 무렵 소리내어 꽃이 피고 동시에 꽃잎이 연蓮 대속에 씨를 성장케 한다. 꽃피는 모습과 그 밑에서 씨가 익어 가는 모습을 그는 부처님의 가르침을 깨달아 가는 다음의 3단계로 해석한다.

천태대사

또는 지자대사(智者大師). 중국 천태종(天台宗)의 개조(開祖) 지의(智顗).

223

연꽃의 비유	연꽃 봉우리가 생길 때 연 대도 열매를 성장시킨다.	연꽃이 열리면 연 대의 존재와 성숙한 열매의 모습이 밝혀진다.	연꽃이 피고 진 후 연 대의 전모가 분명해지고 종자도 성숙한다.
전반(적문)의 해석	아직 중생이 미숙하므로 부처님의 진실한 가르침을 설하기 위해서는 가(假) 단계의 법을 설해야 한다.	조금씩 부처님의 가르침에 익숙해지고 가(假) 단계의 법을 알게되면 진실한 가르침을 알게 된다.	부처님의 가르침을 충분히 이해할 수 있는 단계에 이르면 가(假) 단계의 법을 폐지하고 진실한 법을 세운다.
후반(본문)의 해석	석존의 출현은 영원한 부처의 가르침을 위한 가(假) 단계의 가르침으로 본문의 가르침을 위한 길을 연다.	법화경에 나타난 인간석존의 설법 속에 영원한 부처가 내포되어 있음을 밝힌다. 본문의 가르침이 밝혀진다.	인간석존의 숭배에서 영원한 부처에의 귀의로 인식의 전환을 밝힌다. 본문의 가르침을 터득한다.

2. 법화경 성립의 역사

구마라습

헨드릭 케른

네덜란드의 언어학
자, 동양학자.

유진 뷔르누프

프랑스의 동양학자.

법화경은 1~2세기에 걸쳐 완성되었으며 산스크리트Sanskrit; 梵語/범어본, 티벳Tibet; 西藏/서장본이 있으며, 네팔, 중앙아시아, 카슈미르에서도 원전사본이 발견되었다. 한역본으로는 축법호竺法護; Dharmaraksa/다르마락샤가 번역한『정법화경正法華經: 10권27품, 276년』, 구마라습鳩摩羅什; Kumarajiva/쿠마라지바이 번역한『묘법연화경妙法蓮華經: 7권28품, 406년』, 사나굴다Jnanagupta/냐나굽타와 달마굴다Dharmagupta/다르마굽타가 공역한『첨품묘법연화경添品妙法連華經: 7권27품 601년』이 있다.

특히 구마라습 역인『묘법연화경』은 명역으로 일컬어지며 동북아를 중심으로 한 대승불교권에서의 후세의 법화사상의 전개의 바탕이 되었다. 원래 27품이었으나 남제南齊의 법헌法憲이 고창국高昌國에서 제바달다품提婆達多品을 들여와 번역하여 첨가함으로써 총 28품이 되었다.

근세에 들어서는 *케른Hendrik Kern: 1833~1917의 영역본과 뷔르누프Eugene Burnouf: 1801~1852의 프랑스어역본이 있으며 최근에는 카니쉬카Kanishka 왕 때 카로시티 문자로 쓴 최초의 법화경이 발견되었다. 한편 법화경 주해로서 가장 오래된 것은 간다라국國의 세친의 법화론이다.

『법화경』의 신앙은 중국에서 천태학天台學으로 발전하였으며 천태대
사 지의智顗: 538~597에 의해 확립된 천태학은 한국과 일본에도 큰 영
향을 주었다. 한국에서는 고려시대 *의천義天: 1055~1101에 의해 천태
종이 개창되었다. 일본에서는 신라인 최징最澄: 762~822이 히예산比叡
山/비예산에서 일본 천태종을 개창하였으며 일연日蓮: Nichiren/니치렌:
1222~1282은 법화경만을 근본경전으로 받드는 일연종日蓮宗을 열었다.

대각국사 의천

고려시대의 승려로
교선일치(敎禪一致)
를 역설하며 천태종
(天台宗)을 개창하였
다.

3. 법화경의 구성

법화경은 크게 적문迹門: 垂迹門/수적문과 본문本門: 本地門/본지문
으로 나뉘어진다. 적문이란 수적 즉, 부처나 보살이 중생 교화를 위
해 나타낸 임시의 모습이라는 뜻이며, 본문이란 본지 즉, 부처나 보
살의 본래의 경지란 뜻으로 구원실성의 부처님의 본원本願·본체本體
를 밝히는 부분이라는 뜻이다.

또한 이를 다시 각각 서분序分: 머리말: 인연을 설함, 정종분正宗分: 경
의 중심이 되는 내용, 유통분流通分: 경전 전파의 공덕을 설함으로 나눈다.

법화경 28품 중 특히 중요한 4품을 4요품四要品이라 하는데,
①방편품 제2=적문의 골자, ②안락행품 제14=실천의 요도, ③여래
수량품 제16=본문의 골수, ④관세음보살보문품 제25=중생제도의
원행을 표시이다.

일연

일연종(日蓮宗:法華
宗)을 열었다.
'南無妙法蓮華經
(남묘호렌게쿄/법화
경에 경배합니다)'
이라고만 외우면 모
든 사람들이 구원받
을 수 있다고 설법
하여, 복잡한 교리로
어려움을 겪던 서민
들로부터 호응을 얻
었다.

1 2문6단(二門六段)

법화경을 2문6단으로 나눌 경우, 2문은 적문서품 제1~안락행품 제
14과 본문종지 용출품 제15~보현보살권발품 제28이다. 그리고 또한 이를
다시 각각 서분, 정종분, 유통분으로 나눈다.

② **1경3단(一經三段)**

법화경을 3단段; 서분 · 정종분 · 유통분으로 나누기도 한다.

서분(序分): 서품(序品) 제1

정종분(正宗分): 방편품 제2~분별공덕품 제17

유통분(流通分): 수희공덕품 제18~보현보살권발품 제28

③ **2처3회(二處三會)**

경이 설하여지는 법회 장소를 기준으로 하여 2처3회前靈山會/전영산회, 虛空會/허공회, 後靈山會/후영산회로 나누기도 한다.

전영산회: 서품(序品) 제1~법사품 제10

허공회: 견보탑품 제11~촉루품 제22

후영산회: 약왕보살본사품 제23~보현보살권발품 제28

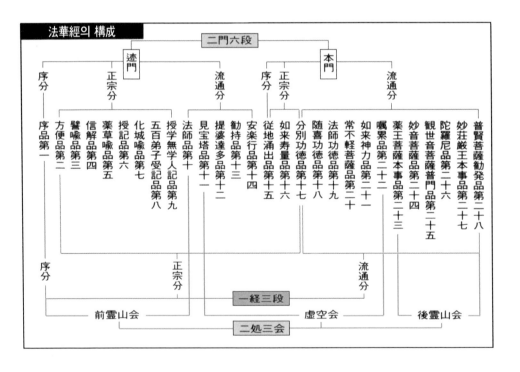

법화경과 신약성서

4. 법화경의 특색 및 중심사상

법화경은 모든 경전의 왕이라고 일컬어지며 널리 신봉되고 존중되는 경전이다. 법화경은 독송하거나 독송을 듣기만 하여도 곧 종교적 감명을 받을 수 있는 아름다운 경전이다.

법화경은 경권수지經卷受持를 적극 권한다. 법화경을 수지 · 독송 · 해설 · 서사하면 크나큰 공덕이 생긴다는 것을 여러 차례 반복하고 있다.

또한 법화경을 법신사리라하여 사리처럼 모시고 향을 피우고 꽃을 공양하기도 한다.

법화경의 중심사상은 일승묘법一乘妙法; 우주의 통일적 진리, 구원실성久遠實成; 영원한 세계로 이끄는 석존(영원한 인격적 생명), 보살행도菩薩行道; 현실의 인간적 행동의 3가지로 요약할 수 있다. 법화경의 이 3가지 사상은 당시의 불교세계에 있어서는 혁명적인 것이었다.

첫째, 일승묘법은 모든 사람을 평등하게 성불시킬 수 있는 유일한 가르침을 의미한다.

둘째, *구원실성久遠實成의 부처님이란 석존은 아득한 옛날에 이미 부처가 되었다는 것이다. 부처님이 젊어서 출가하여 35세에 깨달음을 얻었다는 것은 사람들에게 알기 쉽게 설명키 위한 전 단계의 가르침이다. 부처님은 성불이래 그 수명이 무량 겁이며 과거 · 현재 · 미래에 걸쳐 영겁토록 중생을 교화하고 계신다.

그러므로 셋째로, 보살행도는 법화경의 가르침을 익히고 퍼뜨리는 일이 성불을 위한 행이 된다. 이 보살들은 6바라밀을 실천해야 한다. 이전에는 성문 · 연각은 부처가 될 수 없다고 생각했으나 법화경에서는 그것이 가능함을 인정하였다.

구원실성(久遠實成)
보리수 아래에서의 석가모니의 깨달음은 중생의 교화(敎化)를 위한 방편에 불과한 것이며, 사실은 석가모니불이 이미 구원(久遠; 아득하게 멀고 오래된 과거)에 성불했다고 하는 사상이다.
≪p377 참조≫

5. 법화경의 총체적 내용요약

 인간의 탐욕과 고뇌는 끝이 없으나 이 세상의 모든 것을 긍정하고 행복하게 사는 방법은 무엇인가?
 자신은 구제하지 못하더라도 남을 구제하고 사리사욕을 버리고 살면 모든 것이 아름답게 비쳐 갑자기 깨달음을 얻게된다.
 햇빛이 암흑을 비추어 주듯 인간을 자비의 세계로 이끌어주는 우주적 초월의 세계로 이끄는 법화경의 세계로 들어가 보자.

제1장「서품」

법화경의 머릿말로서 법화경이 고금을 통해 영원히 변치 않는 진리임을 밝히고 있다. 또한 영축산에 모인 모습, 희유한 부처님의 깨달음. 법화경을 설하는 연유를 밝히고 있다.

제3장「비유품」

인간세상의 번뇌를 화택(火宅; 불타고 있는 집)의 비유로 총합 동일 지양의 일승사상과 방편이야말로 참된 교육임을 구체적으로 제시. 또한 누구나 불성과 성불가능성을 지니고 있음을 깨우쳐 줌.

제2장「방편품」

십여시(十如是)와 제법실상(諸法實相)의 이치. 석존이 세상에 오심은 개시오입, 즉 중생들에게 불지견(佛智見)을 열고(開), 보여주고(示), 깨닫게 하고(悟), 깨달음에 들게(入) 하고자 함임을 강조한다.

제4장「신해품」

누구나 다 불성을 가지고 있음을 믿고 이해하기는 어려운 일이다. 이 사실을 정말로 체득한다면 얼마나 마음이 편안한가를 장자궁자(長者窮者)의 비유로 설명한다.

제5장 「약초유품」

한번 내린 비(一相一味)에도 다양한 초목, 숲, 약초는 각기 종류와 성질에 따라 생장하듯이 부처님도 법을 설하실 때 중생의 이해능력에 맞추어 진리를 설하며 동등하게 성불시키는 공덕.

제6장 「수기품」

누구나 불성을 가지고 있으며 성불할 수 있다는 사실을 설하고 수보리(須菩提) 등 4대 제자들이 미래에 부처가 될 것이라는 예언을 석존이 구체적인 수기(授記: 보증)의 형태로 제시한다.

제7장 「화성유품」

수기를 받아도 불성을 자각하고 깨닫는 길은 멀고 험한 과정이다. 일행이 지치자 도사가 방편으로 화성(가상의 성)을 만들어 휴식을 취하게 한 다음 목적지에 이르게 한다. 끊임없이 정진노력하자.

제8장 「오백제자 수기품」

우리 인간은 태어날 때부터 마음속에 불성을 지니고 있으나 이를 깨닫지 못한다. 이 사실을 옷 속에 보배가 있음에도 알지 못하고 고생하는 사람에 비유하여 그 어리석음을 깨닫게 한다.

제9장 「수학무학인기품」

아난·라후라와 유학 무학의 제자들에게 수기를 한 후, 자기는 성불할 수 없다고 생각하는 소극적이고 허무주의적 인생관에 빠져 있는 모든 인간 소승에게 성불의 가능성을 제시하고 격려한다.

제10장 「법사품」

전도의 방법과 마음가짐을 가르침. 법사란 불법을 믿고 실천하는 사람을 말하며 석존은 많은 법사에게 법화경 수지공덕과 전도의 공덕을 설하고 한순간만 믿어도 깨달음의 길이 열린다고 가르침.

제11장 「견보탑품」

7보의 다보탑이 대지에서 솟아 공중에 멈추고 보탑 안의 과거불인 법신불 다보여래가 화신불 석가여래를 청하여 함께 앉는다. 이 이불병좌(二佛竝坐)는 과거불과 현재불이 함께 함을 상징한다.

제12장 「제바달다품」

악인 제바달다조차도 원래는 불성이 있어 법화를 구하는 발심으로 장차 성불할 수 있다. 8세의 용궁여자의 성불함을 통해 여인성불과 인간이 아닌 축생에 있어서도 불성이 있음을 암시한다.

제13장 「권지품」

비구니에게도 수기를 내리고 수많은 보살들도 법화경의 전법을 서원한다. 석존의 입멸 후 어떠한 어려움이 있을지라도 법화경을 널리 펴겠다는 전법사의 숭고한 마음의 자세를 다짐한다.

제14장 「안락행품」

오탁악세(五濁惡世)의 말세에 법화경 전도자가 법화경의 진리를 전파할 때 갖추어야 할 말과 행동에 대한 지침으로 4안락행을 제시. 법화경을 상투 속에 감추어진 최상의 명주로 비유.

제15장 「종지용출품」

수많은 보살들이 대지의 도처에서 솟아나 석존의 설법을 듣는다. 기존 교단의 견제와 박해를 무릅쓰고 혁신적 법화불교운동을 전개한 사람들을 땅을 뚫고 솟아오른 지용보살로 표현

제16장 「여래수량품」

육체를 지닌 역사적 인물 석존의 본체는 법(진리)을 인격화한 법신불로 미래영겁토록 멸하지 않는 상주의 본불임을 설하고 있다. 종지용출품의 의심에 대한 대답을 양의치자의 비유로 전개.

제17장 「분별공덕품」

여래수량품을 듣고 깨달은 자에게 성불을 보증한다. 여래의 수명이 장구함을 알고, 또 법화경을 전하는 사람의 공덕을 설함. 믿음은 불도수행의 원천이며 사신(四信) · 오품(五品)의 요체이다.

제18장 「수희공덕품」

법화경의 뛰어난 가르침에 수희, 즉 기쁨을 느낌. 또한 법화경을 타인에게 전하거나 법화경을 들으려 가는 일의 공덕이 큰 것임을 설하고 있다. 법화경의 전파를 유도하고 권장함에 중점을 둠.

제19장 「법사공덕품」

법화경을 설하는 법사(法師)의 공덕. 법화경을 수지 · 독송 · 서사 · 해설하는 오종법사는 육근청정의 공덕을 얻게 된다. 법화경의 홍통을 위한 오종수행을 권장.

제20장 「상불경보살품」

상불경보살이 나타나 법화경을 전할 때 박해를 받으면서도 그들을 축복한다. 고난에 맞서서도 경의 유통에 힘쓸 것과 법화경 유통을 방해하는 사람의 공과를 밝히시어 법화경의 유통을 권유함.

법화경과 신약성서

제21장「여래신력품」

석존이 지용보살들에게 법화경의 유통을 위촉하기 위해 10가지 신통력을 보인다. 또한 법화경의 크나큰 공덕을 밝힌다. 여래의 모든 법, 신통력, 비밀법장, 깊은 일들을 법화경에 밝힘.

제22장「촉루품」

법화경을 널리 펼 것을 당부하며 견보탑품에서 시작된 허공회(虛空會)에서의 법화경 강좌를 끝맺음. 법화경의 중요한 사상은 여기서 완결되고, 이 후로는 현실적 응용이 전개된다.

제23장「약왕보살품」

법화경사상의 실천으로 약왕보살이 미래 중생의 몸과 마음의 병을 고치기를 발원한다. 석존은 법화경 수지의 공덕이 약왕보살 색신공양의 공덕보다 더 큼을 열 가지 비유를 들어 설하심.

제24장「묘음보살품」

석가불이 미간에서 빛을 비추어 우주 건너 정광장엄세계에 닿자 묘음보살이 이곳 사바세계로 와서 공양하고 확고한 부동심과 신통력으로 34신으로 나타나 법화경의 정신을 가르친다.

제25장「관세음보살보문품」

관음경의 약칭. 관세음보살은 중생을 교화하고 구제하기 위해 각 중생의 근기(이해도)에 따라 33가지의 다른 몸(33응신/應身)으로 나타나 일체중생을 七難(칠난)·三毒(삼독)에서 구함.

제26장「다라니품」

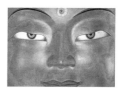

법화경 신자를 지키는 진언(眞言). 2보살·2천왕·10나찰녀가 다라니를 외워 법화경을 펴는 법사를 보호하겠노라고 서원한다. 다라니의 힘과 다라니를 번역하지 않는 5가지 이유를 설명.

제27장「묘장엄왕본사품」

이교도인 묘장엄왕이 두 아들의 설득과 감화를 받아 부처님께 귀의하여 법화경 신자로 전향하는 본사(本事; 전생담)를 설하고 있다. 가정의 신앙문제를 다루고 선지식의 중요성을 언급함.

제28장「보현보살권발품」

법화경 설법이 끝날 무렵 보현보살이 법화경의 공덕을 찬탄하고 법화경을 널리 펼 것을 권하고 있다. 보현보살이 불멸 후 법화경의 수지독송자를 흰 코끼리를 타고 와서 수호할 것을 서원한다.

1장 서품(序品)
Introduction

요약 : 법화경이 고금을 통해 영원히 변치 않는 진리임을 밝히고 있다. 또한 영축산에 모인 모습, 희유한 부처님의 깨달음, 법화경을 설하는 연유를 밝히고 있다.

영취산(靈鷲山)
신령스런 독수리산이란 뜻으로 가운데 윗쪽에 독수리 머리 모양의 산이 보인다. 부처님의 설법 장소로 유명한 산으로 고대 인도 마가다국의 수도 라자그리하(王舍城: 현재의 비하르주 라지기르) 근처에 있다.

▲ 영산회상(靈山會相: The Assembly at Vulture Peak)

법화경과 신약성서

부처님이 왕사성王舍城: Rajagriha/라자그리하의 기사굴산 Griddhakuta Hill: 영취산/靈鷲山에서 *비구bhikku · 비구니bhikkuni · 보살bodhisattva들에 둘러싸여 『무량의경』을 설하고 삼매에 들었다.

하늘에서 꽃이 떨어지고 땅이 진동한 후 부처님의 미간에서 빛이 나와 동방세계를 비추었다. 모두가 이것을 이상하게 여기자 미륵보살이 대표하여 그 사정을 문수보살에게 물었다.

문수보살은 이에 답해 부처님이 설법을 시작하리라고 하였다.

▲ 미간(眉間)에서 빛을 내어 동방을 비추는 석존(釋尊)

옛날에 *일월등명여래日月燈明如來라는 부처가 있어 성문을 구하는 자를 위하여 *4성제四聖諦: catur-arya-satya: The Four Noble Truths를 설하고, 연각을 구하는 자를 위하여 12인연법을 설하고, 보살을 위해 6바라밀六波羅密: Sadparamitta/사드파라미타을 설하였다.

그 후 일월등명불이라는 이름의 부처가 2만 명이나 나타났다. 그 마지막 부처에게는 출가하기 전 8명의 왕자가 있었다. 그들도 아버지를 따라 모두 출가하였다.

일월등명불도 그때 지금처럼 『무량의경無量義經』을 설하고 *삼매경三昧境: Samadhi/사마디에 들었고 보살들이 그 인연에 대하여 묻자

비구(比丘; bhiksu)
팔리어(Pali 語) 비쿠(bhikkhu)의 음역으로, 음식을 빌어먹는 걸사(乞士)라는 뜻. 남자승려.

비구니(比丘尼)
팔리어(Pali 語) 비쿠니(bhikkhuni)의 음역. 걸사녀(乞士女). 여자승려.

보살(菩薩)
위로 보리(菩提; 깨달음)를 구하고 아래로 중생을 제도하는 대승 불교의 이상적 수행자. 성인.

무량의경
묘법연화경에서 유래한 경전으로 법화삼부경의 하나.

일월등명여래
지혜의 밝음이 일월등과 같은 여래라는 뜻으로 부처님을 가리킴.

삼매(경)
수행의 한 방법으로 마음을 하나의 대상에만 집중하는 경지.

❖ 4성제(四聖諦): 이 세상의 모든 이치를 고락의 원인과 결과에 따라 설명한 4가지 성스러운 진리. 즉 고(苦) · 집
　　(集) · 멸(滅) · 도(道)를 말한다.

　　1 고성제(苦聖諦) : 이 세상 모든 것은 집착 때문에 고통 아닌 것이 없다.

　　2 집성제(集聖諦) : 고통의 원인은 모두 욕망의 작용에서 비롯된다.

　　3 멸성제(滅聖諦) : 번뇌를 멸하고 평안한 경지에 들어가는것을 말한다.

　　4 도성제(道聖諦) : 번뇌를 없애고 열반을 얻는 8가지 방법(8정도)이 있다.

❖ 12인연법(十二因緣法; 12연기법) : 불교의 핵심적인 교리로서 12가지의 요소가 서로 인과관계를 이루어,
　　　　　　　　　　　　　윤회하는 중생을 지배한다는 것.

　　1 무명(無明)　　**2** 행(行)　　**3** 식(識)　　**4** 명색(名色)　　**5** 육입(六入)　　**6** 촉(觸)

　　7 수(受)　　**8** 애(愛)　　**9** 취(取)　　**10** 유(有)　　**11** 생(生)　　**12** 노사(老死)

❖ 6바라밀(六波羅密): 깨달음에 도달하기 위한 여섯 가지 수행의 도를 말한다. 바라밀이란 현세라는 혼미한 차안
　　(此岸)에서 깨달음의 피안(彼岸)에 도달한다는 의미.

　　1 보시(布施)　　**2** 지계(持戒)　　**3** 인욕(忍辱)　　**4** 정진(精進)　　**5** 선정(禪定)　　**6** 반야(般若)

　　　　　　일월등명불은 800명의 제자를 거느린 묘광보살妙光菩薩을 상대로 법
화경을 설하였던 것이다.

　　　　　　그 부처가 입멸한 후 묘광보살이 법화경을 수지하여 설하였으므
로 모두 부처가 되었으며 마지막으로 성불한 분이 *연등불燃燈佛:
Dipankara/디판카라; Lamp Bearer이다.

　　　　　　이 이야기에 나오는 묘광보살이 바로 문수보살의 전신이다. 묘광
에게는 800명의 제자가 있었는데 그 중에는 게으른 자도 있어 그 이
름을 구명求名이라 불렀으나 후에 그도 깨닫고 성불하였다.

　　　　　　이 구명보살이 미륵의 전신이다. 문수보살은 그에게 지금 부처님
은 법화경을 설하리라고 답하였다. 이「서품序品 제1」에는 2가지 문제
가 제기된다.

연등불(燃燈佛)

과거불로서 석가모
니불에게 수기를 준
부처님.

　　법화경과 신약성서

첫째, 과거에 일월등명불이 법화경을 설하고 입멸하였으므로 지금 부처님도 법화경을 설하게 될 것이라는 것이다.

둘째, 과거와 현대를 연결시키기 위하여 과거불과 현재불에 같이 종사한 *문수보살文殊菩薩; 文殊師利/문수사리; Manjusri; Bodhisattva of Wisdom과 미륵보살彌勒菩薩; Maitreya; Metteyya; The Future Buddha을 등장시킨 점이다.

따라서 부처님이 법화경을 설하시는 것은 이번만으로 한정된 것이 아니라 과거에서 미래에 걸쳐 일관적으로 이루어진다는 법화경의 보편적 진실을 불교적 인연관에 의해 구체화하고자 한 것이다.

문수보살(文殊菩薩)
석가모니불의 좌협시 보살로 지혜를 상징하는 보살.

미륵보살(彌勒菩薩)
석가모니불의 뒤를 이어 56억 7천만년 후에 세상에 출현하여 용화정토를 건설하여 모든 중생을 구제할 미래의 부처님.

▲ 문수보살(文殊菩薩; Manjusri)

▲ 미륵보살(彌勒菩薩; Maitreya)

부처님이 법화경을 설하는 것은 불설 가운데 여러 가지 차별설을 통일할 목적 때문이며 통일을 설하기에 앞서 차별을 설하는 경이 있어야 한다. 그래서 차별을 설하는 무량의경과 통일을 설하는 법화경을 부처님의 전후의 설법으로 삼았다.

또한 그러한 통일을 위한 차별의 내용은 법화경 「방편품方便品 제2」

삼승(三乘)
성문승(聲聞僧) · 연
각승(緣覺僧) · 보살
승(菩薩僧)을 일컫는
말.

라훌라 존자의 출가

어린 라훌라를 출가
시키는 석가모니.

라훌라 존자
석가모니 10대 제자
중의 한 분. 석가모
니의 아들. 출가 후
계율을 엄격히 지켜
밀행제일(密行第一)
로 칭송됨.

사리불 존자

석가의 10대 제자
중 지혜가 가장 뛰어
나 지혜제일(智慧第
一)로 칭송됨.

에 의하면, *3승乘의 차별로 설하고 2만 불 중 마지막 일월등명불에 있어서는 그 중 최초의 일월등명불에 있어서 3승을 구하는 자료를 위한 4성제 · 12인연 · 6바라밀을 설하였다.

부처님의 설법은 정定에 들어 거기서 나온 후에 시작되므로 법화경의 경우도 방편품에서는 정定에서 나온 후의 설법으로서의 장중한 무게를 지니고 있다.

따라서 설법내용에 있어서 부처님의 아들 라후라羅候羅: Rahula/라훌라의 출가를, 과거의 일월등명불에 있어서의 8왕자의 출가로 삼고 그 중 마지막으로 성불한 왕자를 연등불로 한 것이다.

그리고 고금의 두 부처님을 결합하는 임무를 띤 인물로 문수보살과 미륵보살이 등장하게 된다.

문수보살이 두 부처님의 결합에 있어 주역을 하는 것은 지혜를 나타내는 문수사상 때문이며 보살로서의 성격의 특성을 가장 잘 나타내고 있기 때문이다.

서품은 미륵보살의 대담의 형식으로 되어 있는데 미륵보살은 옛날에 태만하여 그 당시의 기억을 잊었기 때문에 문수보살의 설명을 듣게되는 것이다. 또한 미래불로서의 역할을 지니고 있기도 한 것이다.

다음의 「방편품」은 부처님이 삼매경에서 깨어나 설법을 하기 때문에 법화경의 본론에 해당된다.

부처님은 *사리불舍利弗: 舍利子; Shariputra/사리푸트라:

▲ 사리불존자(舍利弗尊者)의 사리(sarira)

?~BCE 486에게 고하였다.

부처님의 경지는 아무나 알기 어렵고 그것을 들어도 성문으로서 *아라한阿羅漢; 羅漢/나한; arhanpal; arhatskt이 될 자나 연각으로서 구도심을 가진 자가 부처님과 같은 수준의 깨달음을 얻고자 하나 얻지 못하고 당황한다.

부처님은 그래도 사리불의 원을 받아들여 그 경지를 교시코자 하나, 청중 가운데 있던 5,000명의 인간이 설법이 시작될 무렵 정법을 듣지 않고 나가 버린다. 깨달음을 얻지 못한 자들이 이미 깨달았다고 생각하는 오만 때문이다.

다만 부처님은 법을 듣기를 원하는 자들을 대상으로 설법을 한다.

설법은 이해하기가 어렵기 때문에 수많은 방편, 인연, 비유를 써야 한다. 따라서 부처님이 3승의 법을 우선 설함으로써 중생구제의 방편으로 삼은 것이다.

부처님의 가르침 안에는 아라한이 되기 위한 가르침이나 보살이 되기 위한 가르침 등 여러 가지 차별이 있지만 그것은 사람들의 능력을 향상시켜서 부처가 되게 하기 위한 것이다.

아라한; 나한
Sanskrit는 arhat. 4과(수다원 · 사다함 · 아나함 · 아라한) 중 최상의 경지를 이룬 이, 즉 온갖 번뇌를 끊고, 사제(四諦)의 이치를 깨달아 생사를 초월한 경지에 든 성인. 나한(羅漢).

 삼승(三乘)

성문승(聲聞乘) · 연각승(獨覺乘) · 보살승(菩薩乘)을 일컫는 말. 승(乘)이란 수레로 실어 나른다는 뜻으로, '법의 수레를 타고 저 언덕(깨달음)에 이르게 한다'는 것이다. 즉 삼승이란, 부처의 세계(깨달음의 세계)라는 일승(一乘)에 이르는 방편인 것이다.

❖ 성문승(聲聞乘; 小乘; sravaka/슈라바카)
  석가의 말씀을 듣거나 가르침을 충실히 실천하나 자기만의 수양에 힘쓰며 아라한(阿羅漢; arhat)이 되는 것을 목적으로 하는 소승

❖ 연각승(緣覺乘; 中乘; pratyeka-buddha/프라티예카 부다; 벽지불/僻支佛; 독각/獨覺)
  불타의 가르침이나 스승 없이 스스로 깨달음을 얻은 성자. 고독을 즐기며 설법도 하지 않음.

❖ 보살승(菩薩乘; 大乘; bodhisattva/보디사트바)
  위로는 보리(菩提; 깨달음)를 구하고 아래로는 중생을 제도하는 대승불교의 이상적 수행자. 성인. 보살은 Sanskrit bodhisattva의 음사(音寫)인 보리살타(菩提薩陀)의 준말.

따라서 「방편품」에서는 1승이 진실이고 3승이 방편임을 암시한다. 3 승이란 성문승聲聞僧 · 연각승緣覺僧 · 보살승菩薩僧을 말한다.

불제자로서 그 가르침을 받고 스스로 해탈하기 위해 수행하는 자가 성문이며 수행의 결과 아라한이 된다. 아라한이란 자기의 번뇌와 그 결과에서 오는 괴로움이 사라진 자이다. 그러나 아라한은 자기 수행의 완성자이기는 하나 다른 사람을 가르치는 것을 조건으로 삼지는 않는다.

남을 이끄는 자는 보살로 그 완성자가 부처인 것이다. 이 점에서 아라한과 보살은 구분된다.

연각은 남의 가르침을 받지 않고 스스로 깨달음을 얻고자 하는 자이다. 다만 자기의 깨달음에 만족하여 남을 가르치려 하지 않는다. 스스로 연기의 법을 깨달았기 때문에 연각이라 한다.

그러나 불교는 자기만의 깨달음에 만족할 수 없기 때문에 아라한이나 연각자도 남을 구하는 불자가 되기를 바라야 한다. 따라서 3승은 부처님의 방편설로 그것은 결국 1승이 되어야 한다.

사실 3승의 차별을 고집하고 아라한이 되기만을 목적으로 하는 불교의 일파도 있었다. 그것은 *설일체유부設一切有部; sarvastivadins

설일체유부
제법의 실체와 현상을 구별하여 제법의 현상은 순간적으로 변하나 실체는 영원한 것으로 간주하는 교리를 주장하는 학파.

📖 불교의 4대 학파		
설일체유부 (sarvastivada)	외부 세계에 실재가 있고 우리는 그것을 그대로 인식할 수 있다고 주장.	플라톤
경량부 (sautrantika)	외부 세계에 객관적인 실재가 있지만 우리는 그것을 있는 그대로 인식할 수 없다고 주장.	칸트
유식학파 (viuaptimatravadin)	외부의 대상이란 우리의 인식작용에 의해서 생겨난 것이라고 주장.	쇼펜하우어
중관학파 (Madhyamika)	경량부와 유식학파의 중도를 취함. 외부 세계는 우리의 인식과 따로 떨어져 존재하는 것도 아니며 또한 우리의 인식작용에 의해서 생겨나는 것도 아니라는 주장.	니체

법화경과 신약성서

라는 소승불교의 한 집단이다. 거기서는 부처와 보살은 부처님의 수행시대의 특수한 인물로 일반은 다만 성문으로 수행할 따름이라고 생각한 것이다.

대승불교에서는 불제자로서의 수행에만 만족하지 않고 누구나 다 부처가 되는 것을 이상으로 삼는다. 법화경에서 3승이 방편이라고 주장하는 것도 그 때문이다.

방편이란 목적을 이루기 위하여 수단을 강구하는 것으로 거기에는 긍정과 부정의 의미가 있다. 법화경이 3승을 방편으로 삼은 것은 소승에 대한 부정적인 면도 있지만 동시에 성문·연각 과정의 필요성을 긍정하고 보살심을 일으켜 일승법을 얻어 부처가 되기를 바란 것이다.

3승이 방편이라는 가르침은 다양하지만 그 다양성을 통하여 1승이 진실이라는 깨달음의 경지는 절대적인 것임을 가르치고 있는 것이다. 가르침과 깨달음의 관계는 현상과 본질, 상대와 절대라는 철학적 문제와 관련되어 중국에서는 법화경에 대한 여러 가지 학설이 나왔다.

방편사상은 부정에 의한 대소大小의 대립과 동시에 긍정에 의해 대립을 해결하며 부정·긍정만이 아닌 그 2개를 포용하는 점에 있어서 *삼론三論이나 천태사상天台思想의 근원을 이루게 된 것이다.

부처님의 가르침은 반드시 듣는 자의 *근기根機: indriya/인드리야에 따라 이루어지는 것으로 중생 가운데 가장 둔한 근기를 가진 자를 대상으로 한 것이다. 그것은 부처님이 일체중생을 평등한 부처의 깨달음으로 이끌기를 원하기 때문이다.

중생은 부처님의 원을 받아들이고 따름으로써 부처가 되는 것이지 자기수행의 공덕이 인정되어 부처가 되는

▲ 용수(龍樹: Nagarjuna)와 제파(提婆: Aryadeva)

삼론(三論)
삼론종(三論宗)의 3가지 주요 경전, 즉 용수(龍樹)의『중론(中論)』,『십이문론(十二門論)』과 제파(提婆)의『백론(百論)』을 이름.

근기(根器)
중생이 교법을 받아들일 수 있는 종교적인 자질이나 이해 능력.

것은 아니다.

처음에 부처님의 지혜에 대한 찬탄이 있기에 아라한들은 부처님과 똑같은 깨달음을 얻었다고 믿은 바에 의심이 생겨 그 의문을 풀기 위해 사리불이 부처님의 설법을 의뢰한다.

그때 5,000명의 오만한 자들은 거기서 퇴장한다. 그들이 물러간 후 일승법이 설해지지만 그 법은 *신근信根을 갖춘 자만이 알 수 있는 것이다.

따라서 서품은 방편품의 취지의 보편적 진실성을 설하기 위한 예비 설명이고 비유품 이하는 방편품의 취지를 철저하게 설명하기 위한 것이다. 빛·힘·지혜·자비는 모든 근원불의 성질인 것이다.

불교에서 자력自力이냐 타력他力이냐를 흔히 문제삼지만 *보리심菩提心이 있는 자는 수행의 지도를 받고 싶은 기분도 있는 것이다. 그러면서 남을 구제하는 것이다. 거기에는 아미타여래불阿彌陀如來佛; Amitabha tathagata인 구제불래의 사명도 충분히 있는 것이다.

우리는 구원받아야 할 사람이 깨달을 때까지 방치해 둘 수는 없다.

신근(信根)
오근의 하나로 삼보와 사제의 진리를 믿는 일을 이른다. 오근(五根)이란 번뇌를 누르고 깨달음의 길로 이끄는 다섯 가지 근원으로 신근(信根), 정진근(精進根), 염근(念根), 정근(定根), 혜근(慧根)을 말함.

보리심(菩提心)
불과(佛果), 즉 불교 최고의 이상인 부처님의 깨친 지혜를 얻고자 하는 마음.

아미타여래(阿彌陀如來; Amitabha Buddha)

Sanskrit(梵語/범어) amita는 '한량없다'는 뜻으로, 아미타여래는 무량광(無量光)과 무량수불(無量壽佛)로 의역된다. 즉 아미타불의 광명과 자비는 시간과 공간을 초월해서 못 미치는 곳이 없으며 이 광명을 받은 자는 일체의 고(苦)에서 벗어날 수 있다고 한다. 그러므로 누구나 아미타불을 믿고〈나무아미타불〉을 일심으로 염송하면 구제를 받는다.

나무아미타불은 Sanskrit(梵語) namas/namo「귀의하다」+ amitabha「한량없는 광명과 수명을 지닌 부처님」의 합성어로,「한량없는 광명(지혜)과 수명(자비)을 지닌 부처님께 귀의합니다」라는 뜻이다.

240
법화경과 신약성서

인간은 자력만으로 구제 받는 것은 아니다. 자기수행이라는 것도 있지만 그 수행을 돕는 위대한 빛이 있기에 이 빛을 받아야 하는 것이다.

여기에 단순히 자기의 이익만을 위해 기도하는 것이 아니라 모든 사람의 행복을 위해 기도하는 것이 중요하다. 자기가 구원받는다는 것은 이 세상에 있는 모든 생물에 대한 구제의 일환인 것이다.

인간이 번뇌의 폭류에서 벗어나기 어려운 것처럼 악에서 벗어나기도 어렵다. 따라서 구원을 청하는 마음으로 방향성을 뚜렷하게 하여 자신의 번뇌의 흐름에서 벗어나야 한다. 그럼으로써 불자로서 부처님의 힘을 얻어 불국토를 건설함으로써 미래가 열리는 것이다.

우리의 믿는 마음이 확립될 때 기적이 일어나는 것을 볼 수 있다. 신앙심은 3차원의 법칙을 넘어서는 힘이다. 신앙심에 의해서 빛이 고차원의 세계와 연결이 되어 그 몸이 이 세상에 있으면서 높은 차원의 빛 · 지혜 · 힘 · 사랑 · 창조의 에네르기를 받을 수 있는 것이다.

*영계靈界는 물질의 세계가 아니고 모두 염念으로 만들어져 있다. 3차원세계는 물질로 고정되어 있기 때문에 선악의 극단으로 가지 않지만 영계는 염에 의해 쉽게 신도 되고 악마도 되는 것이다.

몸의 병에 있어서도 3차원적인 육체의 부조화가 일차적 원인이지만 영적인 작용도 매우 강하게 나타나 있다.

영의 세계는 염의 세계라 사악한 마귀를 염하면 마귀가 바로 나타난다. 반면 부처님을 염하면 부처님이 바로 나타나 마귀를 쫓는다. 이것은 병의 대부분의 원인이 나쁜 상념에서 온다는 것을 보여준다.

인간의 뇌나 마음 속에 파괴적 상념이 방사되어 온몸이 그 지시를 받는 것이 병의 원인이 된다. 병을 고치는 일에 집착하기보다는 실상세계實相世界와 통하게 되면 병은 사라지는 법이다.

영계(靈界)
①정신이나 정신의 작용이 미치는 범위.
②사후에 영혼이 가서 산다는 세계.

2장 방편품(方便品)
Expedient Devices

요약 : 십여시(十如是)와 제법실상(諸法實相)의 이치. 석존이 세상에 오심은 개시오입, 즉 중생들에게 불지견(佛智見)을 열고(開), 보여주고(示), 깨닫게 하고(悟), 깨달음에 들게(入) 하고자 함임을 강조한다.

삼매경(三昧境)
수행의 한 방법으로 마음을 하나의 대상에만 집중하는 경지.

사리불존자
석가의 10대 제자 중 한 분. 지혜가 가장 뛰어나 '지혜제일(智慧第一)'로 칭송됨.

천태대사
또는 지자대사(智者大師). 중국 천태종(天台宗)의 개조(開祖) 지의(智顗).

마하지관(摩訶止觀)
천태종(天台宗)의 수행법을 담고 있는데 지의가 강의한 것을 제자 관정(灌頂)이 기록으로 남긴 것.

법화경 「방편품方便品 제2」에서는 석존이 *삼매경三昧境: Samadhi/사마디에서 깨어난 후 *사리불존자舍利弗尊者: 舍利子/사리자: Shariputra에게 석존이 체험한 깨달음의 경지와 불교 궁극의 진리를 설한다. 또 이 방편품에는 석존이 그때까지 한 번도 밝힌 적이 없는 모든 중생이 불성을 지녔다는 이치를 처음으로 설하고 있다.

이 방편품 안에서 석존은 사리불에게 '십여시十如是'를 설한다. 십여시는 석존이 깨달음을 얻은 내용이며 제법실상諸法實相의 진리이다.

5세기에 중국의 *천태대사天台大師: 智顗/지의: 538~597는 법화경 안에 있는 가르침을 집대성하여 『마하지관摩訶止觀』이란 책을 썼는데 그 안에서 '일념삼천一念三千'이라는 사상을 법화경의 새로운 해석으로 내놓고 있다.

▲천태종개조 천태대사 지의

법화경과 신약성서

▲ 법을 설하는 석존(오른쪽 위)·지옥·아귀의 세계(맨 아래)
사원의 보시로 유명한 기원정사의 건설 중인 모습(오른쪽 끝)

이 '일념삼천'을 이해하기 위해서는 *십여시를 이해해야 한다. 그것은 모든 존재에 대한 심오한 철학이다. 그것은 다음과 같이 설명할 수 있다.

십여시(十如是)

석촌이 깨달음을 얻은 내용이며 제법실상의 진리
❶ 여시상(如是相)
❷ 여시성(如是性)
❸ 여시체(如是體)
❹ 여시력(如是力)
❺ 여시작(如是作)
❻ 여시인(如是因)
❼ 여시연(如是緣)
❽ 여시과(如是果)
❾ 여시보(如是報)
❿ 여시본말구경
　(如是本末究竟)

❶ 여시상(如是相)	모든 존재에는 반드시 상(相; 모습) 또는 형(形)이 있다.
❷ 여시성(如是性)	상이 있는 것은 반드시 성질이 있다.
❸ 여시체(如是體)	상이 있는 것은 반드시 본체(本體)가 있다.
❹ 여시력(如是力)	본체가 있는 것은 반드시 힘 · 에너지가 있다.
❺ 여시작(如是作)	모든 존재가 힘을 가지고 있다면 그 힘은 밖으로 향한다.
❻ 여시인(如是因)	힘의 작용에 따라 여러 가지 현상이 일어나는데, 이 현상을 일으키는 원인이 되는 것이 있다.
❼ 여시연(如是緣)	현상을 일으키는 원인이 있어도 구체적 조건이 없으면 현상으로 나타나지 않는다.
❽ 여시과(如是果)	인연에 의해서 반드시 어떤 결과가 나타난다.
❾ 여시보(如是報)	실현된 결과는 그것으로 끝나는 것이 아니라 반드시 그 뒤에 무엇인가를 남긴다.
❿ 여시본말구경 (如是本末究竟)	위의 9가지 존재의 모습은 우주 안에서 매우 복잡하게 얽혀 여러 가지 현상을 일으킨다. 그것은 우주의 법칙에 의해 움직인다.

이 십여시는 존재와 운동, 존재와 그 작용을 궁극적으로 바라본 철학이다. 천태대사는 인간이 3개의 세계와 관련되어 있다고 하는데 이것을 '삼세간三世間'이라 부른다.

3세간의 첫 번째는 '오음五陰세간'이다. 이것은 자기가 생활하고 있는 주변의 세계이다. 두 번째는 '중생衆生세간'으로 많은 사람이 모여서 생활하는 세계, 즉 사회를 말한다. 세 번째는 '국토國土세간'으로 이것은 한 나라라기보다는 여러 국가가 모인 지구 전체의 세계를 말한다.

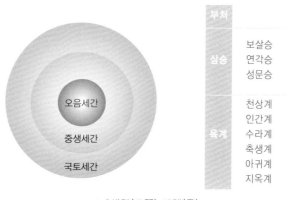

▲ 3세간(世間)·10계(界)

우리는 이 3세간 안에서 사는 동시에 또한 '십계호구十界互具'의 세계에 살고 있다. 십계란 6계六界:천상계 · 인간계 · 수라계 · 축생계 · 아귀계 · 지옥계와 부처에 이르는 3개의 세계인 삼승三乘:성문승 · 연각승 · 보살승과 부처의 세계를 합한 것이다.

보통 사람은 6계 안에서 헤매지만 수행이나 깨달음으로 부처에 접근할 수 있다. 하여튼 인간은 누구나 10계 중 어느 한 곳에 속해 있고 또이 10계는 서로 연관되어 있다.

한편 불성이란 누구나 다 갖추고 있는 것이므로 현재 아귀계에 있는 자도 노력하고 수행하면 부처가 될 수 있는 것이다.

이러한 가능성이 누구에게나 있는 것을 십계호구라 하며 하나의 세계는 나머지 9개의 세계와 관련을 가지고 있다.

여기서 천태대사가 말하는 일념삼천이 분명해진다. 우리는 10계에 있으나 그 10계는 서로 연관되어 있으므로 $10 \times 10 = 100$이 되어 100가지 관계를 가질 수 있고, 또 여기에 10여시가 겹치면 $100 \times 10 = 1000$이 되어 천 가지 마음가짐이 나오고, 그것이 3세간에 걸치므로 $1000 \times 3 = 3000$이 된다. 그러므로 우리가 문득 생각한 일념 속에 3000의 관계가 있는 것이다.

이처럼 하나의 상념은 반드시 공간에 퍼져 영향을 준다. 그러므로 상념은 힘이 되고 상념을 통해 실상에 이를 수 있는 것이다.

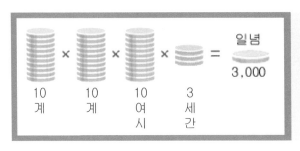

"…우리가 문득 생각한 일념 속에 3000의 관계가 있는 것이다."

◀ 일념삼천

불지견(佛智見)
제법실상(諸法實相)의 이치를 깨닫고 비추어 보는 부처님의 지혜.
❶ 일체지(一切智)
❷ 도종지(道種智)
❸ 일체종지(一切種智)

석존은 사리불존자에게 10여시를 설한 후 *불지견佛智見에 대하여 설법을 한다. 지견에는 다음 세 가지가 있다.

우선, 만물이 평등하다는 공통의 입장에서 보는 것을 일체지一切智라 한다.

또한, 만물은 각기 다르다. 이처럼 차별적으로 보고 실체를 아는 것을 도종지道種智라 한다.

그리고 이 차별이나 평등에 사로잡히지 않고 이 두가지를 동시에 살려서 보는 것을 일체종지一切種智라 한다. 이 일체종지에 의하여 중도中道실상의 이치를 보는 것이 불지견이다.

석존은 여러 가지 방편을 써 많은 설법을 하였으나 특히 중생도 부처도 그 본성은 같다. 5가지 욕심의 번뇌에 사로잡혀 있으므로 중생이지만 번뇌를 끊으면 부처가 될 수 있다.

따라서 법문을 3승三乘: 성문·연각· 보살으로 나누었으나 처음부터 3가지 법문이 있는 것이 아니고 중생을 이끌기 위한 방편으로 쓴 것이고, 본래는 일불승一佛乘을 설하고 있다회삼귀일/回三歸一. 석존은 *시방세계十方世界는 하나라고 설하고 있다.

인간은 여러 가지 고뇌에 시달리지만 단숨에 깨달음의 경지에 도달하는 방법을 배우는 것이 아니고 우선 현재의 괴로움에서 어떻게 벗어나느냐를 생각해야 한다. 그러면 우리를 둘러싼 환경에 대해서 보자.

「방편품 제2」에는 *오탁五濁의 세계라는 말이 있는데 이것은 이 세상이 타락하였을 때 일어나는 5가지 나쁜 현상을 가리킨다.

첫째는 겁탁劫濁이다. 이것은 한 시대가 오래 계속됨으로써 일어나는 악을 말한다. 세계의 정세는 나날이 급변하지만 기존의 체계나 제도는 변화에 따라잡지 못하기 때문에 현대의 인간사회에 압박을 주어 괴롭히는 것이다.

둘째는 번뇌탁煩惱濁으로 인간의 금전욕·성욕·명예욕 때문에 헤매게 되는 어리석은 행위의 결과로 얻는 괴로움이다.

셋째는 중생탁衆生濁이다. 이것은 인간이 각자 성격이 다르기 때문에 쉽게 충동을 일으키는데서 오는 괴로움이다.

시방세계

동서남북의 4방, 그 사이의 4방 그리고 천지의 2방을 합한 10방, 즉 모든 세계.

오탁(五濁)
❶ 겁탁(劫濁)
❷ 번뇌탁(煩惱濁)
❸ 중생탁(衆生濁)
❹ 견탁(見濁)
❺ 명탁(命濁)

넷째는 견탁見濁이다. 이것은 사물을 보는 관점의 차이에서 오는 대립이나 투쟁에서 오는 괴로움이다.

다섯째는 명탁命濁이다. 인간은 멀리 앞을 보지 못하고 눈앞의 일만 보고 살며 그 때문에 쓸데없이 얻는 괴로움이다. 그렇기 때문에 부처님의 눈과 지혜로 실상을 보고 아는 지혜를 가져야 한다. 그것이 불지견이다.

부처가 되기 위해서는 학문을 닦고 수행과 공덕을 쌓아 일념삼천의 도리가 밝혀져야 한다. 그것은 단숨에 이룰 수 없기 때문에 방편품에서는 과거의 성불의 예를 들어 법화경에 의한 성불의 방편 수단을 밝히고 있는 것이다.

▲ 아쇼카 왕의 석주(Ashoka's column)

인도의 마가다국Magadha 國의 아쇼카왕Ashoka; 阿育王; 阿輸伽: 재위 BC 272~BC 231은 불법을 소중히 여기고 부처님이 설법한 장소에는 반드시 불탑을 세워 부처님을 공경하였다.

이 아쇼카 왕이 뛰어난 왕이 된 인연은 다음과 같다.

◀ 아쇼카 왕이 건립한 산치대탑(Sanchi Stupa)

아쇼카왕은 전세석존이 계실 때에는 서민의 아들이었다. 그 아이가 길가에서 모래를 가지고 과자를 만들며 놀고 있을 때 부처님이 탁반탁발을 하며 그 곳을 지나갔다. 그 아이는 부처님의 거룩한 모습을 보고 모래를 밥이라 하며 그릇에 담아 부처님에게 바쳤다.

부처님은 그 어린아이의 순수한 마음에 감동하여 그 공양을 받으시니 다음 생에는 *전륜성왕轉輪聖王: cakravarti-raja/챠크라바르티-라자이 된다고 한 것이다. 어른이 이런 일을 했다면 부처님을 속인 것이 되겠지만 그 어린애는 순수한 마음에서 우러나오는 공양을 바친 것으로, 그것은 이미 모래가 아닌 어떤 공양에 못지 않은 큰 공양인 것이다. 부처님께서는 그 아이의 지극한 마음의 공양을 받으신 것이다.

이것을 경의 가르침에서는 인간의 마음 속에 갖추어진 불성의 나타남으로 보고 있다. 이처럼 살아 있는 모든 중생은 불성을 지니고 있는 것이다. 이처럼 방편품의 내용은 제법실상의 도리를 설하고 있는 것이다.

전륜성왕
전차의 바퀴를 굴려 4방을 제압하고 세계 평화를 구현하는 이상의 제왕.
불교에서는 법륜을 굴려 불법을 펴는 제왕. 흔히 세속에서는 아쇼카왕이나 카니시카왕을 일컬음.

▲ 「아쇼카 왕의 시토(施土) 인연상」
Peshawar Museum, Pakistan

부처님께 모래를 밥인양 공양하는 전생의 어린 시절의 아쇼카 왕(Ashoka) ▶

3장 비유품(譬喩品)
A Parable

요약 : 인간세상의 번뇌를 화택(火宅; 불타고 있는 집)의 비유로 총합 동일 지양의
일승 사상과 방편이야말로 참된 교육임을 구체적으로 제시. 또한 누구나 불
성과 성불 가능성을 지니고 있음을 깨우쳐줌.

법화경『비유품比喩品 제3』에서 우리는 중생이 생로병사와 삶의 번뇌
를 벗어나지 못한 채 *3계三界; Trayo-dhatavah/트라요-다타바의 화택
火宅에서 몸을 태우고 있다는 부처님의 비유를 볼 수 있다. 사리불의 청
으로 부처님이 하신 이 삼계화택의 비유the parable of the three carts
and the burning house는 오늘날 일반인들에게도 널리 알려져 있다. 비
유의 궁극적 의미를 살펴보기로 한다.

삼계화택
삼계의 번뇌가 마치
불타는 집 속에 있는
것과 같다는 것.

삼계의 고통으로
신음하는 중생

삼계(三界; Trayo-dhatavah/트라요-다타바)	
무색계(無色界)	물질적인 것도 없어진 순수한 정신만의 세계이다. 무색계가 색계 위에 있다고 할 수는 없다. 그것은 방처(方處), 즉 공간의 개념을 초월한 것이다.
색계(色界)	색계사선(色界四禪: 初禪 · 二禪 · 三禪 · 四禪)이 행해지는 세계로, 물질적인 것(色)은 있어도 감관의 욕망을 떠난 청정(清淨)의 세계.
욕계(欲界)	오관(五官)의 욕망이 존재하는 세계. 천상계(六欲天): 사왕천(四王天) · 도리천(忉利天) · 　　　　　　　　야마천(夜摩天) · 도솔천(兜率天) · 　　　　　　　　화락천(化樂天) · 타화자재천(他化自在天) 　　인간(人間)계 　　아수라(阿修羅)계 　　축생(畜生)계 　　아귀(餓鬼)계 　　지옥(地獄)계

▲ 화택(火宅: 불타고 있는 집)의 어린이들 「法華經蔓茶羅」

▲ 삼계화택(火宅): 번뇌와 고통이 가득한 이 세상

법화칠유

『법화경』에서 불교의
교리를 7가지 비유를
통하여 설명한 것.
❶ 삼계화택의 비유
 -「비유품 제3」
❷ 장자궁자의 비유
 -「신해품 제4」
❸ 삼목이초의 비유
 -「약초유품 제5」
❹ 화성보처의 비유
 -「화성유품 제7」
❺ 빈인계주의 비유
 -「수기품 제8」
❻ 계중명주의 비유
 -「안락행품 제14」
❼ 양의병자의 비유
 -「여래수량품 제16」

탐 · 진 · 치

깨달음에 장애가 되
는 근본적인 세 가지
번뇌, 즉 탐욕 · 노여
움 · 어리석음을 가
리키며, 삼독(三毒)
이라 한다.

어떤 연로한 장자(長者)가 대저택에서 많은 하인들을 거느리고 살고 있었다. 어느 날 그 저택에 화재가 일어났다. 그런데 장자의 세 아들은 불이 난 것도 모르고 노는 데 열중하여 장자가 밖에서 나오라고 소리쳐도 나오려 하지 않았다. 장자는 아이들을 위험에서 구하기 위해 묘안을 내었다.

장자는 아이들에게 '너희들이 갖고 싶어하는 양거(羊車: 양이 끄는 수레), 녹거(鹿車: 사슴이 끄는 수레), 우거(牛車: 소가 끄는 수레)가 문 밖에 있으니 빨리 나오너라'고 하였다. 이 말을 들은 세 아이들은 앞을 다투어 문 밖으로 달려나왔다. 아이들이 무사히 나왔지만 수레는 없었다. 그러자 장자는 아이들에게 더 크고 훨씬 더 멋진 대백우거(大白牛車: 흰 소가 끄는 큰 수레)를 주었다.

법화경의 7가지 비유, 즉 *법화7유法華七喩: 法華七比/법화7비 가운데 첫 번째인 이 비유에서 장자는 부처님을, 아들들은 일체중생을, 큰 저택은 미혹한 이 세상을 의미한다. 그리고 화재는 *탐貪/탐욕 · 진瞋/노여움 · 치癡/어리석음의 세계에서 살아가는 사람들을 괴롭히는 생로병사우비고뇌를 뜻한다.

삼거일거三車一車는 부처님[장자]께서 이 고통의 세계[저택]로부터 중생[아이들]을 벗어나게 하기 위해 유인하는 방편을 뜻한다. 결국

삼거일거(三車一車)▶
양거, 녹거, 우거는 대
백우거로 이끌기 위한
방편에 불과하다.

양의 수레[성문의 사제법], 사슴의 수레[독각의 연기법], 소의 수레[보살도]라는 삼승三乘의 가르침은 결국 흰 소가 끄는 큰 수레라는 *일불승一佛乘: ekayana/에카야나으로 인도하기 위한 것이라는 것이다.

일(불)승
중생(衆生)이 깨달음
을 얻어 성불(成佛)
할 수 있도록 인도하
는 유일한 가르침.

화택의 비유에 묘사되는 장면은 너무나 끔찍하다. 뱀과 독충들이 들끓고, 여기저기에
는 악귀와 괴수들이
난무하며 흩어져 있
는 시체를 뜯어먹는
참담한 상황이다.

게다가 불까지 나
서 그야말로 아비규
환을 이루고 있는 상
황에서도 아이들[중
생]은 그 참담함이나

▲ 악귀와 괴수가 난무하는 화택(火宅): 번뇌와 고통이 가득한 이 세상

위기감을 느끼지 못하고 뛰놀고 있다는 비유이다.

이는 바로 오늘날 우리가 살고 있는 세상을 삼계화택으로 비유하고 있는 것이다. 지금도 지구촌 곳곳에서는 전쟁, 테러, 살인, 기아, 질병 등의 비극이 하루도 쉬지 않고 일어나고 있다.

오늘날 사람들은 냉전의 시대가 끝났다고 말하고 있지만 핵에 대한 위협은 계속 남아 있고 우발행위로 인한 *화택火宅의 위험성은 조금도 줄어든 것이 아니다.

핵사용으로 야기되는 사고와 심각한 방사능 오염, 지구온도의 변화, 오존층의 파괴, 지구사막화현상, 산성비, 이상기상 등에 의한 지구생태계의 파괴는 인류의 미래에 검은 그림자를 던지고 있다.

아이들이 화택을 벗어나기만 하면 안락한 곳에 갈 수 있듯이 우리 인간들도 일상의 현실이외의 또 다른 깨달음의 세계가 있음을 안다면 우리는 진정한 안락함을 얻을 수 있는 것이다.

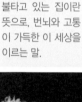

화택(火宅)
불타고 있는 집이란 뜻으로, 번뇌와 고통이 가득한 이 세상을 이르는 말.

▲ *체르노빌(Chernobyl) 핵발전소 사고로 사망한 사람들을 위한 추모제

체르노빌 참사
1986년 4월 26일 우크라이나의 체르노빌(Chernobyl) 원자력발전소 원자로의 노심이 녹으면서 방사능이 누출되었던 사상 최대의 참사. 공식적으로만 3,500명이 사망하고 43만 명이 암, 기형아 출산 등 각종 후유증을 앓고 있다.

"…그러나 지금 이 세상은 번뇌와 이기주의의 불이 무섭게 타오르고 있다."

그러나 지금 이 세상은 번뇌와 이기주의의 불이 무섭게 타오르고 있다. 인류사회는 욕망과 이기주의가 중첩되어 인류의 번뇌는 과거보다 더 극심하다.

이러한 삼계화택의 양상을 가라앉히기 위하여 인류사회는 국가의 이기주의를 초월하여 국가주권을 상대화하려는 새로운 질서를 모색하고 있는데 그 방향성이 바로 불교가 이상으로 내건 '세계공동체'의 사상이다.

법화경은 이처럼 정신문화의 정수이고 우주와 생명의 진리를 체득한 부처님의 지혜와 자비의 결정체이며 동양의 여러 민족의 마음 속에 끊임없이 맥박치는 역사개혁의 원동력이 되어 온 것이다.

인도에서는 일찍이 *용수龍樹: Nagarjuna/나가주나: 150~250가 『대지도론大智度論』에서 여기에 대하여 언급하고, 간다라국Gandhara國 출신의 세친世親: Vasubandhu/바스반두: 320~400은 『법화경론法華經論』을 저술하였다.

특히 *구마라습鳩摩羅什: 羅什/라습: Kumarajiva/쿠마라지바: 344~413이 『묘법연화경妙法蓮華經』을 번역한 이래 동아시아의 여러 민족의 정신적인 가치가 확립되었고 중국에서는 *천태대사天台大師: 智顗/지의: 538~597와 묘락대사妙樂大師: 湛然/담연: 711~782가 법화경에 내포된 오매한 철학을 체계화하였다.

그러나 독일의 철학자 카알 야스퍼스Karl T. Jaspers: 1883~1969가 말한 것처럼 "부처님이 우리에게 가르치고자 한 것은 인식의 크나큰 체계보다는 인류구제에의 길"인 것이다.

법화경은 부처님이 스스로 깨달은 우주와 생명의 진리로 이 진리를 통하여 중생을 깨달음의 경지로 이끌려는 대자비의 드라마인 것이다.

구마라습
서역 구자국의 승려로 포교활동과 경전 번역에 힘써 삼론(三論) 중관(中觀)을 확립하여 삼론종(三論宗)의 조사(祖師)로 불림.

천태대사

중국 천태종(天台宗)의 개조(開祖).

묘락대사
중국 당(唐)나라 천태종(天台宗)을 중흥시킨 제6조(祖).

카알 야스퍼스

용수(龍樹; Nagarjuna/나가주나: 150~250)

초기 대승불교사상을 연구하고 그 기초를 확립한 성인(聖人)으로 제21의 서가(書家)·8종(八宗)의 조사(祖師)로 불린다.

그는 주요저서 『중론(中論)』(중관론의 약칭)에서 모든 존재는 연기성(緣起性)과 상대성을 가지고 있으며 자체의 고유한 자성(自性)이 없으므로 공(空)이라고 하였다. 그런데 이 공은 유(有)·무(無)의 구별(區別)이 없으므로 중도를 올바르게 관찰하는 데에 깨달음이 있다고 하는 반야공관(般若空觀)을 취했다.

그의 학파는 중론(中論)을 근거로 하여 중도적 입장을 취했기 때문에 중관파(中觀派; Madhyamika/마드흐야미카)라고 불렸으며 유식(唯識)을 설하는 유가행파(瑜伽行派)와 함께 대승불교의 2대 사상이 되었다

그가 『중론(中論; Fundamental Verses on the Middle Way)』에서 전개한 공(空) 사상은 이후의 모든 불교사상에 많은 영향을 끼쳤으며, 특히 중국(中國) 등지에 전해져 삼론종(三論宗; Three Sastra School)의 근본(根本)이 되었다.

제바(提婆; 迦那提婆/가나제바; Aryadeva/아리야데바: ?~?)

2~3세기경의 불교학자. 성인(聖人). 용수(龍樹; Nagarjuna)의 제자로서 대승불교, 특히 스승이 가르친 공(空; sunyata)의 사상을 터득하고, 스승을 내세워 중관파(中觀派)를 일으켰다. 그의 저서들 중 『백론(百論; Sata-sastra/사타사스트라; Treatise in One Hundred Verses)』은 특히 유명한데, 여기서 그는 외도(外道)의 설을 낱낱이 논박하고 대승불교와 소승불교의 옳음을 설파하였다.

무착(無着; Asanga/아상가: 310~390)

▲ 무착과 세친

▲ 세친(世親; Vasubandhu/바스반두)

유식불교의 확립자. 간다라국(현 파키스탄의 페샤와르)에서 태어나 동생 세친(世親)과 함께 대승불교를 발전시켰다. 소승불교의 일설체유부에 출가하였으나, 후에 미륵에게서 대승의 공관을 배우고 『섭대승론』등의 많은 저술과 주석서를 펴냄으로써 유식사상의 교리로 대승체계를 세웠다.

세친(世親; Vasubandhu/바스반두: 320~400)

간다라국 페샤와르의 정통 브라만출신으로 대승의 개척자. 그는 소승을 신봉할 때 소승불교의 명저 『아비달마구사론(阿毘達磨俱舍論)』을 저술하였다. 후에 그의 형 무착(無着; Asanga)의 인도로 대승불교로 전향하여 미륵(彌勒)·무착으로 이어져 확립된 유식사상(唯識思想)을 『유식이십론(唯識二十論)』과 『유식삼십송(唯識三十頌)』에 결집하여 유가행파(瑜伽行派)를 이루었다. 그가 대승으로 전향하기 전 소승의 논사로서 대승불교를 공격하였으나 형 무착의 설법을 듣고 깨달아 참회의 표시로 자신의 혀를 자르려 하자 무착은 진실한 참회는 마음이며 이제부터는 그 혀로 대승불교를 포교하라고 하였다는 이야기는 유명하다.

구마라습 (鳩摩羅什; Kumarajiva/쿠마라지바: 344~413)

중앙아시아에 있던 구자국(龜玆國) 태생으로 401년 장안(長安)에 와서 413년 입적할 때까지 많은 경전을 번역하여 74부 380여권을 펴냈다. 특히 삼론(三論) 중관(中觀)의 불교를 확립하였으므로 삼론종(三論宗)의 조사(祖師)로 불린다.

중생이 자기 삶의 내부를 바라봄으로써 '내적 코스모스'를 해명하고 그 궁극에 있어 *불지견佛智見인 우주근원의 법佛法을 깨우쳐 주도록 하는 것이 부처님의 의도이다.

인간의 생명의 표층에서부터 심층영역으로 그리고 개인의 생명에서 시작하여 민족·인종·국가의 테두리를 내재적으로 넘어서 보편적인 것에 대한 끝없는 탐구를 함으로써 인간정신의 궁극에 자리잡고 있는 우주생명 그 자체, 즉 *일승묘법一乘妙法에의 길에 이르고자 하는 것이다.

이 차원에서 사는 사람은 이미 인종·민족·국가의 테두리를 넘어 평등하고 자유로운 삶을 누리는 기쁨을 맛보게 될 것이다.

현대에 사는 인간이 자신의 내부에 영원한 환희의 삶이 약동치는 것을 느낄 때 물질지상주의나 현세주의의 폐단은 스스로 극복되는 것이다. 그리고 물질지상주의자가 번뇌와 욕망에 사로잡혀 인류를 파멸로 이끄는 것을 방지하게 될 것이다.

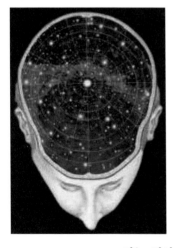

그러므로 현세에 집착하여 살기보다는 영원한 것을 통찰하고 그 속에서 기쁨을 느끼고 사는 것이 얼마나 중요한 것인지는 새삼스럽게 말할 필요가 없다.

이것은 비단 지구상의 생물에만 한정된 것이 아니고 태양계나 은하계 그리고 그 너머에 실재하는 수많은 생명이 있는 존재도 이 대우주 안에서 영원한 것을 기반으로 하여 서로 관련을 갖고 살고 있는 것이다.

그러므로 우리는 불교에서 말하는 연기의 이법理法을 깨닫는 것이 인류구제의 길인 것이다. 왜냐하면 이미 어떤 민족이나 국가도 주변과 아무런 관계도 없이 홀로 존재할 수는 없기 때문이다. 국제적인 정치·경제의 관계에서 상호유대가 더욱 강화될 뿐만 아니라 그 밖의 생태계, 대기환경, 해양환경 등에 있어서도 공존이 없이 인위적 국경이나 국가권력의 힘만으로는 아무것도 할 수 없다.

인류나 다른 생명도 지구환경 속에서 서로 밀접한 관계를 가지고 이 지구라는 행성에서 같이 살아야 한다. 이 우주 안에서 지구만이 다른 천체현상으로부터 독립하여 단독으로 운행될 수는 없다. 태양계 그리고 은하계와 밀접한 관계를 가지고 지구는 자기의 유전을 되풀이 하고 있는 것이다.

이러한 우주론적인 실상에서 본다면 지구상의 인류는 우선 법화경이 우리에게 가르쳐 주고 있는 것처럼 '세계공동체global community'를 만들고 같이 번영해 나가는 지혜를 지녀야 하는 것이다.

이처럼 영원한 생명을 바라보고 우주의 실상과 지구의 현실 속에서 *연기법緣起法으로서의 '세계공동체'를 만들어나가야 하는 우리의 의식과 행동의 열쇠가 바로 법화경에서 말하고 있는 보살도인 것이다.

우리는 오늘날 법화경에 응결되어 있는 부처님의 지혜와 자비를 깨닫고 스스로 위기에 처한 인류구제의 길에 앞장을 서야만 할 것이다.

세계공동체

연기법
연기란 인연생기(因緣生起)의 준말로 인은 직접적 조건, 연은 간접적 원인을 가리킨다. 그러므로 연기란 여러 가지 조건과 원인에 의하여 현상이 일어나는 이치라는 뜻이다.

4장 신해품(信解品)
Understanding by Faith

요약 : 누구나 다 불성을 가지고 있음을 믿고 이해하기는 어려운 일이다. 이 사실을
　　　정말로 체득한다면 얼마나 마음이 편안한가를 장자궁자의 비유로 설명한다.
　　　인간에게는 모든 가능성이 주어져 있다. 우리 인간은 어떻게 자기 능력을 믿
　　　고 어떻게 자기계발을 해야 하는가?

　　　오늘날 급변하는 사회에서는 자아실현이 어려운 일이 될 수도
있다.

　　　그러나 우리가 부처님에 대한 믿음을 가지고 노력하면 부처님의
힘이 인간의 '마음의 주형鑄型'에 흘러들어 그 주형대로의 형태가 자
기에게 나타나게 된다. 우리의 마음이란 잠재의식을 포함한 넓은 의
미의 마음을 말하지만 그 마음 속으로 실현하겠다고 결심하는 일이
'마음의 주형'이 되는 것이다.

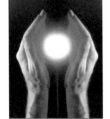

　　　그러므로 깨달음을 얻으면 우리의 '마음의 주형'에 부처님의 힘이
흘러들어 자기가 마음먹은 대로 모든 것이 실현되는 것이다.

　　　예를 들어, 절을 세우겠다 또는 큰 공장을 세우겠다고 절대적 자신
을 가지고 진정 마음 속으로 결의하고, 그것을 실현하기 위하여 노력
정진을 하면, 그 노력이 축적되어 그 뜻은 반드시 이루어지는 법이다.

이것은 기적처럼 보일 수도 있지만 사실은 기적이 아니라 필연적으로 이루어지는 것이며 여기에 부처님의 가르침의 멋진 점이 있는 것이다.

결국 인간은 누구나 모든 가능성으로 가득 차 있는 것이다. 불교에서 말하는 실상實相을 구한다는 것은 자기 주위에 있는 건강의 방, 부자의 방, 출세의 방, 학문의 방, 자비의 방, 행복의 방에 들어가는 열쇠를 손에 넣는 일이다.

그리고 이 열쇠는 우리가 부처님이 가르치는 진리를 얼마만큼 자각하고 있는가 하는 정도에 따라 각기 멋진 방에 들어가는 열쇠를 손에 넣는 것이다.

인생에서 뜻을 이루고 성공하는 문제는 재능보다는 신념, 정진노력, 그리고 신앙에 좌우되는 경우가 더 많다.

때로는 과거의 실패한 체험이 장애가 되어 우리가 지닌 무한의 가능성의 문이 닫히는 수도 있

▲ 알프스를 넘는 나폴레옹
  "Impossible n'est pas français!"(나의 사전에 불가능이란 말은 없다!). 이탈리아 정복을 위해 알프스를 넘으며 그가 한 말이다.
  그는 험준한 알프스를 넘는 것이 불가능하다고 여겨 병력이 없던 허를 찌르며 알프스를 넘어 이탈리아에 진입하여 결국 마렝고 전투(Battle of Marengo: 1800, 6, 14)에서 승리했다.

다. 인간이 좌절하거나 절망할 때는 아무 일도 할 수 없다. 이러한 나쁜 상념을 없애고 자신의 무한의 가능성을 믿고 노력할 때 불성에 눈뜰 수

있고 실상과 접촉하여 깨달음을 얻고 모든 것이 뜻대로 이루어지는 것이다.

여기에 대하여 『법화경 신해품信解品 제4』에 유명한 장자궁자長者窮子의 비유The Parable of the Wealthy Man and His Poor Son가 있다.

한 남자가 어렸을 때 부자인 아버지를 떠나 방랑하게 되었다. 오랜 세월이 지난 후 아들은 아버지가 사는 멋진 저택 앞에 나타났다.

아버지는 그가 자기 자식임을 알고 고용인을 시켜 데려오게 하였다. 그 아들은 고용인이 끌고 가려하자 공포심에 사로잡혀 달아나려 하였다. 그래서 아버지는 고용인에게 그를 풀어주도록 하였다.

▲ 장자의 집에서 일하는 궁자

▲ 궁자에게 전 재산을 주는 장자

아버지는 두 고용인을 자식에게 보내 좋은 일자리가 있다고 하여 아버지의 집으로 데려왔다. 아버지는 하인으로 일하는 자식에게 접근하기 위하여 자기도 때묻은 옷을 입고 같이 일하였다.

오랜 세월이 지나 두 사람의 마음은 통하였으나 자식은 자신을 고용인으로만 알고 있었다. 이윽고 죽음을 예기한 아버지는 가난한 자식에게 재산관리의 일을 맡겼다. 그래도 자식은 자기는 고용인이고 가난하다고 생각하였다.

장자는 병이 심해져 세상을 떠나게 되자, 많은 친척을 불러 그 앞에서 그 고용인이 자기 아들임을 밝히고 모든 재산을 자식에게 주었다.

법화경과 신약성서

법화경의 7가지 비유, 즉 *법화7유法華七喩; 法華七比/법화7비 가운데 하나인 이 '장자궁자長者窮子의 비유'에서 장자인 아버지는 부처님, 궁자인 아들은 일체중생, 아들이 집밖에서 방황하는 모습은 묘법을 몰라 고생하는 수행의 과정을 암시하는 것이며, 재산을 물려받아 부자가 되는 것은 자신이 불성을 가지고 있음을 믿고 깨닫게 된 것을 의미하는 것이다.

이 비유 속에는 아무리 비참하고 가난한 처지에 놓인 사람일지라도 부처님의 가호만 있으면 저절로 그 어려움에서 벗어날 수 있다는 매우 중요한 의미가 들어있는 것이다. 저절로 라고 말한 것은 그것을 의식하지 않아도 그렇게 된다는 뜻이다.

여기에 부처님의 자비가 있는 것이다. 부처님이 우리에게 나의 가르침을 따르라고 명령한다면 아마 반발할지도 모른다. 장자의 아들처럼 도망칠 수도 있다. 그렇게 되면 모처럼 그 사람을 구제하려 해도 그 뜻이 상대방에 전달이 되지 않는다. 그래서 부처님은 우리가 무의식 가운데 행복해지도록 눈에 보이지 않는 자비를 베푸는 것이다.

인간은 부처님의 마음을 모르고 잠재의식으로 부처님을 거부할 수도 있다. 이 굳게 닫힌 마음을 여는데는 때로는 많은 시간이 필요할 때도 있다. 장자궁자에서 걸린 20년의 시간이라는 것은 우리가 잠재의식으로 지니고 있는 부처님에 대한 믿음이 정화되어 부처님 곁으로 가는 데 걸리는 시간이며 동시에 우리의 정진노력과 염이 축적되어 원이 실현되는 데 걸리는 기간이기도 하다.

불교는 본래 진리의 자각을 통하여 해탈에 이르는 가르침이다. 이것은 불교가 지혜의 종교이며 지식과는 달리 인생문제의 해결, 즉 해탈을 얻는 지혜이다.

부처님의 가르침에 대한 수행자의 이해능력과 수용의 자질을

법화칠유
『법화경』에서 불교의 교리를 7가지 비유를 통하여 설명한 것.
❶ 삼계화택의 비유
　－「비유품 제3」
❷ 장자궁자의 비유
　－「신해품 제4」
❸ 삼목이초의 비유
　－「약초유품 제5」
❹ 화성보처의 비유
　－「화성유품 제7」
❺ 빈인계주의 비유
　－「수기품 제8」
❻ 계중명주의 비유
　－「안락행품 제14」
❼ 양의병자의 비유
　－「여래수량품 제16」

근기(根機/根器)
중생이 교법을 받아
들일 수 있는 종교적
자질 또는 이해력.

인드라(Indra)
한역으로는 제석천
(帝釋天). 고대 인도
의 신. 불교의 수호
신으로 수용되어, 도
리천의 주인으로서
수미산(須彌山)에 살
면서 사천왕을 거느
리고 불법을 수호한
다. 항상 부처님의
설법 자리에 나타나
법회를 수호.

사리불존자

십여시
우주의 모든 존재와
작용의 현상을 설명
하는 열 가지 범주.
≪p244 참조≫

*근기根機: indrya/인드리야라 한다. 근기는 산스크리트Sanskrit; 梵語/범
어로 'Indrya'라 하는데, 이는 *인드라 신Indra; 제석천/帝釋天; Sakra-
Devendra/샤크라 드벤드라; the King of Gods의 거대한 힘 또는 이해와 수
용의 자질을 의미한다.

부처님의 제자들도 그 가르
침을 이해하는데 있어 차이가
있어서 그 근기根機의 정도에
따라 상근기上根機 · 중근기中
根機 · 하근기下根機이라 부르
고 있다.

법을 논하면 상근기는 즉시
그 핵심을 깨닫지만, 중 · 하
근기는 단편만을 볼 뿐 핵심에
이르지 못한다. 이처럼 같은
상황에서 같은 법을 듣고도 그

▲ 부처님께 법을 설하여 주실 것을
청하는 사리불존자(Shariputra)

것을 받아들이는 양상은 각자의 근기에 따라 서로 다른 것이다.

사리불舍利弗; Shariputra; Sariputra(Skt); Sariputta(Pali) 같은 제
자는 상근으로 「방편품 제2」에서 *십여시十如是의 묘법실상妙法實相

▲ 목련 존자의 사리

▲ 목련 존자의 순교

▲ 수보리(Subhuti) 존자

▲ 가전연(Katyana) 존자

▲ 마하가섭(Mahakasyapa) 존자

▲ 목건련(Maudgalyayana) 존자

을 듣고 우주의 통일적 진리로서의 일승불一乘佛을 이해하였다.

사리불보다 이해력이 약한 중근·하근은 일승불의 이치를 알지 못한다. 그래서 부처님은 사리불의 청을 받아들여 삼계화택三界火宅의 비유로써 삼승방편 일승진실三乘方便 一乘眞實을 설하였다.

이 설법을 들은 4명의 중근의 제자는 비로소 일승묘법의 진리를 알게 된 것이다.

「비유품 제3」에서 비유설을 이해한 *4대 성문聲聞: sravaka, 즉 수보리須菩提: Subhuti, 가전연迦㫋延: Katyana, 마하가섭摩訶迦葉: Mahakasyapa, 목건련目犍連: Maudgalyayana은 그때까지 진지하게 대승을 구하지 않은 자신들의 태도를 비판한 후 자신들의 이해도를 부처님에게 설한 것이다.

보통 비유는 부처님이 제자들에게 하는 것이지만 여기서는 제자들이 부처님에게 자기의 믿음의 정도를 전하는 식으로 되어 있다. 이것은 현대교육에 있어서도 중요한 부분의 하나이다.

이 제자들의 자기비판의 내용은 대승과 소승의 구별이다.

여기서 대승의 내용은 불국토를 정화하고 중생을 구제하는 일이며, 소승은 공空·무상無相·무행無行을 관찰하는 것이 그 수행의 내용이다. 공·무상·무행은 3가지 해탈문으로, 깨달음에 이르는 문이다.

성문(聲聞)
석가의 음성을 들은 사람이라는 뜻. 후에 부파(部派)불교에서는 석가의 가르침을 충실히 실천하는 출가자를 가리키는 말이 됨.

3법인
3가지 불변의 진리.
제행무상인
제법무아인
열반적정인
≪p76 참조≫

공은 *삼법인三法印의 제법무아諸法無我에 해당하는 개념으로 실체實體나 자성自性을 부정하는 일, 즉 사물의 진상은 공이며 모든 것은 변하므로 작위적作爲的인 생각에는 절대성이 없으며 무상이고 무행인 것이다.

그러나 무無를 무無로 고집하는 허무주의자는 불국토를 정화하는 실천적 활동을 할 수 없기 때문에 보살을 지향하지 않는다.

이것이 아버지가 보낸 고용인을 보고 도망치는 아들의 모습이다.

세상을 떠나 혼자 외롭게 산 속에서 수행하는것은 참된 불교가 아니다.

아버지의 재산[자기의 불성, 무한한 가능성]을 자기 것이라고 생각하지 않고 주인과 고용인이라는 이승二乘에 고집할 때는 보살이 될 수 없다. 너는 나의 아들이다라는 성불의 보물을 얻는 것이 중요하며 이 비유는 삼승방편 일승진실의 이치를 전개하고 있다.

오늘날 과학기술의 발달과 통제사회의 규제 속에서 인간은 자기 정체성을 잃고 그 결과 허무적인 현대의 궁자가 되어 가고 있다. 실존주의철학은 그러한 역사 상황에서 태어난 하나의 이승사상二乘思想이다.

이러한 상황 속에서 참된 의미에 있어서의 공空의 사상이나 생성 약동하는 사물이나 현상 그 자체가 진실의 세계이며 그러한 세계에서 자기의 무한한 능력을 개발하여 창조적으로 살아가는 모습이 부처님이 되어 가는 모습이고 현대의 위기극복의 원리도 이 일승묘법一乘妙法에 있는 것이다.

법화경의 가르침의 정수를 이룬 중국의 고승 *천태대사天台大師: 智顗/지의: 538~597는 형주荊州의 옥천사玉泉寺에서 법화경을 강독하였다.

천태대사는 법화경 「신해품 제4」의 장자궁자의 비유 속에 부처님

천태대사 지의
중국 천태종(天台宗)의 개조(開祖).

교상판석
불타의 가르침을 분류하여 해석하는 것. 간단히 교판(敎判).

의 45년에 걸친 가르침의 구성의 근본원리가 있다고 하였다. 그는 장자궁자의 비유를 오시五時의 *교상판석教相判釋으로 나타냈다.

교상판석이란 부처님이 일생 동안 설한 가르침을 설해진 연대와 내용에 따라 분류한 것을 말한다. 이는 불교경전들이 성립 순서에 관계없이 전해졌기 때문에 해석자의 견지에서 부처님의 가르침을 성도 후에서 입멸까지 45년 간의 연대에 따라 다시 분류한 것이다.

예를 들어, 천태종의 오시의 교상판석은 여러 가지 설법을 모두 법화경을 설하기 위한 준비로 보고 있는데 다음과 같다.

오시의 교상판석
❶ 화엄시(華嚴時)
  – 방추(傍追)
❷ 아함시(阿含時)
  – 이유(二誘)
❸ 방등시(方等時)
  – 체신(體信)
❹ 반야시(般若時)
  – 부업(付業)
❺ 법화열반시
  (法華涅槃時)
  – 위지(委知)

화엄시/華嚴時	붓다가 깨달음을 얻은 후 21일 동안 궁극적 진리를 담은 화엄경을 설한 시기 –방추(傍追) : 고용인을 보내 아들을 데려오려 하다.
아함시/阿含時	전자를 이해하지 못하므로 이후 12년 동안 녹야원에서 소승의 아함경을 설한 시기 = 녹원시 –이유(二誘) : 두 고용인을 아들과 지내게 하여 스스로 오게 하다.
방등시/方等時	아함경을 이해한 사람들을 위해 수준을 높여 이후 8년 동안 유마경, 금강명경, 능가경, 승만경, 무량수대승경 등 방등부의 일반 경전을 설한 시기 –체신(體信) : 부자의 마음이 통하다
반야시/般若時	더욱 수준을 높여 이후 22년 동안 반야부 계통의 경전을 설한 시기 –부업(付業) : 재산을 맡기다.
법화열반시 /法華涅槃時	최후 8년 동안 최상의 대승경전인 법화경을 설하고, 입멸 시에 하룻동안 열반경을 설한 시기 –위지(委知) : 아버지임을 알리다.

5장 약초유품(藥草喩品)

The Parable of the Medicinal Herbs

요약 : 한번 내린 비(一相一味)에도 다양한 초목, 숲, 약초는 각기 종류와 성질에 따라 생장하듯이 부처님도 법을 설하실 때 중생의 이해능력에 맞추어 진리를 설하며 동등하게 성불시키는 공덕.

오늘날은 개성의 시대이지만 개성이란 남과 다른 자기만의 독특한 성질을 말하는 것일까?

우리는 개성적인 오늘날의 유행이 결국 획일적인 것이 되고 있는 것을 볼 수 있고 개성적인 사상이라고 하는 것도 따지고 보면 과거의 것을 다시 살리는 수가 있어 어떻게 보면 현대는 개성이 없는 시대인 것 같기도 하다.

부처님은 *사대성문四大聲聞이 설한 장자궁자長子窮子의 비유를 듣고 그들에게 다음과 같이 말씀하셨다.

가섭(迦葉: Mahakasyapa)이여, 예를 들면, 모든 식물이 비가 내리기를 원할 때 갑자기 구름이 일고 천둥이 울리며 번개 치면 모든 생명은 기쁨으로 넘친다. 무더위에 허덕이는 대지에는 시원한 바람이 일고 비가 내린다. 나무 풀숲의 모든 식물들은 평등한 비의 혜택을 받고 자란다.

하지만 비는 평등하게 내려도 초목의 크기에 따라 또 종류에 따라 비를 받는 양이나 질이 다르다. 그리고 그 초목이 지닌 성질에 따라서 거기에 어울리는 성장을 이룬다. 그리고 각자 자기의 꽃을 피우고 열매를 맺는다. 똑같은 비의 은혜를 입어도 그 성장의 방식은 제각기 다르다.

부처님의 가르침도 이와 같은 것이다.

들에는 백합, 장미, 들국화가 피어 있고 제각기 자기의 아름다움을 과시하지만 그 가운데 어느 꽃이 가장 아름다울까?

▲ 부처의 가르침은 세상을 혜택의 비로 적신다. 「法華經 藥草喩品 第五」

인간도 꽃과 마찬가지로 똑같은 비를 맞고 제각기 다른 열매를 맺는다. 난초가 제아무리 아름다워도 모든 꽃이 다 난초라면 단조로운 세상이 되어버릴 것이다.

모든 것이 제각기 차이가 있고 특성이 있기 때문에 좋은 것이다. 이처럼 모든 사람에게 부처님의 가르침을 설해도 사람에 따라 그 받아들이는 정도는 다르다.

그러므로 부처님의 *대기설법對機說法에 의한 가르침은 인간의 꽃인 불도 수행자를 길러 부처님의 지혜라는 열매를 맺게 하는 것이다. 모든 인간이 이 실상實相의 힘에 접하고 있다.

다만 깨닫기만 한다면 불성을 얻고 자기의 고유한 능력을 개발할 수가 있는 것이다. 하지만 깨달음을 얻고 자기의 개성이나 능력을 개화하는데는 정진노력이 필요하다.

실상이라는 무한한 힘과 접해 있음을 모르는 사람은 자기의 능력을 과소평가하기 때문에 큰 뜻을 이루기 어려운 것이다. 큰 뜻을 이루기

대기설법
불교에서 듣는 사람의 근기(根機; 이해 능력)에 맞추어 진리를 설하는 것.

법화경과 신약성서

위해서는 원을 세워 자기의 이상을 실천하기 위해 정진할 일이다.

부처님의 경지에 이르고자 하는 이상의 실현에는 남을 구제하겠다는 원이 있어야 한다. 이 원이 본원本願이지만 이 원을 바탕으로 각자가 지닌 재능을 살려나가는 것은 별원別願이라 한다. 인생의 목표를 세워 노력하여 인생을 충실하게 살며 남을 돕는 일이 필요한 것이다.

인생의 목적을 세우고 그것을 실현하기 위해서는 끊임없는 노력의 축적이 필요하다. 이 노력이 우주의 마음 속에 새겨져 그 결과 우주의 마음의 작용을 받아 목표가 실현되는 것이다.

이처럼 정열을 계속 유지하며 정진 노력할 때 이 세상에서 불가능한 일은 아무것도 없다. 이것이 바로 믿음이다. 결국 신념이 강해야 하는 것이다. 신념이 약한 자는 강한 신념을 배양해야 한다. 불교의 신앙이 강한 자는 그 정열·노력·믿음을 믿고 나아가야 한다. 다만 남을 구제하지 않으면 어느 면에서 뜻을 이루어도 다른 면에서 실패하게 되는 것이다.

아무리 나쁜 조건에서도 자기의 원이 반드시 실현된다는 신념을 잊지 않고 정진 노력하면, 실상이라는 눈에 보이지 않는 힘에 의해 모든 것이 실현되는 것이다.

많은 사람들이 자기의 독특한 개성을 발휘하는 일을 잊고 상식의 세계에서 헤매기 때문에 자기의 가능성을 발휘하지 못하는 것이다. 그러므로, 우리는 자기 자신을 상실해서는 안 된다. 자기 자신이 자기 자신으로 살며 자신의 무한한 가능성을 개발하고 남을 돕는 일, 이것이 바로 법화경의 가르침이다.

법화경의 7가지 비유, 즉 *법화7유法華七喩; 法華七比/법화7비 가운데『약초유품藥草喩品; The Parable of the Medicinal Herbs 제5』의

이 *'3초2목三草二木의 비유'만이 자연계의 현상을 비유로 들어 진리를 설한 것이다.

큰 구름이 일어 하늘을 뒤덮는 것은 부처님의 출현을, 일상일미一相一味의 비는 부처님의 설법을, 온갖 초목은 중생을, 그리고 초목이 비를 맞는 것은 부처님의 법을 듣는 것으로 비유하고 있다.

여기서 작은 약초는 하늘과 인간, 중간의 약초는 성문·연각, 큰 약초와 나무는 보살을 의미하며 초목이 자라나 꽃을 피우고 열매를 맺는 것은 수행과 공덕을 의미하는 것이다.

삼초이목(三草二木)의 비유	
소초(小草)	인간계(人間界)·천상계(天上界)
중초(中草)	성문(聲聞)·연각(緣覺)
대초(大草)	소승교의 보살
소수(小樹)	반야경의 보살
대수(大樹)	화엄경의 보살

이 비유에서 우리가 배울 것은 최종적인 이상에 이르기 위해 그 이전에 여러 가지 개성을 존중하는 것이 필요하다는 가르침이다. 남의 개성을 존중하지 않으면 인간을 양육하고 구제할 수 없는 것이다.

부처님의 가르침은 지혜가 뛰어난 자, 어리석은 자, 수행에 전념하는 자, 게으른 자를 가리지 않고 모든 사람에게 똑같은 자비를 베푸는 것이다.

그러므로 인간이 다시 인간으로서의 근본으로 되돌아가 인간의 모든 고뇌에서, 벗어나 평안을 얻고 부처님의 자비로 부처님의 경지에 이르게 되는 것이다.

참된 교육이라는 것도 부처님의 설법과 마찬가지로 평등한 것이지만

"… 부처님의 가르침은 … 모든 사람에게 똑같은 자비를 베푸는 것이다. 그러므로 인간이 다시 인간으로서의 근본으로 되돌아가 인간의 모든 고뇌에서 벗어나 평안을 얻고 부처님의 자비로 부처님의 경지에 이르게 되는 것이다."

그래도 큰 나무와 작은 나무가 자기 분수에 맞게 물을 흡수하고 그 덕에 제각기 아름다운 꽃을 피우고 멋진 열매를 맺을 수 있도록 성장을 돕는 것이라야 할 것이다.

한편 법화경 약초유품에 나오는 이 삼초이목의 비유는 훗날 예수가 다시 인용하였는데, 그 내용이 신약성서 마태복음에 잘 기록되어 있다. 또한 스코틀랜드의 소설가이자 시인 로버트 스티븐슨Robert Louis Stevenson, 1850~94도 인용하여 시로 썼다.

예수와 붓다

본 저자의 또 다른 저서 『예수와 붓다』에, 특히 p120에, 여기에 대한 상세한 내용이 있으니 많은 참고가 되리라 믿는다.

6장 수기품(授記品)
Bestowal of Prophecy

요약 : 누구나 불성을 가지고 있으며 성불할 수 있다는 사실을 설하고 수보리(須菩提) 등 4대 제자들이 미래에 부처가 될 것이라는 예언을 석존이 구체적인 수기(授記: 바람과 보증)의 형태로 제시한다.

수기(受記)
부처로부터 내생에 깨달음을 얻어 부처가 되리라고 보증하는 예언을 받음.

*수기授記: vykarana/비카라나란 부처님이 제자에게 그가 반드시 성불할 수 있다고 보증을 하는 일을 말한다.

이미 「비유품譬喩品 제3」에서 사리불존자舍利弗尊者; 舍利子/사리자; Shariputra가 화광여래華光如來라는 불제자가 되어 수많은 사람을 이끈다는 보증이 석존에 의해 예언된 바 있다.

이어서 「약초유품藥草喩品 제5」에 이어 「수기품授記品 제6」에서는 마하가섭摩訶迦葉; Mahakashyapa/마하카샤파이 미래세에 300만 억의 부처를 모신 후 부처가 되는 것이 예언된다. 그때의 불명佛名이 광명여래光明如來이다.

이것을 보고, 목련目連; Maudgalyayana/마우드갈랴나, 수보리須菩提; Subhuti/수부티, 가전연迦旃延; Katyana/카탸나 등의 제자가 부처님을 우러러보며 오랫동안 부처님의 가르침을 받으면서도 그 참뜻을 몰랐다고 사과하고 이제 법화경의 가르침에 따라 석존의 마음을 알 수 있게 된 것을 감사하고 장래 성불할 수 있도록 보증해달라 한다.

법화경과 신약성서

부처님의 십대(十大) 제자

　　부처님의 10대 제자란 부처님의 법을 널리 펴기 위해 부처님 재세 시의 제자들 중 각 방면에 특히 뛰어난 제자 열 분을 말한다. 10대 제자를 밝혀놓은 최초의 경전은 『유마경(維摩經)』이다.

≪석굴암 본존불 주위 벽면의 10대 제자상≫

Sarip“tra

01 지혜제일(智慧第一)
　　사리불(舍利佛) 존자
지혜가 가장 뛰어난 제자로 목건련과 함께 자신의 제자 2백50명을 데리고 부처님께 귀의함. 부처님에 앞서 입멸.

Purna

06 설법제일(說法第一)
　　부루나(富樓那) 존자
부처님의 말씀을 쉽고 재미있게 전하는 재주를 가진 설법과 전법의 달인, 먼 지방에까지 가서 포교.

Maudgalyayana

02 신통제일(神通第一)
　　목련(目連) 존자
사리불과 더불어 부처님께 귀의하여 6신통을 통달. 부처님보다 나이가 많았으며 최초의 순교자.

Katyayana

07 논의제일(論議第一)
　　가전연(迦玲延) 존자
부처님의 가르침에 대한 해석에 있어서 탁월한 이론을 세워 그 교의에 대한 논의가 가장 뛰어남.

Kasyapa

03 두타제일(頭陀第一)
　　가섭(迦葉) 존자
삼처전심(三處傳心)을 통해 부처님의 법을 이음. 석존 입멸 후 경전결집을 주재. 제1대 조사(祖師).

Upali

08 지계제일(持戒第一)
　　우바리(優婆離) 존자
왕궁 이발사(천민)출신. 불교교단의 계율을 잘 지켰으며 1차 경전결집 때 계율부분인 율장을 암송함.

Ananda

04 다문제일(多聞第一)
　　아난(阿難) 존자
석존의 사촌동생, 시자, 설법을 가장 많이 듣고 기억력이 뛰어나 1차 결집 때 법문을 암송함. 제2대 조사(祖師).

Aniruddha

09 천안제일(天眼第一)
　　아나율(阿那律) 존자
석존의 친척으로 설법 중 졸다가 꾸중을 듣고 잠자지 않고 수행하다가 눈이 멀게 되었으나 천안통(天眼通)을 얻음.

Subhuti

05 해공제일(解空第一)
　　수보리(須普提) 존자
불교의 핵심사상인 공(空)도리를 가장 잘 이해하고 설명함. 마음에 집착이 없어 마음에 걸림이 없었다.

Rahula

10 밀행제일(密行第一)
　　라후라(羅候羅) 존자
석손의 아들. 주로 사리불에게 가르침을 받았다. 남이 보지 않는 곳에서 수행에 힘썼다. 최초의 사미니.

여기에 나오는 가섭·목련·수보리·가전연의 4명의 제자는 「신해 품信解品 제4」에서 방편품, 약초유품의 가르침을 받은 것에 대한 기 쁨과 그 이해도를 고백한 바 있다. 여기서는 가섭에게 내려준 수기를 다른 3제자에게도 내려주도록 염원하고 있다.

약초유품 마지막에서 "너희들의 수행은 보살의 길이니라. 나날이 수행하여 부처가 되라"는 부처님의 말씀처럼 성문에 머물지 않고 수 행을 하면 보살의 길로 가게 되며 그 후 반드시 성불하리라 하여 *허 무주의虛無主義; nihilism에 빠지기 쉬운 *이승二乘을 적극적인 보살 도 실천의 방향으로 가게 하였기 때문에 수기라는 틀림없이 성불하리 라는 보증을 준 것이다.

왜냐하면 부처님이 설한 무상無常, 연기緣起의 법칙을 2승의 인간 은 허무적으로 해석하고 인생을 적극적으로 살려하지 않고 조용하게 이 세상을 살다가 무無로 돌아가는 것이 열반이고 깨달음이라고 착각 을 하고 있기 때문이다.

이러한 소승적 사고방식을 부정하고 현실적 활동의 중요성을 강조 한 것이 법화경의 출현의 이유이다.

법화경 「방편품方便品 제2」에서 「수학무학인기품授學無學人記品 제 9」까지를 통해 소승의 성문이 *일승묘법一乘妙法에 눈뜨고 허무주의 의 밑바닥에서 눈떠 미래에는 모두 부처가 될 수 있음을 보증하여 밝 히고 있다.

그러면 허무주의의 문제에 대해 생각해보자. 허무주의는 존재의 근 원에 대한 근본적인 회의에서 출발하여 존재 자체가 가치 없는 것이므 로 허무하다고 보는 정신적 태도이다.

일상적 환경 속에 매몰되어 자기존재에 대한 의문도 번뇌도 없는 무자각적 삶에 비하면 허무주의는 훨씬 차원이 높은 정신이기는 하다.

허무주의
라틴어의 무(無)를 의미하는 니힐(nihil) 이 그 어원.

이승(二乘)
성문승(聲聞乘)과 연각승(緣覺乘)을 일컫는 말.

일승묘법
모든 중생이 부처와 함께 성불한다는 석 가모니의 교법. 모든 중생을 깨닫게 하여 구제한다는 부처님 의 참된 가르침.

우리가 살고 있는 오늘날도 새로운 허무주의가 대두하고 있는 것도 사실이다. 현대의 인간은 스스로 만든 기술에 지배되고 인간이 스스로 발전을 이룩해온 사회기구라는 거대한 기계의 조그만 부속품 역할 밖에 하지 못한다.

하지만 역설적으로 그 때문에 더욱더 과거 어느 때보다도 더 날카롭게 인간문제에 직면하고 있는 것이다.

▲ 기계의 한 부속품처럼 되어버린 현대인
Chaplin의 영화 「Modern Times」에서

핵 폭발장면 ▶

이러한 역사적 상황 속에서 과연 인간은 더 자유롭게 인간성이 풍부한 존재가 될 수 있는가? 인간의 마음의 어두움에서 나오는 핵전쟁의 위협, 자연파괴의 위협 등으로부터 스스로 자신을 지켜나갈 수 있는가? 또 절망적인 상태에 빠져 허덕이는 일은 과연 옳은 일인가?

현대의 서구문명의 물질화사상을 극복하기 위해 우선 허무주의에 철저히 빠져 볼 필요는 있다. 그럼으로써 허무주의를 돌파하는 길이 열리고 현대인이 마음의 세계에 눈뜨는 문제, 지구와 인간을 살리는 문제가 나타나게 되는 것이다.

마음의 세계에 눈뜨는 지혜를 얻느냐 절망과 무명 속에서 헤매느냐? 바로 여기서 지혜를 구하지 못하는 데에 허무주의의 한계가 있는 것이다.

현대는 기술문명의 발달로 인간부재와 자기파탄에 직면하여 허무주의를 환기하게 하는 상황에 놓여있다.

불교에 있어서 *성문聲聞; sravaka/슈라바카 · 연각橡覺pratyeka-buddha/프라티에카–붓다의 2승이 공과 무를 허무주의로 본 것은 그 나름대로의 이유가 있다.

사실 석가는 *범梵; Brahman/브라만인 우주의 최고원리를 세우거나 자아自我; Atman/아트만인 내재원리內在原理를 설정하여 그곳으로 돌아가기를 강조한 브라만 철학Brahmanism; 婆羅門敎/바라문교을 비판하고 모든 법의 실상이 무상이고 무아이며 서로 의존한다고 설하여 *범천梵天; Brahma/브라흐마이나 본체적 자아를 철저하게 부정하였다.

그 때문에 브라만 철인들은 불교를 하나의 허무주의로 보았고 이러한 이야기는 원시경전에서도 볼 수 있다.

석존의 가르침을 듣고 허무주의에 빠진 사람들도 있었다. 하지만 이 허무주의의 밑바닥에는 참된 지혜로 넘치는 깨달음의 세계가 있는 것이다. 그것이 바로 깨달음을 얻고 적극적으로 현실 속에서 보살도를 실천하고 성불을 지향하는 길이다.

방편품 이래 역설되어 온 것이 바로 이러한 불교에 있어서의 극적인 삶에의 실천이다.

여기서 우선 가섭이 보살도를 행하고 부처가 된다.

붓다의 공덕과 위대함을 기리는 존호尊號는 경전에 따라 60가지, 108가지, 270가지 또는 그 이상으로 무량하다.

부처의 총명總名 여래如來는 산스크리트 tathagata타타가타를 한역한 것으로, '진리로부터 오신 분tatha「이와 같이: 진리」+ agata「오다」

성문(聲聞)
석가의 음성을 들은 사람이란 뜻. 후에 부파(部派)불교에서는 석가의 가르침을 충실히 실천하는 출가자를 가리킴. 사성제를 듣고 깨달은 소승불교의 성자

연각(緣覺)
홀로 수행하며 스스로 깨달음을 얻은 성자. 독각(獨覺).혼자서 12인연법을 깨우친 성자.

범(梵)
인도 정통 브라만교 사상의 우주의 최고원리. 산스크리트 brahman을 음사(音寫)하여 바라문(婆羅門)이라고도 함.

범천(梵天)
비인격적인 중성(중성)의 브라만(범)을 남성형으로 인격화한 힌두교의 창조신

진리에로 가신 분tatha「진리」+ gata「가다」, 또는 '인고의 영향 없이 여여히 왔다가 여여히 갈 수 있는 분' 등으로 해석된다. 한문 '여如' 는 '있는 그대로의 진실', '진리 그 자체'를 뜻한다.

부처의 공덕을 기리고 위대함을 나타내는 대체적인 열 가지 칭호를 *여래십호如來十號라 하는데, 여래, 응공應供, 정변지正遍知; 正覺者/정각 자: Sabuddha; 正等覺者/정등각자; Samyaksabuddha; 無上正等覺者/무상정등각 자: Anuttara samyaksabuddha, 명행족明行足, 선서善逝, 세간해世間解, 무 상사無上士, 조어장부調御丈夫, 천인사天人師, 불佛 · 세존世尊이라 한다.

불타佛陀, Buddha의 명호名號는 이상의 십호 이외에도 대사大師, 도사 導師, 대선大仙, 공덕주功德主, 목우牧牛, 사자獅子, 태양太陽, 석가모니釋 迦牟尼; Sakyamuni, 무니牟尼, 석가모니여래釋迦牟尼如來, 일체지一切智; sarvaja; 全知者, 복전福田; 행복을 기르는 밭; punya-ksetra 등이 있다.

여래십호(如來十號)
부처의 공덕을 기리고 위대함을 나타내는 열 가지 존호.

세존(世尊)
bhagavat(Skt.);
婆伽婆/바가바;
薄伽梵/박가범 등으로 음사.
세상에서 가장 존귀한 분

여래10호(如來十號)	
여래(如來)는 부처님의 총명(總名)이고, ②~⑩호는 부처님의 덕을 나타내는 덕명(德名)이다.	
❶여래(如來; tathagata)	진리의 체현자(體現者) · 열반(涅槃)에 달한 사람
❷응공(應供; 阿羅漢; arhat)	세상의 존경과 공양을 받아 마땅한 분
❸정변지(正遍知; 正等覺者; samyaksambuddha)	올바르고 완전한 진리를 깨달은 분
❹명행족(明行足; vidyacaranja-sampanna)	지혜와 행동이 원만하고 일치되는 분
❺선서(善逝; sugata)	윤회에서 벗어나 깨달음의 피안의 세계로 잘 가신 분
❻세간해(世間解; lokavid)	인과법에 의해 세간과 출세간의 이치에 통달하신 분
❼무상사(無上士; anuttara, purusha)	번뇌를 다 끊고 최상의 경지에 이르신 스승
❽조어장부(調御丈夫; purusa damya sarathi)	말을 부리듯 중생을 잘 다루어 교화하시는 분
❾천인사(天人師; sasta devamanushyanam)	천상계와 인간계를 제도하시는 대도사(大導師)
❿불 · 세존(佛 · 世尊, 薄伽梵; buddha-bhagavat)	깨달음을 얻은 부처와 복덕을 갖춘 세존을 함께 일컬음

다음 과정에 의해 상징되는 인간사회의 이상을 그린 이 장은 불교 의 진리가 인간의 성장, 완성과 인류사회의 성장 완성이 하나라는 것, 따라서 한 인간을 구제하는 것은 인류를 구제하는 것이며, 그렇게 하 기 위한 자비의 실천과 보살행의 중요성을 가르쳐 주고 있는 것이다.

7장 화성유품(化城喩品)
The Parable of the Phantom City

요약 : 수기를 받아도 불성을 자각하고 깨닫는 길은 멀고 험한 과정이다. 일행이 지치자 도사가 화성(가상의 성)을 만들어 휴식을 취하게 한 다음 목적지에 이르게한다. 끊임없이 정진 노력하자.

대통지승불
과거불의 하나. 무한히 먼 과거에 호성(好城)이란 나라에 있던 전륜성왕.

범천(梵天)
사바주범천(娑婆主梵天)으로서 불법(佛法) 수호신.

아득한 옛날에 *대통지승불大統智勝佛이 있어 도량에서 악마의 군세를 무찔렀으며 오랜 수행 끝에 성불하였다. 이 부처에게는 출가 이전에 16명의 왕자가 있었는데 그들은 부처에게 설법을 요청하였다.

대통지승불이 성불할 때 시방의 수많은 부처들의 세계가 진동하고 빛으로 넘쳤다. 시방의 500만 억의 *범천梵天; Brahma들이 내려와 부처에게 설법해 달라고 부탁하였다. 부처는 16왕자와 범천들의 원을 들어 *4성제 · 12인연법≪pp282~283 참조≫을 설하였다.

법화경과 신약성서

【十六王子의 現在】

雲自在仏　雲自在王仏

多摩羅跋栴檀
香神通仏

須弥相仏

壊一切世間怖畏仏

釈迦牟尼仏
（娑婆世界）

西北方　北方　東北方

度一切世間
苦悩仏

西方　大通智勝仏　東方

阿閦仏

阿弥陀仏

須弥頂仏

西南方　南方　東南方

帝相仏

師子音仏

梵相仏

師子相仏

常滅仏　虚空住仏

▲ 16왕자의 현재

　이것을 들은 자는 모두 해탈을 얻었다. 그리고 16명의 왕자는 각기
세계의 중생을 구하겠다는 원을 세워 시방의 세계에서 깨달음을 얻고
법을 설하였다. 그 가운데 석존은 16번째 왕자로 동북의 *사바세계娑
婆世界; Saha에서 헤매는 인간을 구제하게 되는 것이다.

　석존은『법화경』을 설함에 있어서 그 전제로『*무량의경無量義經』을
설하고 있다. 무량의경에는 석존이 깨달음을 얻고서 45년 간 그 깨달
음을 어떠한 목적으로 어떠한 순서로 설해왔는지 언급되어있다. 그리
고 그 깨달음의 근본진리는 모든 것이 존재하게 되는 하나의 법(실상)
에서 끝없는 '무량無量'의 법이 생긴다는 것이다.

사바세계(娑婆世界)
우리가 살고 있는 세계.

무량의경(無量義經)
법화경에서 유래한
법화삼부경의 하나
로 제(齊)의 담마가
타야사(曇摩伽陀耶
舍)가 번역.

석가모니 부처님은 부다가야(Buddha Gaya)에서 성도(成道; 깨달음을 얻음) 한 후, 진리를 전하기 위해 가야를 떠나 바라나시(Varanasi; Benares) 인근 사르나트(Sarnath; Deer Park; 綠野園/녹야원)로 온다.

　그리고 함께 고행을 했던 다섯 수행자(Panca-vaggi; The Five Ascetics)인 아야교진여(Annasi Kondanna), 아설시(Assaji), 마하남(Mahanama), 바제(Bhaddiya), 바수(Vappa)에게 처음으로 사성제, 중도 등의 가르침을 펴기 시작했다. 이를 초전법륜(初轉法輪)이라 한다.

　이곳에 초전법륜지임을 상징하는 다메크 대탑(Dhamekh Stupa)이 있는데, 이 탑은 아쇼카왕 때 세워지고 굽타 왕조시대에 증축된 거대한 원통형 전탑이다.

▲ 초전법륜의 부조(5수행자와 시자 아난다)

▲ 다메크 스투파(Dhamekh Stupa)

◆ 4성제(四聖諦; catur-arya-satya/카투르-아르야-사트야)

：이 세상의 모든 이치를 고락의 원인과 결과에 따라 설명한 4가지 성스러운 진리, 즉 고(苦)·집(集)·멸(滅)·도(道)를 말한다. 간단히 4제라고도 한다.

❶ 고성제(苦聖諦; duhkha-arya-satya: 고통에 대한 성스러운 진리)

　：이 세상 모든 것은 고통 아닌 것이 없다.

❷ 집성제(集聖諦; samudaya-arya-satya: 고통의 원인에 대한 성스러운 진리)

　：고통의 원인은 모두 갈애(渴愛; tanha; 욕망의 작용)에서 비롯.

❸ 멸성제(滅聖諦; nirodha-arya-satya: 열반에 대한 성스러운 진리)

　：모든 번뇌를 멸하고 평안한 경지에 이르는것을 말한다.

❹ 도성제(道聖諦; marga-arya-satya: 수행에 대한 성스러운 진리)

　：번뇌를 없애고 열반에 이르는 8가지 방법(8정도)이 있다.

　　– 정견(正見)·정사유(正思惟)·정어(正語)·정업(正業)

　　　정명(正命)·정정진(正精進)·정념(正念)·정정(正定)

◆ 12인연법(十二因緣法; 12연기법; dva-dasa-anga-pratityasamutpada)

: 불교의 핵심교리로, 일체의 사물과 세상이 생기는 불변의 이치로 12가지의 요소가 서로 인과관계를 이루어 윤회 · 전생하는 중생을 지배하는 법칙.

❶ 무명(無明; a-vidya): 밝지 못한 마음이 일어나는 것.

❷ 행(行; samskara): 행위 또는 업(業)이라는 뜻으로 몸과 입과 뜻을 통해 구체적으로 나타나는 행동.

❸ 식(識; vijnana): 대상을 인식할 수 있는 주체.

❹ 명색(名色; nama-rupa): 이름만 있고 형상이 없는 심식(心識)

❺ 육입(6入; sad-ayatana): 여섯 가지의 작용에서 감각이 생긴 상태.

❻ 촉(觸; samsparsa): 육근이 경계를 대하게 되는 것.

❼ 수(受; vedana): 감정에서 따라 느낌을 받아들이는 것.

❽ 애(愛; trisna): 본능적인 욕망(갈애(渴愛) · 애욕(愛慾)이 생겨나는 것.

❾ 취(取; upadana): 소유하고자 하는 집착심이 생겨나는 것.

❿ 유(有; bhava): 존재(存在)란 뜻이며 애 · 취의 인연으로 업인(業因)을 지어서 과보를 초래하는 작용.

⓫ 생(生; jati): 유(有)로 말미암아 생을 받아서 생존을 보유하는 것.

⓬ 노사(老死; ara-marana): 생을 받은 모든 존재가 필연적으로 맞게 되는 늙고 죽음을 말함.

12연기법(緣起法)

무명을 벗어나지 못한 채 죽으면
윤회의 굴레에서 벗어나지 못함

미래(苦/고)

1 과거(集/집)

4

번뇌의 굴레

무명 · 행 · 과거의 원인
과거의 갈애 · 취(집착)

무명
과거

업(유)

과거의 결과
과보에 관한 5단계

애

미래의 결과
미래 · 6입 · 촉 · 수
생 · 노사
생명 받는 식

과보의 굴레

미래

무
명
갈
애

미래의 원인
오감으로 인해 갈애가 생기는 연기
미래 · 유(有) · 취(집착) · 갈애

미래의 원인

취

갈애

현 재

현재의 결과
현재 · 6입 · 명색 · 수

수 · 촉 · 6입 · 명색 · 수

업의 굴레

수 · 촉 · 6입 · 명색 · 수
현재의 결과(결과로서의 현재)

현재의 결과(결과로서의 현재 · 갈애의 소멸)

연기의 출구(감각)

2 현재(苦/고)

3
현재+미래의 원인(集/집)
(다음 생의 원인이 됨)

윤회에서 벗어나는
4가지의 성스러운 진리(4성제)

그런데 이 설법을 들은 보살이 다음과 같이 요청을 하게 된다.

"석존의 가르침은 깊으나 범인(凡人)은 그 정신을 이해하지 못하나이다. 그 가르침을 듣는 자의 *근기(根機: indrya/인드리야)나 성질도 여러 가지로 다르기 때문에 자기 나름대로의 단계에 이르게 되며 또한 높은 경지에 이른 자도 지금까지의 가르침과 앞으로의 가르침과는 어떠한 관계에 있는지 알 수 없으니 설명해주시옵소서."

여기에 대하여 석존은 대답한다.

근기(根機)
중생이 교법을 받아들일 수 있는 종교적인 자질이나 이해능력. Sanskrit로는 인드리야(indriya).

"나는 전에 보리수 밑에서 명상하여 최고의 깨달음을 얻었다. 깨달음을 얻은 눈으로 세상을 보니 이 세상의 모습이 너무나 다양하다. 사람마다 성질이 다르고 원하는 바가 다르다. 따라서 이 단계에서 이 깨달음을 설하는 것은 좋지 않다는 결론에 이르렀느니라."

사실 진리 자체는 깊고도 알기 어렵다. 모든 인간이 바로 최고의 깨달음의 경지에 도달하기는 매우 어렵다.

따라서 석존은 가르침에 있어서 상대가 처한 입장과 성질에 따라 각자에게 어울리는 설법을 하였다. 단계적으로 진리를 깨달아야 하므로, 각기 그 수준에서 적절하게 가르쳤다.

석존은 그 최고의 도달점에 대해서는 언급하지 않았으나 궁극적으로는 그 경지에 도달해야 하는 것이며, 이때 최고의 가르침이 『법화경』인 것이다

여기에 500*유순(由旬: Yojana/요자나)이라는 매우 길고 험한 길이 있다. 그 길은 인가에서 멀리 떨어져있고 짐승이 나타나기도 한다.

유순(由旬)
고대 인도의 거리를 나타내는 단위로, 1유순은 약 9마일 또는 15킬로미터.

그런데 한 무리의 사람들이 보물성을 찾아 이 길을 가게 되었다. 그 안에는 도사도 있었다. 도사는 길을 잘 알기 때문에 사람들을 이끌고 어려운 고비를 넘게 되는데, 그 중에는 몸이 약하거나 끈기가 없거나 발병이 나서 더 이상 가는 것을 포기하려는 사람들이 생겼다.

이 도사는 경우에 따라 사람들을 이끄는 방법(방편)을 잘 알고 있기 때문에 이 때 신통력을 써서 그들 앞에 환상의 성(化城: a phantom city)을 출현시키고는 말한다.

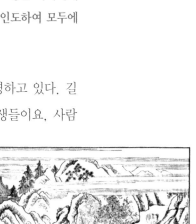

"우리 저 성안에 들어가서 잠시 쉬었다 피곤이 풀리면 보물을 찾으러 갑시다."

이 말을 듣고 일행은 기뻐서 힘을 내어 우선 성이 있는 곳까지 가서 휴식하게 된다. 피곤이 풀리게 되자 도사는 그 성을 사라지게 하고, 다시 사람들을 격려하여 보물이 있는 장소로 무사히 인도하여 모두에게 보물을 준다.

석존은 스스로 이 비유의 의미를 다음과 같이 설명하고 있다. 길을 인도한 도사는 부처님이요, 길을 가는 무리는 중생들이요, 사람들이 얻으려는 보물은 바로 부처님의 가르침, 즉 최고의 깨달음의 경지이다.

중간에서 환상의 성을 만들어 쉬게 한 것은 방편이다.

중생이 일불승一佛乘만을 들으면 부처님의 지혜라고 하는 보물은 너무나 먼데 있어 엄두도 낼 수 없는 일이라고 생각하여

▲ 지쳤으나 눈앞에 성이 보이자 기운을 내어 걸어가는 나그네들

지쳐서 물러나려고 하는 것과 같이 불도佛道를 피하고 말 것이다.

석존은 이처럼 성문이 마음이 약하고 저속함을 알고 있기 때문에 묘한 수단을 써 2가지 열반을 설한 것이다.

2가지 열반이란 성문과 연각의 열반이다. 즉 임시방편의 화성과 같은 휴식처에 불과하다. 이 경지에 있을 때 부처의 지혜라는 보물은 가까이에 있다. 그러나 아직 참된 열반이 아니다. 여래가 묘한 수단으로 일승불에 대하여 구별하여 *3승三乘을 말했을 뿐이다.

이 화성보처化成寶處의 비유The Parable of the Gem and the Magic City는 *3승방편三乘方便 1승진실一乘眞實에 대하여 성문, 연각의 열반과 진실의 열반을 대립시키고 있다.

단숨에 최고의 진리에 이르기 위해 초조해서는 안 된다. 단계적으로 조금씩 가야한다. 최고의 진리를 얻는데는 시간도 걸리고 노력도 필요하며 그래도 한 단계 한 단계 올라갈 때마다 마음이 안정되고 용기와 기쁨이 생기고 그 때문에 험한 길을 갈 수 있게 되는 것이다.

인생에 있어서도 큰 성공을 위해서는 높은 목표를 세워야 하지만 그 목표에 이르기 위해서는 많은 난관을 돌파해야 한다. 그 과정에서 우리는 소모될 수도 있다.

그러나 그 길이 아무리 힘들어도, 그 목표를 반드시 달성하겠다는 신념을 가지고 그 염손을 축적하고 노력을 게을리 하지 않는다면 뜻하지 않은 부처님의 원조가 나타나 그 뜻이 반드시 이루어지는 법이다.

인생은 노력한다고 해서 언제나 맑은 날만이 계속되는 것도 아니고 때로는 흐리고 비 오는 날이 계속될 때도 있지만, 그렇

삼승(三乘)
성문(聲聞; 소승)·
연각(緣覺; 중승)·
보살(菩薩; 대승)의
3가지를 이르는 말.

삼승방편 일승진실
승(乘)이란 실어 나른다는 뜻인데, 성문·연각·보살이란 삼승의 구분은 일승(一乘)이란 부처의 세계에 이르는 방편일 뿐이다.

다고 해서 해가 없어져 버리는 일은 없다. 언제나 어디에서나 반드시 해는 뜬다는 것을 믿고 성실하게 노력한다면 어찌 뜻이 이루어지지 않겠는가?

예를 들어, 만성병으로 오랫동안 고생하는 사람이 이제는 병이 더 낫지 않을 것이다 하고 절망하면, 자포자기의 마음을 잠재의식에 심어 우주의 마음 속에 나쁜 씨를 뿌림으로써 그 나쁜 작용을 받게 되어 더 악화되기 쉽다.

자기의 병은 반드시 나을 것이라 믿고 남을 돕고 즐거운 생활을 하면, 마음이 편안하고 깨끗해져 병은 낫게 되는 것이다. 인내심을 가지고 그러한 마음의 상태를 유지하여 밝은 발상과 신념을 지속케 함으로써 병이 낫는 것이다.

높은 목표를 향하여 나아갈 때 상황이 악화되는 경우도 있다. 그러나 신념을 가지고 원인을 해결하며 나아가면 역경도 일시적인 것이 되고 결국 성공하게 된다. 이 확신과 인내심과 노력이 우리 인간의 내일을 약속하는 것이다.

어두운 밤보다 먼동이 트기 직전이 더 어두울 수도 있다. 이처럼 목표가 달성되기 직전이 가장 힘들 수 있는 것이다. 애석하게도, 이 마지막 한 걸음을 남겨놓고 좌절하는 사람도 있는 것이다.

인간을 기르는데 있어서 석존의 가르침은 중요하다. 장기적 목표를 세우더라도 일차적으로는 달성이 가능한 중간적인 목표를 설정하고 그 작은 목표의 달성을 만끽하면서 다음 목표로 가야한다.

중간지점에서 행복을 맛보는 즐거운 면과 도사가 환상의 성을 짓고 보물을 찾기 위해 길을 계속해서 가는 근엄하고 끈기 있는 측면의 양면성 없이는 인간을 키울 수 없는 것이다.

8장 오백제자 수기품(五百弟子受記品)
Prophecy of Enlightenment for 500 Disciples

요약 : 우리 인간은 태어날 때부터 마음속에 불성을 지니고 있다. 그러나 우리는 이 사실을 알지 못하거나 잊고 있다. 이를 옷속에 보배가 들어 있음에도 알지 못하고 고생하는 사람에 비유하여 우리의 어리석음을 깨닫게 한다.

의리계주의 비유
계보주(繫寶珠)의 비유라고도 함.
인간의 마음 속에 있는 불성이 있으나 이를 알지 못하는 어리석음을 옷 속에 보석이 들어있으나 이를 알지 못하는 것으로 비유.

법화경「오백제자 수기품五百弟子受記品 제8」의 *의리계주依裏繫珠의 비유The Parable of the Gem in the Jacket에는 다음과 같은 이야기가 있다.

한 가난한 남자가 친구의 집을 방문하여 대접을 잘 받고 술에 취한 채 잠들어 버렸다. 그 사이에 친구는 급한 볼일이 생겨 멀리 떠나게 되었다. 그는 곤히 잠든 가난한 남자를 깨우기가 미안하여 그대로 두고 가기로 하였다. 그는 친구가 몹시 가난한 것을 알고 있었기 때문에 값진 보석을 친구의 옷 속에 넣고 꿰맸다.

이튿날 아침, 잠에서 깨어난 가난한 남자는 친구의 배려에 대해서는 알지도 못하고 그대로 그 집을 나가 여전히 방랑생활을 하면서 가난하게 지냈다.

오랜 세월이 흐른 어느 날, 두 친구는 우연히 만나게 되었다.

그 부유한 친구는 여전히 가난한 남자의 처참한 모습을 보고는 그의 옷 속을 뜯어 보석을 꺼내어 주고 말하였다. "나는 네가 평생 살 수 있는 것을 옷 속에 넣어 주었는데 그것도 몰랐느냐? 이것을 팔아 편안히 살아라."

▲ 취해서 옷 속에 든 보물을 알지 못하는 사람

이 비유에서 친구는 부처님이며, 술에 취해 잠든 이는 성문, 그리고 옷 속에 넣은 보물은 일체지一切智; 모든 것을 아는 능력이다.

일체지는 부처님의 지혜를 의미하므로 성문 · 아라한 · 소승의 열반과 같은 조그만 소득이 아니라 성불이라는 진짜 보물을 갖는 것이다. 또한 이 비유는 인간의 위기상황과 인간의 존엄성을 보여주고 있다.

법화경의 7가지 비유, 즉 *법화7유法華七喩; 法華七比/법화7비 가운데 하나인 이 '빈인계주의 비유'에는 술에 취한 남자가 등장한다. 이처럼 술 취한 무능한 인간의 옷 속에도 값진 보물은 있는 것이다. 하물며 보통 사람이야 성불하기가 더 쉬운 법이다.

이 이야기는 가난한 남자가 어리석다고 말하려는 것은 아니다. 옷

법화칠유
『법화경』에서 불교의 교리를 7가지 비유를 통하여 설명한 것.
❶ 삼계화택의 비유
　└「비유품 제3」
❷ 장자궁자의 비유
　└「신해품 제4」
❸ 삼목이초의 비유
　└「약초유품 제5」
❹ 화성보처의 비유
　└「화성유품 제7」
❺ 빈인계주의 비유
　└「수기품 제8」
❻ 계중명주의 비유
　└「안락행품 제14」
❼ 양의병자의 비유
　└「여래수량품 제16」

제3부 법화경의 세계

속에 넣은 보물이란 바로 불성이다.

인간은 누구나 자기 마음 속에 불성이라는 보물을 지니고 있다. 선인이나 악인이나 모두 다 가지고 있지만 이 보물은 잘 닦아야만 빛이 나는 것이다.

왜냐하면 이 보물은 *탐貪/탐욕 · 진瞋/노여움 · 치痴/어리석음라는 먼지에 싸여 눈에는 잘 보이지 않기 때문이다. 탐 · 진 · 치의 두터운 의식으로 포장되어 있기 때문에 그 속에 있는 불성의 존재를 알지 못하는 것이다.

그 때문에 우리는 모처럼 자기 안에 가지고 있는 여러 가지 가능성을 스스로 말살하고 있는 것이다. 불성에 눈뜨기만 하면 자유로운 생활이 가능하다는 것이다.

그러나 현세적인 이익만을 추구하면 이 보물이 더럽혀져 뜻을 이룰 수 없게 된다. 마음을 닦고 이타적利他的인 삶을 살 때 모든 것은 스스로 뜻하는 대로 이루어지는 것이다.

예수는 *'낙타가 바늘구멍으로 들어가는 것이 부자가 천국에 가는 것보다 쉽다'고 「마가복음 10:25」, 「마태복음 19:24」에서 말하고 있다. 하지만 실상의 세계에는 무한한 것이 있기 때문에 거기에는 무한한 능력이나 부가 약속되어 있는 것이다.

1868년에 미국에서 기독교를 과학적으로 연구하는 새로운 움직임이 생겨났는데, 그 중에서도 '뉴 쏘―트New Thought'라 불리는 일파는 법화경의 불교적 진리를 받아들여 부富가 신과 대립되지 않는다고 주장하였다. 조셉 머피Joseph Murphy 목사는 불교의 실상의 세계를 피력하여 마음을 닦고 선행을 쌓으면 오히려 부자가 된다고 말하고

탐 · 진 · 치
깨달음에 장애가 되는 근본적인 세 가지 번뇌, 즉 탐욕 · 노여움 · 어리석음을 가리키며, 삼독(三毒)이라 한다.

낙타(?)가 바늘귀를 통과하기
번역자가 아랍어의 gamta(밧줄)를 gamla(낙타)와 혼동하였기 때문에 일어난 유명한 오역 중의 하나이다.
올바른 번역은 "밧줄이 바늘귀를 통과하는 것이 부자가 하늘나라에 들어가는 것보다 쉽다"이다.

Rev. Murphy

있다.

자기명의의 한정된 재산을 은행에 예금하는 것이 아니라 형태가 없는 무한한 부를 우주은행에 예금하면 모든 것이 가능하지만 이것을 믿지 않으면 다른 도리가 없는 것이다.

불자는 우주의 상속인인 것이다. 우주 그 자체가 자기이다. 따라서 우주는 자기가 생각하는 대로 되는 것이다. 이것은 누구나 다 할 수 있는 일이다. 왜냐하면 사람은 누구나 불성을 지니고 있기 때문이다. 그것을 인식하느냐 하지 못하느냐가 이 가난한 남자의 운명을 결정하는 것이다.

▲ 미운 오리새끼(Ugly Duckling)
자신을 알기 전 까지는 백조가 아닌 오리에 불과한 것이다.

물론 불성에 눈뜬다는 것이 쉬운 일은 아니다. 인간의 잠재의식은 불성을 어두운 장막으로 덮어버리기 쉬운 것이다. 따라서 우리의 잠재의식을 정화해야 할 필요가 있다.

이것은 머리로 이해하는 것이 아니라 마음 속으로 느껴야 하는 것이다. 많은 노력과 수련이 필요하다. 마치 양파껍질을 하나씩 벗겨내듯 끈기 있게 노력 정진해야 한다.

꾸준한 노력과 경험의 축적이 중요하지만 그것만으로는 족하지 않다. 신념과 음덕도 필요하다. 악인이 노력해서 성공할 수는 있지만 자기의 이익만을 추구하고 남에게 폐를 끼치면, 인과의 법칙에 의해 적을 만들고 남의 원한을 사기 때문에 그 번영은 오래 지속될 수가 없는 것이다. 음덕을 쌓아야만 성공은 지속되는 법이다.

우리가 불성을 깨닫고 실상과 연결된다면 실상 속에 있는 무한의

삼승방편 일승진실
승(乘)이란 실어 나른다는 뜻인데, 성문·연각·보살이란 삼승의 구분은 일승(一乘)이란 부처의 세계에 이르는 방편일 뿐이다.

하근(下根)
종교적 이해력이 가장 낮은 사람.

부루나 존자

석가의 10대 제자 중 한 사람으로 설법을 통해 중생교화에 힘써 '설법제일'로 칭송됨.

아라한
존경받는 성자라는 뜻. 높은 경지에 이른 출가수행자.

능력과 부를 얻을 수 있는 것이다. 이 깨달음의 정도가 깊을수록 그 능력도 커지는 것이다.

인간은 부처에 접근하는 정도에 따라 그러한 능력을 스스로 지니게 되는 것이다. 이처럼 부처님의 무한한 힘·능력·부를 많이 받기 위해서는 마음의 문을 활짝 열고 부처님과 일체가 되어야 한다.

우리는 무한한 능력을 지닌 부처님이 존재한다는 것과 부처님이 인간의 마음 속에 개성적으로 나타난다는 것을 인정해야 하며, 부처님의 능력에 자기를 맡기고 정진해야 한다. 부처님이 무한한 능력을 가지고 있음을 표층의식 뿐만 아니라 잠재의식에 있어서도 인정하고, 이 무한한 능력이 우리의 마음 속에 흘러 들어와 우리가 바라는 바 모든 일이 성취된다는 것을 깨달아야 한다. 이것이 바로 기적이라 일컫는 불가능한 일을 가능케 하는 인생의 비결인 것이다.

「화성유품 제7」에 있어 숙세인연설宿世因緣說에 의해 *3승방편三乘方便 1승진실一乘眞實을 이해한 *하근下根의 성문들에 대하여 석존이 「오백제자수기품 제8」과 「수학무학인기품 제9」에서 수기한다. 오백제자수기품에서는 *부루나富樓那; Purna와 1,200명의 *아라한阿羅漢; 羅漢/나한; arhan(pali), arhat(skt)이 수기된다.

수학무학인기품에서는 아난阿難; Ananda; 阿難陀/아난다·라훌라羅候羅; Rahula와 유학有學·무학無學의 2,000명의 성문이 수기된다. 처음에 본 가난한 사람의 비유에서 500명의 아라한이 여기에 의미를 두고 있다.

석존이 보살이었을 무렵 우리를 교화하여 모든 것을 아는 지혜, 즉 일체지一切智; sarvaja; 全知者를 구하도록 하였다. 그러나 아라한의 깨달음에 만족하여 더 이상 바라지 않고 그것을 잊어버리자 부처님이 다시 참된 열반을 구하는 마음을 일으키게 한 것이다.

불교에서는 서양사상처럼 인간이 이성을 지니고 있기 때문에 존엄하다고 말하지는 않는다. 귀중한 생명체를 불성佛性이 있는 존재로 규정하고 모든 중생이 부처가 되기를 바라는 것이 불교다. 우리는 이 비유를 통해 자기의 존엄성과 다른 사람의 존엄성을 잊지 말고 인간이 서로 존중하고 부처가 되기 위해 서로 노력해야 한다.

부처님과 제자의 관계는 단순히 학문을 가르치고 그것을 배우는 객관적인 관계가 아니라 부처님과 제자가 다 주체인 것이다. 종교에서는 흔히 자력·타력에 대해서 논하지만, 불교의 깨달음은 인간의 자율적 행위나 부처님의 타율적 행위가 아니라 부처님과 인간의 만남 속에서 깨달음이 성취되는 것이다.

부처님의 수기를 통해 허무한 생의 경지에서 일어나 깨달음의 현실사회에서 노력하기를 맹세한 제자들이 그 심정을 부처님에게 말한다.

인간의 욕망도 만족을 얻었을 때는 사라지는 법이다. 식욕도 배불리 먹으면 사라진다. 따라서 욕망은 허무한 것이다. 물론 돈을 번 사람이 돈에 더 집착하는 경우는 많이 볼 수 있다. 그러나 생각해보면 그는 그 욕망을 구사하는 주인이 아니라 자기도 모르게 욕망에 지배되는 욕망의 노예인 것이다. 따라서 자유롭지 못한 것이다.

참된 자유는 욕망이나 정념의 세계에 있는 것이 아니라 욕망의 허무성을 깨닫고 욕망 그 자체를 버리는 세계에 있다. 그곳에 본래의 진실의 세계가 있으며, 음덕을 쌓는 행위 속에 미래성불의 보증이 주어지는 것이다.

9장 수학무학인기품(授學無學人記品)
Prophecies Conferred on Learners and Adepts

요약 : 아난 · 라훌라와 유학무학의 제자들에게 수기를 한 후, 자기는 성불할 수 없다고 생각하는 소극적이고 허무주의적 인생관에 빠져 있는 모든 인간 소승에게 성불의 가능성을 제시하고 격려한다.

무상(無常)
현상계(現象界)의 모든 것은 변(變)하며 영구히 존속하는 것이 없다는 뜻.

연기(緣起)
모든 현상은 원인과 조건의 상호관계로 성립한다는 설. 일체 현상의 생기소멸(生起消滅)의 법칙.

불교는 '부처님이 설한 가르침'인 동시에 '부처가 되기 위한 가르침'이기 때문에 부처님의 가르침을 배우고 이것을 실천함으로써 우리는 부처가 될 수 있는 것이다.

부처님이 가르치는 *무상無常; anitya/아니트야 · 무아無我; anatman/아나트만 · 연기緣起; patityasamutpada/파티야사뭇파타라는 말이 나타내는 상호관계나 유동적 실재관實在觀을 잘못 이해하게 되면 허무주의nihilism에 빠지기 쉽다.

부처님은 당시 진실성을 불변의 본체로 본 브라만교Brahmanism의 유신론사상이나 브라만Brahman을 최고의 절대적 진실성으로 본 본체론적 고정적 실재관을 다 허망한 것으로 보고 이를 부정하고 부처님 특유의 연기적 실재관을 전개하였다.

그러나 이 연기나 공의 이법을 허무로 돌아가는 것으로 잘못 해석하면 허무주의에 빠지기 쉽다.

새롭고 획기적인 가르침이 세상에 나올 때는 흔히 *공空; sunyata/수니야타을 무無나 허무虛無로 잘못 받아들이는 사람이 많은 것이 이 세상의 현실이다.

하지만 이 허무주의 사상은 참된 불교의 해탈에의 길과 불건전한 허무주의의 기로에 서 있으며 이 허무주의를 돌파함으로써 비로소 참된 불교정신이 나타나게 되는 것이다.

소승불교는 이 기로에서 공과 무를 받아들인 경향이 있고 이것이 서구에 불교의 흐름으로 잘못 전달되었다. 대승불교에서 비로소 불교의 연기적 실재관의 원리가 해명되었으며 이를 처음 편집한 것이 『*반야경般若經: Prajnaparamita Sutra/프라즈냐파라미타 수트라』이다.

이 경전에서 비로소 공의 참된 의미가 밝혀지고 이 공을 적극적이고

공(空)
감지되지는 않지만 무한한 파동과 에너지

반야경(般若經)
모든 법의 실상은 반야(般若; prajna/프라즈냐; 지혜)에 의해 밝혀진다고 설명하는 경전.

Iha Sariputra, rupam sunyam sunyata iva rupam, rupan na prithak sunyata, sunyataya na prithak sa rupam yad rupam sa-sunyata, ya sunyata sa-rupam evam eva vedana, samjna sam-skara vijnanam

---

사리자 색불이공 공불이색 색즉시공 공즉시색 수상행식
舍利子 色不異空 空不異色 色卽是空 空卽是色 受想行識

지혜 총명한 사리불이여, 물질이 공과 다르지 않고 공이 물질과 다르지 않으니,
물질이 곧 공이요 공이 곧 물질이니, 느낌·생각·의지·인식도 또한 그러하니라.

O Sariputra, know then,
form does not differ from emptiness,
nor does emptiness differ from form;
indeed, form is none other than emptiness,
emptiness none other than form.
Feeling, perception, conduct and consciousness
are, as this, the same.

▲ 각 국어로 번역된 반야바라밀다심경의 한 부분 ≪천수경 pp104~109, 민희식 저 참조≫

반야경(般若經; Prajnaparamita Sutra/프라즈냐파라미타 수트라)

모든 법의 실상은 반야에 의해 밝혀진다고 설명하는 경전이다. 가장 방대한 경전은 당나라 현장(玄奘: 602~664; 서유기에 등장하는 그 유명한 삼장법사)이 번역한 『대반야경(大般若經)』 600권이며, 그 외 여러 가지 반야경전류는 이 경전의 일부분이거나 요약한 것이다.

『금강반야바라밀경』(간단히 『금강경』)은 요진(姚秦) 구마라습(鳩摩羅什; Kumarajiva)의 번역으로, 석가모니가 사위성에서 제자 수보리의 질문에 답하여 어찌하면 마음을 닦고, 머물고, 항복시키는지에 대한 가르침으로 시작된다.

"모든 법이 정해진 모양이 없으며 머무르는 바 없이 마음을 내라"고 설하시는 등 반야사상의 정수를 적합한 분량으로 나타내어 중국 선종의 근본경전으로도 활용된다.

▲ 현장(玄奘)

반야바라밀다심경(般若波羅蜜多心經)

Prajnaparamita Hridaya Sutra/프라즈냐 흐리다야 수트라;

The Heart Sutra of the Great Perfection of Wisdom

『반야경』의 핵심내용만 간추려 요약한 반야경전으로 간단히 반야심경이라 한다. 중국 당나라 현장(玄奘)이 번역하였다.

관자재보살이 반야행을 통해 나타나는 법의 모습을 단계적으로 서술하고 있는데, 불교의 기초적인 법문인 오온(五蘊)·12처(十二處)·18계(十八界)가 모두 공(空)하며, 12연기 또한 공하며, 4제 또한 공하다 하여 모든 법의 공한 이치를 나타내었다.

특히 '색즉시공공즉시색(色卽是空 空卽是色)'으로 대표되는 공의 이치는 어떤 대상이든 고정적인 성품이 없음을 나타내었으며, 오직 보살은 마음에 걸림이 없는 반야바라밀의 수행으로 최상의 깨달음을 얻을 수 있으며 그러한 이치는 또한 신묘하여 진언으로서 끝내고 있다.

모두 14행의 짧은 경전이나 반야경의 핵심을 운율에 맞게 잘 정리하여 동아시아 여러 나라에서 널리 유통되고 있다. 산스크리트 원문도 2가지가 전해지며 한역으로는 현장 외에 요진의 구마라습(鳩摩羅什) 번역의 『마하반야바라밀대명주경』, 당나라 반야공리언의 『반야바라밀다심경』, 당나라 법월중의 『보편지장반야바라밀다심경』, 당나라 지혜륜의 『반야바라밀다심경』, 송나라 시호 번역의 『성불모반야바라밀다경』의 6가지가 있다. 신라의 원측법사는 이 경전에 대한 주석으로 『불설반야바라밀다심경찬』 1권을 남기고 있다.

실천적으로 시도한 결과 나타난 것이 법화경이다.

법화경에서는 '연기緣起=공空'인 진리를 우주의 통일적 진리로 보고 이것을 *일승묘법一乘妙法이라 하고 여기에 2승二乘·3승三乘을 포괄함으로써 전체적 통일적인 불교 세계관 인생관이 확립된 것이다.

우선 「방편품 제2」에서 일승을 도입하기 위한 여러 가지 방편을 설하였다. 그런데 인간의 이해의 정도에는 차이가 있기 때문에 「수학무학인기품 제9」에 이르기까지 8품에 걸쳐 부처님은 이론이나 비유 때로는 인연담을 통하여 일승불의 도입을 시도하였으며 이것을 법法·비譬·인연因緣의 *삼주설법三周說法이라 부른다.

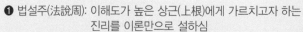

❶ 법설주(法說周): 이해도가 높은 상근(上根)에게 가르치고자 하는 진리를 이론만으로 설하심
❖ 「방편품」
❖ 사리불

❷ 비유주(譬喻周): 이론만으로는 이해하지 못하는 중근(中根)을 위해 비유로 설하심
❖ 「비유품·신해품·약초유품·수기품」
❖ 마하가섭·목련·수보리·가전연

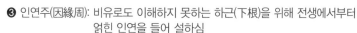
❸ 인연주(因緣周): 비유로도 이해하지 못하는 하근(下根)을 위해 전생에서부터 얽힌 인연을 들어 설하심
❖ 「화성유품·오백제자수기품·수학무학인기품」
❖ 부루나·아난·라훌라·교진여

원시팔품(原始八品)의 삼주설법(三周說法)

우선 *상근上根인 사리불舍利弗; 舍利子/사리자; Shariputra이 「방편품 제2」에서 석존의 참뜻을 이해하였다. 이 「방편품 제2」의 설이 법설주法說周이다. 이 법설주에 의해 사리불은 화광여래라는 부처가 되는 예증豫証을 받은 것이다. 그 후 아직 이해하지 못한 사람들을 위해서 부처님은 삼계화택의 비유를 설했다.

다음, 중근中根을 위해 「비유품 제3」, 「신해품 제4」, 「약초유품 제5」, 「수기품 제6」이 설해지고 장자궁자長子窮子의 비유, 삼초이목三草二木의 비유가 나타난다.

이 4장의 설을 비유주譬喩周라 하며 중근의 가섭迦葉; Mahakashyapa은 광명여래光明如來, 목련目連; Maudgalyayana은 다마라발전단향여래多摩羅跋栴檀香如來, 수보리須菩提; Subhuti는 명상여래瞑想如來, 가전연迦旃延; Katyana은 염부나제금광여래閻浮那提金光如來가 될 예증을 얻는다.

끝으로, 하근下根을 위해 「화성유품 제7」, 「500제자 수기품 제8」과 본 장「수학무학인기품 제9」가 설해졌다.

그리하여 여러 가지 인연담에 의해 부처님의 참뜻을 이해한 성문 가운데 부루나富樓那; Purna-Maitrayaniputra/푸르나 마이트라야니푸트라가 법명여래, 아난阿難; Ananda이 산해혜자재통왕여래山海慧自在通王如來, 라후라羅候羅; Rahula가 도칠보화여래蹈七寶華如來, 교진여憍陳如; Anna-Kondanna 외 500인은 보명여래普明如來, 2천명의 성문이 보상여래寶相如來가 되고 각기 성불의 보증을 받게 된다. 이 3장을 인연주因緣周라 한다.

이상의 삼주설법에 의해 허무적 인생관에 빠진 성문이나 연각이 미래성불의 보증을 받고 일승불인 통일적 진리아래 인간 만물의 평등이 보장되는 것이다.

법화경과 신약성서

상식적으로 말하자면 학인學人은 학식이 있는 자, 무학인無學人은 학식이 없는 자를 가리키지만, 불교에서는 이 통념과는 정반대로 *(유)학인有學人은 아직 배울 것이 많이 있는 자, 무학인無學人은 모든 것을 다 배운 자를 말한다.

또한 수학무학인기품이란 학인學人과 무학인無學人 모두에게 *수기授記: vykarana/비카라나를 준다는 뜻이므로, 읽을 때 수학/무학/인기품이 아니라 수/학 · 무학인/기품으로 띄어 읽는 것이 옳다.

이때 학습이란 단순히 학문이 아니라 일상에서의 종교적 실천생활을 뜻하는 것이다. 여기에서 무학의 경지에 이른 사람을 *아라한阿羅漢이라 부른다.

「수학무학인기품 제9」에 이르러 유학자나 무학자 모두가 일승으로 성불할 수 있는 예증을 받게 된다. 즉 상 · 중 · 하근의 성문이다. 성불의 보증을 받고 비로소 부처님의 원이 이루어지는 것이다.

특히 이 장에서는 아난과 라훌라의 수기가 중심이 되고 있다. 부처님은 많은 제자들에게는 미래의 성불의 보증을 주었으나 자기 사촌이며 언제나 그의 곁에서 가르침을 들은 아난과 아들 라훌라에게는 주지 않았다. 이에 두 사람은 부처님께 수기를 해달라고 부탁한다.

아난은 대단한 미남자였는데 그 때문에 많은 애욕의 고뇌를 겪어 왔다.

경전은 '여시아문如是我聞: evam maya-srutam/이밤 마야 스루탐; 나는 이렇게 들었다; Thus have I heard'이라는 말로 시작되는데 여기서 '나'란 바로 아난을 가리킨다.

▲ 부처님에게서 수계를 받고있는 아들 라훌라 존자

▲ 「Crying Ananda(우는 아난다)」
암벽에 새겨진 석존의 열반상과 울고 있는 아난다(왼쪽 입상)
스리랑카 폴로나루와(Polonnaruwa, Sri Lanka) 소재

아난존자는 부처님이 살아 계시는 동안에는 깨닫지 못하였으나 그 후 가섭존자의 지도를 받고 깨닫게 된다.

아난은 30년 간이나 시자侍者를 맡아 가까이서 부처님을 모시면서 그의 말을 가장 많이 들었으므로, '다문제일多聞第一' 아난다로 불렸다.

부처님이 열반하시자 다른 제자들은 평정심을 가지고 슬픔을 이겨내어 성인으로서의 달관의 자세를 잃지 않았으나 아난만은 몹시 통곡하였다. 그래서 성자의 경지에 이르지 못한 자로 간주되기도 하였다.

마하프라자파티
석가모니의 이모이자 양어머니.

야쇼다라(耶輸陀羅)
석가모니의 출가 전의 아내이자 라후라의 어머니.

사실 아난은 인정이 많기로 유명하였다. 라훌라가 처음 출가했을 때도 그를 정성껏 도와주었고, 부처님의 양모 *마하프라자파티 고타미Mahaprajapati Gautami 부인과 부처님이 태자일 때 태자비였던 *야쇼다라Yashodhara의 출가를 허용하도록 부처님에게 간청한 사람도 아난이었다.

라훌라는 석존이 아직 왕자로서 출가하려 할 때 태어났기 때문에 라훌라Rahula; 방해자라는 뜻라 이름 붙여지게 되었다. 그는 15세에 출가하여 20세에 비구bhikkhu가 되었다.

원래 라훌라Raksha Rahula는 해와 달을 삼켜 일식과 월식을 일으킨다고 하는 마물이다. 또 '빛을 방해하는 장애'의 뜻도 있다.

아들이 태어났을 때 월식이 일어났으므로 라훌라라는 이름이 붙여

▲ 라훌라

졌다. 출가의 뜻을 품고 있던 석가모니가 아들의 탄생 소식을 듣고 출가하는데 '장애'가 생겼다고 탄식한데서 비롯되었다고도 한다.

당시 인도에서는 후계자가 생기면 출가하는 관습도 있었으나 *유성출가逾城出家; Mahabhinishkramana/마하비니쉬크라마나; The Great Departure를 묘사하는 부조나 회화를 보면 당시 상황에서 부처님의 출가가 얼마나 큰 결심과 사명감을 필요로 하는 것이었는지를 짐작할 수 있다.

▲ 「유성출가(逾城出家)」 편암, 2-3세기, Swat Museum, Pakistan
말을 타고 성을 나서는 태자의 발 아래에서 소리가 나지 않도록 약샤가 말발굽을 받쳐들고 있다. 앞에는 마부 찬다카(Chandaka)가 산개(傘蓋; chatra)를 들고 있다.

▲ 잠들어 있는 태자비 야쇼다라와 아들 라훌라를 두고 떠나는 태자 싯타르타

▲ 부처님에게 유산을 달라고 말하는 8세 된 아들 라훌라

부처님이 성도成道; 깨달음을 얻음하여 고향 카필라성 Kapilavastu/카필라바스투에 들렀을 때 야쇼다라는 자기 스스로 부처를 만나러 가는 대신에 아들 라훌라를 보내 유산을 달라고 말하도록 하였다. 그 때 부처님은 아들에게 깨달음에 이르는 길을 가르쳐 주고 아들을 출가시켰다.

많은 경전에서는 라훌라가 부처님의 아들이라는 점이 별로 중시되지 않는다. 그러나 법화경에서는 이 점이 중시되어 라훌라는 그 후 많은 생애에 있어 부처님의 장자가 되도록 예언이 되어 있다.

고대 인도의 전통을 알지 못하는 이들은 석가모니 부처님의 출가를 마치 무책임하게 가정을 버린 것처럼 단정짓는 우를 범하는 수가 있으나, 이는 무지의 소치이다. 출가는 인도인이라면 평생 한번은 겪어야 하는 과정이었다. 남방불교국가에는 지금도 이 전통이 남아있다.

인도인들은 베다 시대 이래로, 인간이라면 마땅히 추구해야 할 삶의 목표인 뿌루샤 아르타(purusartha, 네 가지 덕목), 즉 다르마(dharma, 의무), 아르타(artha, 부), 까마(kama, 욕망), 목샤(moksha, 해탈)를 이루고자 하였다.

그리고 브라만교의 인도전통에서는 여기에 도달하는 단계로 아슈라마(ashrama, 4주기; 한 평생에 반드시 거치는 4단계 생활기)라고 불리는 인도인의 이상적인 삶의 형태를 강조하였는데, 그 4주기는 학생기 · 가주기 · 임서기 · 유행기이다.

1 학생기(Brahmacarya, 범행기/梵行期)

스승에게 나아가 의무(dharma)를 배우는 청년 시절의 학습기이다.

2 가주기(家住期, Grhasthana; 가장기/家長期, Grhastya)

가정을 이끄는 가장으로서 경제활동을 통해 부(artha)를 추구하는 동시에 자식을 낳는 의무를 통해 욕망(kama)도 이루는 시기이다.

3 임서기(林棲期, Vanaprastha)

가정과 재산을 아들에게 물려주고 출가하여 숲으로 들어가 은거하며 명상과 고행을 통한 수행을 함으로써 해탈을 얻기 위한 준비를 하는 시기이다.

4 유행기(遊行期, Sannysa; 유랑기/流浪期, Sanyasa)

최고 목표인 해탈이 되어 일체의 고(苦)에서 벗어나게 되는 시기. 숲 속의 거처까지 버리고 완전한 무소유로 걸식하고 여러 곳을 순례하면서 생을 정리한다. 더러는 길에서 죽음을 맞이하는 생활에 들어가기도 한다.

팔상도(八相圖)

팔상도(paintings of the eight main events in Sakyamuni's life)는 석가모니 부처님의 일생에서 가장 중요하다고 생각되는 전환적 국면을 8장면으로 나타낸 불화이다.

팔상도는 그 자체로 불교의 요체를 알려주는 것으로, 팔상정(八相幀) 또는 팔상성도(八相聖圖)라고도 하며, 절의 팔상전이나 영산전(靈山殿)에 봉안한다.

현존하는 가장 오래된 팔상도는 인도 녹야원에 있는 돌에 새긴 것이다.

❶도솔래의상(兜率來儀相)

석가모니 부처님이 탄생을 위하여 도솔천에서 내려오시는 모습.

❷비람강생상(毘藍降生相)

부처님이 비람(룸비니의 한자음역)동산에서 탄생하시는 모습.

❸사문유관상(四門遊觀相)

싯다르타 태자가 도성의 4성문을 나가 늙음, 병들음, 죽음, 출가자를 보는 모습

❹유성출가상(踰城出家相)

싯다르타 태자가 29세 때 세속적 영화를 버리고 성을 넘어 출가하는 모습.

❺설산수도상(雪山修道相)

싯다르타 태자가 설산(히말라야산)에 들어가 6년 동안 고행을 하는 모습.

❻수하항마상(樹下降魔相)

부처님이 보리수 아래에서 선정에 들어 마군(내면적 갈등)의 항복을 받는 모습.

❼녹원전법상(鹿苑轉法相)

부처님이 깨달음을 얻은 후 녹야원에서 5수행자에게 첫 설법을 하시는 모습.

❽쌍림열반상(雙林涅槃相)

부처님이 45년 간 진리의 법을 전한 후 사라쌍수 아래에서 열반에 드는 모습.

10장 법사품(法師品)
The Teacher of the Dharma

요약 : 전도의 방법과 마음가짐을 가르침. 법사란 불법을 믿고 실천하는 사람을 말하며 석존은 많은 법사에게 법화경 수지의 공덕과 전도의 공덕을 설하고 한 순간만 믿어도 깨달음의 길이 열린다고 가르침.

불교가 세계종교로서 지니고 있는 많은 우월한 특성들 중의 하나는 포용력이라 할 수 있다. 불교는 다른 물줄기가 섞이면 소란스럽게 흐르는 개울물이 아니라 오히려 그들을 너그럽게 받아들이며 조용히 흐르는 대하大河와 같은 것이다. 불교가 토착신앙의 요소일지라도 그 가치관을 존중하고 장점은 수용하여 불교적으로 재정립하는 특성은 바로 불교의 자신감에서 오는 것이다.

한 예로, *천룡팔부天龍八部; 八部神衆/팔부신중; the Eight Legions; the Eight Guardians는 원래 인도 고대신화의 신들이었으나 불교에 흡수되어 불법수호의 신이 된 것이다.

불교경전에는 부처님이 법화경을 설하실 때 법화경에 관심을 가진 수많은 천신天神: Deva · 용왕龍王: Naga · 야차夜叉: Yaksa · 건달바乾達婆: Gandharva/간다르바 · 아수라阿修羅: Asura · 가루라迦樓羅: 가루다/Garuda · 긴나라緊那羅: kimnara: kinnara · 마후라가摩喉羅迦:Mahoraga 등의 천룡팔부가 함께 참석하여 설법을 들었다는 기록이 있다.

부처님은 약왕보살에게 계속 설명한다. 부처님은 과거에도 법을 설해왔고 지금도 설하며 앞으로도 설할 것이다.

그러나 법화경에는 여래의 내면의 깊은 세계가 깃들어 있어 세상 사람이 좀처럼 이해하거나 믿기가 어려우므로 법사는 포교를 위해 끈질긴 노력을 해야한다.

부처님은 이 세상에 존재하는 모든 사물이 고정되고 독립되어 있는 것이 아니라 서로 관련을 갖고 의지하며 생성 · 변화한다는 연기적 실재관 속에서 우주의 통일적 진리를 보고 이것을 *일승묘법一乘妙法이라 하였다.

이 진리를 이해하지 못하고 허무주의에 빠져 삶의 의미를 잃고 헤매는 자에게 진리를 깨닫게 하여 부처가 되도록 한 것이다.

그리고 더 나아가서 이 일승묘법 아래 인간과 만물의 평등이 보증된 것이다. 그러므로 법사품에서는 보살행이라는 사회적 실천이 강조되고 있는 것이다.

허무주의에서 구원받아 미래 성불의 보장을 받는 것이 '수기授記: vykarana/비카라나'인데, 석존은 자신이 사라진 후에도 보살이 사회적으로 진리 실천에 임해야 함을 강조하고 이것을 *부촉附囑 · 촉루囑累라는 말로 표현하고 있다.

일승묘법
모든 중생이 부처와 함께 성불한다는 석가모니의 교법. 모든 중생을 깨닫게 하여 구제한다는 부처님의 참된 가르침.

부촉(附囑)
부탁하여 맡김. 여기서는 부처님이 법화경을 포교하는 사명을 위촉하시는 것을 말함.

천룡팔부(天龍八部; the Eight Legions)

불법(佛法)을 수호하는 여덟 신장(神將)으로 천(天), 용(龍), 야차(夜叉), 건달바(乾達婆), 아수라(阿修羅), 가루라(迦樓羅), 긴나라(緊那羅), 마후라가(摩喉羅伽)가 있다.

팔부신중(八部神衆)이라고도 한다.

▲ 불상도휘(佛像圖彙)의 팔부신중

❶ 천(天; Deva/데바)

고대 인도신들은 거의 다 불교의 수호신들로 수용되었다. 고대 인도의 창조신 브라마(Brahma)는 범천(梵天)으로, 신들의 왕 인드라(Indra)는 세계의 중심에 있는 수미산(須彌山) 정상에 있는 도리천(忉利天)의 왕 제석천(帝釋天; Sakra-Devendra)으로 수용된 것이다.

❷ 용(龍; Naga/나가)

용왕(龍王)·용신·수신. 물 속에 살면서 바람과 비를 오게 하는 존재.

❸ 야차(夜叉; Yaksha/약샤)

고대인도에서는 악신이었으나 불교에서는 사람을 도와 이익을 주며 불법을 수호하는 신으로 수용됨.

법화경과 신약성서

❹ 건달바(乾達婆; Gandharva/간다르바)

　하늘 나라의 음악을 책임진 신(神)으로서 긴나라(緊那羅)와 함께 제석천(帝釋天)을 모시며 기악(伎樂)을 연주한다. 음식을 먹지 않으며, 다만 향내만 맡으므로 식향(食香)이라고도 한다. 여기서 건달(생업에 종사하지 않고 음악을 연주하면서 걸식하는 사람)이란 말이 유래했다고 한다.

❺ 아수라(阿修羅; Asura)

　인도신화에서는 다면(多面)·다비(多臂), 즉 얼굴도 많고 팔도 많은 악신으로 간주되었으나, 불교에서는 선신의 역할을 한다.
　어원적(語源的)으로는 페르시아의 아후라 마즈다(Ahura Mazda)와 같다.

❻ 가루라(迦樓羅; Garuda/가루다)

　인도의 신화에 나오는 상상의 큰 새로, 사천하(四天下)의 큰 나무에 살며, 용(龍)을 잡아먹고 산다고 한다. 두 날개를 펼치면 그 길이가 336만리(里)나 되며 황금빛이다. 새벽 또는 태양을 인격화한 신화적인 새로서 금시조(金翅鳥)라고도 한다.

❼ 긴나라(緊那羅; Kimnara/킴나라)

　인도신화에 나오는 음악의 신. 인간은 아니나 부처를 만날 때 사람의 모습을 취하므로 인비인(人非人)·음악신이라고도 한다. 후에는 사람의 도리를 벗어난 짓을 하는 자를 가리키는 말로 전이되기도 하였다.

❽ 마후라가(摩睺羅迦; Mahoraga/마호라가)

　인도신화에 등장하는 사람의 몸에 뱀의 머리를 가진 신. 땅속의 모든 요귀를 쫓아내는 것으로 알려져 있다.
　산스크리트에서 '크다'는 뜻의 마하(maha)와 기어다니는 것을 뜻하는 우라가(uraga)의 합성으로, 곧 큰 뱀이나 용을 말한다.

법화경을 유지하고 포교하는 5가지 방법으로는 수수受 · 지지持 · 독송讀誦 · 해설解說 · 서사書寫가 있다.

*대지도론大智度論에는 믿는 힘이 수수, 염력을 갖는 것이 지지라 하고, 법화경을 순간적으로 알고 믿는 것을 수수, 그것을 지속적으로 의식의 내면에 깊이 간직하는 것이 지지持라 하였다. 다음, 독讀은 경전을 읽는 일이고, 송誦은 경전을 외우는 일이고, 해설解說은 경전을 전달하는 일, 서사書寫는 경을 쓰는 일이다. 여기에 또한 필요한 것이 자비慈悲 · 인욕忍辱 · 공성空性으로 이것은 일승묘법의 진리를 실천할 때 부처가 될 수 있다는 것이 밝혀지고 있다.

법화경은 우리들의 엄격한 생활지침서인 동시에 우리 일상생활에 있어서의 끊임없는 격려사이다. 여기에 자비로운 구원의 세계가 있는 까닭은 석가 입멸 후 말법이라 불리는 시대에 불제자에 대한 엄한 교훈이나 보살에 대한 숭고한 가르침 등 중생의 구제를 위한 모든 것이 있기 때문이다.

*법사法師: dharma-bhanaka/다르마바나카란 원래 '법을 독송하는 자'라는 뜻이다. 법화경에 있어서는 '이 경전을 믿는 자를 위하여 읽고 들려주는 직분을 가진 자'를 말한다. 그리고 법화경은 이 법사들에 의해 세상에 널리 퍼지게 되는 것이다. 부처님이 살아 계실 때부터 말씀을 암기하는 것이 장려되어 왔고 부처님의 말씀을 많이 알고있는 자를 다문多聞이라 하여 존경해 왔다.

부처님이 입멸한 후 그 말씀은 경經: Sutra/수트라이 되어 암기되었고 교단의 법칙과 역사의 기록을 율律; Vinaya/ 비나야이라 하고 그 후 그 경을 연구하는 이론적 부문이 발달하였다. 이것을 논論; Abhidharma/아비달마이라 한다. 이상의

대지도론(大智度論)
대승불교(大乘佛敎) 초기의 고승인 용수(龍樹; Nagarjuna)가 저술한 『대품반야경(大品般若經)』의 주석서.

▲ 법사: 부처님의 가르침에 정통하고 교법(敎法)을 전하는 부처님의 대행자.

법화경과 신약성서

경장·율장·논장을 합쳐 삼장三藏이라 부른다. 삼장三藏; Tipitaka; tripitaka Sk.이란 3개의 광주리three baskets라는 의미인데, 스님들이 야자나무의 일종인 다라수多羅樹; palmyra palm잎에 새긴 *패엽경貝葉經; 貝多羅/패다라; Pattra/패트라을 3개의 광주리로 나누어 간직한 데서 붙여진 이름이다. 특히 팔리어 삼장 띠삐따까Tipitaka는 Pali어語가 부처님이 말씀하신 언어에 가장 가까웠다는 점에서 초기불교의 원음을 가장 잘 전승해온 것으로 공인되고 있다.

여기에 능통한 자를 삼장법사三藏法士라고 한 것이다. 소설 서유기西遊記; Journey to the West로 잘 알려진 당의 번역승 현장이외에도 구마라습鳩摩羅什; Kumarajiva: 344~413과 진제眞諦; Paramartha: 499~569 등이 삼장법사로 유명하다.

해변의 다라수 숲

이 야자나무의 즙액은 설탕의 원료로 쓰고 발효시키면 럼(rum)이 된다

패엽경

석존이 입멸한 해 (BC 544)에 제자들은 석가의 교법이 흩어지지 않게 하기 위해 각자 들은 바를 구술하였고, 왕사성 칠엽굴(七葉窟)에서 가섭을 상좌로 500명의 비구가 모여 경(經)·율(律) 2장의 내용을 정리, 다라수 잎에 새긴 것이 처음이다.

삼장(三藏; Tipitaka; Tripitaka Sk.; three baskets)

○ 경장(經藏; Sutra Pitaka): 부처님의 말씀을 모아 놓은 교법.
○ 율장(律藏 Vinaya Pitaka) : 승단(Sangha)을 위한 계율 규정.
○ 논장(論藏 Abhidharma Pitaka) : 경에 대한 이론적 설명이나 주석.

Tipitaka

Vinaya Pitaka/율장(律藏)

1. **Suttavibhanga**/경분별(經分別)
   Mahavibhanga/대분별(大分別)
   Bhikkhunivibhanga/비구니분별
   　　　　　　　(比丘尼分別)
2. **Khandaka**/건도부(建度部)
   Mahavagga/대품(大品)
   Cullavagga/소품(小品)
3. **Parivara**/부수(附隨)

Sutta Pitaka/경장(經藏)

1. **Digha Nikaya**/장부(長部)
2. **Majjhima Nikaya**/장부(長部)
3. **Samyutta Nikaya**/중부(中部)
4. **Anguttara Nlkaya**/중지부(中支部)
5. **Khuddaka Nlkaya**/소부(小部)
   Khuddaka Patha/소송경(小誦經)
   Dhammapada/법구경(法句經)
   Udana/자설경(自說經)
   Iti Vuttaka/여시어경(如是語經)
   Sutta Nipata/경집(經集)
   Vimana Vatthu/천궁사경(天宮事經)
   Peta Vatthu/아귀사경(餓鬼事經)
   Theragatha/장노게(長老偈)
   Therigatha/장노니게(長老尼偈)
   Jataka/본생담(本生談)
   Niddesa/의석(義釋)
   Patisambhida/무애해도(無碍解道)
   Apadana/비유경(譬喩經)
   Buddhavamsa/불종성경(佛種姓經)
   Cariya Pitaka/소행장(所行藏)

Abhidhamma Pitaka/논장(論藏)

1. **Dhammasangani**/법취론(法聚論)
2. **Vibhanga**/분렬론(分別論)
3. **Dhatukatha**/계설론(界說論)
4. **Puggalapannatti**/인시설론(人施設論)
5. **Kathavatthu**/논사(論事)
6. **Yamaka**/쌍대론(雙對論)
7. **Patthana**/발취론(發趣論)

패엽경(貝葉經; 貝多羅: Pattra)의 제작

야자나무의 일종인 다라수(palm)는 그 잎의 바탕이 곱고 촘촘하고 길다. 다라수 잎을 말려서 일정한 규격(보통, 너비 6.6cm(2치), 길이 66cm(2자) 정도로 자른 후, 송곳이나 칼끝으로 글자를 새긴 뒤 홈에 먹물을 먹인 다음 닦아낸다. 이것을 말린 후 2군데에 구멍을 뚫어 실로 몇 십 장씩 묶어 경전을 만든다.

이러한 전통적인 사경 방식은 오늘날에도 스리랑카의 주요 사찰에서 전승되고 있다.

▲ 패엽경(貝葉經: Pattra)

법화경에 나오는 법사는 법화경을 독송하고 세상에 널리 보급하는 사람을 말한다.

법화경은 「서품 제1」에서 「수학무학인기품 제9」까지는 사리불을 중심으로 한 많은 제자들에게 수기가 주어지고 그것은 과거의 인연에 의해 모두 부처가 될 자질이 있다는 것을 설명해 왔으나 여기 「법사품 제10」에서부터는 모든 것이 일변한다.

지금까지는 사리불 등 성문을 상대로 설해왔으나 여기서부터는 약왕보살을 상대로 법사의 공덕에 대해서 설한다.

또한 사리불 등 개개의 인간을 문제로 하지 않고 법화경을 아는 자가 부처가 된다는 일반원칙이 처음으로 밝혀지고 있는 것이다.

법사품에서는 법사法師가 부처의 대리자임과 법사가 법화경을 설할 때 갖추어야 할 마음가짐의 요법인 *홍교삼궤弘敎三軌를 명확히 밝히고 있다.

법화경을 설하려는 사람은 여래의 방여래실/如來室에 들어가 여래의 옷여래의/如來衣을 입고 여래의 자리여래좌/如來座에 앉아 설할 것을 말씀하신다.

여래의 방은 대자비심이요, 여래의 옷은 유화인욕宥和忍辱: 인욕의 마음이며, 여래의 자리는 제법개공諸法皆空: 법공의 마음이다.

즉, 대자비심, 인욕 그리고 법공法空의 마음을 갖추어야 한다. 여래의 자리, 즉 법공에 앉으면 모든 집착에서 벗어나게 되고, 집착심이

📖 **홍교삼궤(弘敎三軌): 법사가 법화경을 설할 때 갖추어야 할 마음가짐.**

❶ 여래실(如來室): 중생들에게 기쁨을 나눠주는 부처님의 자비심을 가져야 한다.

❷ 여래의(如來衣): 아무리 어렵더라도 큰 목적을 위해 참는 마음을 가져야 한다.

❸ 여래좌(如來座): 제법은 공(空)한 것임을 깨달아 집착에서 벗어나야 한다.

없어지면 자연 일체중생에 대한 자비심이 솟아나게 되고, 자비심을 갖게 되면 유화인욕도 어렵지 않게 되는데, 이때 비로소 진정한 부처님의 대행자가 되는 것이다.

또한 이 법사품에서는 천룡팔부 중 天龍八部衆, 인간, 신 그리고 *비구·비구니, 남녀의 신도, 성문·연각·보살이 법화경에 감격하기만 하면 그것은 장차 몸에 지녀야 할 옷과 같은 것이라고 설하고 있다.

▲ bhikkhus on alms round

자비란 종교적 구제를 말하며, 깨달은 자는 전 인류를 구제하는 실천운동을 전개해야 한다.

따라서, 선악의 문제에 대해서도 도덕적 차원을 넘어 자비심으로 이를 초월하여 악도 선으로 전환시켜야 하는 것이다.

여기에는 인내심이 필요하다. 인간은 생리적·심리적·사회적 요구를 가지고 있다. 이 욕구의 실현이 저지되는 상황으로 인해 욕구불만이 생기게 되며 이때 인간은 노여움·슬픔·증오·반감·절망·불안감에 사로잡히는 것이다.

이러한 감정의 폭풍을 가라앉히고 마음의 안정을 얻기 위해서는

법화경과 신약성서

욕구불만을 잘 처리하여 생활조건에 맞는 형태로 적응토록 해야 할 것이다.

이 적응에 실패하면 노이로제 내지 정신병적 반응을 일으키고 또한 사회에 대하여 공격적이고 범죄적으로 되기쉽다.

인생의 여러 가지 조건에 적응하여 건강하게 사느냐 적응하지 못하여 건강을 잃느냐하는 문제는 그 사람의 마음가짐에 달려있다. 올바른 마음을 갖기 위해서는 종교적 확신에 입각한 인간적 수행이 필요하다.

*공성空性이란 집착을 떠나 넓은 세계에 사는 것을 말한다. 이 세상은 무상하며 모든 것은 변하고 고정된 주체가 없으므로 나 또한 없는 것이다.

하지만 이 공성에 입각해 살 때 참된 자아가 나타나게 되는 것이다. 자비심이나 인내심도 실은 이 무아초탈無我超脫의 경지에서 비로소 실천이 가능한 것이다.

이러한 문맥 속에서 부처님은 '높은 땅에서 우물을 판다'는 멋진 비유를 들고 있다. 한 사람이 물을 구한다 하자. 아무리 땅을 파도 메마른 흙이 나온다면 물이 나오기까지 시간이 걸린다는 것을 말해준다. 하지만 결국에는 물기 있는 흙에 도달하게 되고 곧 물이 나오게 되는 것이다.

법화경을 알기 위해서는 높은 땅에서 우물을 파는 것과 마찬가지로 엄한 조건을 견뎌 나가야 한다. 그러면 습기 찬 흙이 나오고 이윽고 곧 물이 솟아오르는 것을 확인하게 된다.

우물을 파는 교훈은 보살로서 불도를 구해 수행하는 모습을 제시하고 있는 것이다.

공성(空性)
'진여(眞如)'를 달리 이르는 말.
공(空)의 이치를 체득할 때에 나타나는 실성(實性)이라는 뜻이다.

11장 견보탑품(見寶塔品)

The Emergence of the Treasure Tower

요약 : 7보로 된 다보탑이 대지에서 솟아 공중에 멈추고 보탑 안의 법신불 다보여래가 화신불 석가여래를 청하여 함께 앉는다. 이 이불병좌(二佛竝坐)는 과거불과 현재불이 함께 함을 상징한다.

반야경
모든 법의 실상은 반야(般若; prajna; 지혜)에 의해 밝혀진다고 설명하는 경전.

법화경이 세상에 널리 알려지기 전에 많이 읽힌 경전이 바로『* 반야경般若經; Prajnaparamita Sutra/프라즈냐파라미타 수트라』이다. 반야경에는 '공空의 논리'가 '부정否定의 논리'에 의해 설해 지고 있다. 부정함으로써 모든 것을 긍정하는 이러한 사고 방식을 대표하는 것이 다보여래多寶如來; the Tathagata Prabhutaratna/타타가타 프라부타라트나; the Tathagata of Abundant Treasures이다.

이 반야의 부정의 논리 후에 나타난 것이 법화경의 제법실상諸法實相, 긍정과 긍정, 절대긍정의 세계인 것이다. 그것이 바로 이 세상에 존재하는 모든 것은 다 멋지다라는 긍정의 인생관인 것이다.

법화경과 신약성서

▲ 현장법사(玄奘法師) 동상
중국 서안 대자은사 소재

우리에게는 현장법사라는 호칭 보다는 삼장법사와 손오공이란 이름으로 더 친근하게 다가온다.

그는 당시 난립하던 경전의 오역을 바로잡겠다는 큰 서원을 세우고 직접 범어경전을 가져오기 위해 627년 인도로 떠났다. 실크로드를 따라 목숨을 건 여행을 한 끝에 633년(32세) 인도에 도착하여 나란다 사원에 들어가 세친의 법손이었던 계현(戒賢; 시라바드라)으로부터 유식사상을 배운다.

641년 가을 많은 경전과 불상을 가지고 귀국 길에 올라, 힌두쿠시와 파미르의 두 험로를 넘어 호탄을 거쳐, 645년 정월 조야의 대환영을 받으며 장안으로 돌아왔다.

그 후 황제의 후원을 받으며 흥복사와 자은사에 정착하여 20년 간 혼신의 노력을 기울여 74부 1,335권의 범어경전을 한역한 이외에도, 인도 여행기인 『대당서역기(大唐西域記)』(12권)를 저술하였다. 『대당서역기』는 130여 개국의 지리, 역사, 문화, 종교, 풍속, 정치, 경제 등을 기록한 것으로, 실크로드의 핵심적인 연구 자료이자 오늘날까지 실크로드를 탐사하는데 중요한 지침서가 되고 있다.

그는 오랜 구법여행으로 인해 생긴 지병으로 664년 『반야경』의 번역을 끝으로 입적하였다.

▲ 구법여행 중인 현장법사
그는 17년 간 무려 2만 5000km에 이르는 길을 갔다.

▲ 현장법사의 장안 도착(Arrival of Xuanzang at Chang'an)
645년 2월 천신만고 끝에 현장법사는 경전 520묶음을 20필의 말에 나눠 싣고 17년 만에 장안으로 돌아왔다. 황실과 수많은 백성들은 그의 귀국을 열렬히 환영했다.

▲ 이불병좌(二佛竝坐)

Pagoda Mandala ▶

법화경과 신약성서

칠보로 된 찬란한 탑이 대지로부터 솟아오른다. 하늘 중생들이 꽃과 향기로 그 탑을 장엄한다.

법화경을 설하는 곳에는 그곳이 어느 곳이든 다보탑이 솟아오르고 다보여래가 그 설법을 증명한다. 다보여래의 모습이 보이려면 시방세계에서 설하는 분신分身 부처님이 모두 모여야 한다.

순간 석가여래께서 미간의 백호상으로 한 광명을 비추니 모든 분신 부처님이 모였다. 석가여래께서 허공에 올라 다보탑의 문을 연다.

다보여래는 보탑 안의 사자좌에 앉은 채 선정에 들고 있다. 먼 옛날에 열반에 드신 다보여래가 그곳에 계신 것은 부처생명의 영원성을 상징하고 있는 것이다.

문이 열리고 다보여래가 나타나 보탑 속에서 석존을 청하여 함께 앉는다. 이것을 *이불병좌二佛竝坐라 하는데 이는 과거와 현재가 계속 이어짐을 의미한다.

이불병좌(二佛竝坐)

과거의 부처인 다보여래와 현재의 부처님 석가여래가 나란히 앉은 모습. 이것은 과거와 현재가 계속 이어짐과 과거불과 현재불이 일체가 된 것을 의미함.

로고스(logos)

사물의 존재를 한정하는 보편적인 법칙, 행위가 따라야 할 준칙. 이 법칙과 준칙을 인식하고 이를 따르는 분별과 이성(理性)을 뜻한다. 파토스(pathos)와 대립되는 개념.

경주의 불국사에 갔을 때 옛 모습 그대로의 다보탑과 석가탑이 무한한 감동을 주는 것도 이것을 상기시켜 주기 때문이다.

여기서 '병좌竝坐'란 과거의 부처인 다보여래와 현재의 부처님 석가여래가 나란히 앉은 모습을 말하는데, *로고스logos를 대표하는 다보여래와 이미지를 대표하는 석가여래가 하나가 된 모습은 아주 감동적이다. 로고스를 다스리는 왼쪽 뇌와 이미지나 직관을 다스리는 오른쪽 뇌가 함께 대뇌를 형성함을 나타내주고 있다.

논리나 언어를 다스리는 왼쪽 뇌도 중요하지만 우리에게는 이미지나 직관·기억·예술·종교를 다스리는 오른쪽 뇌 역시 중요하며 이 양 두뇌의 균형이 인간에 있어서는 가장 중요하다는 것이 「견보탑품 제11」의 상징적 세계인 것 같다

우리가 쓰는 말이나 문장은 일상적이며 상대적인 세계를 표현하는 것으로 종교적이고 절대적인 세계를 나타내는 수단은 되지 못한다. 다만 글이나 말은 상징적 수법에 의한 언표言表가 가능할 따름이다.

궁극의 종교적 진실의 세계는 보통 문장이나 말로 표현이 되지 않는 이유도 종교가 이 속세의 행복을 얻는 것을 목적으로 하는 것도 아니라 현세적 욕정이나 번뇌로부터 초탈과 해탈을 목적으로 하고 있기 때문인 것이다.

유순(由旬; 요자나)
고대 인도의 거리를 나타내는 단위로, 1 유순은 9마일 또는 15킬로미터.

▲ 「다보탑 이불병좌(二佛竝坐)도」
보탑의 사자좌에 두 여래가 나란히 결가부좌하고 계신 모습

부처님 앞에 높이 500 *유순由旬; Yojana/요자나이 나 되는 칠보의 탑이 땅에서 솟아 공중에 떠있는 데서 이 장은 시작된다.

다보탑은 대지에서 솟아올라 공중에 걸리고 부처님의 설법의 자리는 지상의 영취산靈鷲山; 기사굴산; Mt. Sacred Eagles; Hill of Vultures; Vulture Peak에서 공중의 보탑으로 옮겨간다.

법화경과 신약성서

땅은 무명을 나타내고 공중은 실상을 나타내며 대지에서 보탑이 솟아난 것은 번뇌가 소멸됨을 말해주고 있다.

인간은 지상에 태어났으며 따라서 자연적인 존재이다. 고로 인간에게는 식물적 동물적인 생명이 약동하고 있는 것이다.

그것은 인간이 도덕 이전의 존재이며 선악을 포함한 자연적인 에네르기로 넘치는 존재라는 것을 말해주고 있다.

따라서 인간은 대뇌 생리학에서 말하는 대뇌의 낡은 피질에 깃든 무명이라고 할 수 있는 본능적이고 충동적인 에네르기로 살고 있다.

▲ 법화경 만다라(Lotus Sutra Mandala)

이 무명의 대지에서 보탑이 솟아났다는 것은 번뇌를 단절하는 것이 아니라 번뇌 그대로를 지닌 채 그 힘으로 인간의 삶의 올바른 방향을 잡는 것이 참된 삶이라는 것을 가르쳐 주고 있는 것이다.

낡은 대뇌피질 속에 깃든 본능적 에네르기가 동물적이라 하여 이것을 부정해서는 안 된다. 본능적 에네르기는 인간이 힘차게 살아가기 위한 원동력이기 때문이다.

「촉루품囑累品 제22」에서는 설법의 무대가 다시 영취산으로 옮겨간다. 공중이란 공의 진리를 상징한 것이다. 공이란 *무상無常: anitya/아니트야 · 무아無我: anatman/아나트만 · 제법실상諸法實相을 가리킨다. *일승묘법의 세계, 즉 허공 같은 절대무한의 자유세계를 가리키는 것으로 시비선악의 상대적인 가치 사이에서 헤매는 욕정을 넘어서 참된 해방감에서 삶을 만끽하는 경지인 것이다.

공중의 보탑이란 공관空觀의 적극적 전개를 나타내는 것으로

무상(無常; anitya)
현상계(現象界)의 모든 것은 변(變)하며 영구히 존속하는 것이 없다는 뜻.

일승묘법
모든 중생이 부처와 함께 성불한다는 석가모니의 교법. 보살도를 실천하여 성불에 이르는 묘법.

일승묘법인 제법실상은 인간에 의한 현실실천의 규범이며 이 인생관을 역사나 사회에서 실천하는 인간이 바로 보살이다.

부처님의 설법을 듣는 많은 사람들이 보탑 속의 다보여래를 뵙고 싶다고 하자 부처님은 모든 방면에서 법을 설하는 자기의 분신불分身佛을 모은다.

분신불이란 *일체중생 개유불성皆有佛性 내지 산천초목 실개성불悉皆成佛로 인간은 물론 생물·무생물 가릴 것 없이 모든 존재는 부처님의 성품을 지니고 있으며 언젠가는 성불할 수 있음을 의미한다. 즉, 법法; Dharma/다르마; 진리의 체성을 평등하게 지니고 있다는 석가의 중심사상인 것이다.

*천태대사天台大師; 智顗/지의: 538~597는『법화문구法華文句』에서 "다보는 법신불法身佛을, 석존은 보신불報身佛을, 분신은 응신불應身佛을 나타낸다"고 말하고 있다.

다보는 우주의 통일적 진리인 일승묘법, 즉 법신을 상징하고, 석존은 보살행에 의해 일승묘법의 진리를 깨닫고 자기의 지혜로 삼았으므로 보신불이 되며, 시방의 세계에서 법을 설하는 제 부처님의 분신이 응신인 것이다.

이 법신·보신·응신은 각기 다른 것이 아니라 하나가 되어 영원히 일체 중생을 구제하고 있는 것이다. 이것이「여래수량품 제16」의 전조인 것이다.

끝의 *게송偈頌: 偈/범어 gatha의 음성번역+頌/게의 한자 뜻번역에는 *육난구이六難九夷, 즉 법화경 포교에 있어서의 6가지 어려운 일과 9가지 쉬운 일을 들어 법화경을 설하는데 있어서는 비상한 각오가 필요하다는 것을 말하고 있다.

6가지 어려움이란, 경을 설하는 일, 외우는 일, 쓰는 일, 읽는 일,

법화경과 신약성서

「견보탑품 제11」에서 석존은 자신의 멸도 후에도 법화경을 홍교(弘敎; 석가모니의 가르침을 널리 전파함)할 것과 이에 대한 결의를 세 차례에 걸쳐 강하게 권유하며 촉구하는데 이를 3개(三箇)의 칙선(勅宣)이라 한다.

이 3번째에서 육난구이를 설하고 있는데, 여기서 사실상 인간으로서는 불가능한 예를 들어 석존의 멸도 후에 법화경을 가르치고 수지(受持)하는 것이 얼마나 어려운가를 나타내고 이를 극복할 결의를 가져야 함을 밝힌 것이다.

▲ 오체투지(五體投地)
panca-mandala-namaskara

6난(六難)

① 설경난(說經難): 사람들이 경을 받아들이지 않고 방해하여 설하기 어렵다.

② 서지난(書持難): 경을 쓰고 마음에 지니고 행하기 어렵다.

③ 잠독난(暫讀難): 믿음을 가지고 실천하며 잠시라도 읽는 것이 어렵다.

④ 설법난(說法難): 경전의 문구를 이해하고 참 뜻을 설명하기 어렵다.

⑤ 청수난(聽受難): 최고의 경전인 법화경을 듣고 이해하기 어렵다.

⑥ 봉지난(奉持難): 경을 자신의 생명처럼 받들어 지니기 어렵다.

9이(九易)

① 여경설법이(余經說法易): 법화경 외의 경전이 헤아릴 수 없이 많다해도

② 수미척치이(須彌擲置易): 수미산을 우주 저편의 불국토로 던지기 어렵다해도

③ 세계족척이(世界足擲易): 삼천대천세계를 발끝으로 멀리 쳐내기 어렵다해도

④ 유정설법이(有頂說法易): 세상 꼭대기에 서서 무량경을 설하기가 어렵다해도

⑤ 파공유행이(把空遊行易): 허공을 휘어잡고 걸어 다니는 것이 어렵다해도

⑥ 족지승천이(足地昇天易): 대지를 발에 올려놓고 하늘에 오르기가 어렵다해도

⑦ 대화불소이(大火不燒易): 큰 불 속으로 들어가서도 타지 않기가 어렵다해도

⑧ 광설득통이(廣說得通易): 법을 설하여 중생이 6신통을 얻게 하기 어렵다해도

⑨ 대중나한이(大衆羅漢易): 법을 설하여 중생이 이라한이 되게 하기 어렵다해도

… 이 모두가 법화경을 설하거나 널리 펴는 것 보다 쉽다.

남에게 가르치는 일, 경에 맞는 생활을 하고 경을 유지하는 일인데, 여기에 비하면 다음과 같은 9가지 쉬운 일(사실은 정반대로 아주 어려운 일) 정도는 오히려 쉽게 여겨진다는 것이다.

그 9가지란 법화경 이외의 수많은 다른 경을 설하는 일, *수미산須彌山; Sumeru/수메루을 헐어 다른 곳의 불국토에 던지는 일, 발가락으로 대천세계를 움직이는 일, *유정천有頂天; 色界의 가장 위에 있는 天界에 서서 법화경 이외의 경을 설하는 일, 허공 속을 나는 일, 땅을 밟고 범천으로 오르는 일, 불교의 8만 4천의 법장과 12부경을 믿고 설하고 보살이 나타내는 6가지 신통력을 보여주는 일, 간지스강의 모래알처럼 많은 중생에게 아라한의 깨달음과 6가지 신통력을 보여주는 일 등을 말한다.

부처님의 입멸 후 법화경을 전하여 중생을 구제하는 일에 비하면 위의 9가지 일은 훨씬 하기가 쉽다는 것이다.

이 세상이 점점 나빠지면 법화경을 이해하고 남에게 전하기가 어려워지게 되지만 그 진리를 이해하고 보살행을 하면 모든 일이 뜻대로 이루어진다.

왜냐하면 자기로서는 상상도 할 수 없는 무한한 능력이 자기로부터 솟아나기

수미산
고대 인도의 우주관에서 세계의 중심에 있다는 상상의 산.

유정천(有頂天)
구천(九天) 가운데 가장 높은 하늘. 욕계(慾界)와 색계(色界)의 가장 위에 있는 천계(天界).

▲ 석가여래와 다보여래의 이불병좌

법화경과 신약성서

때문이다.

여기에는 시간과 공간을 초월한 장엄한 드라마가 있다.

문장이나 말로는 표현할 수 없는 우리의 상식적 사고를 초월한 상징적 수법으로 전개된다. 문장이나 언어는 일상적이며 상대적인 세계를 표현하는 것으로 종교적이고 절대적인 세계를 표현하는 수단은 되지 못한다.

왜냐하면 종교적 진리는 일상적 쾌락이나 속세의 영화를 손에 넣는 것을 목적으로 하는 것이 아니라 이 세상의 욕정이나 번뇌로부터 해탈하는 것을 목표로 하고 있기 때문이다. 물질적 행복의 세계는 참된 행복을 가져다주지 않는다.

인간은 이 세상에 태어난 자연적 존재로 식물이나 동물과 마찬가지로 그 생명이 약동하고 있다. 대뇌생리학에서 말하는 대뇌의 구피질에 깃든 에네르기 즉, 무명이라고 부르는 본능적이고 충동적인 에네르기에 지배받기 쉽게 되어 있다.

따라서 무명의 대지에서 탑이 솟아오른다는 것은 번뇌를 지닌 채 그 번뇌가 지닌 강한 생명력을 이상적인 방향으로 이끌어 참된 깨달음을 얻는 일이다.

인간의 대뇌의 구피질에 깃들어 있는 본능적 에네르기가 동물적이라 하여 부정할 것이 아니라 그것이 인간이 힘차게 살기 위한 생명의 원동력임을 인정해야한다.

그럼으로써 그 생명력에서 자기와 남을 위한 무한한 능력을 이끌어내어 보다 고도의 목표를 향하여 활용하도록 해야한다.

거기에 인생의 참 목적이 있는 것이다.

12장 제바달다품(堤婆達多品)
Tevadatta

요약 : 악인 제바달다조차도 원래는 불성이 있어 법화를 구하는 발심으로 장차 성불 할 수 있다. 8세의 용궁여자의 성불함을 통해 여인성불과 인간이 아닌 축생에 있어서도 불성이 있음을 암시한다.

제바달다(堤婆達多)
석가의 사촌이자 10대 제자 중의 한 명인 아난다의 형으로 불제자였으나 후에 석가의 적대세력의 우두머리가 되어 여러 차례에 걸쳐 석가를 살해하려 함.

본 장에서는 부처님의 교단을 빼앗으려 온갖 술수와 책동을 다한 *제바달다堤婆達多; Tevadatta/테바다타가 성불의 예증을 받은 일과 8살 밖에 되지 않은 어린 용녀龍女가 성불한 2가지 성불에 대한 것을 설하고 있는데, 소위 악인성불과 여인성불을 밝힌 점에서 크게 주목된다.

우리가 앞서 본 것처럼, 인간은 우주의 통일적 진리인 일승묘법에 눈뜸으로써 허무주의에 빠진 2승의 인간이 성불의 예증을 받은 것이다. 이것은 인간과 자연을 가리지 않고 모든 것은 본질적으로 다 평등하고 불성이 있음을 뜻하는 것이다. 이 이치는 악인이나 여자에게도 적용되어 악인과 여자가 성불하는 모습을 상징적으로 설하고 있다.

제바달다는 부처님의 사촌이지만 악한 인간으로 수 차례나 부처님을 죽이려 시도하였다.

그는 부처님을 없애기 위해 통로에 큰 바위를 굴리거나 날라기리Nalagiri라는 사나운 코끼리에게 술을 먹여 공격하게 하기도 했으며 음식에 독을 넣기도 하였다.

하지만 부처님에 의하면, 이 제바달다야말로 전세에 있어 자기에게 일승묘법의 진리를 전수한 자이다.

▲ 제바달다(왼쪽의 돌을 들고 있는 사람)와
암살자들이 부처님을 죽이려 하는 모습

석존이 과거세에 왕이었을 때 중생을 제도하기 위하여 큰 원을 세우고 깨달음을 얻기 위해 왕위를 태자에게 양도하고 수행하였다.

석존은 "만일 나에게 묘법을 전수하는 자가 있으면 그 사람의 종노릇을 하겠다"고 하였다.

그때 제바달다가 석존에게 묘법을 전해준 것이다. 비록 그는 악인이지만 이 인연으로 말미암아 그가 깊이 깨닫게 되면 내세에도 지옥 · 아귀 · 축생의 3도에 빠지지 않고 부처님 곁에 태어나 묘법을 배우게 된 것이다.

◀「취상조복상(醉象調伏像)」
술 취한 사나운 코끼리 Nalagiri를 복종시키는 부처님

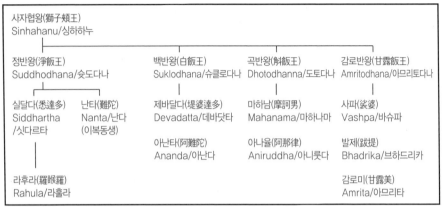

제바달다는 종종 기독교에서의 유다(Judas)에 비유되는 인물로 부처님에게는 20년 연하의 사촌이자 아난다(阿難陀; Ananda)의 친형이기도 하였다.

특히 제바달다와 아난다는 친형제간이었지만 제바달다가 부처님의 적대세력의 우두머리로서 부처님을 괴롭힌 데 반해, 아난다는 부처님의 10대 제자 중의 한 분이자 부처님이 열반에 드실 때까지 시자로서 모셨으며 석존의 멸 후에는 불전결집에 지대한 공헌을 하는 등 대조적인 길을 걸었다.

제바달다는 부처님을 시기하여 신통술을 이용해서 당시 마갈다(摩竭陀; Magadha)국의 태자 아사세(阿闍世; Ajatasattu/아자타사투)와 결탁하여 태자가 아버지인 빈비사라(頻毘娑羅; Bimbisara) 왕을 제거하고 왕위를 빼앗도록 도와주고, 대신 자신은 그의 힘을 빌어 부처님의 교단을 빼앗으려 온갖 술수와 책동을 다했다.

부처님에게 교단을 달라고 강요했으나 거절당하자 부처님을 죽이려 오역죄(五逆罪)를 저지른다. 그는 산꼭대기에서 부처님에게 큰 바위를 굴리거나 사나운 코끼리에게 독한 술을 먹여 공격하게 하기도 했다. 이에 한 비구니가 가책하자 그 비구니를 때려 죽였다.

또 승단의 파괴를 꾀하여 자신이 부처님보다 더 엄격하게 수행한다는 것을 과시하여 동조자를 모으고 승단의 분열을 획책하였다.

사리불과 목건련존자가 신통력을 발휘해 일시 떠났던 대중이 부처님 교단으로 복귀하자 그는 열 손톱에 독약을 바르고는 부처님께 예배할 때 발을 찔러 해하고자 다가갔으나 곧 산채로 지옥으로 떨어졌다고 한다.

그러나 실제로는 당나라의 승려 현장(玄奘)의 『대당서역기(大唐西域記)』에 따르면 그는 극단적인 금욕주의를 관철하여 엄격하게 실천했기 때문에 다수의 신봉자가 있었으며 그를 따르던 제자의 유파를 이끌었던 것으로 보인다.

종교적 진리는 언제나 일상생활로 돌아가 일상생활을 조화한다. *베르그송Henri Bergson: 1859~1941은 『도덕과 종교의 2 원천Les Deux Sources de la Morale et de la Religion; The Two Sources of Morality and Religion, 1932』에서 인간의 신체구조는 종교적으로 되어 있다고 하였다. 참으로 깊은 통찰력을 지닌 사상가이다.

도덕도 생활을 정화하지만 그 내면에 있어서는 종교와 큰 차이가 있다. 도덕적인 경우, 어린이를 기르는 어머니는 어린이가 잘되도록 하기 위하여 이것저것 간섭하고 말을 잘 듣지 않을 때는 야단칠 수도 있다. 그 때문에 어린이는 반발할 수도 있다.

종교적인 경우, 어린이를 다루는 어머니는 어린이의 잘못 속에서도 불성을 발견하고 그 아이의 잘못도 자신의 고뇌로 감수하며 아이가 언젠가는 잘 되리라는 꿈을 버리지 않는다. 그러한 자비심 속에서는 고통이 법열法悅이 되어 어린이도 좋은 아이가 된다. 종교적 인간에 있어서는 주위의 정화와 자기의 정화가 하나이다.

상대적 선악의 세계나 선악의 갈등 속에서 움직이는 한 악이 한때는 사라진다해도 바로 다시 나타나게 된다. 도덕은 악을 없앨 수는 있을지라도 악인을 구해내지는 못한다. 도덕으로 인간을 정화할 수는 없는 것이다. 일상생활에 있어서 종교적 정화의 움직임은 바로 여기서 시작된다.

맹독도 쓰기에 따라 보약이 될 수 있다. 부처님께서도 제바달다와 같은 악인을 용서하고 인욕의 힘을 길러 육바라밀六波羅蜜 · *사무량심四無量心 · 사무소외四無所畏 등을 구족俱足하여 정각正覺을 성취하고, 그 결과 중생을 널리 구제하고 연꽃 같이 처염상정處染常淨한 삶을 가르쳐줄 수 있었던 것이다.

악도 피안에 서서 종교적 입장에서 볼 때 그 악성을 없앨 수 있다.

베르그송

프랑스의 철학자

사무량심(四無量心)
자비희사(慈悲喜捨)로 중생을 어여삐여기는 마음이다. 즉, 자무량심은 자애로운 마음, 비무량심은 중생을 가엾게 여기는 마음, 희무량심은 함께 기뻐해 주는 마음, 무량심은 중생에게 평등한 마음.

사무소외(四無所畏)
부처님이 설법 시 두려움 없는 4마음
❶ 等正覺無畏
모든 법을 알고 계시므로 이를 설함에 일체 두려움이 없음.
❷ 漏永盡無畏
모든 번뇌를 끊으셨으므로 설함에 일체 두려움이 없음.
❸ 說障法無畏
도에 장애가 되는 것은 밝혀 없애는데 일체 두려움이 없음.
❹ 說出道無畏
모든 괴로움을 없애는 길을 설함에 있어 일체 두려움이 없음.

도덕은 선악에 관여하나 종교는 인간에 관여한다. 죄는 미워해도 사람은 미워하지 않는 것은 종교적 힘에 의해 비로소 달성되는 것이다.

그러므로 석존의 자비 앞에서는 악한 제바달다도 그 악성을 버리고 성불하게 되는 것이다. 이 악인성불의 이론을 일반화하려면 소극적 삶을 적극적 삶으로 전환하는 논리가 전개된다.

우리는 매우 비참한 경험을 하면 절망과 혼란의 심연에 빠지기 쉽지만 그러한 경험은 쉽사리 얻을 수 없는 영혼의 교훈을 주거나 인간적 성장을 촉진케 하는 것이다.

부처님은 자기를 죽이려 하는 제바달다 속에서 불성을 보았을 뿐 아니라 제바달다가 있었기 때문에 도를 구하게 된 역설적 진리를

▲ 『묘법연화경』 「제바달다품 제12」의 표지. 금니사경

법화경과 신약성서

보여주고 있다.

그 다음은 여성성불의 이야기로서, 모든 것이 불성을 지니고 있다면 여자의 성불도 당연한 것이다.

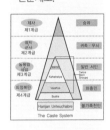

하지만 당시 인도사회에는 4계급의 *카스트caste 제도가 있어서 노예계급은 평생 노예에서 벗어날 수가 없었다. 특히 여자는 죄가 많은 존재로 간주되어 남자 밑에서 억압을 받으며 살아야만 했다.

부처님이 당시의 이처럼 극심한 계급차별과 남성 절대 우위의 인도사회에서 "인간은 누구나 평등하고 존엄하며 다같이 불성을 지니고 있다"고 말한 것은 당시에는 상상하기조차 어려운 혁명적 선언이었다.

8세의 용녀龍女가 성불한 후의 모습이 남자의 모습으로 그려진 것도 그러한 남성 절대 우위의 관습 때문이었다. 그러나 석존의 뜻은 어디까지나 남녀평등에 있었던 것이다.

문수보살(文殊菩薩)

지혜를 상징하는 보살로, 석가모니불의 좌보처 보살임.

*문수보살文殊菩薩: 文殊師利: Manjusri, Bodhisattva of Wisdom이 많은 보살들과 함께 사갈라娑竭羅; Sagara; 짠 바다라는 뜻의 용궁에서 솟아 나와 석존이 법화경을 설하는 곳에 나타나 다보여래를 동반한 지적보살智積菩薩과 자리를 같이 한다.

지적보살이 문수보살에게 "당신은 몇 명이나 용궁에서 교화를 하셨소?" 하고 묻자 "그 수는 무량하여 셀 수 없으나 그 증거는 자연스럽게 나타나지요"하고 대답한다.

그 순간 멋진 보살들이 무수히 나타난다.

▲ 연꽃을 타고 바다 속에서 석존에게 돌아온 문수보살

▲ 바다 속에서 솟아오르는
용녀(龍女)

▲ 용궁에서 용녀(龍女) 앞에서 법화경을 설하는 문수보살

문수보살은 그들을 가리키며 "이 소승을 수행한 성문이 지금 모두 대승의 공을 깨우쳤지요. 나는 바다 속에서 법화경을 설하오"하고 대답했다.

▲ 바닷물을 딛고 서서 석존에게 보주를 바치는 용녀(龍女)

그리고 문수보살은 사갈라 용왕의 딸이 겨우 8살 밖에 되지 않았지만 깊은 선정에 들어 깨달음을 얻었다고 말한다.

그러자 용녀가 나타나 "저는 대승의 가르침을 받고 중생을 제도하고자 합니다"하고 말한다.

그러자 그 자리에 있던 사리불 舍利弗: 舍利子: Sariputra/샤리푸트라이 여자는 범천왕·제석천·마왕·전륜성왕·부처의 5신은 될 수 없다고 5가지 장애를 말하지만 용녀는 자기가 가지고 있던

법화경과 신약성서

보주寶珠를 석존에게 바친다.

석존은 그것을 받는다.

그때 그녀는 남자로 변해 보련화寶輦華의 자리에 앉아 중생제도를 위해 묘법을 설하는 상을 시현한다.

용녀가 석존에게 바친 보주는 심주心珠이며, 이는 부처나 중생이나 다 갖추고 있는 것이다. 우리는 마음 속에 불심에서 지옥심까지 모두 가지고 있다. 이 마음의 구슬을 맑게 닦느냐 더럽히느냐 하는 것은 자신에게 달려있는 것이다. 나쁜 짓을 일삼고 악업을 쌓으면 마음의 구슬에 번뇌의 때가 묻어 내세에는 *3악도三惡道에 빠진다.

제바달다같은 악인도 전세의 인연에 의해 *숙업宿業을 정화하면 천왕여래로 성불할 수 있고 8세의 용녀도 문수보살에게 법화경 듣고 원을 세워 정진하면 성불할 수 있다.

용왕의 딸은 사리불과 여러 사람이 보는 앞에서 그녀의 여근女根이 사라지고 남근男根이 나타나 보살이 되어 남쪽 무구無垢 세계의 보리수 밑에서 부처의 모습으로 앉아 *32상三十二相; Lakkhana Mahapurisa 32 Pali; the 32 Signs of a Great Man 및 80종호八十種好; Anubyanjana; The 80 Secondary Characteristics의 특색을 구비하고 광명에 싸여 시방을 비치는 모습을 보인 것이다.

용녀가 32상·80종호32 Features and 80 Characteristics of a Buddha를 갖추었음을 통하여 성불함은 결국 여인성불을, 그리고 인간이 아닌 축생에 있어서도 불성이 있음과 성불할 수 있음을 의미하는 것이다.

삼악도(三惡道)
업보를 많이 지은 악인이 죽어서 가는 세개의 괴로운 세계로, 지옥도·축생도·아귀도를 말함.

숙업(宿業)
전세(前世)에 행한 선악(善惡)의 행위

32상(三十二相)
불상을 조성할 때 불상이 갖추어야 할 신체상의 32가지의 거룩한 특징

80종호(八十種好)
부처님의 80가지 상세하고 거룩한 특징.

불교초기의 불상이 없던 이른바 무불상시대를 지나 마침내 파키스탄의 간다라(Gandhara)
와 인도의 마투라(Mathura)에서 불상이 만들어지기 시작하자 불상조성은 불교미술의 중심
을 이루면서 활발히 이루어진다.

불상의 형식은 불교의 발달과 더불어 독특하고 다양한 양식으로 발전되지만 그 모두가 공
통적이고 일정한 법식에 근거하여 이루어졌다. 이러한 법식을 일러 조상의궤(造像儀軌)라 한
다. 그 대표적인 예가 부처님을 표현하는데 갖추어야 할 특징인 32길상·80종호이다.

부처님의 얼굴과 모습을 상호라고 한다. 부처님을 형상화할 때 부처님의 존엄성에 대한 구
체적인 표지로 갖추어야 할 신체상의 특징으로 크게는 32가지의 거룩한 특징(大相)과 작게는
80가지의 미세하고 은밀한 훌륭한 모습(小相)이 있는데, 이것을 32길상·80종호(三十二吉
相 八十種好)라고 한다.

이는 원래 위
대한 전륜성왕
과 같은 대장부
(mahapurusa)의
모습이었는데, 부
처님도 법계의 왕
과 같은 존재이므
로 이러한 독특한
모습을 가질 수 있
다는 것이다.

경전에 따르면
불신은 반드시 32
길상·80종호를
구비해야 하는데
「중아함경(中阿含
經)」, 「방광대장
엄경(方廣大莊嚴
經)」, 「대지도론(大
智度論)」 등에 기
록된 내용을 살펴
보면 다음과 같다.

火焰文/화염문
擧身光/거신광
頭光/두광
白毫/백호
光背/광배
身光/신광

(化佛/화불
肉髻/육계
髻珠/계주
螺髮/나발
三道/삼도
袈裟/가사
(衲衣)/납의
跏趺坐/가부좌
仰蓮/앙련
(眼象)/안상
伏蓮/복련

上臺/상대
臺座/대좌
中臺/중대
下臺/하대

법화경과 신약성서

【32길상(三十二吉相); 32 Features】

1. 발바닥이 평평한 모습(足下平安立相/족하평안입상)
2. 발바닥에 두 바퀴가 있는 모습(足下二輪相/족하이륜상)
3. 손가락이 긴 모습(長指相/장지상)
4. 발꿈치가 넓고 평평한 모습(足案廣平相/족안광평상)
5. 손발가락에 갈퀴가 있는 모습(手足指輭網相/수족지만망상)

6. 손발이 매끄러운 모습(手足柔軟相/수족유연상)
7. 발등이 복스럽게 솟은 모습(足趺高滿相/족부고만상)
8. 이니연(Aineya)사슴 무릎처럼 둥글고 부드러운 모습(伊泥延膝相/이니연슬상)
9. 손이 무릎까지 내려간 모습(正立手摩膝相/정립수마슬상)
10. 말의 성기처럼 성기가 감추어진 모습(馬陰藏相/마음장상)

11. 몸의 키와 팔의 길이가 같은 모습(身廣長等相/신광장등상)
12. 터럭이 위로 향한 모습(毛生上向相/모생상향상)
13. 털구멍마다 한 터럭씩 나 있는 모습(一一孔一毛生相/일일공일모생상)
14. 몸이 금색으로 된 모습(金色相)
15. 신체주위에 광채가 빛나는 모습(丈光相/장광상)

16. 일체의 먼지나 더러운 흙이 몸에 묻지 않은 모습(細薄皮相/세박피상)
17. 두 손, 두발, 두 어깨, 정수리가 원만한 모습(七處隆滿相/칠처융만상)
18. 겨드랑이 밑에도 살이 적절히 살이 있는 모습(兩腋下隆滿相/양액하융만상)
19. 상반신의 위용이 사자 같은 모습(上身如師子相/상신여사자상)
20. 몸이 바르고 곧은 모습(大直身相/대직신상)

21. 어깨가 원만한 모습(肩圓好相/견원호상)
22. 40개의 이가 있는 모습(四十齒相/사십치상)
23. 이가 가지런한 모습(齒齊相/치제상)
24. 어금니가 흰 모습(牙白相/아백상)
25. 양 볼의 통통함이 마치 사자 같은 얼굴모습(師子頰相/사자협상)

26. 맛을 가장 잘 느낄 수 있는 모습(味中得上味相/미중득상미상)
27. 혀가 긴 모습(大舌相/대설상)
28. 목소리가 깊고 명확하고 공경심을 불러일으키는 목소리(梵聲相/범성상)
29. 연꽃 같이 푸른 눈(眞靑眼相/진청안상)
30. 소의 눈썹같이 길고 정연한 눈썹을 가진 모습(牛眼睫相/우안첩상)

31. 머리위 살이 살상투처럼 융기되어 있는 모습(頂髮相/정계상)
32. 이마 중간에 흰털이 있는 모습(白毛相/백호상)

1. 육계가 정수리를 가림(無能見頂)
2. 코가 곧고 높음(鼻直高好孔不現)
3. 눈썹이 초생달 같고 짙푸른 유리색임
   (眉如生初月紺琉璃色)
4. 귓바퀴가 처짐(耳輪成)
5. 몸이 견실함(身堅實如那羅延)

6. 뼈마디가 고리쇠 같음(骨際如銅鎖)
7. 몸을 한 번 돌리면 코끼리 왕과 같음
   (身一時回如象王)
8. 발걸음이 4촌을 가고 자국이 찍힘
   (行時足去地四寸而印文現)
9. 손톱은 적동색이며 얇고 윤택함
   (瓜如赤銅色薄而潤澤)
10. 무릎 뼈가 단단하고 원만함
   (膝骨堅箸圓好)

11. 몸이 항상 깨끗함(身常淨潔)
12. 몸이 유연함 (身體柔軟)
13. 몸이 단정하고 곧음(身體端直)
14. 손가락이 길고 섬세함(指長纖圓)
15. 지문이 장엄함(指文莊嚴)

16. 힘줄이 드러나지 않음(筋脈不現)
17. 복사뼈가 보이지 않음(踝不露現)
18. 몸빛이 윤택함(身色潤澤)
19. 몸이 휘지 않음(身不透迤)
20. 몸이 둥글고 풍만함(身滿足)

21. 정신도 갖추어져 있음(識滿足)
22. 위의도 구족함(容儀備足)
23. 있는 곳이 평안함(住處安隱)
24. 위엄이 일체에 떨침(威震一切)
25. 중생이 보기를 즐김(衆生樂見)

26. 얼굴 크기가 적당함(面不挾長)
27. 용모가 단정함(容貌不橈色)
28. 얼굴이 구족함(面具足滿)
29. 입술이 붉음(盾赤如頻婆果色)
30. 목소리가 깊음(音響深)

31. 배꼽이 둥글고 깊음(臍深圓好)
32. 터럭이 오른쪽으로 선회함(毛右廻)
33. 손발이 둥글고 원만함(手足圓滿)
34. 손발을 마음대로 함(手足如意)
35. 손금이 분명하고 곧음(手文明直)

36. 손금이 김(手文長)
37. 손금이 연속됨(手文不斷)
38. 중생이 보고 좋아함(衆生見皆喜悅)
39. 보름달 같은 얼굴(面如滿月)
40. 저도 모르게 말을 걸음(先意與語)

41. 손발에서 5색을 띰(手足光有5色)
42. 모공에서 향기가 남(毛孔出香氣)
43. 입에서 향기가 남(口出無上香)
44. 사자 같은 모습(儀容如師子)
45. 나아가고 멈춤이 코끼리 왕 같음
   (進止如象王)

46. 행동이 거위 같음(行法如鵝王)
47. 머리는 마타라 열매와 같음
   (頭如摩陀羅果)
48. 음성이 구족함(一切聲分具足)
49. 어금니가 날카롭고 흼(牙利鮮白)
50. 혀색이 붉은 구리 같음(舌色如赤銅)

51. 혀가 얇고 김(舌薄而長)
52. 터럭이 붉은 색임(毛紅色)
53. 터럭이 깨끗함(毛潔淨)
54. 눈이 넓고 김(廣長眼)
55. 구멍이 구족함(孔門相具足)

56. 손바닥이 붉은 색임(手足掌如紅蓮)
57. 배꼽이 나오지 않음(臍不出)
58. 배가 나오지 않음(腹不現)
59. 가는 배(細腹)
60. 기울지 않은 신체(身不傾動)
61. 신체가 묵중함(身持重)
62. 신체가 큼직함(身分大)
63. 신체가 장대함(身長)
64. 손발이 정결함(手足淨潔軟澤)
65. 신체 주위에 빛이 비침(邊光各一丈)

66. 빛이 몸에 비침(光照身而行)
67. 중생을 평등하게 봄(等視衆生)
68. 중생을 가볍게 보지 않음(不輕衆生)

69. 중생에 따라 소리를 냄(隨衆生音聲)
70. 설법에 차이가 없음(說法不差)

71. 중생에 맞는 설법을 함(隨衆生說法)
72. 중생의 말로 대답함(一發音報衆聲)
73. 설법에 인연이 있음(說法有因緣)
74. 다 볼 수 없음(一切衆生不能盡觀)
75. 집착 없는 설법을 함(說法不着)

76. 머리칼이 길고 보기 좋음(髮長好)
77. 머리카락이 고름(髮不亂)
78. 머리카락이 오른쪽으로 돔(髮右旋)
79. 푸른 색 머리카락(髮色好如靑珠相)
80. 손발이 덕스러운 모습(手足有德相)

13장 권지품(勸持品)

Admonition to Embrace the Sutra

요약 : 비구니에게도 수기를 내리고 수많은 보살들도 법화경의 전법을 서원한다. 석존의 입멸 후 어떠한 어려움이 있을지라도 법화경을 널리 펴겠다는 전법사의 숭고한 마음의 자세를 다짐한다.

「권지품勸持品 제13」에서는 「제바달다품 제12」의 설법으로 깊은 감명을 받은 2만 명의 보살과 8천명의 성문이 석존에게 『법화경』의 신앙을 언제까지나 지키겠다고 맹세를 한다.

권지勸持란 결심하고 노력한다는 뜻이다. 법화경을 설하는 자는 앞으로 여러 가지 박해를 받게 되겠지만 그것을 참고 부처님이 입멸한 후에도 법화경을 세상에 퍼뜨리겠다고 맹세하는 것이다.

「견보탑품 제11」에서는 석가모니와 다보여래가 제자들에게 '법화경을 설하는 것은 중요한 일이지만 그것은 매우 어려운 일이다. 여래는 법화경을 두고 입멸한다'고 말하고 있다.

이 권지품에서는 여기에 대해서 제자들이 대답하는 형식으로 되어 있다.

법화경과 신약성서

▲「권지품」 선교의 맹세. 지상에서 승려를 몽둥이로 때리며 박해하는 자들의 모습. 「法華經蔓茶羅」

우선 약왕보살과 대요설大樂說보살이 등장한다. 약왕보살은 「법사품 제10」에서 부처님의 설법의 상대가 된 사람이고 대요설보살은 견보탑품에서 모두를 대표하여 보탑에 대해서 질문한 사람이다.

이 두 사람은 여래의 입멸 후 이 법문을 중생들에게 설하겠다고 한다. 하지만 그때는 중생들이 타락하고 오만하고 오직 이익추구에만 열중하여 교화하기가 어려운 시대가 되므로 목숨을 걸고 끈기 있게 경전을 보급하겠다고 맹세한다.

또 성불의 예증을 받은 500명의 아라한과 800명의 성문들은 죄 많은 *사바세계娑婆, Saha 世界에서의 포교가 어렵기 때문에 다른 국토에 가서 포교하겠다고 말한다.

이미 「수기품 제6」, 「오백제자 수기품 제8」, 「수학무학인기품 제9」

사바세계
우리가 살고 있는 세계를 일컫는 말. 산스크리트 Saha(인; 忍)에서 유래한 것으로, 중생은 모든 번뇌를 인내하면서 살지 않으면 안되므로 인토(忍土)라고도 한다.

비구니(比丘尼)

팔리어(語) 비쿠니
(bhikkuni)를 음역
한 것으로, 출가하여
불교의 구족계(具足
戒)인 348계(戒)를
받고 수행하는 여자
승려.

마하프라자파티

석가모니의 이모이
자 양어머니로 최초
의 비구니가 됨(오른
쪽).

야쇼다라

석가모니의 출가 전
의 아내이자 라훌라
의 어머니.

나유타(那由他)

인도의 수량 단위
(10^{60}). 보통은 헤아
릴 수 없이 큰 단위
라는 뜻.

에서 부처님 제자들에 대한 수기가 주어졌고, 모두 다 부처가 되는 것
이 보증되어 있지만 아직 *비구니에 대해서는 언급한 바가 없다.

비구니 교단의 대표자는 부처님 어머니의 여동생(이모) *마하프
라자파티Mahaprajapati와 부처님이 왕자였을 때의 부인 *야쇼다라
Yashodhara; 耶輸陀羅였는데 아난의 노력으로 인하여 비구니 승단이
이때 이루어지게 된 것이다. 그래서 그녀들도 다른 국토에서 법화경
을 설하겠다고 맹세하였다.

▲ 「붓다의 탄생(The Birth of Buddha)」 2세기경.
Swat의 Nimogram 출토. Swat Museum, Pakistan

중앙에서 성모(聖母) 마야 왕비가 오른 손으로는 무우수 가지를 잡고 왼손으로
는 동생인 마하프라자파티(등을 돌리고 있는 이)의 부축을 받으며 아기를 낳고
있다.
오른쪽 옆구리에서 막 나오고있는 아기를 받고 있는 이는 제석천이며 그 뒤에
범천이 있다.
서있는 아기는 갓 태어난 석가가 일곱 걸음을 걸으며 '천상천하 유아독존(天上
天下 唯我獨尊)'이라는 사자후(獅子吼)를 하는 것을 나타낸다.

끝으로 80만억 *나유타那由他; nayuta라는 수많은 보살이 부처
님의 말없는 권고에 의해 부처님이 입멸한 후 포교하기로 맹세하게
된다.

이때 보살들은 20행의 게偈; gatha/가타로서 목숨을 걸고 진리를
구현하겠다고 맹세한다.

수와 시간의 단위는 인도와 불교용어에서 유래한 것이 많다.

◆ 數(수)의 단위가 커 가는 순서

일(一)	10^0	구(溝)	10^{32}
십(十)	10^1	간(澗)	10^{36}
백(百)	10^2	정(正)	10^{40}
천(千)	10^3	재(載)	10^{44}
만(萬)	10^4	극(極)	10^{48}
억(億)	10^8	항하사(恒河沙)*	10^{52}
조(兆)	10^{12}	아승기(阿僧祇)*	10^{56}
경(京)	10^{16}	나유타(那由他)	10^{60}
해(垓)	10^{20}	불가사의(不可思議)	10^{64}
시(秭)	10^{24}	무량대수(無量大數)*	10^{68}
양(穰)	10^{28}		

○ 항하(恒河)는 인도의 갠지스강을 말한다. 그러므로 항하사는 갠지스강에 있는 모든 모래 또는 그 숫자를 말한다.
○ 아승기(阿僧祇): 산스크리트 아상가(asanga)를 음역(音譯)한 말.
○ 무량대수(無量大數): 무량겁(無量劫). 헤아릴 수 없이 큰 시간이나 수의 단위.

◆ 數(수)의 단위가 작아져 가는 순서

할(割)	10^{-1} (= 0.1)	묘(渺)	10^{-12}
푼(分)	10^{-2} (= 0.01)	막(漠)	10^{-13}
리(厘)	10^{-3} (= 0.001)	모호(模湖)	10^{-14}
모(毛)	10^{-4} (= 0.0001)	준순(逡巡)	10^{-15}
사(絲)	10^{-5}	수유(須臾)	10^{-16}
홀(忽)	10^{-6}	순식(瞬息)*	10^{-17}
미(微)	10^{-7}	탄지(彈指)*	10^{-18}
섬(纖)	10^{-8}	찰나(刹那)*	10^{-19}
사(沙)*	10^{-9}	육덕(六德)	10^{-20}
진(塵)	10^{-10}	허공(虛空)	10^{-21}
애(埃)	10^{-11}	청정(淸淨)	10^{-22}

○ 사(沙): 전자공학에서 많이 쓰이는 단위 나노(nano)에 해당.
○ 순식(瞬息): 눈을 한 번 깜짝하거나 숨을 한 번 쉴 만한 아주 짧은 동안.
○ 탄지(彈指): 손톱이나 손가락 따위를 튕김, 또는 그때 걸리는 시간.
○ 찰나(刹那): 눈 깜짝할 사이에는 3천 번의 '찰나'가 있다고 함.

▲ 「아기 싯다르타에게 포유하시는 마하프라자파티 왕비」
싯다르타의 이모이자 양어머니로, 후에 최초의 비구니가 되셨다.
왼쪽의 아기는 마하프라자파티 왕비 소생이자 싯다르타의 이복동생인 난다

▲마하프라자파티(부조부분)

◀◀ 마하프라자파티 불상(가운데
앞쪽)을 봉안한 기쁨을 나누
며 기념사진을 찍는 미국 시
카고 지부 승가 간부진

▲ 미국뉴욕거주 재가불자
신도회(Upasaka·Upasika
Society)의 매주 신입회
원 환영 기념촬영

◀오늘날 미국과 프랑스·
독일·스웨덴 등의 유럽
각지 대학에서 철학을
가르치는 교수진의 상당
수는 그 나라 출신의 스
님들로 대체되고 있다.

여기에서 법화경의 법사들이 세상에서나 교단에서나 박해를 받게 될 것이라는 내용이 예언의 형태로 언급된다.

그 묘사는 너무나 생생하여 실제로 법화경교단이 성립한 시기에 박해받은 것 같은 인상을 준다. 그 시구의 내용은 다음과 같다.

세존이시여, 걱정 마시옵소서. 세존께서 입멸하고 끔찍한 말세가 와도 저희들은 이 경전을 설할 것이옵니다. 욕설이나 저주를 퍼붓고 칼과 몽둥이의 위협을 받아도 우리는 참고 견디며 포교할 것이옵니다.

지혜도 없고 사악하고 마음이 비뚤어진 오만한 자들은 이 말세에 수행도 하지 않고 깨달은 자인 척 하겠지요.

그들은 고요한 숲 속에서 남루한 옷을 입고 고행을 하고 있다고 어리석은 자에게 말할 것입니다. 향락에 젖어 남에게 법을 설하는 척하며 성자처럼 세상에서 존경받겠지요. 그들은 나쁜 마음을 가진 악인으로 집과 재산에 집착하여 숲 속에서 수행한다는 구실 하에 우리를 비난하고 중생 앞에서 이렇게 외치며 우리를 모욕할 것입니다.

'이들 수도자들은 실리와 존경을 바라며 외도인처럼 멋대로 경전을 만들어 떠들어 대고 있다.'

국왕·왕자·장관·브라만 그리고 그 밖의 수도자에게 우리가 외도를 설한다고 비난하겠지만 우리는 참고 견디어 나가겠사옵니다.

악인들이 우리가 부처가 되었다고 한다고 경멸하고 비웃어도 참고 힘차게 법화경을 설할 것이옵니다. 저희들은 몸도 목숨도 필요 없습니다. 다만 부처님의 명령에 따르고 다만 *보리(菩提, Bodhi)만을 필요로 할 따름입니다.

세존께서도 아시다시피 말세에는 악승들이 부처님의 방편을 모를 것입니다. 저희들은 비난받고 사원에서 추방당하더라도 참겠사옵니다. 말세에 세존의 명령을 생각하고 용감하게 중생 앞에서 이 경전을 설할 것입니다.

그러니 아무 걱정 마시옵소서. 세상의 광명은 시방에서 모여서 오는 진실의 말씀을 전할 것입니다. 세존께서는 저희들의 뜻을 아실 것이옵니다.

보리(菩提; Bodhi)
불교에서 수행의 결과로 얻어지는 깨달음의 지혜 또는 그 지혜를 얻기 위한 수행 과정. Bodhi(Sanskrit)의 음역으로, 의역하면 각(覺)·지(智)·지(知)·도(道)이다.

이 내용을 보면 기원전 이미 서북인도에는 법화경 교단이 성립되고 그 세력이 퍼져나간 것 같으며 그 당시의 법화경 교단의 실태를 말해주는 것 같다.

부처님께서 *4성제四聖諦 · 8정도八正道를 설한 것은 범인凡人들을 지도하기 위한 편의상의 설법이고, 이 소승에 대하여 부처님의 참뜻은 모든 사람이 부처님과 같은 내용의 깨달음을 얻어 부처가 된다는 가르침인 것 같다.

◀ 신통제일 목련존자의 순교
6신통에 통달한 목련존자는 신통력으로 외도들의 공격을 물리칠 수 있었음에도 불구하고 그것이 자신이 지고 가야 할 업임을 깨닫고 의연히 죽음을 맞이한 첫 번째 순교자였다.

상불경보살에게 돌을 던지는 사람들 ▶

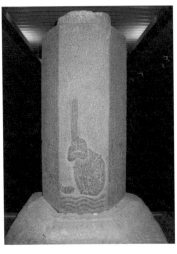

▲ 「이차돈 순교비(경주 백률사 육면석상기)」 경주박물관 소장

◀ 이차돈의 순교
신라는 귀족들의 강한 반대로 고구려·백제·신라 3국 중 가장 늦은 법흥왕 14년(527)에야 이차돈의 순교를 통해 불교를 받아들이게 되었다. 경주 백률사에서 발견된 육면석상기는 헌덕왕 9년(817)에 세운 것으로, 이차돈이 22세의 청춘으로 佛法에 몸바쳐 순교할 때의 땅에 떨어져 있는 머리와 흰 피가 솟구치는 장면을 부조로 사실적으로 생동감 있게 나타내고 있다.

"참수할 때 목 가운데서 흰 젖이 한길이나 솟구치니, 이때 하늘에서는 꽃비가 내리고 땅이 뒤흔들렸다. 사람과 만물이 슬피 울고 동물과 식물이 동요하였다. 길에서 곡소리가 이어졌고, 우물과 방앗간에서 인적이 끊겼다."

법화경 교단에 대한 비난으로는 첫째, 깊은 산 속에서 수행하며 재가자在家者들에게 설법하고 존경을 받는 승려들이 법화경 교단을 비난하거나, 법화경 교단이 허위경전을 만들어 세상 사람들을 현혹한다고 비난하거나, 국왕·장관 등 상류사회의 사람들에게 이 교단을 비난하고 사원에서 추방해야 한다고 주장하는 내용이다.

이것은 법화경 교단 성립사에 있어서 실제로 있었던 일이라고 볼 수 있다. 그 점에 있어 법화경 교단의 역사자료라고도 볼 수 있다.

한편 법화경의 포교와 전도는 하나의 실천이다. 그것은 중생구제의 종교적 사명감이다. 원래 종교의 신앙에 있어서도 논리나 철학을 무시할 수는 없다.

그러나 불교에 있어서의 공·무아·무상도 그것이 적극적 인생긍정, 부처의 자비의 세계, 그리고 구제의 가르침으로 파악되지 않는 한, 생명이 있는 종교로서 인류의 영원한 구원을 성취하는 적극적 의의는 가질 수 없을 것이다.

대승불교가 단순한 철학이나 도덕이 아니다. 참되게 살아 있는 종교가 되기 위해서는 공도 무도 자비로서 파악되어야 한다.

불교는 본래가 해탈의 종교이자 지혜의 종교이지만 그것이 종교인 한, 자비심이 그 핵심이 되어야 할 것이다.

이 권지품에 있어서는 이 자비심을 계기로 한 열렬한 보살들의 진리구현에의 실천의 맹세가 중요한 과제로 되어 있는 것이다.

4성제 · 8정도
《P78. P282 참조》

4성제
세상의 모든 이치를 고락의 원인과 결과에 따라 설명한 4가지 성스러운 진리
❶ 고성제(苦聖諦)
❷ 집성제(集聖諦)
❸ 멸성제(滅聖諦)
❹ 도성제(道聖諦)

8정도
멸에 이르기 위한 8가지의 바른 길.
❶ 정견(正見)
❷ 정사유(正思惟)
❸ 정어(正語)
❹ 정업(正業)
❺ 정명(正命)
❻ 정정진(正精進)
❼ 정념(正念)
❽ 정정(正定)

14장 안락행품(安樂行品)

Peaceful Practices

요약 : 五濁惡世(오탁악세)의 말세에 법화경 전도자가 법화경의 진리를 전파할 때
갖추어야 할 말과 행동에 대한 지침으로 4안락행을 제시. 법화경을 상투 속
에 감추어진 최상의 명주로 비유.

안락행(安樂行)
법화경을 설할 때 심
신을 안락한 상태에
두기 위한 실천행법.
❶ 신(身)안락행
❷ 구(口)안락행
❸ 의(意)안락행
❹ 서원(誓願)안락행

부처님은 법화경을 펴려는 사람들이 평정한 정신상태에 들기를 바
라며 이를 위해 *안락행安樂行: Sukha-vihara/수카비하라을 설한다.

전체적으로는 부처님이 입멸한 후 말세에 법화경을 설하는 보살의
마음가짐에 대해 말하고 있다. 안락행은 다음 4가지 계戒이다.

一 신身안락행: 일은 마음을 집중하여 실행해야 하며 친할 상대와
친해서는 안될 상대를 분명하게 가린다.

二 구口안락행: 남의 욕을 하거나 가르침을 욕되게 해서는 안되며
법화경을 설하는 사람의 장점이나 단점을 비판해
서는 안 된다. (설법의 방법)

三 의意안락행: 법화경을 수지하고 독송할 때는 질투심을 버리고
가르침을 설할 때는 상대방을 경멸하지 않고 마음
편하게 설한다.

四 서원誓願안락행: 법이 없어지려는 말세에도 대자비의 마음을 잊
지 않고 사람을 이끌겠다는 서원을 세울 것.

법화경과 신약성서

이것은 천태의 학자가 분류한 신안락행·구안락행·의안락생·서원안락행의 4개조이지만 반드시 여기에 사로잡힐 필요는 없다.

신안락행은 보살로서의 행처行處; acara/아차라와 친근처親近處; gacara/가차라를 말한다.

행처란 태도와 행동을 말하는데, 인내심 깊게 자제하고 두려움이나 질투 없이 어떤 일에나 집착하지 말고 사물의 상을 있는 그대로 관찰하고 분별을 하지 않는 것이 보살의 태도임을 말해주는 것이다.

▲ 문수보살에게 4안락행을 설하는 석존

친근처란 행위의 대상·상대·범위를 말한다. 여기서는 보살이 접근하여서는 안 될 사람에 대하여 열거하고 있다.

우선 왕·왕자·장관, 자이나교도, 또는 문학서나 학술서의 전문가들과 가까이 해서는 안 된다는 것이다. 또 유물론자로 물질욕·성욕을 인간의 이상으로 삼은 *로가야타盧迦耶陀; lokyata/로캬야타, 또한 사냥꾼·어부·가수·배우 등과 가까이 해서는 안 된다는 것이다.

보살은 일체의 법이 공임을 깨우쳐야 한다. 이러한 4가지 안락행을 갖춘 자는 부처님이 입멸한 후에도 법을 설함에 있어서 방해를 받지 않고 왕·남녀신자·

▲ 도박·놀이에 열중하는 자

로가야타(盧迦耶陀)
범어 lokyata의 음역으로, 順世外道라고 의역.
6사외도(六師外道)의 하나로서 유물론의 입장에서 지·수·화·풍의 4대(大)와 그 활동공간인 허공의 실재만을 인정하여 극단의 쾌락주의를 주장하였으며, 윤회·업·공양·보시 등의 의의를 인정하지 않았다.

▲ 「法華經蔓茶羅」권지품·안락행품의 합축도
권지품은 강하게 설득하여 교화함을, 안락행품은 부드러운 설득으로 교화함을 보여준다.
권지품·안락행품의 설법과 전도(위), 그 주위에는 여러 가지 박해의 모습이 그려져 있다.
안락행품에서 설해지는 계중명주의 비유도(아래)

법화경과 신약성서

장관 · 비구 · 비구니 · 브라만들에게서 존중을 받는다.

이것은 인간으로서 살아나가는데 중요한 도덕적 여러 조건과 합치되는 것으로 위에 말한 친근처는 정확하게 10가지로 나누어진다.

一. 왕, 고관 등의 권력자에 접근하지 않는다.
二. 삿된 법(邪法)을 설하거나 관념적인 글로 장난하는 주체성이 없는 인물을 멀리한다.
三. 도박을 즐기는 사람은 멀리한다.
四. 살생을 업으로 삼는 사람과 사귀지 않는다.
五. 소승으로 만족하는 허무주의자를 피한다.
六. 욕정적 태도로 여성에게 설법해서는 안 된다.
七. 남자답지 못한 남자를 피한다.
八. 혼자 남의 집에 들어가지 않는다.
九. 여성에게 설법할 때 다정해서는 안 된다.
十. 잘 생긴 제자를 곁에 두지 마라.

결국 안락행이란 언제나 편안한 마음으로 수행을 하라는 가르침으로 이것을 행하면 언제 어디서나 부처님의 가호를 받게 된다.

법화경은 모든 사람에게 세상의 모든 것의 실상을 아는 지혜를 주는 가르침이다. 그 때문에 세상의 강한 반발이 있었고 그 전수가 어려워 이전에 설해지지 않았으나, 마침내 부처님이 설하게 되었으니 편안한 마음으로 4가지 안락행을 행하라는 것이다.

그러면 어떠한 효과가 생기는가? 우선 수많은 부처님이 아름다운 설법대에 앉아 설법하는 모습이나 자기 자신이 무한한 생명체가 합장하는 가운데. 법을 설하는 모습 또는 황금색으로 빛나는 부처가 무한한 빛으로 이 세상을 비추고 아름다운 소리로 법화경을 설하는 모습을 보게 될 것이다. 여기에는 칼이나 독으로도 해칠 수 없는 이상한 현상이 생기게 된다.

코흐(Koch)

독일의 세균학자로
세균학의 근본 원칙
을 확립함. 결핵균
과 콜레라균을 발견
했고 1890년에 결
핵 치료약인 투베르
쿨린을 만들었다. 노
벨생리학 · 의학상을
수상(1905).

페텐코퍼

독일의 위생학자.

19세기 말 독일의 세균학자 *코흐Robert Koch: 1843~1910는 콜레라균을 발견하였다. 이 균은 크기가 1μmicron; 1/1000mm 이하의 작은 생물이다.

페텐코퍼Max von Pettenkofer: 1818~1901라는 의학자는 "이처럼 작은 것이 우리 몸에 들어가 사람을 죽게 한다는 것은 말도 안 된다. 나는 그것을 믿지 않는다."라고 말하고 나서 콜레라균을 배양한 액체를 마셔버렸다.

그는 결코 콜레라에 걸리지 않았다. 이것은 인간의 강한 저항력을 보여주는 것으로 종교적 강한 신념이 있을 때도 우리는 이와 똑같은 현상을 볼 수 있다.

이것이 눈에 보이지 않는 진리이다. 이것을 믿기 위해서는 여러가지 방법이 있지만 법화경이 가장 효과적이다.

믿는 자에게는 신비로운 힘이 생기는 법이다. 이처럼 놀라운 힘은 누구나 발휘할 수 있다. 이 힘을 갖게 되면 어떠한 곤란에 부딪쳐도 자연히 그것을 극복하게 되는 것이다.

어떠한 환경에 놓이건 인간은 자기 내부에 일시적인 외부의 타격을 이겨낼 수 있는 힘을 가지고 있다는 것을 깨달아야 한다. 이것이 바로 대자연의 움직임에 자기의 행동이 적응된 것이다. 신념이 강하면 누구나 이처럼 이상한 체험을 하게 되는 것이다.

그 이유는 무엇인가? 신념이 강해짐으로써 실상과 연결될 수 있기 때문이다. 즉 실상의 무한한 에네르기를 받을 수 있기 때문이다. 그

법화경과 신약성서

무한한 에네르기에 의해 인생이 아주 바뀌는 것이다. 실상은 무한한 힘을 가지고 있으나 우리가 그 힘을 받을 수 있는 그릇을 가지고 있느냐가 문제가 된다.

실상에서 오는 에네르기는 우리가 마음 속에 만든 주형鑄型 속에 흘러 들어가서 하나의 형을 이루는 것이다. 자기 마음 속에 이러한 주형을 만들지 않으면 자기가 생각한 것을 실현할 수 없는 것이다.

마음의 주형이란 자기의 염念이다. 병을 고치거나 큰 뜻을 이루겠다는 강한 염을 가짐으로써 이 주형이 만들어지는 것이다.

하지만 주형만 가지고서는 안 된다. 실상의 무한한 에네르기를 받기 위해서는 마음의 문을 활짝 열고 실상의 힘을 믿고 모든 것을 부처님께 맡겨야 한다. 그렇게 하기 위해 많은 노력을 해야 하는 것이다.

어떤 사람이 현대의학으로도 어쩔 수 없는 병에 걸렸다. 그는 부처님께서 자기를 구해줄 것이라고 굳게 믿고 열심히 기도 드렸다. 그러자 1년 후 놀랍게도 그의 병은 흔적도 없이 완전히 나았다. 신앙심이 강할 때 보통 상식으로는 상상도 할 수 없는 일이 수없이 일어난다.

왜 그럴까? 부처님께 마음을 바치는 자는 인생의 어떠한 거친 파도가 닥쳐와도 신앙을 통해서 힘을 얻어 아무 일도 아닌 듯 평온한 심정으로 그것을 이겨낼 수 있는 것이다. 우리는 이러한 일을 현실에서 흔히 볼 수 있다.

이런 것을 가지고 우연이니 사기니 믿을 수 없느니 하고 말하기 쉽다. 하지만 우리가 알고 있는 것은 인생의 본질의 극히 작은 부분에 지나지 않는다. 인생에는 우리의 상상을 초월하는 신비한 힘이 작용하고 있는 것이다.

▲ 전륜성왕의 군대가 정법을 따르지 않는 왕을 치는 모습

계중명주의 비유
정주(頂珠)의 비유라
고도 함.

계중명주(髻中明珠)
상투 속에 소중히 간
직하고 있는 최상의
보주.

전륜성왕(轉輪聖王)
인도신화에서 무력
에 의하지 않고 정
의 · 정법(正法)에 의
해 통치의 수레바퀴
를 굴려, 세계를 통
일 · 지배하는 이상
적인 제왕.
흔히 마우리아왕조
의 아쇼카 왕 또는
쿠샨왕조의 카니시
카 왕을 세속의 전륜
성왕이라고도 말함.

「안락행품 제14」에는 *계중명주髻中明珠의 비유the parable of a brilliant gem in a king's top-knot 이야기가 있다.

*전륜성왕轉輪聖王; cakravarti-raja/챠크라바르티-라자은 무력을 쓰지 않고 전 세계를 통일하고 법에 의해 지배하는 이상적인 제왕으로, 세상사람 모두가 고대부터 그 출현을 기다리고 있다.

▲ 계중명주(髻中明珠)

전륜성왕이 적국을 토벌했을 때 전공(戰功)에 따라 부하들에게 갖가지 상을 내리지만 왕의 계중(髻中; 상투 속)에 있는 명주(明珠)만은 주지 않는다.

이 구슬은 왕만이 갖고 있는 것으로 큰 공을 세운 자가 아니면 주지 않는다.

부처님이 태어났을 때 궁전에 머물면 전륜성왕이 되고 출가하면 부처가 된다고 예언한 유명한 이야기가 있었다.

이 비유에서 명주는 경전 가운데 최상의 경전인 법화경을, 전륜성왕은 부처님을, 전공을 세운 부하들은 부처님의 불법을 수련하는 제자들을 의미하는 것이다.

▲ 전륜성왕이 전공자에게 상을 주는 모습

전륜성왕이 전공이 가장 큰 부하에게 상투 속의 진귀한 명주를 내리듯, 부처님께서는 일체의 번뇌를 퇴치한 제자에게만 법화경을 설하신다는 것이다.

부처님은 여러 법의 실상을 설하여 청자를 기쁘게 하고 소승의 깨달음에 마음을 안주시키기는 하였으나 법화경은 좀처럼 설하지 않는다.

여래는 법왕法王으로서 자기의 실력과 복의 힘으로 얻은 법으로 3계에 법의 왕국을 세운 것이다.

여기에 마왕이 3계에 쳐들어온다. 여래의 성스러운 군대는 악마와 싸운다.

전륜성왕이 그의 병사들이 용감하게 싸우는 것을 보고 보주寶珠를 주듯이, 여래도 부처님의 수행자들이 마와 싸워 *탐貪 · 진瞋 · 치痴를 멸하도록 하고 위대한 공을 세웠을 때 비로소 법화경을 설하는 법이다.

탐 · 진 · 치
깨달음에 장애가 되는 근본적인 세 가지 번뇌, 즉 탐욕 · 노여움 · 어리석음을 가리키며, 삼독(三毒)이라 한다.

15장 종지용출품(從地涌出品)
Emerging from the Earth

요약 : 수많은 보살들이 대지의 도처에서 솟아나 석존의 설법을 듣는다. 기존 교단의 견제와 박해를 무릅쓰고 혁신적 법화불교운동을 전개한 사람들을 땅을 뚫고 솟아오른 지용보살로 비유하여 표현.

사바세계
이 세상. 산스크리트 Saha(인; 忍)에서 유래한 것으로, 중생은 모든 번뇌를 인내하면서 살지 않으면 안 되므로 인토(忍土)라고도 한다.

다른 국토에서 온 무수한 보살들이 부처님께 합장하며, 부처님의 입멸 후 이 *사바세계娑婆, Saha 世界에 머무르며 수행을 통해 그 가르침에 정지하고 설할 것을 청하였다.

부처님은 그 뜻을 고맙게 여겼으나 받아들이지는 않았다. 왜냐하면 이 사바세계에도 무한한 보살이 있어 그 가르침을 전해주기 때문

▲「지용보살들의 출현」 땅이 진동하며 갈라지고 온몸이 금빛으로 빛나는 보살들이 솟아나오고 있다.

이다.

부처님의 이 말씀이 끝나자 사바세계 *삼천대천세계三千大千世界의 땅이 진동하며 갈라지고 온몸이 금빛으로 빛나는 보살들이 나타났다.

이 *지용地涌의 보살들은 모두 수많은 중생들을 가르치고 이끄는 지도자로 *항하사恒河沙: 갠지스강의 모래 수의 6만 배나 되는 제자들을 거느리고 있었다. 이처럼 땅에서 솟아 나온 보살의 수는 너무 많아 셀 수도 없고 비유로 설명할 수도 없었다.

이 보살들은 땅에서 나타나 허공으로 떠올라 칠보의 아름다운 탑 안에 계신 다보여래와 석가모니여래 발 밑에 엎드려 합장하고 예배하였다.

▲ 석가모니와 다보여래에게 예배하는 지용보살들 땅에서 솟아 나오고 있는 (地涌) 보살들 (오른 쪽 아래)

그러는 동안에 50 *소겁小劫이란 오랜 시간이 흘렀으나 부처님의 신통력으로 반나절 정도로 밖에 느껴지지 않았다.

이 출가 · 재가의 수행자들은 부처님의 신통력 덕분에 허공에 넘치게 되었는데 그 보살 가운데는 *상행上行, 무변행無邊行, 정행淨行,

삼천대천세계
수미산을 중심으로
사대주가 있으므로
1세계. 1세계가 천세
계와 합하면 1중천
세계. 1중천세계가
다시 천중천세계와
합하면 1대천세계. 1
대천세계에는 3가지
천이 있으므로 삼천
대천세계이다.

지용(地涌)
땅에서 솟아 나옴.

항하(恒河)
갠지스(Ganges)강

소겁(小劫)
사람의 목숨이 8만
살부터 100년마다
한 살씩 줄어져서 열
살이 되기까지의 동
안. 또는 열 살에서
100년마다 한 살씩
늘어서 8만 살에 이
르는 동안.

상 · 무변 · 정 · 안립행
· 뛰어난 행을 함
· 끝없는 행을 함
· 맑고 깨끗한 행을 함
· 확고한 행을 함

안립행安立行의 4명의 도사가 있었다. 이 4보살은 석가모니불을 향해 합장하고, 건강을 묻고, 교화의 어려움에 대해서도 염려를 하였다.

그러나 부처님은 교화가 쉽게 되어 아무런 곤란이 없으며, 그 이유는 수많은 중생이 아득한 전세에 부처님의 가르침을 받아왔기 때문이라고 말씀하셨다.

이렇듯 미증유의 놀라운 모습을 바라보던 *미륵보살彌勒菩薩; Maitreya; 阿逸多, Ajita과 수많은 다른 보살들은 자기네들도 부처님을 모셔 왔으나 그처럼 보살들이 땅 속에서 솟아 나와 부처님 앞에서 감사의 귀의를 하는 일을 본 적이 없기 때문에 의아하게 생각하였다.

그래서 미륵보살은 자기의 의아함을 해명하기 위해 부처님께 물었다.

"이 수많은 보살들은 전에 본 적이 없는 분들이옵니다. 이 분들은 어디서 오셨사옵니까? 무슨 이유로 모인 것이옵니까? 우리보다 뛰어나 보이는 지혜, 강한 의지력, 인내력 그리고 포용력을 갖춘 분들이옵니다. 도대체 누가 이처럼 위대한 분들에게 법을 설하여 보살로 만든 것이옵니까?

이 보살들은 신통력과 지혜로 넘치며 사방의 대지가 흔들리고 갈라져 그 안에서 솟아 나온 점만 보아도 그것을 알 수 있사옵니다. 나는 과거에도 이런 일은 본 적도 들은 적도 없사옵니다. 이 보살들이 속하는 국토의 이름이라도 가르쳐 주시옵소서. 제가 여러 나라를 돌아 다녔지만 이런 것은 처음 보옵니다. 여기 모인 보살들이 다 알고 싶어하니 어떠한 인연으로 이처럼 나타나게 되었는지 가르쳐 주시옵소서."

그때 수많은 다른 나라에서 와 그곳에 모인 부처님의 분신인 여러 부처들도 똑같은 질문을 하였다.

법화경과 신약성서

부처님은 여기에 대하여 다음과 같이 답하셨다.

"사바세계에는 미륵이라는 한 보살이 계시니라. 부처님으로부터 반드시 깨달음을 얻으리라는 보증을 받은 분이니라. 석가모니 다음에 사바세계에서 부처가 될 분이니라. 그 미륵보살이 나에게 물으니 답해 주겠노라."

그리고 부처님은 미륵보살과 수많은 보살들에게 말씀하셨다.

"그대들은 모두 순수한 마음으로 진리를 구하고 가르친 바를 바로 믿는 굳은 각오를 하라. 나는 여러 부처의 신통력과 힘으로 모든 것을 강화시키는 덕의 힘을 빌어 말하겠다. 땅에서 솟은 이 보살들은 내가 사바세계에서 깨달음을 얻은 후 교화 지도한 자들이니라.

아일다(阿逸多; Ajita; 미륵)여, 이 보살들은 많은 사람들 앞에서 설법하는 것은 별로 좋아하지 않는다. 언제나 고요한 장소에서 쉬지 않고 수행을 한다. 남에게 의지하지 않고 *무상정각(無上正覺; anuttara-samyak-sambodhi; 阿縟多羅三藐三菩提/아뇩다라삼먁삼보리)만을 위해 노력하고 있다. 이 보살들은 아득한 과거에 부처의 지혜를 배워왔다.

무상정각(無上正覺) 최상의 올바르고 평등하며 완벽한 부처님의 깨달음.

그러나 내가 교화시켜 깨달음을 구하는 마음을 갖게 한 것이다. 이 보살들은 나의 법(dharma)의 자식들이다. 내가 부다가야(Buddha Gaya; Bodhgaya)의 보리수(the Bodhi Tree; the Tree of Enlightenment) 아래서 깨달음을 얻고 난 후 이 보살들에게 다시없는 가르침을 주어 교화시킨 것이니라."

「석가모니 부처님의 성도(成道)」 ▶
보리수 아래서 깨달음을 얻은 석가모니 부처님
(배경에 네란자라 강이 흐르는 모습이 보인다.)

부야가야의 인도 보리수는 뽕나무과(Moraceae)의 열대성 상록활엽교목으로 줄기는 회백색이고 20~30m 정도 자라며 건기에는 잎이 많이 떨어진다.

Bodhgaya, Bihar

원래 피팔라(pippala)나무인데 부처님이 이 나무 아래에서 깨달음을 얻은 후 보리수로 이름이 바뀌었다. 산스크리트로 보디 드루마(Bodhi druma), 또는 보디 브리크사(Bodhi vriksa)라 하는데 이를 음역한 것이 보리수(菩提樹)이다.

한국에 자생하고 있는 보리수는 인도 보리수와는 다른 나무로 도금양목 보리수나무과(Elaeagnaceae)에 속하는 보리수(Elaeagnus unbellatus)이며, 그 외 슈베르트의 연가곡집 겨울나그네의 제5곡인 린덴바움(Lindenbaum; 성문 앞 우물곁에 서 있는 보리수)으로 잘 알려진 피나무과(Tiliaceae)에 속하는 서양보리수(Tilia europaea)가 있다.

중국과 한국의 절에서는 열대성인 인도 보리수가 자라지 않으므로 잎 모양이 비슷한 서양보리수를 대체수로 많이 심고 있다.

▲ 부처님이 깨달음을 얻은 보리수(The Bodhi Tree under Which Buddha Get Enlightened)

기원전 250년 경 불교를 융성케 한 아쇼카 대왕은 이곳을 찾아 보리수나무 옆에 절을 세우고 부처가 앉았던 바로 그 자리에 금강좌를 조성하였다. 그리고 자신의 공주 상가밋타(Sanghamitta)를 스리랑카(錫蘭/석란)로 시집보낼 때 보리수 묘목도 함께 보내어 아누라다푸라(Anuradhapura)에 심게 하였다.

　　부처님의 성지(聖地) 부다가야의 보리수는 종교적 박해를 끊임없이 받아 왔다. 이교도들이 이 지역을 점령할 때마다 나무는 잘려나갔고 뿌리에 독을 뿌려 말라죽게 하기도 했다. 1876년에 거대한 폭풍우에 쓰러져 죽자 이번에는 다시 스리랑카의 아누라다푸라의 보리수를 들여와 복원하였다.

▲ 아쇼카왕이 조성한 금강대좌

▲ 「불족석(佛足石)」
부처님이 정각을 이루고 첫발을 디딘 곳에
부처님의 발자국이 새겨졌다

▲ 깨달음의 보리수를 친견하는 순례자들

▲ 보리수 잎

그러나 부처님이 깨달은 지 40년 밖에 되지 않았기에 미래의 신앙자들에게도 설명해 주기 위해서 부처님께 다시 물었다.

왜냐하면 미륵은 오랫동안 부처님을 모시고 그 가르침을 받아 왔기 때문에 이처럼 이상한 일에 대해서 의심을 하지는 않지만 미래의 중생이 여기에 대해서 의심을 갖게 되면 부처님의 가르침을 따르지 않고 악덕에 물들게 될 수도 있기 때문이다.

그러면 부처님은 어떻게 짧은 시간 동안에 이처럼 많은 사람을 교화하여 불도를 구하게 되었는가?

부처님은 *구원겁久遠劫 이전에 이미 성불하여 보살들을 교화하였으니 그들이 여기의 지용地涌보살들이며 땅 밑 허공에서 법화경을 사유하고 지혜를 구하는 보살들이라 이른다.

그것은 다음의 「여래수량품如來壽量品 제16」에서 밝혀진다.

현실세계는 불합리하고 모순으로 넘치고 인간은 번뇌욕정에 사로잡혀 헤매지만 그 속에서 밝은 마음을 가지고 정진하여 스스로 깨달음을 얻고 남을 구하는 인간은 정말 강한 자이다.

부처님께서는 지용보살들이 법화경을 널리 펴라는 말씀을 통해 법화불교운동을 전개한 보살들을 지용보살로 표현하였다.

즉, 의식과 권위에 치우치는 전통교단으로부터 견제와 박해를 받으면서도 대승불교운동의 일환으로 부처님의 진실한 가르침으로 돌아가기 위해 불교의 혁신을 추구한 법화불교운동의 선도자들을 어둠을 뚫고 땅 밑에서 솟아오른 보살로 비유한 것이다.

이 세상은 그곳에서 사는 우리 자신의 정진과 노력으로 평화롭고 행복한 세계를 만들어야 한다. 이를 위한 인격의 완성과 행복성취에 대한 불굴의 정신을 가진 자만이 참된 불교도이다.

기독교는 계시의 종교로, 신은 자기가 아닌 남이다. 그러나 불교는

법화경과 신약성서

절대자가 자신의 내부에 있다.

불교는 신의 계시가 아니라 깨달음과 자각의 종교이다. 부처님이 명예·지위·재산을 버리고 궁전을 나온 것도 그 때문이다. 그것은 자각의 가르침이고 보살도로 지상의 모든 인간을 구제하는 종교이다.

여기서 중요한 점은 후반부터 *구원본불久遠本佛의 가르침을 밝히는 점에 있다.

구원본불(久遠本佛)
구원의 본불, 즉 영원한 생명을 가진 부처님.
본불(本佛)은 영원 불멸의 부처님이란 뜻.

현실의 인간세계는 욕망과 더러움으로 물들어 있지만 거기서 이처럼 많은 보살들이 솟아난 것이다.

우리의 현실생활에 있어서 인간생활을 규정짓는 근본적인 양식은 목적과 수단이라는 두 가지 범주로 이루어진다. 따라서 우리의 행동은 목적행동이고 우리의 사고는 목적을 달성하기 위한 수단이다.

그러나 종교는 이 두 가지를 초월하는데 있다. 즉 모든 것이 목적인 것이다. 오늘은 내일을 위해 있는 것이 아니고 오늘로서 절대적인 것이다. 우리가 말하는 영원의 세계는 목적과 수단의 범주를 넘어선 절대의 세계이다.

과거나 미래에 사로잡힘이 없이 절대자유의 세계에서 순간 순간을 열심히 살 때 현재는 영원성을 지닌다. 이러한 절대의 세계가 *진여眞如: tathata/타싸타, 즉 여래 실상의 세계이다.

진여(眞如)
'진리'에 해당하는 불교용어. tatha(그와 같이)에 추상명사어미 ta를 더하여 '있는 그대로'의 제법실상(諸法實相)을 의미함.

수많은 보살들이 사바세계 및 허공에 살고 있다는 것은 일상적 현실에서 일상적 상대성을 초월하여 절대 현재에 맑게 살며 집착 없는 자유로운 입장에서 편안하게 사는 것을 의미한다.

16장 여래수량품(如來壽量品)
The Lifespan of the Tathagata

요약 : 육체를 지닌 역사적 인물 석존의 본체는 법(진리)을 인격화한 법신불로 미래 영겁토록 멸하지 않는 상주의 본불임을 설하고 있다. 종지용출품의 의심에 대한 대답을 양의치자의 비유로 전개.

법화경의 진리를 이해하고 그것을 세상에 퍼뜨리는 자는 세상에서 보통사람이 갖는 모든 걱정이 사라지고 그 덕이 얼굴에 나타나므로 비록 가난한 집에 태어나도 걱정이 없어 부잣집에 태어난 것과 다름이 없다. 많은 사람이 그를 따르므로 하늘의 동자도 지켜준다. 그리고 그가 어디에 가든 어떤 환경에 있건 자유롭다.

법화경과 신약성서

「法華經蔓茶羅」종지용출품·여래수량품(합축)

▲ 영취산에서 설법하시는 석존(왼쪽 위), 석가모니와 다보여래와 선교를 신청하는
　다른 세계의 보살들(오른쪽 위), 지용의 보살의 출현(중앙)

▲ 화염에 쌓인 지상(왼쪽 위)·법화경을 맞이하는 사람들(왼쪽 가운데)·양의치자의
　그림(가운데 아래)·오욕에 잠기는 자들(맨아래)

행복의 상징인 파랑새L'oiseau Bleu; The Blue Bird를 구하기 위해 온 세상을 돌아다니던 치르치르Tyltyl와 미치르Mytyl는 파랑새를 찾지 못하고 지친 채 긴 여행 후 집에 와보니, 그들이 찾던 새는 바로 자신들의 집안에 있었다.

*마테를링크Maurice Maeterlinck: 1862~1949가 말하는 이 파랑새가 바로 불성이다. 자기 몸 안에 있는 보석이다. 그것이 먼지가 끼어 보이지 않을 따름이다.

사람들은 파랑새가 자기 집 안에 있는 것을 알지 못하는 것처럼, 자기가 실상과 연결되어 있음을 잘 알지 못하고 있다. 자기가 무한한 능력을 공급하는 실상과 연결되어 있다는 것을 깨달으려 하지 않는 것이다.

마테를링크

벨기에의 시인·극작가·수필가. 파랑새의 저자(1908). 노벨 문학상 수상작가(1911).

▲ 파랑새를 찾아 먼 길을 떠나는 오누이 치르치르와 미치르

동화극이지만 인생에 대한 깊은 명상이 여러 곳에 담긴 걸작으로, 인간의 행복은 가까이에 있다는 진리를 상징적으로 이야기하고 있다. 줄거리는 다음과 같다.

크리스마스 전날 밤, 가난한 나무꾼의 두 어린 남매 치르치르(Tyltyl)와 미치르(Mytyl)는 꿈을 꾼다. 꿈속에서 요술쟁이 할멈이 나타나 병든 딸을 위해 파랑새를 찾아 달라는 부탁을 한다. 그래서 두 남매는 파랑새를 찾아 님프(妖精)들을 데리고 추억의 나라와 미래의 나라 등을 방문하였으나 끝내 찾지 못하고 돌아온다. 꿈을 깨고 보니 자기네 집 문에 매달린 새장 안에서 기르고 있는 새가 파랗다는 것을 깨닫는다. 그들은 바로 자기 집 안에서 행복의 파랑새를 찾게 된다.

셰익스피어(William Shakespeare)의 『줄리어스 시저Julius Caesar』에서 *시저카이사르, Gaius Julius Caesar: BCE 100~BCE 44 는 브루투스Marcus Junius Brutus: BCE 85~BCE 42에게 말한다.

"브루투스(Brutus)여! 과오는 우리가 불운한 운명을 타고 태어난 탓은 아니다. 과오는 우리들 자신의 마음속에 있다.(The fault, dear Brutus, lies not in the stars but in ourselves that we are underlings." [Act I-Chapter 2:140-141])

줄리어스 시저

로마 공화정 말기의
정치가이자 장군.
주요저서 『갈리아
전기(戰記)』등.

▲ 「시저의 암살(the Assassination of Caesar)」
시저가 칼에 찔려 쓰러지며, "Et tu, Brute?(브루투스, 너도냐?; You too, Brutus?; Even you, Brutus?)"라고 외치고 있다.

브루투스

로마 공화정 말기의
정치가. 왕이 되고자
하는 카이사르의 야
심을 알아채고 그를
암살했다. 그 후 안
토니우스, 옥타비아
누스 군과 싸우다 패
해 자살했다.

이 말처럼 인간이 태어날 때 운명이 정해져 있는 것이 아니다. 사람의 운명이 *사주四柱에 따라 정해진다는 통념에서 be born under a lucky star행운의 별 아래서 태어나다; 사주팔자가 좋다라는 관용어구가 생겨나기도 했다. 그러나 모든 것을 결정하는 것은 결국 자기의 마음가짐인 것이다.

사주
사람의 운명을 결정
한다고 하는 사람이
태어난 연월일시의
네 간지(干支).

영국의 시인 *브라우닝Robert Browning: 1812~1889은 다음과 같
이 노래하고 있다.

Robert Browning and ▶
his wife Elizabeth Barrett Browning

『지혜란 언제나 우리 안에 있어
아무리 밖에 있는 것을 믿는다 하더라도
거기서 지혜는 솟아나지 않으리.
우리의 마음속 깊은 곳에 그 핵심이 있어
그 핵심에 무한한 진리가 깃드나니
그 진리를 발굴하는 것,
그것을 우리는 지혜를 발굴해낸다 하느니.』

현재의 많은 괴로움이나 과거의 괴로움은 실제로 경험한 점에 있
어서는 실재다. 그러나 실은 잠재의식의 상념이 반영되어 만들어낸
염念의 반영이다. 즉 괴롭다고 생각하면 괴롭지만 즐겁다고 생각하면
즐겁기만 하다.

이 모두가 염에 의해 좌우되므로 불교에서는 가상假相이라고 부른
다. 잠재의식 속에 인생이 괴롭다는 상념이 있는 한 괴로움은 현상으
로서 나타나게 된다. 상념의 반영으로서 현상세계에 괴로움이 되풀이
되는 것이다.

그러므로 상념을 바꿈으로써 그 내용을 바꿀 수 있다. 불행하다고
생각한 것을 행복해진다고 생각하기만 해도 주위의 모든 것이 자기
상념의 세계로 변하게 된다. 이 변화 속에서 자기의 모든 소원은 성취
되는 것이다.

지성이면 감천이라고, 우리가 진지하게 노력하면 그것이 우주의 마음속에 새겨져 원하는 일이 성취된다. 이것이 신념이다.

인간이 육안으로 보고 사실이라고 칭하는 것은 실상이 아니다. 현재 일어나고 있는 일은 사실로서 존재하지만 그것은 가상이 만들어낸 것으로 실상은 그 사실을 초월하고 있다.

기적이라는 것의 실증적인 체험은, 가상에 지나지 않는 현상을 실재성으로 잘못 안 것을 비실재적인 것이라고 인정할 때 나타나게 된다.

법화경 「여래수량품 제16」에서는 이것을 다음과 같이 말하고 있다.

부처님의 눈으로 보면 생명의 세계는 깨지거나 타지 않지만 중생의 눈으로 보면 이 세상은 불에 타오르고 고뇌·불안·공포로 넘쳐있는 것처럼 보인다. 부처님의 눈으로 본 것이 실상이고 중생의 눈으로 본 것이 가상에 지나지 않는다.

참된 지혜는 '우주의 마음'과 '실상' 양쪽에서 영감처럼 나타난다. 실상의 무한한 힘을 자기에게 많이 흐르게 하는 것이다.

부처님께서 열반에 들기 전에 남기신 유훈 중 *법등명 자등명 法燈明 自燈明 법귀의 자귀의法歸依 自歸依라는 말씀이 있다.

법등명이란 보이지 않는 우주의 힘으로, 이것은 도처에 있기 때문에 인간의 마음 속에도 있다. 자기 안에도 있고 밖에도 있다. 즉 '자력自力＝타력他力'이라는 등식이 성립하는 것이다. 따라서 실상에 자기마음의 파장을 맞춤으로써 자기의 인생을 멋지고 행복하게 만들 수 있는 것이다.

상념은 무한한 힘을 통과시키는 도관導管이다. 상념을 바꾸어 무한의

법등명 자등명
법귀의 자귀의
법 (부처님의 가르침; 진리)을 등불로 삼고, 또한 스스로를 등불로 삼고 법에 귀의하고 자신에게 귀의하여 정진하라.
—부처님의 유훈

힘을 가질 수 있는 것이다. 상념은 무한한 힘을 우리 생활 속에 불어넣어 준다.

상념은 주형鑄型인 것이다. 그 크기에 비례하는 힘이 무한히 흘러나오니 주형은 크게 만들어야 한다. 이 주형은 표면적인 것이 아니고 심령도의 주형이며 어느 정도 크게 만드느냐에 따라 자기 인생도 결정되는 것이다.

따라서 우리는 수많은 열쇠를 가지고 있다. 그것은 건강의 방, 부의 방, 명예의 방을 여는 열쇠이다. 잠재의식을 바꿈으로써 생기는 열쇠다. 실상의 무한한 힘을 믿고 그 힘을 자기가 받아들이고 자기를 해방하는 열쇠이다. 이것이 소원성취의 3가지 단계인 것이다

부처님은 수많은 보살 청문聽聞의 대중에게 엄숙하게 말씀하신다.

"지금 내가 설하는 바는 진실의 말이다. 잘 듣고 이해하고 믿어라."

부처님께서는 3번이나 되풀이하여 말씀하신다.

법화경과 신약성서

"지금부터 여래의 본체와 자유로운 그 일을 밝히겠다. 모두 내가 전에 석가족의 궁전을 나와 가야성 근처의 보리수 밑에서 깨닫고 나서 설해온 것으로 알지만 실은 내가 부처가 된 지 무한한 시간이 지난 것이다.

한 인간이 있어 이 *삼천대천세계(三千大千世界: Trisahasramahasahasrolocadhatu/트리사하스라마하사하스로 로카다투)를 갈아서 가루(*微塵/미진)로 만들어 동방으로 5백만 억 나유타(那由他; nayuta; 10^{60}) 아승기(阿僧祇; asanga; 10^{56})라는 수의 나라들을 지나갈 때마다 그 분말을 하나씩 떨어뜨려 지나갔다고 하자.

이 분말의 한 알을 1겁(劫; 劫波; Kalpa)이라는 시간으로 가정한다면 내가 성불하여 지금까지 지난 시간은 그 전체가루의 수의 겁인 오백진점겁(五百塵點劫)보다 훨씬 오랜 시간이다. 그처럼 무한한 과거부터 나는 언제나 이 사바세계(娑婆/Saha 世界)에서 중생에게 법을 설해온 것이다.

한 중생이 나에게 오면 불안(佛眼)을 가지고 그의 신근(信根)이 예리한지 둔한지를 가려 깨달음을 얻게 할 수 있는 수단을 생각하고 거기에 따라 여러 가지 다른 부처의 이름을 들어 설해왔다. 부처의 수명이 다해서 입멸해도 다시 태어나서 설해왔다.

삼천대천세계
고대 인도인의 세계관에서 전 우주를 가리키는 말.

미진
쇠털 끝을 7가닥으로 나눈 것이 양털, 양털을 7가닥으로 나눈 것이 토끼털, 토끼털을 7가닥 나눈 것이 양진, 또 다시 이 양진을 7가닥 나누면 수진(水塵), 수진을 7가닥 나누면 금진(金塵), 금진을 7가닥 나누면 미진(微塵)이다.

 겁(劫)과 오백진점겁(五百塵點劫)

겁(劫)
산스크리트(梵語/범어) Kalpa를 음역한 겁파(劫波)의 줄임말로, 천지가 한번 개벽한 뒤부터 다음 개벽할 때까지의 무한히 긴 세월을 일컫는다.
경전에서는 겁을 비유할 때 겨자씨를 이용하기도 하는데, 사방 40리의 성(城)에 겨자씨를 가득 채운 뒤 100년에 한 알씩 꺼내어 겨자씨가 다 없어져도 1겁이 아직 지나지 않는다고 한다.

오백진점겁(五百塵點劫)
삼천대천세계를 가루로 만들어 오백천만억 나유타의 한량없이 많은 나라를 지날 때마다 그 가루 하나씩 떨어뜨리고 가루 하나를 1겁이라는 시간이라 할 때 그 전체가루가 소진될 때까지 걸리는 시간이 오백진점겁이다. 즉, 헤아릴 수 없는 무한한 시간이다.
이 오백진점겁을 단순히 실제적인 시간의 단위로 이해하려 해서는 안된다. 부처님은 부처의 구원실성(久遠實成; 석가가 오랜 옛날에 이미 성불(成佛)했다고 하는 사상)을 비유로 밝히시는데 이것이 곧 오백진점겁(五百塵點劫)의 비유이다.

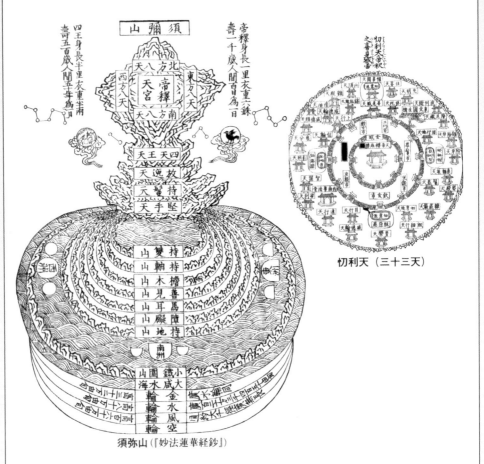

須弥山(『妙法蓮華経鈔』)

切利天 (三十三天)

고대 인도인의 세계관에서 전 우주를 가리키는 말이다. 베다(Veda)와 소승불교의 논서인 『구사론(俱舍論)』에 따르면, 우주는 최하부에 원반형의 공륜(空輪)·풍륜(風輪)·수륜(水輪)·금륜(金輪)이 겹쳐서 공중에 떠 있고, 그 금륜 위에 구산팔해(九山八海)가 있다. 중앙에 높이가 8만 유순(由旬; 약 56만km)이나 되고 황금·은·유리로 된 수미산(須彌山; Sumeru pawata; excellent/wonderful Meru)이 있다.

수미산은 7겹의 산맥과 바다가 번갈아 가며 둘러 쌓여 있다. 7산맥 밖의 대해에는 4대륙(東勝身洲/동승신주, 南膽部洲/남섬부주〈인간이 살고 있는 곳〉, 西牛貨洲/서우화주, 北俱處洲/북구처주)이 있고 그 가장자리를 철위산(鐵圍山; Cakravada)이 둘러싸고 있다.

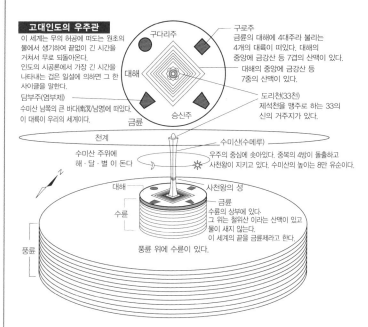

수미산 중턱에는 사천왕(四天王)이 천룡팔부의 수호신들을 영솔하여 살고 있고, 그 정상에는 33天(도리천; '도리'는 범어(梵語)로 33(Trayastrimsa)이란 뜻)의 궁전이 있는데 제석천(帝釋天: Indra)이 주인이다. 해와 달은 이 수미산의 허리를 돌며 3계(三界: 일소세계: 태양계)를 형성한다.

또 수미산과 수미산 상공에 있는 여섯 천궁은 아직 도덕적으로 불완전하며 욕망을 완전히 버리지 못하였으므로 욕계의 6욕천(六欲天)이라고 한다.

다시 그 위에 선(禪)으로 형상(色)을 갖추고는 있으나 욕망을 완전히 떠난 색계(色界)의 4선천(초선/初禪·이선/二禪·삼선/三禪·사선/四禪)이 있는데, 그 초선에 대범천(大梵天)과 그 권속들이 살고 있다.

♣ 수식으로 본 삼천대천세계(三千大千世界)
　○일소세계(一小世界): 풍륜에서 대범천에 이르는 태양계
　　1. 소천세계(小千世界): 一小世界가 1,000개 모인 것(은하계)
　　　　　　小千世界=一小世界×1000
　　2. 중천세계(中千世界): 小千世界가 1,000개 모인 것(소우주).
　　　　　　中千世界=小千世界×1000 (=1,000,000개의 一小世界)
　　3. 대천세계(大千世界): 中千世界가 1,000개 모인 것(우주전체).
　　　　　　大千世界=中千世界×1000 =1,000,000 ×1,000
　　　　　　　　　　=1,000,000,000 (=10억개의 一小世界)
　삼천(三千)은 3,000을 의미하는 것으로 오해하기 쉬우나 사실은 1,000^3, 즉 10억개의 태양계를 합한 것으로 우주 전체를 의미하는 것이다.

베다(Veda) · 구사론(俱舍論)에 따른 3계28천 및 6도(六道)

무색계(無色界) 4천 Arupa-loka; Immaterial World			㉘ 비상비비상천(非想非非想天; N'eva sanna n'asannayatana) ㉗ 무소유천(無所有天; Akincannayatana) ㉖ 식무변천(識無邊天; Vinnayancayatana) ㉕ 공무변천(空無邊天; Akasanancayatana)
색계(色界) 18천 Rupa-loka; Fine Material World	사선(四禪) 9천		㉔ 색구경천(色究竟天; Akanittha) ㉓ 선현천(善現天; Sudassi) ㉒ 선견천(善見天; Sudassa) ㉑ 무열천(無熱天; Atappa) ⑳ 무번천(無煩天; Aviha) ⑲ 무상천(無想天; Asnna-satta) ⑱ 광과천(廣果天; Vehapphala) ⑰ 복생천(福生天; Punya-prasavas) ⑯ 무운천(無雲天; Anabhraka)
	3선(三禪) 3천		⑮ 변정천(遍淨天; Subha-kinha) ⑭ 무량정천(無量淨天; Appamana-subha) ⑬ 소정천(少淨天; Paritta-subha)
	2선(二禪) 3천		⑫ 광음천(光音天; Abhassara) ⑪ 무량광천(無量光天; Appamanabha) ⑩ 소광천(少光天; Parittabha)
	초선(初禪) 3천		⑨ 대범천(大梵天; Maha-Brahma) ⑧ 범보천(梵輔天; Brahma-Purohita) ⑦ 범중천(梵衆天; Brahma-Parisajja)
욕계(欲界) 6천 Kama-loka; Sensuous World	공거천(空居天)		⑥ 타화자재천(他化自在天; Paranimmita-vasavatti) ⑤ 화락천(和樂天; Nimmanarati) ④ 도솔천(兜率天; Tusita) ③ 야마천(夜摩天; Yama)
	수미산	지거천(地居天)	② 도리천(忉利天; Tavatimsa; Trayastrimsa(33) skt.) ① 4천왕천(四天王天; Catummaharajika)
	사부주		⑤ 인간계(人間界; Manussa) ④ 아수라계(阿修羅界; Asura-nikaya) ③ 축생계(畜生界; Tiracchana-yoni) ② 아귀계(餓鬼界; Peta-visaya) ① 지옥계(地獄界; Niraya)
우주기반	금륜(金輪) 수륜(水輪) 풍륜(風輪)		

무색계(無色界; Arupa-loka/아루파로카; The Immaterial World)

이 천계에 사는 사람들은 물질의 욕심을 완전히 끊어버리고 순수 정신적인 것만을 추구하기 때문에 무색계라 한다. 이 세계에서는 온갖 형색(形色)이 사라지고 오직 "수(受), 상(想), 행(行), 식(識)" 등 4온(四溫)만이 남는다고 한다.

㉘ 비상비비상천(非想非非想天; N'eva sanna n'asannayatana)
이곳은 3계의 맨 위에 있으므로 유정천(有頂天)이라고도 한다. 이 천계에 태어나는 이는 거친 생각이 전혀 없으므로 비상(非想)이라 하며, 그러면서도 세밀한 생각이 없지는 아니하므로 비비상(非非想)이라 한다.

㉗ 무소유천(無所有天; Akincannayatana)
이곳에서는 식(識)의 소연(所緣)이 아주 없는 것임을 관(觀)함으로써 무소유(無所有)의 해(解)를 얻어 수행함으로써 태어나게 되는 천계라 함.

㉖ 식무변천(識無邊天; Vinnayancayatana)
마음이 식(識)과 상응하여 움직이지 아니하고, 3세 (三世)에 걸쳐 끝이 없다고 관(觀)하며 청정하고 적정(寂靜)한 과보(果報)를 얻게 되는 천계라 함.

㉕ 공무변천(空無邊天; Akasanancayatana)
공(空)이 무변(無邊)하다는 이치를 알고 수행하여 태어나는 천계라 함.

색계(色界; Rupa-loka/루파로카; The Fine Material World)

색계의 사람들은 식욕, 음욕, 수면욕 등의 탐욕은 끊었으나 아직 무색계의 사람들처럼 물질을 완전히 끊고 순수 정신적인 상태로는 되지 못한 중간 상태의 물질적 세계인데, 선정(禪定)의 정도에 따라 4선천(禪天)으로 나누어진다.

㉔ 색구경천(色究竟天; Akanittha): 색계 18천의 맨 위에 있는 천계이다.
㉓ 선현천(善現天; Sudassi): 천중(天衆)의 선묘(善妙)한 과보가 나타나는 천계임.
㉒ 선견천(善見天; Sudassa): 시방(十方)을 보는 데 장애가 없는 천계라 함.
㉑ 무열천(無熱天; Atappa): 심경(心境)이 청량자재하여 열뇌(熱惱)가 없는 천계.
⑳ 무번천(無煩天; Aviha): 욕계와 색계의 고락(苦樂)을 모두 끊어 번뇌가 없음.
⑲ 무상천(無想天; Asnna-satta): 모든 생각이 없어지는 천계임.
⑱ 광과천(廣果天; Vehapphala): 범부(凡夫)가 살기에 가장 좋은 천계라 한다.
⑰ 복생천(福生天; Punya-prasavas): 수승한 복력으로 태어나는 곳이라 함.
⑯ 무운천(無雲天; Anabhraka): 구름 위에 있어 구름이 없는 천계라 함.
⑮ 변정천(遍淨天; Subha-kinha): 맑고 깨끗하며 쾌락이 가득 차 있는 천계.
⑭ 무량정천(無量淨天; Appamana-subha): 마음에 즐거운 감각이 무량한 곳.
⑬ 소정천(少淨天; Paritta-subha): 사람들의 의식이 항상 즐겁고 청정한 천계.
⑫ 광음천(光音天; Abhassara): 입으로 광명을 내어 음성을 대신한다고 함.

⑪ 무량광천(無量光天; Appamanabha)

이 천계에 나면 몸이 발하는 광명이 한없이 많다고 함.

⑩ 소광천(少光天; Parittabha)

이 곳에서는 몸에서 광명을 발하나 그 양은 적다고 함.

⑨ 대범천(大梵天; Maha-Brahma)

이곳을 주재하는 왕은 대범천왕으로 사바세계를 다스린다.

⑧ 범보천(梵輔天; Brahma-Purohita)

이곳의 천중(天衆)들은 모두 초선천을 주재하는 대범천왕을 돕는 신하들임.

⑦ 범중천(梵衆天; Brahma-Parisajja)

대범천왕(大梵天王)이 영솔하는 천중(天衆)들이 이곳에 산다고 함.

욕계(欲界; Kama-loka/카마로카; Sensuous World)

욕계(慾界)란 온갖 욕망으로 이루어진 세계로, 욕계6천(欲界六天)의 사람들이 아직은 중생의 각종 욕락(欲樂; 식욕(食欲), 음욕(淫欲), 수면욕(睡眠欲)을 끊어버리지 못하고 있으므로 욕천(欲天)이라 한다.

⑥ 타화자재천(他化自在天 Paranimmita-vasavatti)

다른 이로 하여금 자재하도록 하기 위해 5욕 경계를 변화케 하는 천계.

⑤ 화락천(和樂天; Nimmanarati): 5욕의 경계를 스스로 변화하여 즐기는 천계.

④ 도솔천(兜率天; Tusita)

자기가 받는 5욕락(五欲樂)에 만족한 마음을 내는 까닭으로 그렇게 이름하며, 미래의 부처가 사는 곳이다.

③ 야마천(夜摩天; Yama): 때에 따라 쾌락을 받으므로 이렇게 이름함.

② 도리천(忉利天; Tavatimsa; Trayastrimsa(33) skt.)

도리(忉利)는 '33'이란 뜻으로 산스크리트 Trayastrimsa/트라야스트림사(33)의 음역(音譯)이다. 도리천은 세계의 중심인 수미산(須彌山; Sumeru)의 정상에 있는 천계이다. 수미산 정상은 사각형으로 되어 있는데 중앙의 제석천(帝釋天; Indra)의 천궁(天宮)을 중심으로 사방의 봉우리마다 8개의 천국이 있어 모두 합하여 33천이 된다. 이미 『베다(Veda; 吠陀)』에는 3계의 33신(神)이 있다는 기록이 있는데 이러한 사상이 불교에 수용되어 하나의 우주관을 형성하게 된 것이다.

① 4천왕천(四天王天; Catummaharajika)

수미산 중턱의 4방에 있는 천계로 사천왕동방지국천왕/東方持國天, 남방증장천왕/南方增長天, 서방광목천왕/西方廣目天, 북방다문천왕/北方多聞天과 그가 영솔하는 천룡팔부의 수호신들이 사는 곳임.

그리하여 여래는 아직 덕이 모자라 번뇌가 많아 깨달음을 얻지 못하는 중생들에게 알기 쉽도록 가르치기 위해 출가하고 깨달음을 얻은 바를 설해 온 것이다. 중생을 무명에서 건지기 위해 때로는 부처의 본체에 대하여 설하고 때로는 특정한 상을 가지고 나타나 설하고 그밖에도 여러 성인, 현인으로 나타난 적이 있다.

왜냐하면 여래는 3계(三界)의 참모습을 있는 그대로 꿰뚫어 보기 때문이다. 모든 것은 태어나 죽고 반드시 변하는 것이지만 그것은 오직 현상에 있어서만 그러하며 여래의 눈으로 모든 것의 실상을 보면 모든 것은 사라지는 일도 나타나는 일도 없다. 또 삶도 죽음도 없다. 눈앞에 모든 것이 현실로 있다고 보는 것도 잘못이고 없다고 단정짓는 것도 잘못이다. 여래는 3계에 사는 인간의 그와 같은 관점을 초월해서 모든 것의 실상을 보는 것이다.

그러나 깨달음을 얻지 못한 중생은 각기 성질이 다르고 여러 가지 욕망과 생각이 있어서 각기 자기의 자로 분별하여 보는 습성이 있다. 그래서 그대로 내버려두면 각기 성질·욕망·행위·사상·이해관계가 부딪쳐 괴로움이 생기고 싸움이 일어나게 된다.

그 때문에 여래는 여러 중생에게 인간향상의 근본이 되는 것을 주기 위해 쉬지 않고 교화하고 있는 것이다.

내가 잠시 이 세상을 떠나는 것도 방편으로 중생 앞에서 몸을 감추는 것뿐이다. 내가 언제까지나 이 세상에 있으면 보통사람들은 안이한 마음에서 마음속에 좋은 씨를 뿌리는 일을 게을리 하기 때문이다."

그래서 부처님은 다음과 같은 *양의치자良醫治子의 비유the parable of the excellent physician로 알기 쉽게 설명을 하는 것이다.

한 뛰어난 의사에게 많은 아이들이 있었다. 어느 날 아버지가 없는 사이에 아이들이 약실에 들어가 잘못하여 그만 독약을 먹고 말았다. 조금 먹은 아이, 많이 먹은 아이가 있었지만 모두 다 괴로워하고 있었다.

의사는 돌아와 이 모습을 보고 놀라 해독제를 만들어 마시게 한다.

양의치자의 비유
法華經　七譬(칠비)
중의 하나.
1 삼계화택의 비
　… 비유품 제3
2 장자궁자의 비
　… 신해품 제4
3 삼목이초의 비
　… 약초유품 제5
4 화성보처의 비
　… 화성유품 제7
5 빈인계주의 비
　… 수기품 제8
6 계중명주의 비
　… 안락행품 제14
7 양의치자의 비
　… 여래수량품 제16

▲ 양의치자(良醫治子)의 비유(The Parable of the Excellent Physician)
중독되어 쓰러져 있는 아이들(아래), 약을 먹고 회복된 아이들(가운데), 집으로 돌아오는 아버지(왼쪽),
아버지의 거짓죽음을 전하러 가는 사람(오른 쪽)

▲ 「양의치자의 부분도」
중독되어 쓰러져 있는 아이들

독을 조금 먹은 아이는 아버지의 말을 믿고 약을 먹고 회복이 되었으나 독이 깊이 퍼져있던 아이들은 의심이 많아 아버지의 말을 듣지 않고 해독제를 먹으려 하지 않는다.

그래서 의사인 아버지는 꾀를 내어 "나는 늙어 언제 죽을지 모르니 아버지가 죽은 후 아버지 생각이 나면 이 약을 먹어라."하고 전하며 여행을 떠난다. 그리고 사람을 보내어 아버지가 세상을 떠났다고 전한다.

이 소식을 들은 아이들은 비탄에 빠져 아버지 생각이 나고 그리워서 본래의 마음을 되찾아 바로 약을 먹고 회복된다.

이것을 안 아버지는 여행에서 돌아와 아이들의 손을 잡고 축하해 준다.

이 비유에서 의사는 부처님이며, 아이들은 삼독에 중독되어 있는 우리 중생들이다. 심하지 않은 아들들은 상법시대의 중생들이며, 독이 퍼져 심한 아들들은 말법시대의 중생들로 비유된다.

그리고 독약은 업과 번뇌, 진찰은 교화, 약은 바로 부처님의 최종적

법화경과 신약성서

진실한 가르침인 법화경이다.

아버지의 거짓 죽음은 부처님의 *가멸假滅로서, 부처님께서 열반을 보인 것은 어리석은 중생들을 가르치기 위한 방편일 뿐, 실은 부처님께서는 영원히 살아 계시며 지금도 우리 곁에서 어서 빨리 약을 먹고 삼독에 중독된 고통에서 벗어나기를 바라고 계신다는 의미이다.

아버지를 그리워하는 것은 부처님에 대한 존경심, 아버지가 죽은 줄 알고 약을 먹는 것은 인연의 소중함을 나타낸다. 그리고 병이 나았다는 것은 번뇌를 벗어나 불도에 든 것을 말한다.

의사가 일부러 여행을 떠나거나 죽지 않았는데도 죽었다고 한 것은 아이들을 속이려 하는 것이 아니라 부처님의 눈으로 보면 대개의 중생은 고해에 가라앉아 무지 속에서 헤매기 때문에 부처는 나타남이 없이 중생이 부처님을 구하는 마음을 갖게 하기 위한 것이다.

아버지가 돌아가셨다고 전갈한 사람들이 바로 땅속에서 솟아오른 지용보살들이다.

부처님을 그리는 마음이 우러날 때 비로소 부처님이 나타나 구원을 위한 법을 설한다. 이것이 부처의 신통력이다.

중생의 눈으로 보면 지구가 불에 타고 파멸되는 말세에도 불국토는 아름답고 편안하다. 그러므로 지혜 있는 자는 부처의 지혜에 의심을 갖지 않는 법이다.

*천태대사 지의智顗: 538~597가 젊은 시절에 그의 스승 남악선사 南岳禪師; 慧思/혜사: 515~577를 처음 만났을 때 선사는 '석존이 영취산에서 법화경 설할 때 만났는데, 지금 또 만나니 오래간만이군'하고 말했다.

*막스 베버Max Weber: 1864~1920는 종교의 수용에는 대중의

가멸(假滅)
열반에 드신 것은 부처님의 몸에 불과한 것일 뿐 실은 가르치신 정법 속에 영원히 살아 계심.

천태대사

중국 남북조시대 천태종(天台宗)의 개조. 지자대사(智者大師).

남악선사
중국 천태종 창시자 지의(智顗)의 스승. 후난성(湖南省) 남악(南岳)에서 강설.

막스베버

독일의 사회과학자

종교와 달인達人의 종교가 있다고 하였는데 이 만남이야말로 달인의 종교의 극치인 것이다.

「여래수량품 제16」에 이르러서 법화경은 최고조에 이른다. 극적 효과를 지닌 「견보탑품 제11」, 끝없는 공상의 세계를 그린 「종지용출품 제15」도 모두 다 이 「여래수량품 제16」을 유도하기 위한 준비작업인 것이다.

*아함阿含: Agama에 속하는 열반 중에도 부처님이 입멸을 선언할 때 아난阿難: Ananda에게 '여래는 원하기만 하면 1겁 동안 그 이상도 이 세상에 머물 수가 있다'고 한 것처럼 이 사상은 불교에서는 오래 전부터 알려져 있다.

『법화경』「방편품 제2」에서 우주만유의 진상인 제법실상諸法實相을 설하고 일승묘법이라는 전체적 우주론과 종합 통일적 세계관을 설한 석가에 있어 *아미타불阿彌陀佛: Amitayus Buddha이나 대일여래大日如來: Vairocana Tathagata/바이로차나 타타가타: 毘盧遮那/비로자나는 석가 이전의 부처의 느낌이 든다.

그러나 「여래수량품 제16」에 이르러서는 석가가 *구원실성久遠實成의 부처이자 유일한 절대적 본불이며, 그 인연으로 다른 국토에 나타난 것이 아미타불이나 대일여래인 것처럼 묘사된다.

비로자나불 ▶
Vairocana Buddha

◀ 아미타불
Amitayus Buddha

금동, 8세기, 국보27호, 불국사   금동, 8세기, 국보26호, 불국사

아함(阿含)
Pali語 'agama'의 음역. '오는 것'이란 뜻으로 전승(傳承)된 석가모니 부처님의 가르침을 말한다. 아함경은 역사적으로 실재하셨던 석가모니 부처님의 설법에 가장 가까워 불교의 근본경전 또는 원시 불교 경전이라고 함.

아미타불
서방정토(西方淨土) 극락세계에 계시며 중생을 구제하시는 영원한 부처님.

대일여래
산스크리트로 마하는 대(大), 비로자나는 '태양'이라는 뜻인데, 불지(佛智)의 광대무변함을 상징하는 화엄종(華嚴宗)의 본존불(本尊佛)이다. 석가의 진신(眞身)을 높여 부르는 칭호임.

법화경과 신약성서

보리수(菩提樹) 아래에서의 석가모니의 깨달음은 중생의 교화(敎化)를 위한 방편에 불과한 것이며, 사실은 석가모니불이 이미 구원(久遠; 아득하게 멀고 오래된 과거)에 성불했다고 하는 사상이다.

이는 『법화경(法華經)』의 중심사상이며 「여래수량품(如來壽量品) 제16」의 주제로, 역사적 석존의 성불에 대응하여 석가모니불(釋迦牟尼佛)의 영원불멸을 설하고 있다. 석가모니가 세상에 태어나고 열반한 것은 모든 중생을 제도하기 위한 방편일 뿐 실제로는 영원한 본불(本佛), 즉 근원불(根源佛)로 항상 머물러 법을 설한다는 것이다.

▲ 고통으로 가득 찬 사바세계

또한 사바세계야말로 구원실성의 본거지인 동시에 부처의 이상의 세계이며, 저승의 극락세계는 단순히 가설적인 방편의 세계가 된다. 인간은 원래 부처님의 자식이고 불성을 지니고 있으므로 부처가 될 수 있다.

따라서 불토佛土에 있으면서 고뇌의 세계에 있는 것으로 착각하고 있다면 자기 자신이 부처임에 눈을 떠야 한다. 이처럼 부처의 자각을 갖게 되면 지금 자기가 무엇을 해야하는가를 알게 된다.

우리는 이 세상을 고뇌의 세계로 생각하고 있으나 그 고뇌를 극복해 나아가는데서 부처의 세계가 열리는 것이다. 왜냐하면 우리는 부처의 세계에 있고 부처의 자비로 보호받고 있기 때문이다.

불교는 생명의 종교로서 영원히 인류의 구제를 성취하는 적극적 의미를 가진 종교인 것이다.

아함(阿含)은 산스크리트 Agama(아가마; 전승/傳承이란 뜻)의 음역으로서, 전승(傳承)된 석가모니 부처님의 가르침을 뜻한다.

『아함경(阿含經)』은 다른 경전과는 달리 하나의 경전이 아니라 2,000 여개의 짤막한 경전들을 집대성한 것이다. 따라서 아함경(阿含經)보다는 아함부(阿含部)라는 표현이 더 적절하다.

경전의 내용은 사성제(四諦), 십이인연법(因緣), 팔정도(八正道)등 불교의 기본 교리를 상세히 서술하고 있으며, 세계의 성립과 괴공(壞空), 외도에 관한 논란, 제자의 언행 등에 대한 부처님의 말씀도 자세히 알 수 있다.

또한 실제적이고 일상적인 교훈을 알기 쉬운 비유나 문답 형식으로 담고 있는데 최근의 불교설화·동화·비유 등은 이『아함경』을 토대로 한 것이 많다.

아함경(阿含經)은 남전(南傳)과 북전(北傳)이 있는데 그 명칭이나 내용이 대체로 상응한다.

남전, 즉 팔리어(Pali語) 본(本)인 5 니카야(Nikaya)는 남방불교(소승불교, 근본불교)권인 동남아시아 여러 나라에서 최상무이(最上無二)의 절대적 성전으로 받들어지고 있다.

이 니카야는 역사적으로 실재하셨던 석가모니 부처님의 설법에 가장 가까워 불교의 근본경전 또는 원시불교경전이라고도 한다.

한편, 북전은 북방불교(대승불교)권에서 통용되는 『한역대장경(漢譯大藏經)』에 들어있는 4 아함경을 말한다.

5 니카야(Nikaya)	4 아함경(阿含經)
① 장부(長部; Digha-nikaya) 34경 ② 중부(中部; Majjhima-nikaya) 152경 ③ 상응부(相應部; Samyutta-nikaya) 　-길이가 짧은 2,875경 ④ 증지부(增支部; Anguttara-nikaya) 　-길이가 짧은 2,198경 ⑤ 소부(小部; Khuddaka-nikaya) 　-법구경, 본생담 등 15경	①「장아함경(長阿含經)」 32경 ②「중아함경(中阿含經)」 22경 ③「잡아함경(雜阿含經)」 1,362경 ④「증일아함경(增一阿含經)」 472경

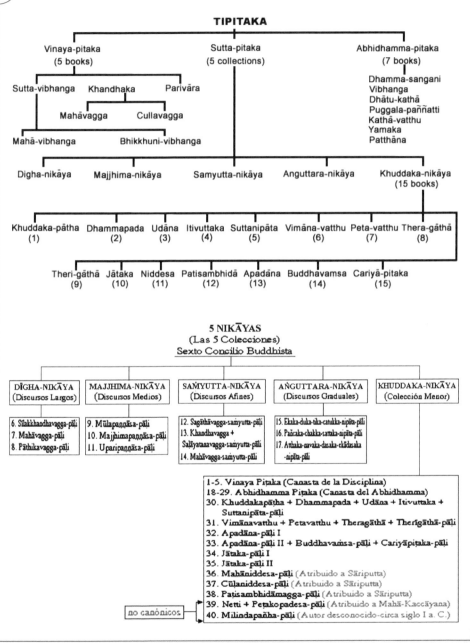

TIPITAKA

Vinaya-pitaka (5 books)

Sutta-pitaka (5 collections)

Abhidhamma-pitaka (7 books)
- Dhamma-sangani
- Vibhanga
- Dhātu-kathā
- Puggala-paññatti
- Kathā-vatthu
- Yamaka
- Patthāna

Sutta-vibhanga — Khandhaka — Parivāra

Mahāvagga — Cullavagga

Mahā-vibhanga — Bhikkhuni-vibhanga

Digha-nikāya — Majjhima-nikāya — Samyutta-nikāya — Anguttara-nikāya — Khuddaka-nikāya (15 books)

Khuddaka-pātha (1) — Dhammapada (2) — Udāna (3) — Itivuttaka (4) — Suttanipāta (5) — Vimāna-vatthu (6) — Peta-vatthu (7) — Thera-gāthā (8)

Theri-gāthā (9) — Jātaka (10) — Niddesa (11) — Patisambhidā (12) — Apadāna (13) — Buddhavamsa (14) — Cariyā-pitaka (15)

5 NIKĀYAS
(Las 5 Colecciones)
Sexto Concilio Buddhista

DĪGHA-NIKĀYA (Discursos Largos)
- 6. Sīlakkhandhavagga-pāli
- 7. Mahāvagga-pāli
- 8. Pāthikavagga-pāli

MAJJHIMA-NIKĀYA (Discursos Medios)
- 9. Mūlapaṇṇāsa-pāli
- 10. Majjhimapaṇṇāsa-pāli
- 11. Uparipaṇṇāsa-pāli

SAṀYUTTA-NIKĀYA (Discursos Afines)
- 12. Sagāthāvagga-samyutta-pāli
- 13. Khandhavagga + Saḷāyatanavagga-samyutta-pāli
- 14. Mahāvagga-samyutta-pāli

AṄGUTTARA-NIKĀYA (Discursos Graduales)
- 15. Ekaka-duka-tika-catukka-nipāta-pāli
- 16. Pañcaka-chakka-sattaka-nipāta-pāli
- 17. Aṭṭhaka-navaka-dasaka-ekādasaka -nipāta-pāli

KHUDDAKA-NIKĀYA (Colección Menor)
- 1-5. Vinaya Pitaka (Canasta de la Disciplina)
- 18-29. Abhidhamma Pitaka (Canasta del Abhidhamma)
- 30. Khuddakapātha + Dhammapada + Udāna + Itivuttaka + Suttanipāta-pāli
- 31. Vimānavatthu + Petavatthu + Theragāthā + Therīgāthā-pāli
- 32. Apadāna-pāli I
- 33. Apadāna-pāli II + Buddhavamsa-pāli + Cariyāpitaka-pāli
- 34. Jātaka-pāli I
- 35. Jātaka-pāli II
- 36. Mahāniddesa-pāli (Atribuido a Sāriputta)
- 37. Cūlaniddesa-pāli (Atribuido a Sāriputta)
- 38. Patisambhidāmagga-pāli (Atribuido a Sāriputta)
- 39. Netti + Petakopadesa-pāli (Atribuido a Mahā-Kaccāyana)
- 40. Milindapañha-pāli (Autor desconocido-circa siglo I a. C.)

no canónicos

17장 분별공덕품(分別功德品)
Distinction of Benefits

요약 : 여래수량품을 듣고 깨달은 자에게 성불을 보증한다. 여래의 수명이 장구함을 알고, 또 법화경을 전하는 사람의 공덕을 설함. 믿음은 불도수행의 원천이며 사신(四信) · 오품(五品)의 요체이다.

일승묘법
모든 중생이 부처와 함께 성불한다는 석가모니의 교법. 모든 중생을 깨닫게 하여 구제한다는 부처님의 참된 가르침.

앞의 장 「여래수량품 제16」에서는 부처님의 영원성을 설하였는데 그것은 초월적인 부처님의 영원성보다는 끝없이 계속되는 현실세계에서의 애타愛他행위, 즉 보살도를 통하여 부처님의 영원성을 제시한 것이다. 현실의 석존은 영원한 생명의 시현이며 이 석존의 영원성은 이것을 믿고 현실세계에서 보살도를 실천하는 자의 영원성이다.

이 장에서부터 「법사공덕품 제19」까지의 3장에는 우주의 통일적 진리인 *일승묘법一乘妙法을 체험하고, 부처의 영원성을 믿고, 현실세계에서 애타적 실천을 하라고 설하고 있다.

법화경과 신약성서

「法華經蔓茶羅」분별공덕품·수희공덕품(합축) ▲ 석존설법도(왼쪽 위)·산중불당(오른쪽 위), 그 밑의 정원에 불탑이 있는 방에서 식사제공·탑을 조성하는 모습(아래)으로 음악, 가무 등 여러 가지 공양모습(오른 쪽 중간) · 수희공덕품에 설해진 50전전도(展轉圖)(맨 아래)

부처님의 가르침은 단순히 책을 읽어서 아는 데 그치는 것이 아니라 그 가르침을 통해 자기 자신의 인생관을 확립하고 새롭게 태어나야 한다. 이것을 공덕이라 한다.

이 공덕을 시현하기 위하여 참된 수행에 들어가야 하는데 사람에 따라 그 정도가 다르기 때문에 공덕에도 단계가 있다. 이것이 *분별 공덕이다.

가장 수행이 낮은 사람은 무생법계無生法界; 생사 또는 상대를 초월한 세계를 얻는다.

중간 수준의 수행을 한 사람은 시다라니施吒羅尼; 법문을 자유로이 깨닫고 활용하는 힘의 위치에 오른다.

그리고 가장 뛰어난 수행을 한 사람은 등각금강심等覺金剛心; 부처가 되기 직전의 위치를 얻는다.

여기서 법화경의 *정종분正宗分에 대한 설이 끝나고 다음은 법화경의 유통분流通分이 설해진다. 법화경을 포교하는 첫째 조건은 자기가 신앙생활에 드는 일이다. 그러나 지도자인 부처님이 재세在世시의 신앙생활과 *멸 후의 신앙생활은 그 양상이 달라진다. 전자를 위해서는 *사신四信이 있고 후자를 위해서는 *오품五品이 있다.

4신四信이란, 부처님이 살아 계실 때 가르침을 믿는 신앙이 차차 깊어 가는 네 가지 단계를 말한다.

첫째, 일념신해一念信解: 부처님의 영원함을 믿고 무조건 감사하다고 느끼므로 자연스럽게 부처의 길인 5바라밀보시 · 지계 · 인욕 · 정진 · 선정을 얻게 된다.

둘째, 약해언취略解言趣: 불법을 듣고 문구의 뜻을 자세히는 몰라도 큰 뜻을 알고 반야般若; prajna/프라즈냐; 지혜를 얻게 된다.

셋째, 광위타설廣爲他設: 법화경의 뜻을 널리 남에게 설법하고 실천

분별공덕
무생법계(無生法界)
시다라니(施吒羅尼)
등각금강심(等覺金剛心)

정종분
설법의 목적

유통분
말세에 전하는 사람의 마음가짐과 방법

멸 후(滅後)
석가모니의 입적 후

4신(四信)
일념신해(一念信解)
약해언취(略解言趣)
광위타설(廣爲他設)
심신관성(深信觀成)

5품(五品)
초수희품(初隨喜品)
독송품(讀誦品)
설법품(說法品)
겸행육도(兼行六度)
정행육도(正行六度)

법화경과 신약성서

함으로써, 깨달음의 피안에 이르는 반야바라밀을 얻어 비로
소 *6바라밀六波羅蜜: Sadparamita: 六度/육도을 성취하여 자
타 공히 공덕을 쌓는다.

넷째, 심신관성深信觀成: 영원한 부처를 마음 깊이 믿으며 자기의 인생
관이나 사회관을 확립한다.

5품五品이란, 부처님 멸도 후 법화경에 대한 경전신앙과 더불어 대
승보살이 가장 중요시하는 6바라밀을 수행하는 다섯 단계를 말한다.

6바라밀
생사(生死)의 고해
를 건너 열반(涅槃)
의 피안에 이르기 위
해 보살이 수행하는
6덕목(德目).
❶ 보시(布施)바라밀
❷ 지계(持戒)바라밀
❸ 인욕(忍辱)바라밀
❹ 정진(精進)바라밀
❺ 선정(禪定)바라밀
❻ 지혜(智慧)바라밀

첫째, *초수희품初隋喜品: 일념신해에서 출발하여 법의 가르침에 감사
하고 행동하며 남의 선한 법과 행위에 기쁨을 느낀다.

둘째, 독송품讀誦品: 법화경의 경문의 뜻을 새기며 읽고 외운다.

셋째, 설법품說法品: 법화경을 남에게 설하여 널리 알리고 신앙을
권하거나 감화를 준다.

넷째, 겸행육도兼行六度: 수행자 자신의 경지에 따라 6도六度: 六波羅
蜜: Sadparamita의 행을 실천하도록 노력하며 가업이나 식업에
종사하는 것을 말한다.

초수희(初隋喜)
경전이나 부처님을
가까이 했을 때 느끼
는 기쁨.

다섯째, 정행육도正行六度: 법화경의 행을 완전히 실천하여 정각正覺을 거의 이루는 것이다.

여기에 부처님의 수명의 영원함을 믿고 보살도를 실천할 때 인간이 어떻게 새롭게 태어나는가를 12단계로 나누어 설명하고있다.

석존은 미륵보살彌勒菩薩; Maitreya; 阿逸多; Ajita에게 말한다. 즉 그들은 모든 선을 행하는 힘을 갖고 모든 장해를 극복하고 자유롭게 법을 설하는 힘을 지니며 편안한 마음의 경지를 얻고 서너 번 다시 태어나는 동안에 부처의 깨달음을 얻게 된다는 것이다. 그래서 미륵보살은 합장하여 부처에게 예배하며 게偈를 읊는다.

부처님은 그 수명이 무량하시고 어디서나 우리와 함께 계시며 법을 설하신다. 부처님이 이처럼 무량의 가르침을 주시므로 우리가 얻는 법의 공덕은 마치 허공이 무한한 것처럼 도저히 측량할 수가 없는 것이다.

그 때문에 하늘에서 *만다라의 꽃을 뿌려 감사하고 *항하사恒河沙 수만큼의 *범천梵天의 여러 신들이 부처님을 공양하기 위해 무수한 국토에서 모여든다.

여래가 멸한 후에도 이 가르침을 듣고 의심하지 않고 마음으로 받아들인다면 그것이 신앙을 가진 자의 참 모습이다.

그리하여 그 가르침을 외우고 설하고 실천한다면 더 이상 부처를 위하여 탑을 세우거나 절을 세울 필요도 없다. 왜냐하면 그것만으로도 그 공덕이 무진장하기 때문이다.

종교적인 진리란 우선 믿는 데서 출발하여야 한다. 물론 지성적

만다라
전설적인 천계의 꽃

항하사(恒河沙)
갠지스강의 모래.
항하(恒河)는
갠지스(Ganges)강

▲ 미륵보살(彌勒菩薩)에게 법을 설하는 석존(釋尊)

범천(梵天)
깨끗하고 맑은 하늘
인 초선천(初禪天).
불교에서 말하는 33
천 중 아래로 일곱
번째 하늘.

입장에 서서 종교적 진리와 종교성을 합리적으로 사유하고 논증하고 정의를 내리는 일은 학문으로서 매우 중요하다.

그러나 아무리 부처나 불성에 대하여 논증하고 설명을 더할지라도 믿음이 없으면 결코 그 경지에 이를 수 없는 것이다. 자기의 이성이나 양심만 가지고는 할 수 없는 일이다.

우리가 진지한 마음으로 영원의 부처 앞에 설 때는 자기의 지성만으로 부처를 측량하려는 자세는 버려야 한다.

그렇다고 해서 무조건 믿기만 하면 되느냐 하면 그것은 아니다.

흔히 종교를 믿는 사람이 '종교가 불합리하기 때문에 믿는다'고 말하는 사람도 있지만 불교에서는 그렇지 않다. 우리는 부처님의 법을 이해해야 하는 것이다. 우리는 경전을 언제나 읽어야 한다. 경전에 설해져 있는 가르침에 의해서 깨달음을 얻게 되는 것이다.

그 가르침을 이해하여야 하며 다만 중요한 것은 믿음을 바탕으로 하여 이해하여야 한다는 점이다. 믿음을 바탕으로 이해하는 것과 자기의 입장에서 이해하는 것은 너무나 다르다. 그러므로 「여래수량품 제16」에서도 믿음에 대해 3번이나 강조되고 있다.

불교연구에 생을 바치고도 제대로 불교를 알지 못하는 사람들도 적지 않은데, 그것은 바로 이 때문이다. 믿고 이해하는 것이 불교경전을 맛보는 근본정신인 것이다. 이해가 믿음을 싹트게 하지만 믿음은 이해를 깊게 해준다. 여기에서 볼 수 있는 일념신해一念信解라는 표현 가운데 일념一念이란 순간을 뜻하는 것이다.

부처님의 영원함은 종교적인 삶의 영원함을 말하는 것이다. 이 영생이란 생사를 초월한 삶이다. 이 영원함이 시간과 접촉하는 것이 순간으로, 이러한 순간이란 시간이면서도 시간이 아닌 것, 즉 시간이 그 속에 영원함을 간직한 것으로, *프루스트Marcel Proust: 1871~1922는 그의 세기의 명저 「잃어버린 시간을 찾아서A la recherche du temps perdu: In Search of Lost Time」에서 이러한 무한한 기쁨을 맛보는 순간의 시간을 영원한 시간으로 본 것이다.

이처럼 영원히 산다는 것은 삶과 죽음의 무상을 벗어나 영원함을 찰나 속에 간직하는 순간에 사는 것이다. 따라서 일념신해란 순간의 신해이다.

이 순간의 신해 속에 절대의 경지가 있는 것이다. 이 일념신해가

프루스트(Proust)

프랑스의 소설가

"… 이렇게 해서 '나'는 '시간'의 파괴를 초월한 영겁불변의 세계가 존재함을 느끼게 되며, 드디어 그토록 바라던 작품을 쓰는 일에 착수하기로 결심한다."

20세기 전반의 소설 중 최고의 것으로 일컬어지는 「잃어버린 시간을 찾아서」는 전7권의 작품으로 구성되어있다. 프루스트는 51세에 생을 마감할 때까지 13년 동안 오로지 이 작품에만 매달렸다.

「잃어버린 시간을 찾아서」는 '나(마르셀)'의 1인칭 고백형식으로 쓰인 '시간'의 방대한 파노라마이다. 프루스트는 그의 이 필생의 대작을 통해 시간과 삶, 그리고 기억의 관계에서 자신을 조명하고 있다. 그는 시간과 공간을 초월하여 자기 존재의 진정한 의미를 되찾아 가는 과정을 '의식의 흐름'의 발전단계를 더듬어 가는 형식을 취하고 있다.

▲ 프루스트의 자필원고
마지막 순간까지 신들린 사람처럼 쓰고 또 썼던 그의 불타는 투혼을 보는 듯하다.

법화경과 신약성서

깊은 경지에 들어갔을 때 이 사바세계는 *상적광토常寂光土라는 절대의 세계로 변하는 것이다.

이와 같이 상징적인 표현을 써서 절대현재에서 있는 그대로 사는 맑은 세계가 참된 불교의 세계이다.

불사不死 또는 영원이라는 것도 이처럼 영원한 현재에 사는 것을 의미하며 그러한 삶이 불교가 지닌 아주 멋진 세계인 것이다.

상적광토(常寂光土)
천태종에서 세운 교의로, 부처님이 계시는 진리의 세계 또는 깨달음의 세계를 이르는 말.

📖 일심사종정토(一心四種淨土) 또는 사토(四土)

천태종(天台宗)에서 세운 교의로, 부처의 나라(佛土)를 공력(功力)을 증득한 수준에 따라 나눈 네 종류의 땅.

❶ 범성동거정토(凡聖同居淨土)	범부와 성인이 함께 살고 있는 국토. 여기에 예(穢)·정(淨) 2종이 있는데, 사바세계는 동거예토(同居穢土)이며 극락세계는 동거정토(同居淨土)이다.
❷ 방편유여토(方便有餘土)	방편도(方便道)를 닦음으로 해서 견혹(見惑) 또는 사혹(思惑)의 번뇌를 끊었으나 진사(塵沙)·무명(無明)·이혹(二惑)은 아직 끊지 못했으므로 유여(有餘)라 한다. 삼계에서 벗어난 소승인(小乘人)이 태어나는 곳이다.
❸ 실보무장애토(實報無障碍土)	보살들만이 살고있는 국토. 진실법(眞實法)을 닦음으로 승보(勝報)를 얻어, 색(色)과 심(心)이 서로 장애가 되지 않으므로 무장애(無障碍)라 한다.
❹ 상적광토(常寂光土)	부처님이 계시는 국토로서. 진리의 세계 또는 깨달음의 세계를 이르는 말. 대열반경계로서 성체(聖體)가 상적(常寂)하여 영원히 지혜광명의 세계에 계시므로 상적광(常寂光)이라 한다.

18장 수희공덕품(隨喜功德品)
The Benefits of Joyful Acceptance

요약 : 법화경의 뛰어난 가르침에 수희, 즉 기쁨을 느낌. 또한 법화경을 타인에게 전하거나 법화경을 들으려 가는 일의 공덕이 큰 것임을 설하고 있다. 법화경의 전파를 유도하고 권장함에 중점을 둠.

수희
불보살이나 다른 사람의 좋은 일을 자신의 일처럼 따라서 함께 기뻐함.

　　남의 설법을 듣거나 남이 좋은 일을 하는 것을 보고 이에 따라 기뻐하는 마음을 '*수희隨喜'라고 한다.

　　「수희공덕품 제18」에서는 법화경의 뛰어난 가르침에 기쁨을 느끼고 이것을 실행코자 하는 마음을 갖는 일의 공덕을 설하고 있다. 그렇게 함으로써 인간의 정신은 견고해지고 지혜는 총명해지고 그 사람의 얼굴이나 몸의 모습도 부처님과 같게 되어 남의 존경을 받게 되는 것이다.

　　그때 미륵보살이 *세존世尊: Bhagavat/바가바트에게 물었다.

　　"신앙심이 강한 남녀가 이 법화경의 가르침을 듣고 고맙게 생각했다면 어떠한 공덕이 있사옵니까?"

법화경과 신약성서

법회에서 법화경을 듣고 전하는 사람들 ▶
「法華經蔓茶羅」
수희공덕품

세존은 *미륵보살彌勒菩薩; Maitreya: 阿逸多: Ajita의 질문에 대한 답으로 다음과 같이 말하였다.

"아일다(阿逸多: Ajita:)야, 여래가 멸한 후에도 비구(bhikku: 출가승)든 비구니(bhikkuni: 출가여승)이든, 우바새(upasaka: 재가남자신자)이든 우바이(upasika: 재가여신자)(*4部大衆)이든, 신자가 아닌 교양인이나, 노인, 젊은이를 가리지 않고 누구나 이 가르침을 듣고 어디서나 들은 대로, 부모·일가나 친지에게 전하고 그것을 들은 사람이 기쁨을 느끼고, 또 그것을 들은 사람이 다른 사람에게 전하여 그 횟수가 50번에 이르면 그 공덕은 다음과 같으니라.

이 우주에 있는 모든 생물, 천상계·인간계에 있는 것, 수라·축생·아귀·지옥계에 있는 것, 또는 새·짐승·물고기에서 미생물에 이르기까지의 모든 것을 행복하게 해주었다고 하자. 한 인간에게 이 지상에 넘치는 모든 보물을 주었다고 하자. 이러한 일을 80년을 계속한 후, 다음과 같이 생각하였다고 하자. '나는 중생이 원하는 모든 것을 다 주었지만 이 중생들도 늙어 죽음이 다가오고 있다. 그러니 불법으로 중생을 이끌어야 되겠다.'

이처럼 생각하고 중생을 모아 법을 설하고 교화하여 모두 기뻐서 법을 배우고 실천하게 되었다하자. 그리하여 헤매임에서 벗어나 마음이 안정되고 해탈에 이르는 선정을 갖춘 경지에 이르렀다 하자. 그의 공덕이 어느 정도나 된다고 생각하느냐?"

미륵보살이 대답하였다.

"중생의 생활을 도운 것 만해도 그 공덕이 무량하거늘 마음의 번뇌까지 제거해 주었으니 …"

세존
여래십호(如來十號;
부처님의 공덕을 기리는 10가지 칭호)중의 하나.
≪p279 참조≫
①여래(如來)
②응공(應供)
③정등각자(正等覺者)
④명행족(明行足)
⑤선서(善逝)
⑥세간해(世間解)
⑦무상사(無上士)
⑧조어장부(調御丈夫)
⑨천인사(天人師)
⑩불(佛)·세존(世尊)

미륵보살(彌勒菩薩)
석가모니불의 뒤를 이어 56억7천만년 후에 세상에 출현하여 용화정토를 건설하여 모든 중생을 구제할 미래의 부처님.

아일다(Ajita)
미륵보살(彌勒菩薩;
Maitreya)의 또 다른 이름.

사부대중(四部大衆)
교단을 구성하는 비구·비구니·우바새·우바이를 말함.
보통은 불교도 전체를 가리키는 말로 쓰임.
≪p390 참조≫

불교교단(the Sangha Community)을 이루는 부처님의 제자들은 보통 비구(bhikku; 출가승)·비구니(bhikkuni; 출가여승)·우바새(upasaka; 재가남자신자)·우바이(upasika; 재가여신자)로 구분하여 사부대중(四部大衆)이라 한다.

여기에 견습수행자인 사미(sramanera)·사미니(sramanerika)·식차마나(siksamana)를 포함하여 칠부대중(七部大衆)이라고도 한다.

보통의 경우에는 4부대중이나 7부대중 양쪽 다 불교신자 전체를 가리키는 말로 쓰인다.

	남 성	여 성
출가자	비구(比丘) bhikkhu/비쿠; bhiksu/비크슈 ◆ 걸사(乞士; 음식을 빌어먹는 승려)란 뜻 ◆ 구족계(具足戒; 출가한 승려가 지켜야 할 계율)로 250계(戒)를 받고 수행	비구니(比丘尼) bhikkhuni/비쿠니; bhiksuni/빅슈니 ◆ 걸사녀(乞士女; 음식을 빌어먹는 여승) ◆ 구족계(具足戒)로 348계(戒)를 받고 수행
출가자	◆ 출가하여 재가신자들의 보시에 의해 생활하면서 수행과 전도에만 전념하는 전문수행자	
재가신자	우바새(優婆塞; upasaka/우파사카) ◆ 청신사(淸信士), 근사남(近事男; 불·법·승의 삼보를 가까이에서 섬기는 사람)	우바이(優婆夷; upasika/우파시카) ◆ 청신녀(淸信女), 근사녀(近事女)
재가신자	◆ 5계를 지킴, 출가수행자들의 생활을 뒷받침	
견습수행자	사미(沙彌; sramanera/슈라마네라) ◆ 출가하여 십계(十戒; 사미계)를 받은 남자 ◆ 아직 구족계를 받지 않은 미성년(20세 미만)의 비구가 되기 전의 수행자	식차마나(式叉摩那; siksamana) ◆ 정학녀(正學女), 6법계를 지킴 ◆ 비구니와 사미니의 중간단계 여승 사미니(沙彌尼; sramanerika/슈라마네리카) ◆ 근책녀(勤策女)라 의역 ◆ 출가하여 십계(十戒; 사미니계)를 받음 ◆ 아직 구족계를 받지 않은 미성년(18세 미만)의 비구니가 되기 전의 행자단계의 여승

▲ upasaka, upasika가 시주하는 alms round(공양)를 받는 bhikku들의 모습. Bodhinyana, Perth, Western Australia.

▲ 비구(bhikku)

◀ 참선수행 중인 비구와 비구니

동자승 ▶

▲ 사미계를 받고있는 사미(sramanera)

사미니 ▶
(sramanerika)

그러자 세존은 어조를 높여 미륵보살에게 말하였다.

"그러면 여기서 분명히 말하노라. 그는 우주의 모든 생물을 물질적으로 돕고 모든 번뇌까지 제거하는 정신적 보시를 하였지만, 그것도 아까 말한 50번째의 중생이 법화경의 가르침을 듣고 느낀 기쁨이 주는 공덕에는 미치지 못하느니라.

아일다여, 법화경의 가르침을 50번째로 들은 사람의 공덕이 이러할진대, 하물며 처음 설한 사람의 공덕을 여기에 비할 수 있겠는가?"

이처럼 설법을 듣는 것만으로도 중생은 천상계에 태어나게 될 것이다. 또 설법을 듣는 중 남이 오는 것을 보고 자기 자리를 반만 양보해도 그 공덕으로 다음에 태어날 때는 *제석천帝釋天; Indra/인드라; Sakra-Devendra/샤크라 드벤드라; the King of Gods이나 *범천왕梵天王; Brahma의 곁에 가게 될 것이다.

제석천(帝釋天)
고대 인도의 신 인드라(Indra)를 불교의 수호신으로 수용한 것. 도리천의 주인이며 수미산(須彌山)에 살면서 사천왕을 거느리고 불법을 수호한다. 항상 부처님의 설법 자리에 나타나 법회를 수호.

범천왕(梵天王)
① 브라만교의 교조(教祖)인 우주 만물의 신.
② 색계(色界) 초선천(初禪天)의 우두머리. 제석천(帝釋天)과 함께 부처를 좌우에서 모시는 불법 수호의 신.

▲ 제석천(帝釋天; Sakra-Devendra)

▲ 범천왕(梵天王; Brahma)

또한 법화경을 들으러 가자고 권하여 듣게 한다면 그는 *다라니보살陀羅尼菩薩; Dharani Bodhisattva과 같은 곳에 태어날 것이다. 그는 후세에도 말을 못하거나 입에서 냄새가 나는 일도 없고, 혀·입·이에 병이 생기는 일도 없을 것이다. 얼굴도 잘 생기게 될 것이다. 그 뿐 아니라 그는 몇 번 다시 태어나도 부처님의 가르침을 듣고 부처님과 만나게 되리라.

이처럼 법화경을 듣고 기뻐하는 자의 공덕은 내세에 있어서도 보상을 받는다.

앞 장「분별공덕품 제17」의 전반은「여래수량품 제16」의 가르침을 들은 자가 모두 *아녹다라삼먁삼보리阿縟多羅三藐三菩提; anuttara-samyak-sambodhi; 無上正等正覺/무상정등정각에 안주하는 것이 설해졌다. 이것이 법신法身의 *수기授記; vykarana/비카라나이다.

그리고 후반에서는 솔직하게 믿는 자의 공덕을 현재의 '*4신四言'과 멸후滅後의 '5품五品'으로 설해졌다.

석존이 미륵보살에게 말한 현재의 4신이란 석존이 세상에 나온 시대의 양상이며 멸 후의 5품이란 석존 입멸 후의 양식이지만, 전자의 과제는 일념신해一念信解에, 후자의 과제는 초수희初隨喜에 있다.

📖 **아녹다라삼먁삼보리**
(阿縟多羅三藐三菩提; anuttara-samyak-sambodhi; 無上正等正覺)

산스크리트 anuttara-samyak-sambodhi/아누타라 사먁 삼보디를 발음(發音) 그대로 음사(音寫)한 것으로, 그 어의는 anuttara「무상(無上); 더 이상 위가 없는」, -samyak「정(正); 올바른」, -sam「변(遍); 넓은」, bodhi「보리(菩提); 깨달음 또는 지혜(智慧)」이다.

그러므로 전제를 한문으로 의역하면 무상정변지(無上正遍智), 무상정등정각(無上正等正覺), 무상정등각 등으로 나타낼 수 있으며, 그 의미는「최상의 올바른 깨달음; 더 이상 위없이 올바르고 넓은 깨달음; 비할 바 없이 진실하고 완전한 깨달음; 최상의 올바르고 평등하며 완벽한 부처님의 깨달음」등으로 나타낸다.

다라니보살
착한 일은 권하고 악한 일은 멈추게 하는 보살.

수기
부처로부터 다음 세상에는 깨달음을 얻어 부처님이 되리라는 것을 예언(豫言)하는 것.

4신(四信)
일념신해(一念信解)
약해언취(略解言趣)
광위타설(廣爲他設)
심신관성(深信觀成)

멸후(滅後)
석가모니의 입적 후

5품(五品)
초수희품(初隨喜品)
독송품(讀誦品)
설법품(說法品)
겸행육도(兼行六度)
정행육노(正行六度)

일념신해
순간적으로 마음으로 믿고 이해하는 것.

초수희
부처님께서 입멸하신 후 법화경을 가까이 했을 때 그 가르침을 비방하지 않고 순수하게 수용하며 기쁜 마음을 일으키는 것.

지금까지 보살의 수행덕목으로는 4제·8정도·6바라밀·12인연법 등의 수행양식이 제시되었으나 「분별공덕품 제17」에서 설하는 바는 *일념신해一念信解이며 석존이 입멸한 후에는 *초수희初隨喜를 중요시하게 된다.

「수희공덕품 제18」은 바로 앞장 「분별공덕품 제17」의 중심과제인 일념신해一念信解를 계승하고 있다. 「수희공덕품 제18」은 영원한 석존의 교화에 감격하여 그 기쁨 속에 수행이 깊어지는 것을 밝히고 있는데, 그것은 부처님 입멸 후의 인간의 종교적 감성을 고려한 것이다. 이처럼 부처의 입멸 후의 교시는 석존과 미륵보살의 대화로 나타난 것이다.

부처님의 지혜를 얻는 근원이 그 가르침에 감격하는데 있다고 말하는 「수희공덕품 제18」의 교시는 소박하고도 힘찬 감명을 우리에게 준다.

오늘날과 같이 혼탁한 세상에 사는 사람들은 사회 전체를 개혁하지 않으면 인간의 행복은 보증되지 않는다고 말한다. 그러나 달리 생각해 보면 사회개혁이라는 것도 궁극의 목적은 사회의 모든 구성원 하나 하나가 행복해지는데 있다. 따라서 단 한 사람이라도 행복하게 만드는 일은 매우 중요한 일이며 큰 가치가 있는 것이다.

법화경에 있어서 애타적 실천으로서의 보살도는 마음으로 남을 돕는 사람은 그 대상이 아무리 작은 것일지라도 많은 사람에게 베푸는 경우와 마찬가지로 최고의 기쁨을 맛볼 수 있다는 것이다. 한 사람을 진실 되게 도울 수 있는 사람은 사회와 인류 전체를 위할 수 있는 사람이며 그 반대 경우도 또한 진실이라는 것이 보살도의 가르침이다.

개인을 위해서 일을 하느냐 전체를 위해서 일하느냐가 중요한 것이 아니라 그것이 진지하고 흡족한가 아닌가가 문제인 것이다.

그 이타행利他行이 진지하다면 그 대상이 축소되거나 확대되는 것은 자유자재이기 때문이다. 이타적 정신을 가지고 산다면 작은 일을 하는 사람이나 사회개혁이라는 거창한 일을 하는 사람 모두가 다같이 최고의 평등한 삶에 대한 보람과 행복감을 줄 수 있다. 그리고 그것이 바로 법화 보살도가 나아가는 길이다.

그러한 사람은 정신면에서 뛰어날 뿐 아니라 그 얼굴도 멋지게 빛난다. 얼굴은 육체와 정신의 명세서이기 때문이다.

*알렉시스 카렐Alexis Carrel: 1873~1944은 그의 철학서『인간, 그 미지未知의 것L'homme, cet inconnu; Man, the Unknown』에서 "얼굴은 육체 전체의 축도이다. 현명한 관찰자라면 인간이 누구나 그 얼굴에 자기의 육체나 정신의 명세서를 간판으로 걸고 있는 것을 보게 될 것이다." 라고 말하고 있다.

알렉시스 카렐

프랑스의 생물학자·외과의학자. 혈관 봉합술과 장기이식의 업적으로 노벨 생리학상·의학상을 수상(1912). 의학저서로는 린드버그와 공저인『장기배양』이외 다수 있으며, 특히 철학서 『인간, 그 미지(未知)의 것 Man, the Unknown』(1936)은 유명하다.

일승묘법
모든 중생이 부처와 함께 성불한다는 석가모니의 교법. 모든 중생을 깨닫게 하여 구제한다는 부처님의 참된 가르침.

▲ Dr. Alexis Carrel and Charles A. Lindbergh 『June 13, 1938 TIME』

얼굴이 잘 생겼다는 것은 *일승묘법一乘妙法의 진리를 설하거나 듣는 사람의 공덕과도 관계가 있는 것이다.

일승묘법이라는 종교적 진리에 의해 얻어진 안심입명이 끝없는 이타적 보살도의 실천이 되어 보는 사람과 듣는 사람을 기쁘게 하고 감동을 주는 것이 참된 포교에의 길인 것이다.

19장 법사공덕품(法師功德品)

The Benefits of the Dharma Teacher

요약 : 법화경을 설하는 법사(法師)의 공덕. 법화경을 수지·독·송·서사·해설하는 오종법사는 육근청정의 공덕을 얻게 된다. 법화경의 홍통을 위한 오종수행을 권장.

법사(法師)
Sanskrit 다르마바나카(dharma-bhanaka)를 번역한 것으로 설법자라는 뜻이다.
부처의 가르침에 정통하고 가르침을 설하여 불교의 교법을 전하는 사람. 법주(法主)라고도 함.
특히, 법사의 '사'자를 법사(法士)로 쓰게 되면 '보살을 일컬을 때 쓰는 말'임에 유의.

실크로드를 여행하다 보면 중앙아시아의 수많은 나라들의 흥망이 얼마나 고뇌에 넘쳐 있었는가를 실감하게 되고, 그 때문에 그 어려움 속에서 이를 이겨나가기 위하여 법화경에 몸바쳐 기도하며 살아온 사람들의 심정을 생각하지 않을 수 없다.

앞의 장章에서는 「수희공덕품 제18」이 설해지고 있으며 본 「법사공덕품 제19」에서는 평범한 일상생활을 보내는 사람으로서는 알 수 없는 절실한 구원의 세계가 그 밑에 깔려 있다.

「수희공덕품 제18」이 묘법연화경이 주는 감동의 가르침을

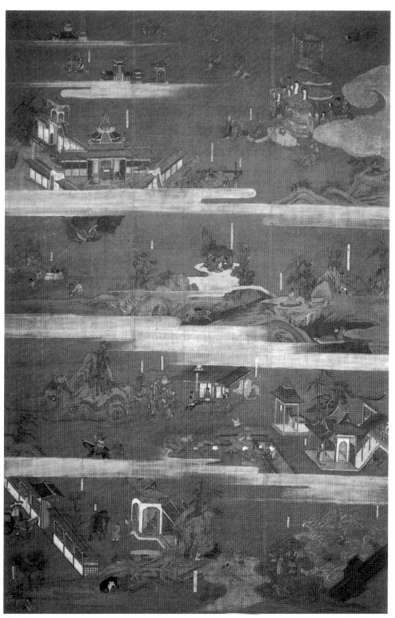

「法華經蔓茶羅」 법사공덕품   ▲ 그림전체는 6근청정을 얻어 밝아진 세계(그림전제)·
6근의 청정을 설하는 석존(오른쪽 위)·그 오른쪽 구름 밑에는 법을 구하는 자가 바위에
앉아 있다. 새와 비천(飛天)이 춤추는 천계(윗 부분)·지상의 모양(중간)·지옥·아귀(맨 아래)

홍통
부처님의 진리를 세상에 널리 퍼뜨림.

오종법사

법화경을 널리 퍼트리기 위해 수지, 독, 송, 서사, 해설하는 거룩한 5종수행을 하는 법사.

육근청정
6감각기관과 그 기관이 가지는 능력, 즉 안근(眼根), 이근(耳根), 비근(鼻根), 설근(舌根), 신근(身根), 의근(意根; 사유기관과 사유능력)을 가리킨다. 이 6근의 집착을 모조리 끊고 깨끗해지는 것을 육근청정이라 한다.

출발점으로 한데 비해 「법사공덕품 제19」에서는 감동하면서 들어간 부처님의 세계가 우리의 감각에 의해서 확인되어 가는 과정이 설해지고 있다.

◀ 오종법사
오늘날 미국, 유럽 등지에서는 불교를 전파하는 오종법사의 수가 급속하게 늘고 있다.

신앙심을 가지고 법화경을 설하는 사람은 출가 또는 재가를 불문하고 모두 법사法師; dharma-bhanaka/다르마 바나카라고 부른다. 이것은 법화경의 *홍통弘通을 위하여 오종수행을 권장하기 위한 것이다.

법화경을 지니고授持/수지 · 읽고讀/독 · 외우고誦/송 · 베껴 쓰고書寫/서사 · 해설解說/해설하는 *오종법사五種法師는 육근청정六根淸淨의 공덕을 얻게 된다. 눈 · 코 · 몸의 3근에根는 800의 공덕, 귀 · 혀 · 의意의 3근에는 1,200의 공덕이 생긴다고 한다.

*근根; indrya/인드리야이란 감각기관을 말하며 800이나 1,200이라는 숫자는 무량의 공덕을 상징적으로 나타낸 것이다.

이 장章은 부처님이 *상정진보살常精進菩薩; Bodhisattva Nityodyukta/보디사트바 니티요듀크타에게 말씀하는 내용으로 되어 있다.

여기서 눈의 공덕이란, 부모에게서 받은 육안이 맑아져 *3천대천세계三千大千世界; Trisahasramahasahasro locadhatu/트리사하스라마하사하스로 로카다투의 모든 산과 강을 보고, 지옥에서 극락까지 보고, 그 속에 있는 모든 생물의 생태를 볼 수 있을 뿐만 아니라 그 생물의 행위와 원인에서 결과에 이르기까지 그 영향까지도 볼 수 있는 것이다.

또한 지옥에서 극락에 이르기까지의 모든 생물의 소리를 들을 수 있고, 그 말의 내용, 뭇 짐승들의 우는 소리의 의미와 심정, 뭇 인간의 목소리와 그 심정, 괴로움·즐거움의 외침소리, 천인·용·*아수라阿修羅; asura·귀신들의 소리, 불타는 소리, 물소리, 바람소리, *삼악도三惡道에서 괴로워하는 소리, 비구·비구니·성문聲聞·연각緣覺 등 불도를 수행하는 자의 소리, 보살의 소리 등을 그대로 다 들을 수 있는 것이다.

그리고 맑은 후각을 가지고 3천대천세계의 모든 향기를 냄새맡을 수 있게 될 것이다.

▲ 선신(善神) Indra(帝釋天)가 아수라장(阿修羅場)이 된 전쟁터에서 마신(魔神) Asura(阿修羅)를 물리치고 있다.

상정진보살
이름 그대로 중생들에게 부처의 가르침을 전하기 위해 끊임없이 정진하는 보살.

삼천대천세계
전 세계. 또는 고대 인도인의 세계관에서 전 우주를 가리키는 말.

아수라(阿修羅)

인도 신화에서 선신(善神)들에 대항하는 마신(魔神)들에 대한 총칭. 천룡팔부중(天龍八部衆)의 하나로, 귀신의 한 동아리로 친다.

삼악도(三惡道)
악인이 죽어서 가는 세 곳의 괴로운 세계. 지옥도(地獄道)·축생도(畜生道)·아귀도(餓鬼道)가 있다.

파드마

웃팔라

푼다리카

붉은 연꽃padma/파드마; 紅蓮花에서 푸른 연꽃utpala/웃팔라; 靑蓮花, 흰 연꽃pundarika/푼다리카; 白蓮花의 향기, 모든 꽃의 향기, 모든 나무의 향기에서부터 그 수액의 냄새에 이르기까지 다 맡게 될 것이다.

그 밖의 모든 생물의 냄새를 거리와는 관계없이 다 맡을 수 있게 될 것이다.

그리고 수많은 천상계의 냄새까지도 맡을 수 있게 될 것이다. 땅 속에 묻혀 있는 금·은·보석·광석 등도 그 냄새로 알 수 있을 것이다. 하늘에 피는 만다라꽃, 천상계의 여러 궁전 정원의 아름다운 꽃들의 냄새도 맡을 수 있게 될 것이다. 또한 보살이 좌선하거나 남을 위해 설법하는 것도 그 냄새로 알게 될 것이다.

그리고 보기 흉한 음식이든 어떠한 음식이든 그 혀에 닿으면 모두 맛있는 음식으로 변할 것이다. 그 혀로 많은 사람 앞에서 법을 설하면 깊이 울리는 감동의 소리가 되어 그 내용이 듣는 자의 마음속에 스며들어 모든 사람에게 깊은 감동과 기쁨을 주게 될 것이다.

▲ 혀를 맑게 하여 법화경을 설하는 사람

그리고 천계의 *제석천帝釋天; Sakra-Devendra/샤크라-드벤드라; Indra; the King of Gods과 범천왕梵天王; Brahma/브라마; the God of Creation/창조주에서부터 귀신에 이르기까지 모두 다 그 법을 듣기 위해 몰려올 것이다.

출가·재가의 불도수행자, 왕과 그 신하들도 법을 들으러 올 것이다. 수많은 성문·연각·보살들도 그를 만나러 올 것이다. 천상계에서 인간에 이르고 귀신에 이르기까지 모두 환희의 마음으로 그 사람에게 공양을 할 것이다.

그 몸도 보석처럼 맑고 빛나며 그 속에 3천대천세계에서 태어나고 죽는 자의 성질이 다 몸에 비칠 것이다. 지옥에서 극락까지의 모든 존재와 생물의 모습도 그 몸에 비칠 것이다.

그는 마음이 맑기 때문에 부처님의 가르침의 한 마디만 들어도 그 속에 포함되어 있는 무한한 진리의 깊은 뜻을 바로 알게 될 것이다. 그가 생활에 대한 가르침이나 정치·경제에 대해 말해도 그 바른 법에 어긋나는 일이 없을 것이다. 그리고 중생의 마음 속에서 생기는 것은 모두 알게 될 것이다.

이 세상 밖에 사는 천인Deva·용Naga·귀신Yaksha의 생각까지도 모두 다 알게 될 것이다. 인도의 일반인의 신앙에 의하면 특별한 수행을 한 인간은 천안天眼·천이天耳·천비天鼻·천설天舌·천신天身을 지니게 되어 보통사람이 상상조차 할 수 없는 것을 보고 들을 수 있다고 한다. 그러나 여기서는 천안이 아닌 부모에게서 받은 맑은 육안으로 모든 것을 볼 수 있는 것이다.

「분별공덕품 제17」, 「수희공덕품 제18」, 「법사공덕품 제19」의 3품은 법화경의 공덕을 설한 것으로 원시의 법화경 교관敎觀에 관하여 알 수 있는 귀중한 자료다.

경주 석굴암의 범천과 제석천 상

이와 같은 신앙형태가 서역에서 중국을 거쳐 한국에 퍼진것이다. 중국에서는 천태종이 생겨 중국적인 사고방식에 의해 새로운 조직이 이루어졌다.

이상 *6근六根이 각기 어떠한 공덕을 갖추고 있는가를 확인해가고 있지만 그것을 밝히는 것은 '실상을 본다'라는 깨달음의 공덕의 힘을 자기 몸에 체현하는데 있다.

「방편품 제2」에는 '*제법실상諸法實相'이 설해져 있다. 그것은 '있는 그대로의 진실을 관찰하는 것'이 부처님의 깨달음의 세계임을 인식하고 있음을 말해준다. 부처님의 가르침을 감격적으로 받아들이는 사람은 6감을 통해 실상을 볼 수 있는 것이다.

종교란 일상적인 삶을 부정하고 절대진실 속에서 사는데 그 의의가 있다. 그러나 여기에 멈추지 않고 세속의 모든 일상과 삶의 영역으로 뛰어들어 현실 한 가운데서 종교생활을 실현해야 한다.

그러나 종교가 현실에서의 과제를 해결하는 방식은 보다 미묘하고도 한 차원 이상의 것이다. 즉 종교가 경제나 과학적 문제를 직접 해결하는 것은 아니다. 경제문제는 경제학자가 해결하고 과학문제는 과학자가 해결한다. 종교는 정치·법률·경제의 그 근처에 스며들어 작용

6근(六根)
6감각기관과 그 기관이 가지는 능력, 즉 안근(眼根), 이근(耳根), 비근(鼻根), 설근(舌根), 신근(身根), 의근(意根; 사유기관과 사유능력)을 가리킨다.
이 6근의 집착을 모조리 끊고 깨끗해지는 것을 육근청정이라 한다.

제법실상(諸法實相)
우주만유 모든 존재의 참다운 모습. 또는 우주의 모든 사물의 있는 그대로의 진실한 모습.

▲ 앨 고어 전 부통령
참선 예찬론자

▲ 달라이 라마 성하(聖下)와 부시 미대통령

▲ Bill Ford 포드자동차 회장
불교신자인 그의 별명은
the buddha of Detroit이다.

법화경과 신약성서

하는 것으로, 그럼으로써 정치 · 경제가 진실한 발전을 하도록 유도하는 것이다.

종교의 일상생활에의 귀의는 정치가 · 사업가와 같은 인간의 인격을 통하여 이루어진다. 사업가는 사업을 하는 동시에 자기의 인격에 통일을 주는 전체인인 것이다. 종교는 정치 · 경제 그 자체에 직접 작용하는 것이 아니라 이와 같은 전체적 인격을 통하여 정치 · 경제에 영향력을 발휘해 나아가는 것이다.

정치는 단순히 권력이나 세력의 갈등이나 균형과 같은 정치기법만으로 움직이는 것이 아니라 그 정치가의 인품이 중요한 역할을 한다. 경제도 단순히 자본, 생산력 또는 욕구만으로 움직이는 것이 아니라 마음을 바탕으로 한 경제인의 인격이 중요한 역할을 하는 것이다.

▲ 미국의 대표적 불교신자 정치가 중의 한 사람인 John Kerry 상원의원과 그의 부인 Teresa Heinz Kerry 여사. 왼쪽은 세계심검도 창설자 김창식 대선사. 위는 선거 유세 중인 John Kerry 민주당 대통령후보의 모습.

▲ 달라이 라마의 열렬한 지지자 리처드 기어(Richard Gere)

▲ 셰런 스토운(Sharon Stone)
: 집에 법당을 조성하고 예불

▲ Keanu Reeves

▲ Harrison Ford

▲ Orlando Bloom

▲ Sandra Bullock

▲ Steven Seagal

▲ Tom Hanks

이밖에도 많은
독실한 불교신자
배우들 중
Brad Pitt,
Jim Carrey,
Leonardo Di Caprio,
Mel Gibson,
John Travolta,
Val Kilmer,
Winnona Rider 등
이 특히 유명하다.

종교가 일상으로 되돌아가 침투해야 할 곳은 바로 인간의 마음이다. 종교의 전파는 마음과 마음의 교류이며 여기에 그 특성이 있는 것이다. 정치·경제·법률·철학을 연구하고 가르치는 사람도 법화경의 깊은 진리의 경지에 이를 때, 그 가르침은 진실한 것이 된다.

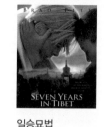

사람은 각기 자기만의 전문분야의 지식으로 살아간다 그러나 *일승묘법一乘妙法의 진리의 구현자가 되어 살아갈 때 비로소 그 사람의 전인격이 각기 연구하는 전문분야의 연구를 깊이 들어갈 수 있고 그럼으로써 깊이 있는 전문지식을 갖게 되는 것이다.

일승묘법
모든 중생이 부처와 함께 성불한다는 석가모니의 교법. 모든 중생을 깨닫게 하여 구제한다는 부처님의 참된 가르침.

우리가 살고 있는 오늘날은 전문분야가 아주 세밀하게 나누어져 있는 시대이지만 그러기 때문에 사람들은 더욱더 그 내면에 있어서 마음을 닦아야 하는 것이다.

전문지식에만 빠져 그 근저에 있는 인간으로서의 마음의 세계를 닦지 않는다면 그 문화 전체가 건전성을 잃고 편파적인 것이 되어 인류에게 비참한 결과를 가져올 수도 있다는 것을 알아야 한다.

현대가 그러한 상황에 놓여 있는 이상 우리는 『법화경』에 나타나 있는 눈에 보이지 않는 진리를 통해 마음을 닦고 혼자서가 아니라 남과 더불어 사는 사회를 이룩해야만 하는 것이다.

20장 상불경보살품(常不輕菩薩品)
Bodhisattva Never Disparaging

요약 : 상불경보살이 나타나 법화경을 전할 때 사람들의 박해를 받으면서도 그들을 축복한다. 고난에 맞서서도 경의 유통에 힘쓸 것과 법화경 유통을 방해하는 사람의 공과를 밝히시어 법화경의 유통을 권유함.

불도수행은 특정한 장소에서 정해진 방법으로 해야한다고 생각하기 쉬우나 사실은 그렇지 않다. 법화경을 몸에 지니는 방법은 다양하며 자기의 인생에 그 정신이 살아있게 하는 것이 중요하다.

본래 인간이란 욕심이 많은 제멋대로의 존재이기 때문에 상불경보살常不輕菩薩; Sadaparibhuta/사다파리부타이 그들에게 깨달음을 주기 위해 그들을 예배하고 믿는 모습을 볼 때 우리는 마음의 편안과 청정함을 느낀다. 인간에 대한 절대신뢰의 긍정적인 밝은 요소가 강하게 나타나기 때문이다.

득대세보살得大勢菩薩; 大勢至菩薩/*대세지보살; Bodhisattva Mahasattva Mahasthamaprapta; 摩訶薩馱摩婆羅鉢多/마하살타마바라발다은 관자재보살觀自在菩薩; 觀世音菩薩; Avalokitesvara과 아미타여래阿彌陀如來; Amitabha Tathagata/아미타브하 타타가타와 더불어 「서품 제1」에 나오는 보살이다.

부처님은 이 보살을 비롯한 모든 보살 앞에서 말씀하셨다.

"중생들이여, 법화경의 가르침을 설하고 실천하는 출가 · 재가의 수행자들을 헐뜯지 마라."

대세지보살

아미타불(阿彌陀佛)의 우협시(右脇侍)보살로 좌협시보살인 관세음보살과 함께 아미타삼존불(阿彌陀三尊佛)을 이룸. 서방 극락세계에 있는 지혜 · 광명이 으뜸인 보살.

법화경과 신약성서

▲「法華經蔓茶羅」 상불경보살품
　불전에 앉아 계시는 위음왕여래(오른쪽 위)·불경보살을 박해하는 사람들(왼쪽 위)·부처가 된 불경보살(가운데)·
불경보살을 박해한 사람들이 떨어진 지옥불(오른쪽)·법화경이 있는 곳이 해탈의 도장임을 표시(맨 아래)

📖 상불경보살(常不輕菩薩; Bodhisattva Never Disparaging)

　석가모니가 과거 인행(忍行)을 닦을 때의 이름이다. Sanskrit(梵語/범어)로는 사다파리부타(Sadaparibhuta)
이며, 의역하여 상불경보살(常不輕菩薩 : Sada「항상」, paribhuta「경멸받다」의 뜻으로「항상 경멸받다」또는
반대로「경멸하지 않는다」는 뜻이다.
　『법화경』「상불경보살품 제20」에 따르면 위음왕불 상법시대 말경에 나타나 경전을 독송하는 데 힘쓰지 않고
예배만 되풀이하며, 멀리 지나가는 사람을 보아도 곧 쫓아가서 절하고 찬송하였다. 이에 젠체하는 사부대중
들은 그를 일러 늘 공경하고 무시하지 않는다는 뜻으로 상불경(常不輕)이라 하였다.
　그가 임종할 때 그를 박해한 사부대중들은 모두 지옥에 떨어졌는데, 죄보가 끝난 뒤 불법에 귀의하여 상불
경보살의 자비로 다시 인간 세계에 태어나 아뇩다라삼먁삼보리(anuttara-samyak-sambodhi/아누타라 사먁
삼보디; 정등정각)의 교화를 만났다 한다.

이쇠시대
'쇠약함을 떠남'이란 뜻으로 부처님의 가르침이 왕성하므로 모든 사람의 마음이 다 청정하여 적멸의 자리에 편안히 머물러 자신과 대상을 모두 잊어 번뇌를 근본적으로 벗어나 모두가 유쾌한 마음으로 나날을 행복하게 보낼 수 있는 시대.

위음왕불(威音王佛)
왕의 위풍과 장중한 음성으로 법화경을 설하여 주위의 사람들을 크게 감화시켰다.

아득한 옛날 *이쇠離衰; Vinirbhoga/비니르보가시대에 위음왕여래威音王如來; Bhismagarjitasvararaja Tathagata/비스마가르지타스바라라자 타타가타; Awesome Sound King Tathagata가 대성大成; Mahasambhava/마하삼브하바이라는 나라에서 천인·인간·귀신들에게 법을 설하였다.

성문의 깨달음을 구하는 자들을 위해서는 4성제의 법문을 열고 생로병사의 인생고로부터 벗어나게 하여 안심의 경지를 주었다. 연각의 경지를 구하는 자에게는 거기에 어울리는 12인연의 가르침을 설하였다. 그리고 수많은 보살을 위하여 최고의 깨달음의 길인 6바라밀의 법을 설하였다.

위음왕보살의 수명은 매우 길었고 그 가르침이 바르게 행하여진 시대는 이 세상을 가루로 만든 그 분말의 모든 입자의 수만큼 계속되고 그 후 형식적으로 정법이 전해진 상법像法의 시대도 그 몇 배나 계속되었다.

그러나 정법시대와 상법시대가 지나고 불법이 시드는 말법末法의 시대가 되자 부처님이 그 나라에 다시 나타나셨다.

그때에는 깨달음을 얻지 못하고 행세하는 오만한 승려들이 세력을 쥐고 세상을 어지럽히고 있었다.

오직 상불경常不輕菩薩; Sadaparibhuta/사다파리부타; Bodhisattva Never Disparaging이라는 출가의 보살만이 불도를 수행하는 사람들을 높이 받들었다.

그러나 마음이 비뚤어진 사람들은 그의 그런 태도에 화를 내었고 때로는 그에게 돌을 던지거나 몽둥이로 때리기도 하였지만 상불경보살은 그들에게도 불성이 있다고 외치며 계속 존중하였다.

▲ 자신에게 돌을 던지는 사람들에게
예배하는 상불경보살

그래서 세상사람들은 이 보살을 상불경常不輕이라고 부른 것이다.

평생 이 한 가지 일에만 몰두한 이 보살이 수명이 다할 무렵, 이전에 위음왕불께서 설한 법화경의 무한한 가르침이 허공에서 울려왔다. 그는 그것을 마음에 새겨 청정한 경지에 이르게 되었으며 그 때문에 수명이 늘어나 다시 오랜 세월에 걸쳐 법화경을 설하였다.

그러자 그때는 이전에 보살을 학대하던 오만한 자들도 그의 신통력에 감화되어 그를 따르고 부처님처럼 깨달음을 얻게 된 것이다.

그는 수명이 끝난 후에도 수많은 부처님을 친견하고 *일월등명불日月燈明佛: Candra-Surya-Pradipa/찬드라수르야프라디파 밑에서 법화경을 설하여 그 공덕으로 200억의 부처를 만나게 되었다.

이 상불경보살은 바로 부처님의 전생인 것이다. 옛날에 상불경보살을 멸시하던 사람들이 바로 지금 설법을 듣는 발타바라跋陀婆羅: Bhadrapala/바드라팔라외의 500명의 보살, 사자월師子月: Sinha-Candra/신하찬드라: Lion Moon외의 500명의 비구니, 사불思佛: Sugataketana/수가타케타나외의 500명의 *우바새優婆塞: upasaka/우파사카이다.

▲ 부처가 된 불경보살(왼쪽)·불경보살을 박해한 사람들이 빠진 지옥(오른쪽)

Jataka(본생담)
석가모니 부처님의
전생의 이야기를 묘
사한 설화. 경전 또
는 성화. 본생담(本
生譚) 또는 본생경
이라고도 함.
한편 보살의 전생이
야기는 본사(本事;
itivittaka/이티비타
카)라고 함.

불탑(佛塔; stupa)
사찰에 건립한 탑.
산스크리트 stupa를
음역(音譯)한 솔도
파(率堵婆), 또는 팔
리어(語) thupa를 음
역한 탑파(塔婆)에서
온 말이다.
스투파는 원래 '석
가모니의 사리를 봉
안하는 묘(墓)'라는
뜻이었다.

상불경보살이 부처님의 전신이고 그를 박해하던 자가 후에 그 제자나 신자가 된 부처님의 전생기를 *쟈타카Jataka; 本生譚/본생담라고 한다.

법화경 「서품 제1」 에도 일월등명불日月燈明佛시대 이래 법화경의 전통에 대한 언급이 있는데, 당시의 묘광보살妙光菩薩이 현재의 문수사리보살이고, 구명보살求名菩薩이 현재의 미륵보살이다.

「화성유품 제7」에서는 대통지승여래大通智勝如來의 16명의 왕자가 현재 각기 불국토에서 부처가 되고 석가여래도 그 중의 하나이다.

또 약왕보살藥王菩薩과 묘장엄왕妙莊嚴王 이야기도 있다. 모든 중생은 윤회를 되풀이 하지만, 부처는 한 번 이 세상에 나타났다가 입멸하고 나면 그 후에는 이 세상에 그 모습을 다시 나타내지 않는 것이 원칙이다. 다만 같은 이름을 가진 부처가 차례로 나타나는 것은 가능하다.

한편 「여래수량품 제16」 에서는 부처님의 수명이 길고 사람들 눈에는 입멸한 것처럼 보여도 사실상 입멸한 것이 아니라고 하고 있는 점도 법화경의 독특한 설이기도 하다.

다른 사람들의 불성을 믿고 존경하며 사는 비구보살의 이야기에서 '비구보살'이라는 표현은 흥미가 있다. 비구는 전문적인 수행승을 말하며 보살은 승려가 아니기 때문이다.

▲ 부처님의 사리가 봉안된 불탑에 예배하는 모습.
  Peshawar Museum, Pakistan

보살은 재가인在家人으로 석존의 유골을 묻은 *불탑佛塔; stupa/스투파을 예배하는 석존에 대한 신앙심을 지닌 사람들의 공통의 칭호이다.

옛날 인도에서는 승려들이 불탑을 예배하지 않았다.

부처님도 세상을 떠나실 때 비구들에게 수행에만 전념하라고 하였다. 따라서 처음으로 석존의 무덤을 만든 사람들은 왕족들이었다.

그 후 석존의 *사리舍利: sarira가 분배되어 인도에 많은 불탑이 세워졌는데 그것도 재가신자 보살들이 세운 것이었다. 그 수가 늘어 단체를 이루게되자 이것을 일컫는 보살단菩薩團: 깨달음을 구하는 자들이란 이름이 생기게 된 것이다.

이들 중 지식인들이 새로운 경전을 만든 것이다. 그들에 의해『반야심경般若心經: Maha-Prajna-paramita Hridaya Sutra/마하 프라즈냐 파라미타 흐리다야 수트라: The Heart Sutra of the Great Perfection of Wisdom』,『묘법연화경妙法蓮華經: Saddharma Pundarika Sutra/삿다르마 푼다리카 수트라: The Lotus Sutra or Sutra on the White Lotus of the Sublime Dharma』,『*무량수경無量壽經: Sukhavativyuha Sutra/수카바디비유하 수트라: The Infinite Life Sutra, or Larger Pure Land Sutra』등도 만들어졌다.

▲ 석가모니 부처님의 진신사리(眞身舍利)

「南無 釋迦牟尼佛
南無 釋迦牟尼佛
南無 是我本師 釋迦牟尼佛」

사리(舍利; sarira)
참된 불도를 성취한 수행자들의 열반 후 행해지는 다비(茶毘: 火葬)에서 얻어지는 구슬 모양의 유골.

반야경(般若經)
모든 법의 실상은 반야(般若; prajna/프라즈냐; 지혜)에 의해 밝혀진다고 설명하는 경전.

무량수경
대승불교 정토종(淨土宗)의 근본 경전.『관무량수경(觀無量壽經)』,『아미타경(阿彌陀經)』과 더불어 정토삼부경(淨土三部經)이라고 함.

I do pay homage to Buddha, my everlasting teacher of truth!

탑(塔)이라는 말은 Sanskrit 「stupa」를 한자로 음역(音譯)한 솔도파(窣堵婆), 또는 팔리어(Pali語) 「thupa」를 음역한 탑파(塔婆)에서 온 말이다. 영어에서의 tope라는 말도 바로 이 thupa에서 파생되었다. 미얀마에서는 탑을 파고다(pagoda)라고 일컫는다.

스투파는 원래 '석가모니의 진신사리(眞身舍利)를 봉안하기 위한 묘(墓)'로서 비롯되었다.

▲ 대열반과 비통해하는 제자 및 신자들

▲ 다비장면과 수습된 사리를 지키는 모습(왼쪽)

서기 전 5세기 초 석가모니 부처님이 쿠시나가르(Kushnagar)의 사라쌍수(沙羅雙樹) 밑에서 입멸(入滅)하시자 유해를 다비(茶毘: 火葬)하였다.

그런데 당시 인도의 8개국이 부처님의 사리(舍利)를 차지하기 위해 무력충돌을 일으킬 위기에 이르렀다.

그때 그곳에 머물러 있던 드로나(徒盧那; Drona; 香姓/향성)라는 한 브라만의 중재에 따라 부처님의 사리를 8등분하여 나누어주었다.

이리하여 마가다국(Magada)의 아쟈타사트루(Ajatasatru)왕, 바이샬리의 릿차비족(Lichchhavis), 카필라바스투(Kapilavastu)의 샤카족(Sakyas), 알라캅파(Alakappa)의 불리족(Bulis), 람그람의 콜리야족(Koliyas), 파바(Pava)의 말라족(Mallas), 베타두비파의 브라만 등이 부처님 사리를 배분 받았다. 뒤늦게 도착한 핍팔리바나의 모랴족들은 타다 남은 사리(재)를 가지고 갔다.

▲ 사리의 분배. 가운데 앉은 사람이 분배의 주역인 드로나. 그의 앞에 놓여있는 8개의 사리항아리가 보인다.

이러한 사리의 분배를 분사리(分舍利) 또는 사리팔분(舍利八分)이라 한다.

▲ 사리를 분배받는 8개국의 왕들이 분배과정을 지켜보고 있는
긴장된 장면

▲ 사리의 봉송
분배받은 사리를 자기의 나라로 봉
송하는 모습. 코끼리를 탄 사람이 사
리함을 정성스레 두 손으로 들고 있
다. 사리를 환영하여 맞는 국민들이
휘파람을 불며 기뻐하고 있다.

▲ 드로나가 사리를 분배하는 모습

그 후 그들은 탑을 세우고 부처님
의 진신사리(眞身舍利)를 탑 속에 안
치하고 신앙의 대상으로 예배·공
양하게 되었다.

석가가 입멸한 지 100년이 지나 마
우리아(Maurya) 왕조의 아쇼카 왕
(Ashoka; 阿育王/아육왕)은 8탑을 발
굴하여 불사리를 다시 8만 4,000으로
나누어 널리 전국에 사리탑을 세웠다.

▲ 불탑의 숭배. 8개국으로 나누어진 사리를 봉안하기 위해 각기 스투파가 건립되었다.

그러나 불교가 널리 전파되고 수많은 불탑이 세워짐에 따라 한정된 부처님의 진신사리만으로는 절대적으로 많은 신자들의 요구를 충족시키기 어렵게 되었다.

　　그리하여 석가의 머리카락, 손톱, 치아(佛齒), 석가모니의 옷이나 의자 등의 유물 또는 석가의 가르침을 기록한 경전 등을 부처님을 상징하는 본존(本尊)으로 봉안·예배하였다. 부처님의 가르침에 대한 신앙심에서 무불상 시대에 비롯된 이러한 종교의례는 불상이 출현한 후에도 계속되었다.

◀ 석존의 의자에
예배하는 사람들 ▶

◀ 삼보륜(triratna)에
예배하는 사람들

석존의 터번에 ▶
예배하는 사람들

　　불교의 4대 성지(聖地) 자체를 신앙의 대상으로 삼아 그곳에 불탑을 건립하기도 하였는데 이들 성지에 세운 불탑은 불사리를 봉안한 탑과 구별하여 지제(支提: Caitya/차이트야)라고 일컫는다.

불교 4대 성지(聖地)

○ 탄생지인 룸비니(Lumbini) 동산
○ 성도지(成道地; 깨달음을 얻은 곳)인 부다가야(Buddha Gaya)
○ 초전법륜지(初轉法輪地; 최초의 설법지)인 사르나트(Sarnath) 녹야원(鹿野苑)
○ 열반지(涅槃地)인 쿠시나가르(Kusinagar)

법화경과 신약성서

사리(舍利)는 산스크리트 sarira(유골이라는 뜻)의 한자 음역어이다. 사리는 참된 불도를 성취한 수행자들의 열반 후 행해지는 다비(茶毘; 火葬; jhapita/자피타)에서 얻어지는 구슬 모양의 유골이다.

사리의 색깔은 5가지(흰색, 검은색, 붉은 색, 파란색, 투명한 색)가 주류를 이루며 크기는 0.1mm 정도에서부터 1센티에 이른다.

사리의 종류로는 전신사리(全身舍利; 다비하기 전의 불타(佛陀)·고승(高僧)의 육신 전체를 하나의 사리로 보는 등신불), 쇄신사리(碎身舍利; 다비 후의 유골로, 흔히 사람들이 말하는 사리), 그리고 법신사리(法身舍利; 석가모니 부처님의 가르침을 기록한 경전)가 있다.

사리 갤러리
SARIRA GALLERY

1. 석가모니 부처님
Shakamuni Buddha

2. 석가모니 부처님

3. 석가모니 부처님

4. 석가모니 부처님

5. 사리불 존자
Shariputra

6. 아난다 존자
Ananda

7. 마하가섭 존자
Mahakasyapa

8. 목련 존자
Maudgalyayana

9. 라훌라 존자
Rahula

10. 교진여 존자
Anna-Kondanna

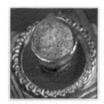
11. 500 나한
500 Arhat

12. 용수(제14대 조사)
Nagarjuna

비구교단에서 나와 보살단체에 들어간 사람들을 비구보살이라고 불렀는데 상불경보살常不輕菩薩도 그들 중의 하나였다.

비구교단은 *승가僧伽; sangha/상가; the community of bhikkhus (ordained monks) and bhikkhunis(ordained nuns)라 일컬었는데, 초기에는 비구 · 비구니 · 우바새優婆塞; upasaka/우파사카 · 우바이優婆夷; upasika/우파시카로 구성되었으나 후에는 출가수행자들만의 단체를 일컫게 되었다. 재가신자 보살은 여기서 제외되었다.

이 비구들 가운데는 수행이 안된 사람이 많이 있었으나 상불경보살은 그들마저도 받든 것이다. 보통 사람으로는 도저히 할 수 없는 일인 것이다.

유대교 신학자 *마틴 부버Martin Buber: 1878~1965는 그의 저서『나와 너Ich und Du; I and Thou』에서 인간관계에는 2가지 밖에 없다고 하였다.

하나는 '나와 너'의 관계이며 또 하나는 '나와 그것'의 관계이다. '나와 너'의 관계가 주체적 · 인격적 체험인 데 반해, '나와 그것'의 관계는 인격이 아닌 대상에 대한 단순한 체험에 지나지 않는다는 것이다. 그리고 처음에는 '나와 너'였던 것이 결국 '나와 그것'으로 전락하기 쉽다는 것이다.

그러나 절대로 '그것'이 되지 않는 것이 있으니 그것은 바로 부처이다. 이 짧은 인생에서 인간이 부처를 만나는 멋진 인연은 크나큰 기쁨이요, 행운이요, 크게 감사해야 할 일인 것이다.

상불경보살은 남을 존중하고도 오히려 미움과 모욕을 당했지만 인간이 본래 그 내부에 가지고 있는 불성을 의심하지 않고서 맞아 죽는 일이 있어도 믿는 인생관을 바꾸지 않았다.

그는 이렇게 말했다. "我/아 深敬汝等/심경여등 不敢輕慢/불감경만 所以者何/소이자하 汝等/여등 皆行菩薩道/개행보살도 當得作佛/당득작불; 나

는 깊이 그대들을 공경하여 감히 가볍게 하거나 업수이 여기지 아니하노라. 그 까닭은 그대들이 다 보살의 도를 행하여 마땅히 성불할 것이기 때문이니라."

상불경보살의 이와 같은 보살행은 일체 중생에 대한 대자비심에서 우러나오는 것으로 이 말법시대에 법화경을 전법하는 데 있어서 본받아야 할 이상인 것이다.

불교의 인간존중과 불성내재에 대한 숭고한 믿음을 상불경보살이 몸소 나타낸 것처럼 훗날 예수도 그가 인도와 티베트에서의 불교수행에서 습득한 이 믿음을 반복하여 나타내게 된다. 즉 예수는 십자가에 못박혀 숨져가면서 자기를 죽음으로 내몰고 있는 사람들을 가리켜 저들이 지금 자신이 무슨 짓을 하고 있는 지를 모르니 용서해달라고 한다. ≪예수와 붓다, 민희식 저, pp78~89≫

예수와 붓다

이에 예수께서 가라사대 아버지여 저희를 사하여 주옵소서 자기의 하는 것을 알지 못함이니이다 하시더라 [누가복음 23:34]

고독했던 성자 예수

대부분의 그의 제자들은 그를 이해하지 못하였다. 그의 가르침도 처형으로 미완으로 끝났다. 그의 가르친 또한 왜곡을 겪으며 후세에 다른 모습으로 전달되었다.

엘리 엘리 라마 사막 삼보디
Eli Eli Lama Samyak Sambodhi
(성자시여 위대한 바른 지혜로 드러내주소서!)

제구시 즈음에 예수께서 크게 소리질러 가라사대 엘리 엘리 라마 사박다니 (Eli Eli Lama Sabachthani) 하시니 이는 곧 나의 하나님, 나의 하나님, 어찌하여 나를 버리셨나이까 하는 뜻이니라 [마태복음 27:46절]

예수의 최후의 말씀은 사실 예수자신이 한 말이 아니라 원래 구약성서 「시편 22편」에 나오는 첫 귀절을 읊은 것이다.

그러나 예수가 실제로 외운 것은 "엘리 엘리 라마 사막 삼보디(Eli Eli Lama Samyak Sambodhi)"라는 티베트 라마불교의 진언(眞言)인 다라니(Dharani; 總持/총지; 呪文/주문)이었다. 즉 예수는 생사의 문턱에서 마지막으로 그가 일찍이 인도와 티베트에서 배웠던, 모든 장애를 벗어나 한량없는 복덕(福德)을 주는 권능이 있는 라마불교의 주문(다라니)을 암송하였던 것이다.

당시 예수의 제자들은 이 주문을 선혀 이해하지 못하였다. 그리하여 예수가 죽은 뒤 40~50년 후 예수의 말씀을 정리하여 신약성서를 쓰기 시작할 때, 이 말이 주문이었음을 전혀 알지 못했던 그들로서는 그들이 아는 말 중에서 원음과 비슷한 말을 택할 수밖에 없었으며, 후세에 그대로 전해져 고착되어버린 것이다.

이 세상은 멋지며 인간도 멋지고 이 세상에 태어난 것도 멋진 일이다. 이처럼 인생을 절대적으로 긍정하는 것, 바로 여기에 힘차고 아름다운 삶이 있는 것이다.

한 노인이 *로버트 슐러Robert H. Schuller 목사의 강연을 듣고 감동하여 '자기가 십 년 전에 이 강의를 들었더라면 인생이 헛되지 않았을 것'이라고 말하였다.

슐러 목사는 '지금 당장 그 강연내용을 실천에 옮기지 않으면 더 후회하게 되리라'고 답하였다.

장래를 위하여 지금부터 씨를 뿌리는 일이 중요하다. 그것은 싹트고 자라날 것이다. 지금 당장에 우주의 마음 속에 여러 가지 좋은 씨를 뿌리고 그것이 잘 자라나도록 신념의 힘을 길러라. 1년 후, 10년 후, 또는 더 먼 미래의 자신을 위한 인생설계를 꾸미라는 말이다. 지속적인 염에 의하여 그 뜻은 성취될 것이다.

▲ Crystal Cathedral, Garden Grove, Cal. 슐러 목사는 매주방송프로 「권능의 시간(The Hour of Power)」으로 전 세계에 알려져 있음.

마음이 지나치게 물질에만 집착하면 인생은 타락한다. 영적·정신적으로 확고한 신념을 믿고 나아가면 물질적 욕구도 이에 따라 성취된다.

인생이라는 바다를 항해하다보면 때로는 삶의 거친 파도를 만나기도 하고 남에게 모함을 당하기도 하고 피해를 입기도 하지만 신념이 강한 자는 일시적인 역류를 물리치고 크게 뜻을 이루게 될 것이다.

법화경은 성립사적으로 볼 때 「제바달다품 제12」를 제하고, 「법사품 제10」에서 「촉루품 제22」까지의 부분은 보살정신의 추진을 위한 대승불교의 사상적 핵심을 이룬다.

*피안彼岸; param/파람; 강 저쪽 언덕이라는 뜻이나 차안此岸; 현세도 이 세상과 별도로 존재하는 공간이 아니라 종교적 일상생활에의 귀환

에 뿌리박고 있다. 사바세계가 바로 *정토淨土인 것이다.

사실 오늘만큼 인간이 자기를 상실한 시대는 없다. 과학기술문명의 시대에 살면서 생활이 풍요로워진 점도 있지만 기계나 기술이 인간을 지배하고 인간의 마음·두뇌·정서까지도 기계로 대체됨으로써 생명이 물질화 되고 빈틈없이 짜여진 사회 속에서 인간은 자기를 잃고 있다.

모든 것이 기계화된 극한상황으로 인한 인간부재의 시대에 있어 인간 신뢰에 뿌리박은 사랑의 실천은 오늘날의 매우 중요한 것을 암시해주고 있는 것이다.

상불경보살이 보살행을 통하여 인간완성에의 길을 믿고 실천해나가는 그 배후에는 영원한 부처의 생명이 약동하는 감동이 있다. 비단 사람만이 아니라 천지, 자연의 모든 것, 산천초목 등 존재하는 모든 것을 존중하고 숭배하는것이다.

자기가 부처가 되면 이 모든 것도 다 부처가 된다. 그것은 별개의 일이 아니다. 어느 수행승이 고승에게 '산천초목에 불성이 있는지'를 묻자 고승은 '너는 자신의 성불이 이루어졌느냐?'고 되물었다.

그때 수학승이 깨달은 것이다. 산천초목이 수행하여 부처가 되는 것이 아니라 인간이 부처가 될 때 그것도 부처가 되는 것이다.

좋은 음식을 먹고, 즐겁고, 건강해지면 본인도 음식도 구원받지만 음식을 먹으며 싸우고 그 때문에 소화가 안 된다면 자기도 음식도 구원받지 못하는 것이다.

상불경보살의 진리실천은 인간숭배에서 산천초목의 예배에까지 이르는 점으로 볼 때 그 내용이 주는 현대적 의미는 매우 중요하다.

차안(此岸)
생사의 고통이 있는 이 세상. 현세.

정토(淨土)
대승불교(大乘佛敎)에서 부처와 또 장차 부처가 될 보살이 거주한다는 청정한 국토. 예토(穢土; 중생이 사는 번뇌로 가득 찬 고해(苦海)인 현실세계)에 대한 상대어이다.

21장 여래신력품(如來神力品)
The Mystic Powers of the Tathagata

요약 : 석존이 법화경의 유통을 지용보살들에게 위촉하기 위해 10가지 신통력을
보인다. 또한 법화경의 크나큰 공덕을 밝힌다. 여래의 모든 법, 신통력, 비
밀법장, 깊은 일들을 법화경에 밝힘.

그때 땅 속에서 나온 수많은 보살들지용보살地涌菩薩이 부처님 앞에
합장하며 말하였다.

"우리는 부처님이 열반하신 후 부처님의 분신이 계신 모든 국토에서 이
경을 퍼뜨렸습니다. 우리가 진실의 법을 전수 받았기에 그 가르침에 보답하
기 위해서이옵니다."

이 말을 듣자 부처님은 문수사리를 비롯하여 원래 사바세계에 살
던 보살들, 수많은 비구, 비구니, 우바새, 우바이, 천계天界의 주인住
人, 귀신, 인간 그 밖의 생명 있는 모든 것 앞에서 10가지의 멋진 신통
력을 보여주셨다.

석가여래와 *다보여래多寶如來; Prabhutaratna Tathagata/프라부
타라트나 타타가타; the Buddha of Abundant Treasures는 다보탑의 부
처님 좌석에서 미소지으며 혀를 내밀었다.

그 혀는 범천세계에 이르고 거기서 수많은 빛이 솟으며 그 빛 하
나하나에 수많은 보살들이 나타났다. 그것은 그때까지 설한 수많은

다보여래
다보불. 동방 보정세
계(寶正世界)의 교
주(敎主).
그는 법화경(法華
經)을 설하는 자가
있으면 그곳에 보탑
(寶塔)이 솟아 오르
게 하여 그 설법을
증명해 보였다.
『법화경(法華經)』의
증명자(證明者) 또
는 다보불(多寶佛)
이라고도 한다.

법화경과 신약성서

가르침은 끝없이 다양하지만 그것은 하나의 진리에 입각한 광명의 가르침임을 상징하는 것이었다/출광장설出廣長舌.

광장설(廣長舌)과 장광설(長廣舌)

문자그대로의 뜻은 모두 길고 넓은 혀라는 뜻이다. 처음 불교에서 유래한 말로 그 본래의 뜻은 진실되고 훌륭한 가르침의 말씀이란 뜻이다.

그러나 오늘날 대중사회에서는 장광설의 뜻이 와전되어 끝없이 길고 지루하게 늘어놓는 말을 가리킨다.

그리고 모든 모공毛孔에서 수많은 색의 빛이 나와서 *시방세계十方世界를 비

▲ 광장설(廣長舌)을 내미는 여러 부처들

추었다/모공방광毛孔放光. 그 모든 가르침이 하나임을 나타내기 위해 기침을 하시고/일시경해一時謦欬. 그것이 자타일체自他一體의 가르침임을 알리기 위해 손가락을 쳤다/구공탄지俱共彈指. 그래서 우주의 모든 것은 이 선서를 듣고 감동하였다/육종진동六種震動.

다른 세계의 중생들도 이 사바세계의 *허공회虛空會의 모습을 보고 환희에 잠겼다/보견대회普見大會. 그리고 그때 허공에서 소리가 울려 퍼졌다/공중창성空中唱聲. 이 하늘의 소리에 모든 중생이 합장하여 사바세계를 향해 부처님에게 귀의할 마음을 표명하였다/함개귀묘咸皆歸妙. 그리고 귀의의 마음을 실천에 옮겼다/요산제물遙散諸物.

그러자 10방 세계는 불국토가 된 것이다/통일불토統一佛土. 10방 세계의 구별이 없어져 모든 사람이 자타일체의 경지에 이르니 이 우주 전체는 불국토가 된 것이다.

시방세계(十方世界)
불교에서 전 세계를 가리키는 공간구분의 개념. 사방(四方; 동·서·남·북), 사유(四維; 북서·남서·남동·북동) 그리고 상·하의 열 방향을 가리킴.

허공회(虛空會)
부처님은 「견보탑품 제11」에서부터 「촉루품 제22」까지는 공중에서 설하시는데, 이를 허공회(虛空會)라고 함. 이 허공(虛空)은 시공을 초월한 영원하고 무한한 깨달음의 세계를 가리킨다.

①출광장설(出廣長舌)	세존이 혀를 길게 내밀자 다른 부처님들도 혀를 길게 내밀었다. 즉 모든 부처님의 설법은 같다. (二門信一/이문신일)
②모공방광(毛孔放光)	일체의 털구멍에서 빛(진리)을 발했다. 법화경의 진리는 하나이다. (二門理一/이문이일)
③일시경해(一時警咳)	일시에 기침을 하심. 즉 모든 가르침은 하나이다. (二門敎一/이문교일)
④구공탄지(俱共彈指)	손가락 퉁겨서 소리를 내는 것으로, 인도의 풍속에서는 약속을 승낙하는 행동이다. 즉 법화경은 자타가 일체임을 가르친다. (二門人一/이문인일)
⑤6종진동(六種震動)	땅이 6가지로 진동한다. 즉 모든 중생이 감동하여서 그 행동이 하나가 되었다. 그 행동은 보살행으로 여기에 본문과 적문의 구별이 없다. (二門行一/이문행일)
⑥보건대회(普見大會)	10계 모든 중생들이 영산회상을 본다. 사람은 각기 근기가 다르지만 시절과 인연이 도래하면 모두 정법에 귀의하게 된다. (未來機一/미래기일)
⑦공중창성(空中唱聲)	사바세계에서 세존이 법화경을 설하고 계시니 가서 들으라는 소리가 들린. 이것은 미래에는 가르침은 하나로 돌아간다는 뜻이다. (未來敎一/미래교일)
⑧함개귀명(咸皆歸命)	미래에 모든 중생은 부처님께 귀의하게 되고 법화경신자가 될 것이다. (未來人一/미래인일)
⑨요산제물(遙散諸物)	멀리 있는 물건을 움직임. 미래에는 모든 사람의 행동이 하나가 됨. (未來行一/미래행일)
⑩통일불토(統一佛土)	시방세계가 하나의 불토(佛土)가 된다. 즉 진리는 하나가 된다. (未來理一/미래이일)

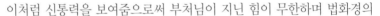

이처럼 신통력을 보여줌으로써 부처님이 지닌 힘이 무한하며 법화경의 공덕 또한 무한함을 보여준 것이다.

법화경은 부처님이 깨달은 일체의 법, 부처님이 지니고 있는 자유로운 일체의 움직임, 그리고 그 가슴속에 간직한 일체의 가르침과 경험이 이 가르침 속에 있음을 밝힌 것이다.

따라서 이 가르침이 바르게 전해지는 곳은 거기가 숲 속이든, 집안이든, 산이든, 계곡이든 그곳에 탑을 세워야 한다.

◀ 불국사 석가탑과 다보탑

유골이 들어 있는 탑이 아닌 경전을 보존하는 곳을 말하는 것이다. 왜냐하면 그곳은 부처님이 깨달음을 얻은 장소와 같기 때문이다.

부처님이 거듭 설하기를 이 세상을 구하는 여러 부처들은 위대한 신통력을 지니고 있으며 그 무량의 신통력은 중생에게 참된 기쁨을 주기 위해 발휘되는 것이다.

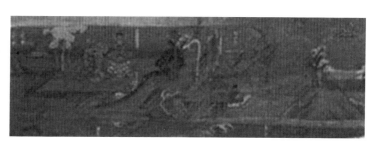

즉시도량(卽是道場) ▶
법화경이 있는 곳이
해탈의 도량임을
나타내는 그림

「견보탑품(見寶塔品) 제11」이래 부처님의 설법장소는 *영취산靈鷲 山: 기사굴산: Griddhakuta Hill; Mt. Sacred Vultures에서 허공으로 옮겨졌다. 그곳에서 부처님이 말씀하셨다.

영취산(靈鷲山)

「신령스런 독수리머리 산」이란 뜻으로, 부처님이 설법하신 산의 모양이 독수리 머리를 닮은 데서 유래.

"이 사바세계에서 법화경을 퍼뜨리기 위한 서원(誓願)을 할 사람은 없는가? 지금이 바로 그것을 밝힐 때이니라."

부처님은 이윽고 열반에 드시니 이 법화경으로 모든 중생을 구해야 한다. 그러나 그러한 사정에도 불구하고 부처님은 보살들의 요청을 받아들이지 않은 것이다.

그동안 「종지용출품 제15」에서 부처님의 제자들이 대지에서 솟아나자 법화경을 듣고 있던 중생이 이 광경에 매우 놀랐다.

그 후 「분별공덕품 제17」 이래 부처님이 열반하신 후에는 믿음이 가장 소중하다는 것을 설하고 마침내 「여래신력품 제21」 에 이르러 견보탑품 이래의 현안이 천명된 것이다.

영취산 부분

경전은 가르침을 설하는 부처님과 그 가르침을 받는 제자들의 세계에 머무는 것이 아니라 미래에 사는 모든 인간의 영원한 등불이 되어야 한다. 부처님이 10가지 신통력을 써서 불국토를 보여줌으로써 법화경의 진수는

부처님의 무한한 힘(妙)이 모여,

그의 모든 가르침을 법(法: Dharma)으로 집약하고,

그 숨겨진 뜻이 집약되고(蓮),

그의 모든 지혜가 집약되고(華),

그의 모든 가르침이 법화경(經) 안에 있음을 선언한 것이다.

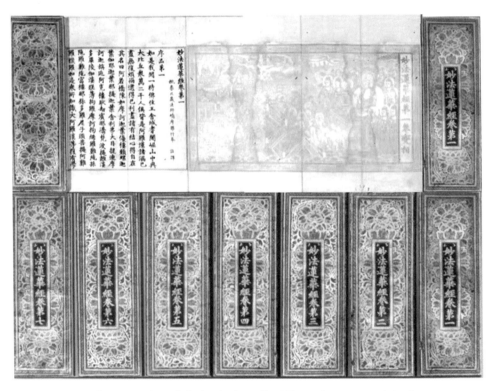

▲ 『묘법연화경(妙法蓮華經)』 (國寶 211號, 高麗 1377年, 31.8cm×10.9cm)

법화경과 신약성서

부처님이 기적을 보여주는 사이에 수 천년의 세월이 흘러간 것은 주목할 만하다. 법화경의 구성으로 볼 때 부처님이 이 경을 설할 때는 입멸을 예상하였으므로 수많은 세월이 흐른 것은 의심할만하다.

그러나 시간과 공간이 신축자재인 것이 대승경전의 특색의 하나이다. 『화엄경華嚴經: Avatamska Sutra/아바탐스카 수트라: Flower Garland Sutra: Flower Adornment Scripture』과 『유마경維摩經: Vimalakirti Nirdesa Sutra/비말라키르티 니르데사 수트라: The Holy Teaching Of Vimalakirti』에서도 시공간의 신축성을 기술한 곳을 볼 수 있다.

▲ 감지금니대방광불화엄경

유마거사(維摩居士)

시공간은 일정한 밀도를 갖기보다는 내면적인 경험의 척도에 따라 변화한다는 것을 보여주고 있는 것이다.

사실 이 현실세계는 더럽고 이상적인 정토는 다른 세계에 있다는 사상에 대하여 여기서는 바로 이 세상이 불국토이고 진리의 현실적 실천을 위한 보살이 사는 곳임을 나타내는 사바 즉 적광토娑婆卽寂光土라는 사상이 구체적으로 나타나 있는 것이다. 이 세상을 고뇌가 넘치는 세계로만 보고 이상향을 다른 세상에서 찾으려하는 것은 큰 잘못이다.

♣ 화엄경(華嚴經; the Avatamska Sutra/아바탐스카 수트라)

석가모니 부처님이 깨달은 내용을 그대로 설법한 경
전으로, 법계평등(法界平等)의 진리를 깨달은 부처의
모든 덕을 칭송하고 있다. 화엄경이란 부처가 광대무변
하게 모든 중생과 사물을 포함하고 있어 마치 향기 진
한 꽃으로 장식한 것과 같다는 뜻으로 정식 이름은『대
방광불화엄경(大方廣佛華嚴經)』이다.

화엄경은 1~2세기에 형성되었으며 34품(品)으로 구
성되어 있다. 불교 화엄종(華嚴宗)의 근본 경전으로 비
로자나불(毘盧遮那佛)을 교주로 한다.

불타발타라(佛陀跋陀羅; Buddhabhadra), 실차난타
(實又難陀; Siksananda), 반야(般若; Prajna)역의 한역
본과 티베트어역이 있다.

♣ 유마경(維摩經; Vimalakirti Nirdesa Sutra)

반야경에서 말하는 공(空)의 사상에 기초한 윤회와 열반, 번뇌와 보리, 예토(穢土)와 정
토(淨土) 따위의 구별을 떠나, 일상생활 속에서 해탈의 경지를 체득하여야 함을 유마힐
(Vimalakirti)이라는 주인공을 내세워 설화식으로 설한 경전. 3회 14품으로 구성되어 있는
이 경의 정확한 명칭은『유마힐소설경(維摩詰所說經)』이며 간단히『유마힐경』,『유마경』이라
한다.

주인공인 유마힐은 부처님의 속가의 제자로서 리차비족의 수도인 베살리(Vaishali)에 살고
있던 부호였다. 유마거사가 병으로 앓아 눕자 부처는 지혜제일인 사리불을 비롯하여 가섭, 수
보리 등에게 병문안을 가게 권하나 그들 모두 유마거사의 높은 법력이 두려워 문병 가기를 꺼
려한다. 결국 문수보살이 가게 되는데 문수보살은 유마거사와의 대화를 통해 대승의 깊은 교
리인 불이(不二)법문을 유마거사의 침묵을 통해 깨우치게 된다는 내용이다.

또한 유마가 사실은 아프지 않으나 중생들이 병을 앓기에 보살도 병을 앓는다고 설명하여
중생들과 동심일체가 된 보살의 경지를 나타내었으며, 유마거사 가족들의 소재를 묻자 지혜가
아버지이고 방편이 어머니라고 하여 유마거사가 이미 대승보살의 최상의 경지에 도달하였음
을 나타냄과 동시에 경전성립 당시의 재가불자들의 수준을 짐작하게 한다.

현존하는 경으로는 지겸(支謙) 역의『유마힐경』, 구마라습 역의『유마힐소설경』, 현장(玄奘)
역의『설무구칭경(說無垢稱經)』의 3가지가 있다.

종교의 세계는 절대적 현재의 세계이다. 그러므로 종교생활의 본질은 일상세계 속에서 절대현재를 사는데 있는 것이다. 절대현재의 정토淨土는 있는 그대로의 현실세계인 것이다. *피안彼岸이 차안此岸이며, 그렇기 때문에 이 가르침이 우리에게 힘을 주는 것이다.

우리는 공부를 계속해야 하듯이 매일 수행을 통해 좋은 상념을 축적해야 한다. 이때 비로소 전지전능하신 부처님이 모든 어려움에 대한 완전한 해결법을 우리에게 준다. 우리가 모든 생명의 근원인 부처님과의 일체감을 자각하고 큰 생명의 흐름 속에 자기의 마음을 열 때, 우리는 더 높고 아름다운 영과의 조화로운 관계가 맺어지는 것이다.

법화경을 수지受持하는 자는 수행을 통해 부처의 *가피력加被力으로 자기가 보호받고 있음을 자각하고 안심의 경지에 들 수 있다. 자신이 부처님의 무한한 힘과 연결되어 있음을 인식할 때 현실은 얼마든지 변하고 모든 것은 뜻대로 실현된다.

법화경에는 '여래 일체 소유의 법'의 가르침이 있다. 여래가 중생을 구제하고자 할 때 누구나 다 구제할 수 있는 것이다. 이것이 '여래의 일체의 자제력'인 것이다.

따라서 법화경의 진리를 깨닫고 실행할 때 그 사람의 노력, 수행의 정도 또는 상황에 따라 걸리는 시간에는 차이가 있겠지만 결국 모든 문제가 해결되는 것이다. 아직 실현되지 않은 일도 그것이 실현되었을 때 느낄 수 있는 깊은 감동을 마음속에 지니고 있는 것이 중요하다.

현실은 우리 모두에게 동일하게 주어지지만 우리는 그 속에서 각기 다른 *가능성을 찾아낸다. 가능성을 찾아내는 사람은 뜻을 이루지만 아무런 가능성도 찾아내지 못하는 사람은 뜻을 이루지 못한다. 부처님이 가르치는 수행의 세계에서 깨달음의 진수는 바로 여기에 있는 것이다.

피안(彼岸)
산스크리트 param(강 저쪽 언덕이라는 뜻)의 음사로, 깨닫고 도달할 수 있는 이상적 경지. 차안(此岸)의 상대어. 해탈에 이르는 것을 到彼岸(paramita; 波羅密多)라 한다.

차안(此岸)
태어나고 죽고 하는 고통이 있는 이 세상. 현세.

가피력
부처나 보살이 자비의 마음으로 중생을 이롭게 하려고 주는 힘.

가능성에 관한 일화
미국의 한 유명한 구두회사가 새로운 시장을 찾기 위해 두 판매원을 아프리카의 오지에 보냈다. 한 판매원은 '구두판매의 가능성 전혀 없음. 이곳에서는 원주민 모두가 맨발로 다님.'하고 전보를 쳤다. 그러나 다른 한 사람은 '이곳의 모든 원주민이 맨발로 다니므로 일단 신발만 신게되면 무한대의 판매시장이 될 가능성이 있음'하고 전보를 보냈다.

22장 촉루품(囑累品)

Entrustment

요약 : 석존이 보살들에게 법화경을 널리 펼 것을 당부하며 견보탑품에서 시작된 허공회(虛空會)에서의 법화경 강좌를 끝맺음. 법화경의 중요한 사상은 여기서 완결되고, 이 후로는 현실적 응용이 전개된다.

촉루囑累: entrustment란 부처님의 가장 중요한 가르침의 내용을 유산으로 제자들에게 전하는 것을 말한다. 촉囑은 촉탁을 뜻하며 누累란 번뇌를 뜻하므로 이것은 법화경을 포교하고자 할 때 수많은 번뇌가 따르겠지만 그것을 각오하고 포교에 매진하라고 부탁하는 것이다.

포교전도라는 적극적인 실천활동은 중생구제를 위한 사명감을 가지고 임하는 것이다. *보살菩薩: bodhisattva은 이러한 사명감을 가지고 사는데 그것이 바로 보살도이다.

법화경의 순서에 따르면 「촉루품 제22」로 법화경은 일단 완결되고 그 이후는 부록적인 의미를 갖거나 일단 끝난 법화경에 새롭게 부가된 부분으로 볼 수도 있다.

다보불多寶佛: Prabhutaratna Buddha과 그 밖의 분신들이 각기 자기들의 본토로 돌아가는 점으로 보아 완결된 것으로 느껴진다.

그러나 그 후의 「약왕보살본사품 제23」·「묘음보살품 제24」·「관세음보살보문품 제25」 등에서도 다보불이 등장하는 점에서는 끝난 것으로 볼 수 없다.

▲ 즉시도량(卽是道場; 법화경이 있는 곳이 해탈의 도량임) 「法華經蔓茶羅」촉루품
석존이 보탑을 나와 선교자의 머리를 쓰다듬는다(가운데)·그 주위에 법화경 수지자의
공덕이 그려짐·분신불이 본래 보좌에 앉은 모습(오른쪽 위)을 나타내며 여기에 다보탑
의 문이 닫힌다.

나대羅代에 간행된 『묘법연화경妙法蓮華經: Saddharma Pundarika
Sutra/삿다르마 푼다리카 수트라: The Lotus Sutra or The Sutra on the White
Lotus of the Sublime Dharma』에는 촉루품 다음에 6장이 더 있다.

여기에 대해서는 많은 논쟁이 있었으나 잘 생각해보면 포교를 위
한 사명 부여와 진리의 구현에 힘쓰는 것이 부처님의 지상명령으로,
이 명을 받아 사회적 실천에 분발하는 것이 보살의 참된 정신이며, 대
승불교의 특색이다. 따라서 촉루라는 사명부여가 있고 이에 따른 보
살도의 상이 설해지는 것도 정상적인 것으로 볼 수 있다.

「여래신력품如來神力品 제21」에서는 *지용地涌의 보살에 대한 특별
한 부탁이 주제인데 비해 촉루품에서는 말세의 포교를 보살들에게 부
탁하고 있다.

부처님은 설법의 자리에서 일어나 신통력을 발휘하고 나서 오른손
으로 그 곳에 온 수많은 보살들의 머리를 어루만지며 말씀하셨다.

지용보살(地涌菩薩)
종지용출품(從地涌
出品)에 의하면, 갑
자기 대지로부터 무
수한 보살들이 솟아
나왔는데, 이를 의아
해하는 사람을 대표
해서 미륵보살이 묻
자 부처님께서는 자
기가 교화한 보살들
이라 하셨다.

"나는 매우 오랫동안 극심한 고뇌를 겪어 얻기 어려운 깨달음을 얻었노라. 이 소중한 깨달음을 후세에 전해야 할 큰일을 그대들에게 맡기고 싶다. 이 법을 널리 펴뜨려 중생의 이익을 증진시켜 주길 바라노라."

부처님은 세 번이나 보살들의 머리를 쓰다듬고 세 번이나 거듭 같은 의미의 말씀을 하셨다.

이것은 신·구·의身口意의 *삼업三業을 *염수斂手하는 것이 불도임을 상기시켜주고 있다. 몸과 머리를 숙이는 일이 신업身業, 부드러운 소리가 구업口業, 그리고 공경하는 일이 의업意業이다.

모든 것을 맡기는 이유는 부처님은 자비로울 뿐만 아니라 중생에게 참된 부처님의 지혜, 자비로운 여래의 지혜, 신앙의 자연의 지혜를 주기 위해서이다.

지혜란 진리에 대한 인식으로, '부처님의 지혜'란 깨달음의 지혜이며, '여래의 지혜'란 부처님의 진리와 하나가 되어 진리를 구현하는데 있어서 절대의 진리를 아는 지혜이며 '자연의 지혜'란 본래 가지고 있는 지혜를 말한다.

우리는 모든 중생에 대한 최대의 보시자이다. 부처님의 뜻에 따라 부처님이 해온 일을 익히고 미래에 부처님의 자비와 지혜를 믿는 자가 있으면 그들을 위해 법화경을 설해 달라고 부처님은 부탁한다.

법화경의 가르침을 이해하지 못하는 사람에게는, 부처님이 설한

▲ 「지용보살의 출현」 무수한 보살들이 대지를 뚫고 솟아 나오고 있다.

삼업(三業)
신업(身業)·구업(口業)·의업(意業)을 가리키는 말로, 중생이 몸과 입과 뜻으로 짓는 선악의 소행.

염수(斂手)
어떤 일에 손을 대지 아니함. 또는 하던 일에서 손을 뗌.

가르침 가운데 그 사람의 *근기根器: indrya/인드리야에 맞는 것을 골라 설하면서 차차 이 가르침에 이르도록 부처님은 권하고 있다.

이 부처님의 말씀을 들은 수많은 보살들은 크나큰 기쁨과 존경심으로 넘쳐 합장하고 머리를 숙인 채 이렇게 말하였다.

"부처님의 말씀대로 모든 것을 틀림없이 실천하겠사오니 아무 걱정 마시옵소서."

부처님은 그 때 사방에서 모인 분신인 여러 부처님들에게 본국으로 돌아가시라고 다음과 같이 말씀하셨다.

"모두 본래의 자기 나라로 돌아가십시요. 다보불께서는 *탑으로 돌아가십시요."

이 말을 듣고 사방에서 이 사바세계娑婆/Saha 世界에 와서 영취산 아래 앉아 있던 수많은 분신의 여러 부처들, 다보여래, 상행보살上行 菩薩을 비롯한 수많은 보살들, 사리불을 비롯한 출가의 수행자, 그리고 천인天人·인간·귀신들은 부처님의 설법을 이해하고 끝없는 기쁨에 잠겼다.

법화경에 나타난 부처님의 지혜를 유도하는 방법으로는 시교이희 示敎利喜가 있는데, 시示는 나타내는 것, 교敎는 가르치고 고무하는 것, 이利는 완성시키는 일, 그리고 희喜는 기쁨을 주는 일이다.

법화경에 나타난 인간 유형은 4가지로, 그것은 *성문聲門: sravaka/슈라바카·연각緣覺: pratyeka-buddha/프라티에카 부다·적 문迹門의 보살·본문本門의 보살이다. 성문·연각은 고귀한 가문의 출신이나 혜택 받는 생활을 버리고 부처를 따른 사람들이다.

근기(根器)
중생이 교법을 받아들일 수 있는 종교적인 자질이나 능력. Sanskrit로는 인드리야(indriya).

탑
다보불이 원래 있던 다보탑을 가리킴.

성문(聲門)
석가의 말씀을 듣거나 가르침을 충실히 실천하나 자기만의 수양에 힘쓰며 아라한이 되는 것을 목적으로 하는 소승.

연각(緣覺)

불타의 가르침이나 스승 없이 스스로 깨달음을 얻은 성자.

적문의 보살
법화경의 전반 14품까지 아직 본지(불, 보살의 본래의 경지)를 나타내지 않고, 중생 교화를 위해 나타낸 임시의 모습의 보살.

본문의 보살
후반 14품에서 본지(불, 보살의 본래의 경지)를 나타낸 보살.

깨달음에는 자기의 깨달음과 남을 선도하는 면이 겸비되어야 한다. 그러므로 부처님을 따르면서도 그 참뜻을 자기 것으로 만들지 못한 성문과 자기 혼자의 깨달음 속에 안주하고 있는 연각은 비판의 대상이 된다.

한편 자행타화自行他化의 양쪽을 겸한 사람, 즉 남과 더불어 불도를 성취하기를 바라는 보살이라야 성불할 수 있는 것이다. 이러한 보살도의 가르침이야말로 법화경의 정신으로 그것은 적문의 보살단계를 넘어 본문의 보살단계에 이르러야 한다.

사실「견보탑품 제11」에서 법화경이 설해질 때는 다보탑이 솟아 허공에 멈추고 다보여래가 설법의 장소에 반드시 나타나 법화경이 진실한 경전임을 증명하였다.

그 때부터 법화경의 설법의 장소가 허공으로 옮겨져 *시방十方에서 부처님의 분신불이 법화경이 설해지는 것을 알고 모여든 것이다.

시방분신제불
시방에서 모여든 모든 부처님의 분신불.

그것은 다보여래의 증명과 *시방분신제불十方分身諸佛의 찬탄으로 표명된다. 이어서「종지용출품 제15」,「여래수량품 제16」을 통해 부처님의 가르침이 확인되어「여래신력품 제21」,「촉루품 제22」에 이르러 말법의 포교가 이루어지는 것이다.

▲ 시방(十方)
사방(四方; 동·서·남·북),
사유(四維; 북서·남서·남동·북동)
그리고 상·하의 모두 열 방향.

종교는 인간의 어떠한 정신기능을 바탕으로 하여 성립하는가에 대해서는 여러 가지 이론이 가능하다. 신앙은 감정이나 정서만으로 이루어지는 것은 아니다. 특히 불교에서는 *공空; sunyata/수니야타이나 무無·*진여眞如; tathata 등의 철학적 사유가 바탕을 이루는 면도 있다.

법화경과 신약성서

그러나 수많은 서구인이 생각하듯이 불교는 철학이나 윤리가 아니라 무無나 공空이 자비慈悲로 파악되어 빛으로 경험되는 것이다. 여기에 불교가 생명의 종교로서 인류의 영원한 구제를 성취하고자 하는 적극적 의의가 있는 것이다. 따라서 불교의 본질은 공空이나 무無의 개념에 대한 철학적 이해에 있는 것이 아니라 자비의 체험의 깊이에 있는 것이다.

우리의 마음 속에 자기를 포함한 크나큰 자비와 지혜가 우리의 혈관 속에 흐르는 경험을 하지 않고서는 종교적 신앙으로서의 생명을 유지할 수가 없는 것이다.

▲ 「허공회」 허공으로 솟아오른 다보탑에 다보여래와 석가여래가 이불병좌(二佛竝坐) 하신 모습. 그 주위로 시방에서 부처님의 분신불들이 모여들고 있는 모습을 나타내고 있다.

23장 약왕보살본사품(藥王菩薩本事品)
The Former Deeds of Bodhisattva Medicine King

요약 : 법화경사상의 실천으로 약왕보살이 미래의 중생의 몸과 마음의 병을 고치기를 발원한다. 석존은 법화경수지의 공덕이 약왕보살의 색신공양의 공덕보다 더 큼을 열 가지 비유를 들어 말씀하신다.

본생담(Jataka)
석가모니 부처님께서 과거세에 보살도를 행하고 계실 때의 이야기, 경전 또는 성화. 본생경이라고도 함.

약왕보살(藥王菩薩)
약을 베풀어 중생들의 심신의 병을 구완하고 치료하는 보살. 머리에는 보관을 쓰고 머리카락 보발과 수발(垂髮)을 갖추었으며, 천의를 걸치고 구슬목걸이·팔찌로 장식하여 눈부신 형상이다.

이 장章에서부터 마지막 「보현보살권발품 제28」 까지의 6장은 법화신앙의 공덕을 여러 가지 형태로 설한 것이다.

*본생담本生譚: Jataka/자타카은 부처님의 전생이야기이다. 한편 본사本事란 보살에 대한 전생이야기를 말한다.

여기에 나오는 약왕보살藥王菩薩: Bhaishajya-raja/바야샤즈야-라자: Bodhisattva Medicine King이나 희견보살喜見菩薩은 역사적 실재 인물이 아니라 상징적인 인물이다.

종교의 세계는 절대의 세계이므로 세속적 언어로는 표현할 수 없다. 따라서 상징으로 그 진리를 설하고자 한 것이다.

여기서는 불교의 본질적인 깨달음의 세계, 수행 실천의 내용, 그리고 일승묘법의 진리의 내용을 구체적인 인간으로 상징한 것이다.

법화경과 신약성서

이 장의 특색은 약왕보살이 고행의 서원을 세우고 살아온 모습을 그려낸 것이다.

당시 숙왕화보살宿王華菩薩이 부처님께 말씀드렸다.

"저는 약왕보살이 수많은 *난행(難行; asceticism)과 고행을 거듭해온 것에 대하여 들은 바 있는데 그 참뜻을 가르쳐 주시옵소서."

그래서 부처님은 숙왕화보살에게 다음과 같이 말씀하셨다.

▲ 약왕보살(藥王菩薩)

"아득한 옛날에 일월정명덕여래(日月淨明德如來)라는 부처가 세상에 나타나셨는데 그 수많은 제자 가운데 일체중생희견보살(一切衆生喜見菩薩)이 있었느니라.

제자들은 이 부처 밑에서 법화경을 배우고 상대에 따라 거기에 맞는 법을 전하고/색신(色身) 그 자유로움을 누릴 수 있는 정신통일의 힘인 *삼매(三昧; samadhi)를 얻은 바 있다/현일체색신삼매(現一切色身三昧).

이 보살은 그 경지에서 하늘의 꽃·향수·비를 내리게 하여 부처님을 공양하였다.

하지만 그러한 공양보다는 몸으로 공양하는것이 더 바람직하다고 생각하고 오랫동안 수많은 종류의 향유를 마시고 몸에 향을 바르고 일월정명덕여래 앞에서 자기 몸을 태워 그 빛으로 세계를 비추었다.

난행(難行)
실행하기 매우 어렵고 힘든 수행.

삼매(samadhi)
불교수행의 한 방법으로 마음을 하나의 대상에 집중하는 정신력. 정신통일.

▲ 몸을 정화하여 일월정명덕여래에게 예배하는 희견보살

435

수많은 부처들은 '이것이야말로 참된 정진이다. 참된 법으로 여래를 공양하는 일이다'하고 찬양하였다.

이처럼 일체중생희견보살은 1,200년 간 몸을 태운 후 정덕왕의 가문에 태어났다. 그는 부왕에게 '저는 *현일체색신삼매(現一切色身三昧)로 일월정명덕 여래를 공양하겠습니다'하고 맹세하였다.

그때 일월정명덕여래가 '나는 오늘밤에 *입멸(入滅) 할 것이니 불법과 나의 유품 전부와 유골을 너에게 맡기겠으니 탑을 세워 공양하라'고 말하였다.

희견보살이 슬퍼하며 그 유해를 태워 뼈를 모아 8,400의 탑을 세우고 그 앞에서 자기 팔꿈치를 태워 부처를 공양하였다. 사람들은 그것을 애처롭게 여겼으나 팔꿈치는 다시 소생하였다.

그때 전 우주가 진동하고 하늘에서 꽃비가 내려 모두 그 아름다운 기적에 감동하였다."

현일체색신삼매
중생을 구제하기 위해 정신을 통일하여 상황에 따라 알맞은 가르침을 주기 위해 온갖 중생의 모습으로 몸을 나타낼 수 있는 samadhi(삼매; 禪定).
보현색신삼매(普現色身三昧)라고도 함. 「색신」은 모습을 뜻함.

입멸(入滅)
수행자가 죽음. 입적(入寂).

탑의 공양

▲ 일월정명덕여래의 입멸

▲ 여래의 다비(茶毘; jhapita/자피타: 火葬) 장면

부처님은 이 말이 끝나자 숙왕화보살에게 다음과 같이 말씀하셨다.

"이 일체중생희견보살이 바로 약왕보살이니라. 깨달음을 얻으려면 약왕보살이 옛날에 한 것처럼 손가락이나 발가락 하나라도 태워 불탑에 공양하라. 그것은 세계의 국토 또는 보물을 공양하는 것보다 가치가 있느니라. 그리고 법화경을 수지하라."

부처님은 비유를 들어 법화경이 다른 경전보다 얼마나 빼어나고 거룩한 것인지, 또한 법화경 수지受持의 공덕이 얼마나 큰 것인지를 '10가지 찬탄과 12가지 *발고여락拔苦與樂'의 비유를 들어 설하셨다.

▲ 일월정명여래 앞에서 소신공양하려는 희견보살

"숙왕화여, 모든 흐르는 물 가운데 바다가 으뜸인 것처럼, 모든 산 가운데 *수미산(須彌山; Sumeru/수메루)이 제일인 것처럼, 별 가운데 달이 제일인 것처럼, 태양이 암흑을 제거하는 데 으뜸인 것처럼, 모든 왕 가운데 *전륜성왕(轉輪聖王; cakravarti-raja/챠크라바르티-라자)이 으뜸인 것처럼, 제석천이 33천의 왕인 것처럼, 대범천왕이 모든 중생의 아버지인 것처럼, 모든 범부에 대하여 아라한·연각이 성인 중 성인인 것처럼, 성문·연각에 대하여 보살이 으뜸인 것처럼, 부처님이 모든 법(法; Dharma)의 왕인 것처럼, 법화경은 부처님이 설한 많은 경 가운데 으뜸이니라. 법화경은 일체중생을 구제하고 그 괴로움에서 해방시켜 주는 경(經; sutra/수트라)이니라./10찬탄(讚嘆).

목마른 자에게 있어서 시원한 물처럼, 추위에 떠는 자가 불을 얻는 것처럼, 헐벗은 자가 옷을 손에 넣는 것처럼, 상인이 자본주를 만나는 것처럼, 자식이 어머니를 얻는 것처럼, 강에서 배를 얻는 것처럼, 병자가 의사를 만나는 것처럼, 암흑 속에서 등불을 발견하듯, 가난 속에서 보물을 얻듯, 백성이 훌륭한 왕을 얻듯, 무역상이 바다를 얻듯, 등잔불이 어둠을 제거하듯 법화경은 중생의 괴로움을 없애주고 즐거움을 주느니라./12 발고여락(拔苦與樂).

부처님은 이어서 말씀하셨다.

발고여락(拔苦與樂)
자비로써 중생의 괴로움을 없애 주고 즐거움을 주는 일. 이고득락(離苦得樂).

수미산(須彌山)
고대 인도의 우주관에서 세계의 중심에 있다는 상상의 산.

전륜성왕
전차의 바퀴를 굴려 사방을 제압하고 세계평화를 구현하는 이상의 제왕. 불교에서는 법륜을 굴려 불법을 펴는 제왕.

≪pp51~53 참조≫

"만일 나의 입멸 후 500세의 시대인 *해탈견고시(解脫堅固時)에 이 약왕보살본사품을 듣고 수행한다면 여인일지라도 후에 극락세계에 아미타불로 태어날 것이다. 그리고 번뇌에 사로잡히는 일 없이 보살의 신통력을 몸에 지니고 맑은 눈을 가지고 수많은 부처를 보게 되리라.

숙왕화여! 이 경은 너에게 맡기겠다. 부처의 입멸 후 500세의 시대에 사바세계에 퍼뜨려 이 법이 끊기지 않도록 하라. 이 경은 세상 사람들의 병을 고치는 약이니 사람들이 이 경을 들으면 병이 소멸할 것이다."

이상의 내용을 요약하면 *소신공양 법화최승燒身供養 法華最勝을 나타내는 10가지 비유*十喩/십유, 무한한 이익을 나타내는 12가지 비유 十二喩/십이유, 여인왕생으로 그 중 불법에 몸을 바치는 소신공양이 핵심을 이루고 있다.

불교에서는 법을 위해 몸을 희생하는 이야기가 많다. 진리를 위해 굶주린 나찰에게 몸을 바치는 *설산동자雪山童子; The Youth of the Himalayas, 인간을 구제하기 위해 몸바친 능시태자能施太子; Prince Giver, 부처님을 위해 허공에 몸을 던진 유동보살儒童菩薩; Learned-youth Bodhisattva, 비둘기를 살리기 위해 매에게 몸을 바친 시비 왕尸毘王; King Sibi, 굶어죽어 가는 호랑이와 그 새끼들에게 자신의 몸을 보시한 마하살타 왕자摩訶薩埵 王子; Prince Maha-Sattva 처럼 본생담本生譚; Jataka/자타카에는 과거세에 자기 몸을 희생하여 불법을 얻는 이야기를 많이 볼 수 있다.≪pp440~441 참조≫

여기서 소신공양燒身供養이란 *불석신명不惜身命에서의 신앙의 상징으로서의 소신공양을 말하는 것이지, 쓸데없는 고행으로 육체를 괴롭히는 것을 말하는 것은 아니다.

몸을 태운다는 것은 진리의 불로 자기의 번뇌를 태우고 자기의 애고哀苦를 소각하여 인류를 구제하는 것을 의미한다.

해탈견고시
사람들이 석존의 가르침에 따라 해탈하는 시기
≪pp51~53 참조≫

소신공양(燒身供養)
자신의 몸을 태워 부처 앞에 바침.

십유(十喩)
모든 사물의 현상에는 실체가 없으며 허망한 존재라는 것을 보여 주는 열 가지 비유.
환(幻), 염(焰), 수중월(水中月), 허공화(虛空華), 향(響), 건달바성(乾闥婆城), 몽(夢), 영(影), 경중상(鏡中像), 화(化)의 10가지이다.

마하살타
보통명사로는 위대한 보살이라는 뜻으로 줄여서 마하살이라고도 함.

불석신명(不惜身命)
몸이나 목숨을 아끼지 않고 수행·교화·보시하는 일.

우리가 살고 있는 이 말법의 시대에는 사람들이 자기의 이익만을 추구하여 이해가 충돌하여 싸움을 일삼게 되고 힘이 지배한다.

이 세기말에 우리는 무엇을 해야 할 것인가? 지금까지 힘의 우위에 기반을 두고 세계를 정복하는데 앞장서 온 서양의 전통적 종교는 해답이 될 수 없다.

*타고르Rabindranath Tagore: 1861~1941는 서양의 신은 무력과 정복을 부추기지만 동양의 신은 평화와 공존을 가르친다고 하였다.

이제 자비와 생명존중의 불교가 세계의 평화와 인류의 복지를 위해 앞장 서야할 때가 온 것이다. 또한 불교를 통한 인간적 완성이 시급한 것이다.

이처럼 현대는 불교적인 적극적 인생관이 절실한 때이다. 그러나 오늘날처럼 선악이 극도로 대립되고 혼재하는 속에서는 자기완성을 기하기 어렵다.

바로 여기에 도덕보다는 종교가 중시되는 이유가 있다. 참된 인간의 완성은 종교적 절대적 입장에 서야만 가능한 것이다.

일상생활에서 이 절대 현재에 사는 종교적 경지에 설 때 인간은 정신적 스트레스에서 해방된다. 참된 의미에서의 마음의 평화를 얻을 때 인간은 심신일여心身一如가 이루어져 병과 고뇌에서 해방된다.

모든 일에는 원인이 있고 그 원인에 따라 결과가 나타나는 것이다. 따라서 멋진 내세를 맞이하기 위한 전제는 우리가 금세에 어떠한 생활을 하느냐에 달려있다.

자신의 전생이 어떠했는지는 현생에서의 자신을 보면 알 수 있고, 내세가 어떠할지를 알고 싶으면 현생에서 자신이 쌓는 *업業; karma/카르마을 보면 알 수 있다.

그러므로 어떻게 좋은 원인을 씨로 뿌리는가 그리고 어떻게 길러 열매를 맺게 하느냐가 중요하다.

우선은 마음이야말로 모든 것의 출발점이므로 마음을 바꿈으로써 인생은 변해간다.

타고르

인도의 시인 · 사상가. 시집 『기탄잘리(Gitanjali)』로 노벨문학상 수상(1913). 인도의 국가 『Jana Gana Mana(자나 가나 마나)』의 작시 · 작곡자이기도 함.

업(業; karma)
중생이 심신의 활동과 일상생활에서 몸과 입과 뜻으로 짓는 선악의 소행. 전세(前世)에 지은 선악의 소행으로 말미암아 현세에서 과보로 나타난다.
보통 삼업(三業; 身業 · 口業 · 意業)으로 나눈다.

♣ 진리를 위해 굶주린 나찰에게 몸을 바치는 설산동자

설산동자(雪山童子)는 석가모니가 아득한 과거세에 설산(雪山; 히말라야)에서 보살인행(菩薩因行) 할 때의 이름이다.

설산동자가 수행하고 있을 때 제석천이 그를 시험해 보기 위해 살인귀인 나찰로 나타나 '제행무상/諸行無常 시생멸법/是生滅法(이 세상 모든 것은 무상한 것이니, 이것이 나고 죽는 법이라네.)'라는 게송의 절반을 외웠다.

설산동자는 이 진리의 게송을 듣고 한없는 기쁨과 깨달음의 등불이 바로 눈앞에 다가옴을 느꼈다. 고행을 하던 그가 주위를 살펴보았으나 무서운 나찰 이외에는 아무도 없음을 알았다.

그는 굶주린 나찰에게 자기 몸을 주기로 하고, 청하여 나머지 게송인, '생멸멸이/生滅滅已 적멸위락/寂滅爲樂(생과 사를 이미 넘어서면 진정한 열반의 즐거움을 얻으리라.)'을 들었다.

그는 세상 사람들을 위해 게송을 바위나 나무 등에 써서 남겨 두었다. 그리고 나서 약속한 대로 나무에서 몸을 날렸다.

그러자 바로 그때 나찰은 곧 제석천의 모습으로 되돌아와 공중에서 그를 받아 땅 위에 고이 내려놓고, 모든 천상의 사람들은 설산동자 발 아래에 엎드려 찬미하였다.

♣ 인간을 구제하기 위해 몸바친 능시태자

석가모니 부처님의 본생담으로 현우경(賢愚經)이라는 경에 있는 내용이다. 옛날 인도의 어느 나라에 능시태자((能施太子; 大施太子)라고 자비심 많은 인물이 있었는데 과거세에 많은 사람들에게 물건을 나누어주어 모두다 행복하게 해주고 싶다고 서원하였기 때문에 능시태자라고 부르게 되었다. 그는 생활이 어려운 사람들을 위해 창고를 열어 집안의 재보를 나누어주었지만 한계가 있었다.

그래서 태자는 대해의 용궁을 어렵게 찾아가서 모든 소망을 이룰 수 있다는 여의보주를 구해 온 나라 사람들의 곳간 속은 많은 의식과 보물로 채워서 모두 풍요롭고 행복하게 해주었다.

♣ 부처님을 위해 몸을 던진 유동보살(儒童菩薩)

단왕경에 나와있는 본생담으로, 옛날 유동은 정광여래(定光如來)가 오실 때 골짜기 물살이 너무 세어서 길이 끊어져버리자 자진하여 그 위험한 공사를 맡아 선정(禪定)의 힘으로 큰돌로 메우고 금새 길을 만들었다. 그리고서 얼마 후 정광여래가 오시자 유동은 몸에 걸친 노루가죽옷을 벗어서 습지에 깔고 다섯 송이의 꽃을 부처님 위에 뿌리며 공양했다. 그 진심 공양의 공덕으로 능인여래(能仁如來)가 될 것이라는 수기를 받았다.

♣ 비둘기를 살리기 위해 매에게 몸을 바친 시비왕

대지도론에 있는 이야기로 시비 왕(尸毗王)은 석가모니가 전생에 왕이었을 때의 칭호이다. 그가 고행할 때 제석천은 시비 왕의 마음을 시험해보기 위해 매로 둔갑하고 범천은 비둘기로 둔갑해서 비둘기가 매에 쫓겨 시비 왕의 품속에 들었는데, 왕은 비둘기를 살려야 하겠고 매도 굶게 할 수 없으므로 자신의 살을 도려 내어 저울에 올려놓았다.

그러나 여전히 비둘기 무게가 더 나갔다. 왕은 모자라는 양만큼 계속 자신의 살을 도려내었고 결국은 온몸의 살을 다 도려내어서야 비둘기의 무게와 똑같아졌다.

왕의 위대한 행위에 제석천과 범천은 본 모습을 나타냈다. 왕의 몸은 본래대로 회복되었고 하늘에서는 장차 시비 왕은 부처가 될 것이라 예언하며 크게 축복하였다.

♣ 굶어죽어 가는 호랑이와 새끼들에게 몸바친 마하살타 왕자

최승왕경(最勝王經)이라는 경에 설해져 있는 부처님의 전생담이다.

마하살타(摩訶薩埵) 왕자가 산 속에서 어미 범이 새끼를 갓 낳고 산고(産苦)에 지쳐 먹지 못해 굶주려 죽으려하는 것을 발견했다. 왕자는 가엾은 마음에 어미 호랑이와 새끼들을 구하기 위하여 자신의 몸을 먹이로 보시하여 범과 새끼 일곱 마리를 죽음에서 살려내었다는 이야기이다.

24장 묘음보살품(妙音菩薩品)
The Bodhisattva Wonderful Sound

요약 : 석가불이 미간에서 빛을 비추어 우주 건너 정광장엄세계에 닿자 묘음보살
이 이곳 사바세계로 와서 공양하고 확고한 부동심과 신통력으로 34신(身)
으로 나타나 법화경의 정신을 가르친다.

사바(Saha)세계
우리가 살고 있는 세
계를 일컫는 말.

현일체색신삼매
중생을 구제하기 위
해 정신을 통일하여
상황에 따라 알맞은
가르침을 주기 위해
온갖 중생의 모습으
로 몸을 나타낼 수
있는 samadhi(삼매;
禪定). 보현색신삼매
(普現色身三昧)라고
도 함.「색신」은 모습
을 뜻함.

이 장章의 주인공인 묘음보살妙音菩薩; Gadgadasvara/가드가다스바
라; the Bodhisattva Wonderful Sound은 다른 장에서는 찾아보기 어
렵다. 전 장에 나오는 약왕보살은 과거에 이 *사바세계娑婆, Saha 世
界에서 당시의 부처님과 법화경을 위해 소신 공양한 공덕으로 현재
약왕보살이 되었으나, 묘음보살은 이와는 달리 사바세계에서 멀고 먼
동방의 불국토에서 법화경으로 중생을 구제한 보살이다.

묘음이라는 이름은 수많은 보살을 거느리고 영취산으로 와서 석가
모니불에게 공양하고 설법을 들을 때 칠보와 연꽃이 비처럼 쏟아지고
수만 가지 악기가 스스로 음악을 연주하는 소리가 울렸다는 데서 비
롯되었다.

두 보살 모두 *현일체색신삼매現一切色身三昧; the meditation of
Sarvarupasandarsana/사르바루파산다르사나를 바탕으로 한 점은 공통
이다. 묘음보살이 아득히 먼 곳에서 왔다는 것은 법화경이 우주적 차
원에서 전파되고 실천되고 있음을 말해주고 있다.

법화경과 신약성서

▲ 「法華經蔓茶羅」 묘음보살품
정화숙왕지여래(왼쪽 위)의 세계에서 묘음보살이 단위에 앉아있다(가운데 위)·영취산의
석존(오른쪽 위)에게서 한줄기 빛이 나와 묘음보살에 닿았다·묘음보살이 구름을 타고 날
아 옴(맨 위)·아래는 묘음보살이 변화한 모습

제3부 법화경의 세계

부처님이 약왕보살의 과거세에 대한 설법을 마치자 그 미간에서 빛이 솟아 동방의 수많은 나라를 비추어 수많은 나라를 거쳐 동방에 있는 정광장엄淨光壯嚴의 나라에까지 미쳤다.

그때 그 나라에서 정화숙왕지여래淨華宿王旨如來라는 부처가 수많은 제자들에 둘러 쌓여 설법을 하는 모습이 보였다.

그 제자 가운데에 묘음보살이 있었다. 그는 오랫동안 수많은 공덕을 쌓고 부처님을 받들어 지혜를 얻어 정신통일의 수행을 완성하였다.

▲ 부처님의 미간에서 나온 빛이 정화숙왕지여래를 비추고 있는 모습.
부처님이 계신 산이 뚜렷한 독수리 모양을 하고 있어 영취산(靈鷲山; 신령스런 독수리 산)의 어원을 알게 해준다.

문수보살(文殊菩薩)
석가모니불의 좌협시불로 지혜를 상징하는 보살.

부처님의 빛을 받은 묘음보살은 정화숙왕지여래 앞에 나아가 자기가 사바세계에 가서 부처님을 만나 뵙고 *문수보살文殊菩薩; 文殊師利/문수사리; Manjusri; Bodhisattva of Wisdom; the prince royal과 그 밖의 보살들도 뵙겠다고 하였다.

여기에 대해 여래는 다음과 같이 말하였다.

법화경과 신약성서

오늘날 영어권의 많은 사람들이 법화경의 묘미에 심취하고 있다. 그들의 눈으로 보는 The Lotus Sutra(법화경)를 읽어보는 것은 색다른 묘미를 느끼게 해주는 것은 물론, 동양인들의 관점에서 이해하지 못했던 새로운 의미를 깨우쳐 주어 다시금 신선한 감동을 느끼게 해 준다.

(다음은 왼쪽 본문에 해당하는 영어 법화경 부분)

At that moment the Lord Sakyamuni, the Tathagata, darted a flash of light from the circle of hair between his eyebrows by which flash of light hundred thousands of myriads of kotis of Buddha-fields, equal to the sands of eighteen rivers Ganges, became illuminated. Beyond those Buddha-fields is the world called Vairokanarasmipratimandita/淨光壯嚴. There dwells, lives, exists the Tathagata named Kamaladalavimalanakshatraragasankusumitabhigna/淨華宿王旨如來, who, surrounded and attended by a large and immense assembly of Bodhisattvas, preached the law. Immediately the ray of light flashing from the circle of hair between the eyebrows of the Lord Sakyamuni, the Tathagata, filled the world Vairokanarasmipratimandita with a great luster. In that world Vairokanarasmipratimandita there was a Bodhisattva Mahasattva called Gadgadasvara/妙音菩薩, who had planted roots of goodness acquired many Samadhis. Now, the flash of light came down upon that Bodhisattva Mahasattva Gadgadasvara. Then he rose from his seat, put his upper robe upon one shoulder, fixed his right knee on the ground, stretched his joined hands towards the Lord Buddha, and said to the Tathagata Kamaladalavimalanakshatraragasankusumitabhigna: O Lord, I would resort to the Saha-world to see, salute, wait upon the Lord Sakyamuni, the Tathagata; to see and salute Manjusri, the prince royal; to see many other bodhisattvas.

"그것은 참 좋은 생각이오. 하지만 사바세계를 열등한 나라로 알고 경멸해서는 아니 되오. 그 세계는 땅이 평탄치 않고 돌이 많고 오물이 넘쳐 있소. 부처나 보살들도 체구가 작소. 이곳은 이상세계라 당신의 신장만도 4,200만 *유순(由旬; Yojana/요자나), 나의 신장은 680만 유순이나 되오. 몸도 훨씬 아름답고 멋진 빛을 가지고 있소. 그렇지만 그 세계사람들을 업신여겨서는 아니 되오."

유순(由旬; 요자나)
고대 인도의 거리를 나타내는 단위로, 1 유순은 9마일 또는 15킬로미터.

묘음보살은 여래에게 명심하겠다고 약속하였다.

묘음보살이 선정에 들고 정신통일을 한 덕으로 사바세계의 영취산 법좌 근처에 84,000개의 아름다운 연꽃이 나타났다. 줄기는 금, 잎은 백금, 가지는 금강석으로 루비 같은 붉은 꽃술로 이루어져 아름다웠다.

이 광경을 영취산靈鷲山; Mt. Sacred Eagle; Vulture Peak에서 바라본 문수보살이 이상하게 여겨 부처님께 물었다.

날아오는 묘음보살

"도대체 이것은 어찌된 일입니까?"

부처님께서 대답하셨다.

"동방의 정화숙왕지불의 나라에서 묘음이라는 보살이 이곳에 와 법화경을 공양하고자 하는 것이오."

문수보살은 그 이름을 처음 들었기에 부처님께 다시 묻고 부탁을 드렸다.

▲ 문수보살(文殊菩薩; Manjusri)

"어떠한 수행을 하였기에 이처럼 뛰어난 신통력을 발휘하는지요. 저도 그 모습을 볼 수 있도록 해주시옵소서."

사람들은 법화경에 나오는 천문학적 수치, 다른 은하계에까지 이르는 빛, 또는 광속이동 등을 단순히 종교적 관념이거나 허구로 여기기도 했었다.

그러나 오늘날 첨단과학의 발달과 더불어 그 모두가 하나하나 사실로 밝혀지거나 이미 응용되고 있다. 불교가 얼마나 과학에 근거한 종교인가를 알 수 있다.

유명한 애니메이션 「은하철도 999」나 미국의 유명한 SF 영화시리즈 「STAR TREK」이 법화경에 기초하고 있다는 것은 이미 잘 알려진 사실이다.

▲ 부처님의 미간에서 비추어진 빛은 우리 은
  하계를 넘어 다른 은하계에까지 닿았다.

▲ 묘음보살은 동방의 은하계에서 삼매
  의 힘으로 제자리에서 순식간에 백8
  만억나유타항하사를 지나 사바세계
  의 영취산 법화회상에 도착하였다.

▲ Star Trek에서 워프(warp)항법으로 순간이동을 하는 장면

★ 법화경에서 묘음보살이 석가불이 계신 영취산까지 날아온 거리는?
  백8만억나유타 항하사, 즉 $1080000 \times 10^8 \times 10^{60} \times 10^{52} \times 15km = 1620 \times 10^{124}km = 176 \times 10^{118}$ 광년이다.
  참고) 1광년(光年; light-year; $9.46 \times 1012km$, 약 6만 3200km, 천문학단위(AU) =0.307pc)
      태양계에서 가장 가까운 거리의 항성인 센타우루스 자리의 α성은 약 4.3광년거리에 있
      으며, 우리 은하계의 지름은 10만 광년의 크기이다.

부처님은 그 일을 다보여래多寶如來; Prabhutaratna Tathagata/프라부타라트나 타타가타; the Buddha of Abundant Treasures에게 의뢰하였다. 다보여래는 묘음보살에게 문수보살이 그를 만나고 싶어한다고 전하였다.

그러자 84,000의 동반자를 이끌고 보살이 왔다. 그 눈은 파란 연꽃과도 같고 얼굴은 달의 1,000만 배나 밝았다. 칠보의 대좌에 앉은 채 하늘을 날아 부처님 앞에 나타나 엎드려 보물을 바치고 말하였다.

"정광장엄국(淨光莊嚴國)의 정화숙왕지여래께서 부처님께 전하라 하셨습니다. 부처님께서 병이나 어려운 일은 없으시온지요."

첫 번째 인사가 부처님이 무사하고 건강하신가 하는 것이었다. 아주 평범한 인사이지만 우리가 건강하고 편안하다는 것은 평범하면서도 가장 행복한 일이다. 이어서 중생들이 가르침을 잘 따르는지, 또는 *탐貪/탐욕; attachment · 진瞋/노여움; anger · 치痴/어리석음; delusion에 사로잡혀 세상을 어지럽게 하는 자는 없는지, 다보여래도 안녕하신지 그리고 이 사바세계에 오래 머물 것인지에 대하여 물었다.

인사를 받은 부처님은 그 뜻을 다보여래에게 전하였다. 다보여래는 묘음보살이 먼 곳에서 와서 부처님을 뵙고 법화경을 공양한 것을 찬양하였다.

이 때 화덕보살華德普薩; Bodhisattva Padmasari/보디사트바 파드마사리이 부처님께 물었다.

"묘음보살은 전세에 어떠한 수행을 하였기에 이러한 신통력을 지니게 되었사옵니까?"

탐 · 진 · 치
깨달음에 장애가 되는 근본적인 세 가지 번뇌, 즉 탐욕 · 노여움 · 어리석음을 가리키며, 삼독(三毒)이라 한다.
한 편 탐 (貪 ; attachment) · 진 (瞋; anger) · 치(痴; delusion) · 아(訝; afflicted doubt) · 만 (慢; pride)은 5독이라 한다.

법화경과 신약성서

부처님은 다음과 같이 가르쳐 주셨다.

"옛날 운뢰음왕불(雲雷音王佛; Meghadundubhisvararaga; the King of the Drum-sound of the Clouds)이라는 부처가 있어 그 국토는 현일체세간(現一切世間; Sight or Display of All Buddhas)이라 불렸느니라. 그 나라에 묘음보살이라는 보살이 있어 운뢰음왕불(雲雷音王佛)을 공양하기 위하여 여러 가지 음악을 12,000년 동안 연주하고 84,000개의 보물을 바쳤느니라. 그 공덕으로 지금 정화숙왕지여래의 나라에 태어나 이러한 신통력을 몸에 지니게 된 것이니라.

그 분이 지금 그대 앞에 있느니라. 오랜 공덕의 힘으로 자유롭게 몸을 바꾸어 법화경을 설하고 사람들을 가르치느니라."

이와 같이 묘음보살은 지옥계, 아귀계, 축생계를 비롯한 모든 괴로움 속에서 시달리는 중생을 구제하기 위해 그 대상에 따라 자신의 모습을 여러 가지로 바꾸어 나타난다. 이러한 묘음보살의 34범신凡身과 4성신聖身으로 변하는 양상이 경문에 있다.

📖 34범신(凡身)

❶ 범왕(梵王) ❷ 제석(帝釋) ❸ 자재천(自在天) ❹ 대자재천(大自在天)
❺ 천대장군(天大將軍) ❻ 비사문천왕(毘沙門天王)
❼ 전륜성왕(轉輪聖王) ❽ 소왕(小王) ❾ 장자(長者) ❿ 거사(居士)
⓫ 재관(宰官) ⓬ 바라문(婆羅門)
⓭ 비구(比丘) ⓮ 비구니(比丘尼) ⓯ 우바새(優婆塞) ⓰ 우바이(優婆夷)
⓱ 장자부녀(長者婦女) ⓲ 거사부녀(居士婦女)
⓳ 재관부녀(宰官婦女) ⓴ 바라문부녀(婆羅門婦女)
㉑ 동남(童男) ㉒ 동녀(童女)
㉓ 천(天) ㉔ 용(龍) ㉕ 야차(夜叉) ㉖ 건달바(乾達婆) ㉗ 아수라(阿修羅)
㉘ 가루라(迦樓羅) ㉙ 긴나라(緊那羅) ㉚ 마후라가(摩睺羅伽)
㉛ 지옥(地獄) ㉜ 아귀(餓鬼) ㉝ 축생(畜生) ㉞ 후궁녀(後宮女)

4성신(聖身)

❶ 성문(聲聞) ❷ 벽지불(辟支佛, 緣覺) ❸ 보살(菩薩) ❹ 부처(佛)

화덕보살이 다시 물었다.

"어떠한 수행을 통하여 이처럼 마음대로 몸을 바꾸어 인간을 구제할 수 있사옵니까?"

부처님이 가르쳐 말씀하셨다.

"그것은 *현일체색신삼매(現一切色身三昧), 즉 몸을 자유로이 바꿀 수 있는 삼매를 터득하였기 때문이니라."

묘음보살은 부처님께 공양을 마치고 본토로 돌아가 정화숙왕지불을 뵙고 그 경과를 보고하였다.

"저는 사바라는 현실세계에 내려가 중생들에게 수많은 이익을 주고, 부처님을 뵙고, 다보탑을 예배하고, 문수보살과 약왕보살을 만나 보살들이 현일체색신삼매(現一切色身三昧)를 얻도록 이끌어주었습니다."

이 방대한 드라마적 구성은 종교세계와 그 세계에 사는 사람의 현실적 관계를 보여주고 있다.

묘음보살이 우주의 통일적 진리인 *일승묘법一乘妙法을 체험으로 얻은 부동의 신념의 힘으로 자유롭게 변신하는 일승법의 묘한 세계를 선포하고 있는데, 그 선포는 눈에 보이지 않는 세계, 즉 묘한 음성으로 하였다는 표현이 깊은 뜻을 가지고 있다.

참된 종교생활은 세속을 초월하여 절대 진실 속에 살 때 이루어지지만 거기에 안주하지 않고 일단 세속을 초월한 일상세계로 다시 돌아가 일상적 현실 속에서 사로잡힘이 없는 자유로운 생활이다. 생사를 초월하면서도 열반에 안주 하지도 않는 절대자유의 경지다. 이것은 쉽게 실현할 수 있는 것은 아니다.

현일체색신삼매
부처님을 공양하고 얻은 묘음보살을 대표하는 가장 뛰어난 삼매. 보현색신삼매 (普現色身三昧)라고도 한다. 중생을 교화하기 위하여 삼매의 경지에서 각 중생의 근기에 맞추어 몸을 변화시켜 나투는 것을 의미한다.

일승묘법
보살도를 실천하여 성불에 이르는 묘법

법화경과 신약성서

종교적 고뇌를 거치지 않으면 그것은 동요되고 다시 세속에 빠져 버리기가 쉬운 것이다. 그러므로 종교가 세속생활을 부정하고 초월하는 그 정신이 중요하다.

묘음보살이 수행과 덕의 힘으로 깊은 지혜를 얻을 수 있었던 것은 일상세속의 생활을 부정하고 이를 초월하여 종교적 경지를 이루었기 때문이다.

일승묘법의 통일된 진리는 자연의 이법理法과 같은 것이 아니라 현실의 인생생활에 작용하고 그것을 움직이는 영원한 생명의 약동체인 것이다.

법화경의 영원한 부처는 창조신이 아니라 끊임없이 보살행을 하는 부처이다. 그리고 우리 한 사람 한 사람이 이 부처와 동질이며 일체가 되는 것이 참된 법화경의 정신이다.

약왕보살편에서 시작한 보살품의 각 장은 현실에 있어서 보살행의 실천활동 속에 영원한 생명의 약동이 있음을 구체적으로 보여주고 있다.

우리는 이 세상을 더럽다고 생각하기 쉽다. 전쟁은 그칠 새가 없으며, 지진이 일어나고 태풍이 불고 홍수가 생기고, 육체적으로나 정신적으로나 고뇌가 그치지 않는 것이 바로 우리가 살고 있는 이 사바세계인 것이다.

그러나 아득히 먼 동방에서 이 사바세계에 오셔서 34가지로 몸을 나타내어 모든 중생을 구제하시는 묘음보살은 현재 우리가 살고 있는 사바세계가 곧 불국토 건설의 현장임을 입증하는 것이다. 즉 우리가 사는 이 땅이 영산정토인 것이다.

그래서 더욱더 이상세계를 이룩하기 위한 보살도가 중요한 것이다. 이것을 자각할 때 끝없는 보살행 속에 영원한 생명이 맥박치며 이상세계가 조금씩 이루어져 가는 것이다.

25장 관세음보살 보문품(觀世音菩薩普門品)
The Universal Gate of Bodhisattva Avalokitesvara

요약 : 관음경의 약칭. 관세음보살은 중생을 교화하고 구제하기 위해 각 중생의 근기(이해도)에 따라 33가지의 다른 몸(33응신應身)으로 나타나 일체중생을 七難(칠난)·三毒(삼독)에서 구함.

담징

고구려의 승려·화가(579~631). 영양왕 21년(610년) 일본으로 건너가 호류사(法隆寺/법륭사)의 금당벽화를 그렸다. 그의 호류사 「금당벽화(金堂壁畵)」는 경주의 석굴암, 중국의 원강 석불과 더불어 동양의 3대 미술품의 하나로 꼽힌다.

▲ 담징(曇徵)의 일본 호류사(法隆寺) 「금당벽화」 중 『아미타정토도(阿彌陀淨土圖)』
아미타불·관세음보살(좌협시)·대세지보살(우협시)의 아미타삼존불(阿彌陀三尊佛)

법화경과 신약성서

관세음보살觀世音菩薩: Bodhisattva Avalokitesvara/보디사트바 아발로키테스바라: the Bodhisattva of Compassion: Perceiver of the Sounds of the World은 산스크리트Sanksrit: 梵語/범어로는 *Avalokitesvara라고 한다.

Avalokitesvara는 관세음觀世音: 세상의 모든 소리를 듣는 것에 그치지 않고 살펴보다 또는 관자재觀自在: 세상의 모든 것을 자재롭게 관조하여 보살피다라는 뜻이다.

즉, 석가모니 부처님의 자비의 분신으로서 중생들이 어떠한 재난과 고통 속에서도 관세음보살의 이름을 간절히 부르면 듣고 즉시 자비로운 마음으로 중생을 구제하고 제도하는 보살이다.

일심으로 관세음보살의 *명호名號를 외우고 예배공양하며 항상 발원하는 것을 관음신앙이라 한다.

관세음보살은 시방세계에 두루 통하지 않는 데가 없어 원통교주圓通敎主라고도 하며 관세음보살을 모신 전각은 관음전觀音殿, 보타전補陀殿, 낙가전落迦殿 또는 원통전圓通殿이라 한다.

또한 아미타불을 주불로 모시는 극락전極樂殿: 彌陀殿/미타전: 無量壽殿/무량수전에서는 관세음보살은 *좌보처의 보살로, 대세지보살은 우보처의 보살로 모셔져 아미타삼존불Amitabha Triad을 이룬다.

『법화경』「관세음보살보문품 제25」는 종종 법화경에서 독립되어 『관음경觀音經』 또는 『보문품』으로도 불린다. 「관세음보살보문품 제25」는 원전에서의 제목은 「보문품이라 이름 붙여진 관자재의 신통의 계시」이다.

여기서 '보문普門: the universal gate'이란 '널리 모든 사람에게 열려 있는 문'이란 뜻으로 관세음보살의 구제의 손길이 모든 중생에게 미치고 있음을 말하는 것이다.

Avalokitesvara
ava「down」
lok「the world」
ita —noun suffix
isvara「Lord」
= the Lord looking down the world

관세음과 관자재
Avalokitesvara의 한역. 구마라습이 번역한 구역에서는 관세음(觀世音)보살로, 현장법사가 번역한 신역에서는 관자재(觀自在)보살로 번역됨.

명호(名號)
부처님과 보살의 이름과 호칭.

좌보처(左補處)
항상 부처님 입장에서 보아야 한다는 점에 유의할 것. 보는 사람의 입장에서 왼쪽으로 잘못 알기 쉽다. 두 보살의 상호가 똑같아 구별하기 힘드나 대세지 보살이 머리에 쓴 보관에는 정병이, 관세음보살의 보관에는 화불(化佛)이 새겨져 있다.

보문시현
관세음보살이 중생
들을 구제하기 위해
중생이 법을 받아들
일 수 있는 능력에
맞게 신통력으로 여
러 형체로 몸을 변신
하여 나타나는 것.

현일체색신삼매
≪p450 참조≫

일승묘법
보살도를 실천하여
성불에 이르는 묘법.

무진의보살
팔보살(八菩薩)의 하
나. 동방으로 무수억
의 세계를 지나면 불
순 세계에서 보현불
(普賢佛)을 모시고
상구보리하고 하화
중생하는 보살.
중생계가 다함이 있
으면 이 보살의 뜻도
다하겠지만 중생계
가 다하지 않는다면
이 보살의 뜻도 다함
이 없다. 그래서 무
진의보살이라 한다.

칠난즉멸(七難卽滅)
화난, 수난, 나찰난,
왕난, 귀난, 가쇄난,
원적난의 7가지 어
려움이 즉시 사라짐.

관세음보살은 중생을 교화하고 구제하기 위해 중생의 근기에 따라 33가지의 다른 형태로 몸을 바꾸어 나타나는데 이를 *보문시현普門示現이라 한다. 물론 여기에서 중요한 의미는 변신의 수가 아니라 관세음보살觀世音菩薩이 중생에게 한층 더 가까이 다가가 제도하려는데 있는 것이다.

이 장章은 앞의 「묘음보살품 제24」에서와 마찬가지로 *현일체색신삼매現一切色身三昧를 나타내며 현실세계에서 *일승묘법一乘妙法의 진리를 실천하기 위하여 설해진 것이다. 묘음보살은 경전에 기록된 보살로 머물지만 관세음보살은 넓은 종교적 감화를 주고 있다.

관세음보살만큼 중생구제의 방법이 적극적이고, 실제적이고, 또한 활기가 있어 살아있는 종교를 그대로 보여주는 보살은 없다. 해탈과 지혜의 종교인 불교가 자비를 계기로 완전히 믿음과 구제의 종교가 되고 있는 것이다.

영취산靈鷲山; Mt. Sacred Eagle; Vulture Peak에서 부처님이 『법화경』을 설하시는 것을 처음부터 듣고 있던 *무진의보살無盡意菩薩; Bodhisattva Aksayamatir/보디사트바 아크사야마티르이 자리에서 일어나 무릎을 꿇고 부처님께 예배한 후 질문하였다.

"세존(世尊)이시여, 관세음보살(觀世音菩薩; Ary-Avalokitesvara/아리-아발로키테스바라; Holy Boddhisattva of Compassion)은 왜 그와 같은 이름으로 불리옵니까?"

부처님께서는 그에게 관세음보살의 이름을 불러 나타난 공덕은 첫째가 *칠난즉멸七難卽滅임을 다음과 같이 답하셨다.

"수많은 중생이 여러 가지 고뇌에 처하였을 때 관세음보살의 이름을 들어 익히고 열심히 그 이름을 부르면 이 보살은 그 음성의 뜻을 알아듣고 그 중생을 이끌어 괴로움에서 해방시켜 주기 때문이니라.

만일 그 중생이 불길에 휘말려도 관세음보살의 이름을 부르면 불에 타는 일이 없느니라/화난(火難). 홍수에 휩쓸려도 그 이름을 부르면 얕은 물이 있는 곳을 찾게 되느니라/수난(水難). 사람들이 보물을 얻기 위해 배를 타고 멀리 나가 폭풍으로 인하여 난파당하고 *나찰(羅刹; rakshasa/락샤사; 식인귀)의 나라에 가게 되어도 그 이름을 부르면 나찰이 주는 화를 면하게 될 것이니라/나찰난(羅刹難). 칼의 위협 앞에서도 그 이름을 부르면 칼이 부러져 그 피해를 면하게 될 것이니라/왕난(王難). 온 세상에 들끓는 악마들이 몰려와도 그 이름을 부르면 그들의 해를 면할 것이니라/귀난(鬼難). 죄진 자나 죄 없는 자가 쇠사슬에 묶여 신음할 때도 그 이름을 부르면 쇠사슬이 끊어질 것이니라/가쇄난(枷鎖難). 대상(隊商)이 보물을 싣고 길을 갈 때 도적떼의 습격을 당해도 그 이름을 부르면 난을 면할 것이니라/원적난(怨敵難).

나찰(rakshasa)

원래 고대인도의 신으로, 불교에서 악귀(惡鬼)의 총칭.

또한 중생이 심한 정욕이나 노여움에 사로잡히거나 어리석음 속에서 헤맬 때도 그 이름을 부르고 공양하면 탐(貪/탐욕)·진(瞋/노여움)·치(痴/어리석음)의 마음의 3독(三毒)에서 해방될 수 있을 것이니라.

여성이 사내아이를 낳고 싶을 때 관세음보살을 예배하고 공양하면 지혜로운 사내아이를 갖게 되고, 계집아이를 원할 때는 전생에 뿌린 선행의 씨에 의해 남에게 사랑받는 귀여운 여아를 얻게 될 것이니라."

관세음보살 삼십이응신도 ▶
영암 도갑사(道岬寺)
1550년(명종5년) 이자실 제작

본생담(Jataka)
석가모니 부처님의
전생의 이야기를 묘
사한 설화, 경전 또
는 성화. 본생담(本
生譚) 또는 본생경
이라고도 함.

마노(瑪瑙; agate)

화산암의 빈 구멍 내
에서 석영. 단백석.
옥수 등이 차례로 층
을 이루어 침전하여
생긴 보석의 일종.

호박(琥珀; amber)

지질시대의 수지(樹
脂)가 석화한 것.

항하사(恒河沙)

갠지스강의 모래.
항하(恒河)는
갠지스(Ganges)강.

여기서 나찰의 이야기는 부처님의 전생이야기인 *본생담本生譚: Jataka/자타카의 운마雲馬이야기와 관련이 있다.

그 당시에는 무역이 성해 많은 상인들이 재보 · 금 · 진주 · 산호 · 마노瑪瑙; agate · 호박琥珀; amber을 얻으러 배를 타고 나갔는데 심한 폭풍우를 만나 나찰녀의 성에 이르게 되었다.

그곳에 사는 나찰녀는 표류한 상인들과 결혼하여 같이 살지만 그 다음 배가 표류해오면 먼저 남편들을 다 잡아먹는다. 그리고 새로운 상인들과 결혼한다.

상인들이 죽게 됨을 알고 열심히 기도를 드리자 그 소리를 듣고 큰 말雲馬/운마이 공중에서 내려와 모두 그 말을 타고 섬을 빠져나간다.

이 이야기를 염두에 두면 나찰녀의 이야기의 뜻이 뚜렷해지며 그 말馬이 바로 부처님의 전생인 것이다.

관세음보살의 이름을 불러 나타난 공덕은 앞서 말한 칠난즉멸七難 卽滅과 같이 외부에서 오는 위험은 물론, 자기와의 싸움에 있어서도 관세음보살은 우리를 도와준다. 자기와의 싸움이란 사람들의 마음의 3독三毒: 탐욕/탐貪 · 노여움/진瞋 · 어리석음/치痴에서 오는 번뇌를 말하는 것이다.

이어서 부처님은 말씀을 계속하셨다.

"사람들이 *항하사(恒河沙; 갠지스강의 모래) 수의 62억 배나 되는 수없이 많은 보살의 이름을 수지하고 물건을 바쳐 공양하면 그 공덕은 무한할 것이다. 관세음보살의 이름을 한 때라도 수지하고 공양한다면 그 공덕도 이와 다를 바 없을 것이니라."

"관세음보살이 이 사바세계에서 법을 설할 때 그 교화의 방편은 어떠하옵니까?"

이와 같이 무진의보살이 여쭙자, 여기서 부처님은 관세음보살이 사람들을 교화하고 구제하기 위해 중생 각자의 수준과 상황에 맞는 33가지나 되는 다양한 모습으로 보문시현하는 것을 말씀하셨다.

"관세음보살은 부처의 몸으로 구제할 수 있는 자에게는 부처의 모습으로 법을 설하고, 연각의 모습으로 구제할 수 있는 자에게는 연각의 모습으로, 성문의 몸으로 구제할 수 있는 자에게는 성문의 모습으로 설하시느니라."

관세음보살은 보문시현에 의하여 33응신應身으로 나타나므로 그 모습에서 자유로우며 성性을 초월한다.

고대 인도인의 사유思惟에서 33이란 무한을 뜻하는 수이다. 즉 33 관음상이란 관음이 33가지 형상으로만 존재한다는 뜻이 아니라 중생들의 수많은 기원을 이루어 주기 위해 무한히 많은 모습으로 나투신다는 의미인 것이다.

사실 관세음보살만큼 수많은 모습으로 숭배 받아온 보살은 없다. 사바세계를 살아가는 중생들의 많고 많은 간절한 염원이 관세음보살에 투영되어 다양한 모습을 낳게 된 것이다. 관세음보살이 나타나는 경전의 수는 50여 개에 이르며 그 역사 또한 깊다.

심지어는 고대 인도종교인 브라만교와 그 후신인 힌두교의 시바 신과 비시누 신까지도 「신묘장구대다라니」에 불교의 관세음보살로 수용된 사실을 밝혀내어, 그 사실을 본 저자의 편저 『*천수경』에서 상세히 밝힌 바 있다.

*관세음보살의 상주처常住處: 淨土/정토는 남인도 마뢰구타국 말라야Malaya 산맥 동쪽의 보타낙가산補陀落迦山; Potalaka Mt.이라고 『화엄경』「입법계품」에서 최초로 언급하였다.

천수경

한국불교 역사상 최초로 신묘장구대다라니를 완전 해석하여 뜨거운 화두로 떠오르고 있는 화제의 책! ○부록 법회예전 (법요집)

관세음보살 상주처
중국에서는 저장성(浙江省) 주산열도(舟山列島)의 보타산(普陀山) 진제사(晋濟寺)를, 한국에서는 강원도 양양 낙산사를, 일본은 기이코쿠(紀伊國) 보타락을 관음보살의 상주처로 삼고 있다.

관세음보살의 상주처常住處; 想住處; mythological or spiritual abode를 인도 남부의 해안으로 상정想定하였기 때문에 *관음성지로는 바다와 접해있는 곳을 택하게 되었다.≪절, 아는 만큼 보인다, 민희식 저≫

원래 관음보살은 페르시아 조로아스터교의 성스러운 물의 여신水神이자 풍요의 여신인 *아나히타Aredvi Sura-Anahita/아레드비 수라 아나히타에 그 뿌리를 두고 있다.

이 여신이 2세기 경 간다라에 들어와서 성관음聖觀音이 되고 6세기 경 인도를 거치면서 *브라만교의 영향으로 7관음으로 발전하였다.

그 후 동아시아에서 토착신앙과 당시의 관음신앙을 흡수하여 33관음이 형성되었다.

우선 관음보살상은 머리 위에 화불化佛 또는 천관天冠을 쓰고 손에는 나뭇가지와 물병을 든 모습이다. 이것은 페르시아 물의 여신 아나히타 상의 특징과 일치한다.

페르시아현 이란에서 발굴된 아나히타 여신상은 왼손에 물병을 들고 있으며 물병에서는 물이 흘러내리고 있다.

인도의 북서부에 위치하여 동서문화의 교차로로 놓여있었던 간다라Gandhara: 현 파키스탄 북서부는 지리적으로도 페르시아에

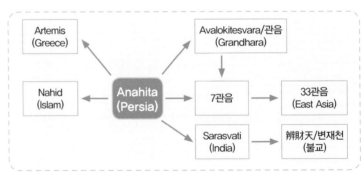

▲ 아나히타에서 관세음, 7관음, 그리고 33관음으로

인접하여 조로아스터교의 영향을 받았다. 조로아스터교의 수신水神이자 풍요의 여신인 아나히타가 당시 간다라 지역에서는 나나야Nanaya 여신으로 정착되어 있었다.

저자가 간다라에서 본 나나야 여신상은 관세음보살의 것과 흡사한 천관을 쓰고 왼 손에는 나뭇가지를, 오른 손에는 물병을 들고 있는 모습이었다. 심지어는 연화대까지 그대로 관세음보살상으로 옮겨갔음을 확인할 수 있었다

동아시아의 관세음보살상에서도 나뭇가지와 물병이나 정병을 들고 있거나 물병에서 물을 쏟아 내리는 모습으로 묘사된다.

또한 버드나무는 본래 물가에 자생하는 식물로, 버드나무는 물의 신과 관련된 식물이다. 돈황敦煌: Tunhuang 출토 관음상의 손에 들려 있는 버들가지 역시 아나히타 여신상의 장식문양과 흡사하다.

물의 신이 아닌 관세음보살이 버들가지를 들고 있는 모습, 특히 수월관음이나 양류관음으로 묘사되고 있는 점은 바로 관세음보살의 원형이 물의 여신 아나히타라는 사실을 입증하고 있는 것이다.

❶ 페르시아(현재 이란)
아나히타 여신이 왼손에 들고 있는 물병에서 물이 흘러내리고 있다.

❷ 간다라(현재 파키스탄)
나나야 여신이 물병과 나뭇가지를 들고 있다. 연화대까지 그대로 관세음보살상으로 옮겨갔다.

❸ 중국
관세음보살이 왼손에는 버드나무를, 오른 손에는 물이 쏟아지고 있는 물병을 들고 있다.

관세음보살은 어떠한 위급한 난에도 33가지로 변신하여 나타나서 모든 중생을 두려움 없이 대처하고 편안하게 살게 하기 때문에 *시무외施無畏; abharanda/아바란다보살, 또한 세상을 구제하시므로 구세대사救世大士라고도 칭한다.

이처럼 부처님으로부터 관세음보살에 대한 설명을 듣고 감격한 무진의보살은 그 감동과 감사의 뜻을 나타내기 위하여 자기의 목에서 백천량의 금값에 해당하는*영락瓔珞을 벗어 그 자리에 있는 관세음보살에게 바쳤으나 받으려 하시지 않았다.

그때에 부처님께서 무진의보살과 사부대중 및 육도의 모든 대중을 불쌍히 여겨 받으라 권하시자, 관세음보살은 영락을 받았으나 자신의 목에 걸지 않고 두 몫으로 나누어 한 몫은 석가모니 부처님께, 다른 한 몫은 다보불多寶佛께 바치시었다.

◀ 국보 제307호
태안마애삼존불
백제초(6C 후반)

아직도 이 세 분 부처님이 정확히 누구인가에 관해 이견이 많으나, 본 저자는 이 분들이 관음보살(중앙)과 석가모니불, 다보불임을 여기서 명확히 밝혀둔다.

▲ 영락을 둘로 나누어 석가모니불과
다보여래에게 바치는 관음보살.
오른 쪽은 무진의보살

 관음보살(가운데)이 영락[구슬]을 둘로 나누어 하나는 석가모니 부처님께 이미 바쳤고(그래서 석존에서는 손에 영락을 들고 계시다), 다른 구슬 하나는 관음보살 자신의 손에 들고서 다보불께 바치려하는 장면이다. 그러므로 다보불께서는 구슬을 받으시려 빈손을 내밀고 있다.

법화경과 신약성서

「관세음보살 보문품」에서는 관세음보살이 사람들을 교화하고 구원하기 위해 중생들의 직업이나 신분 등 상황에 맞추어 33가지나 되는 다양한 모습으로 나타나심을 밝히고 있다.

이러한 보문시현은 관세음보살이 중생들에게 손쉽게 다가가기 위한 것이다. 예를 들어, 학생에게 관세음보살이 선생의 모습으로 다가간다면 보다 더 친근하고 효과적으로 이끌어 줄 수 있는 것과 같은 이치이다.

① 3종성신 (三種聖身)	❶ 불신(佛身)	깨달음을 이룬 법신불
	❷ 벽지불신(辟支佛身)	홀로 깨달음을 얻은 독각; 연기의 도를 깨친 연각
	❸ 성문신(聲聞身)	부처님의 가르침, 즉 사성제를 듣고 깨달은 성자
② 6종범신 (六種梵身)	❹ 범왕신(梵王身)	힌두교 창조의 신 Brahma를 불교로 수용한 신
	❺ 제석신(帝釋身)	Indra를 수용한 불교 수호신의 하나(Sakra-Devendra)
	❻ 자재천신(自在天身)	힌두 보존의 신 Vishnu를 불교로 수용한 신 (Isvara)
	❼ 대자재천신(大自在天身)	파괴의 신 Shiva를 불교로 수용한 신(Mahesvara)
	❽ 천대장군신(天大將軍身)	전륜성왕과 천왕(Pisaca) 두 개념을 합한 모습
	❾ 비사문천신(毘沙門天身)	힌두 재보(財寶)의 신 Kubera를 수용. 사천왕의 하나
③ 오종인신 (五種人身)	❿ 소왕신(小王身)	왕을 일컬음
	⓫ 장자신(長者身)	대부호, 재력가
	⓬ 거사신(居士身)	재가의 지식인
	⓭ 재관신(宰官身)	관료계층
	⓮ 바라문신(波羅門身)	고대 인도의 사제로서 성직자
④ 사부중신 (四部衆身)	⓯ 비구신(比丘身)	출가한 남자승려
	⓰ 비구니신(比丘尼身)	출가한 여자승려
	⓱ 우바새신(優婆塞身)	남성재가불자
	⓲ 우바이신(優婆夷身)	여성재가불자
⑤ 사종부녀신 (四種婦女身)	⓳ 장자부녀신(長者婦女身)	대부호의 아내
	⓴ 거사부녀신(居士婦女身)	지식인의 아내
	㉑ 재관부녀신(宰官婦女身)	관료의 아내
	㉒ 바라문부녀신(波羅門婦女身)	사제들의 아내
⑥ 동남동녀신 (童男童女身)	㉓ 동남신(童男身)	사내아이
	㉔ 동녀신(童女身)	여자아이
⑦ 팔부중신 (八部衆身)	㉕ 천신(天身)	인도의 여러 신들을 총칭
	㉖ 용신(龍身)	신보다 한 단계 아래인 용
	㉗ 야차신(夜叉身)	대다수 귀신을 총칭
	㉘ 건달바신(乾達婆身)	음악과 무용의 신
	㉙ 아수라신(阿修羅身)	호전적인 악신
	㉚ 가루라신(迦樓羅身)	창해의 용을 잡아먹는 날짐승의 왕; 금시조
	㉛ 긴나라신(緊那羅身)	반인반마의 형상을 한 음악의 신
	㉜ 마후라가신(摩睺羅伽身)	사찰을 수호하는 커다란 뱀을 신격화한 모습
⑧ 집금강신 (執金剛身)	㉝ 집금강신(執金剛身)	금강역사라고도 함. 손에 금강저를 잡고 부처님 주위에 서서 불법을 파괴하는 자를 무찌른다

페르시아 조로아스터교의 성스러운 물의 여신인 아나히타(Anahita)는 죽음과 같은 사막에서 사람들에게 생명의 물을 주는 구원의 여신이었다.

　이 여신이 간다라에 전파되어 관음(觀音)이 되고, 다시 인도에서는 토착종교의 고대 신들을 불교의 신으로 수용하여 7관음을 형성하였다.

　이로써 관음의 본신인 성관음(聖觀音) 그리고 그 능력과 구제소관에 따른 6변화신인 6관음이 형성된 것이다.

본신(本身): 관음 본래의 모습	
❶ 성관음(聖觀音) Aryavalokitesvara 아리야발로키테스바라	지옥도을 능히 제도하심. 본래의 관음(本然觀音)으로 후세에 성립된 다른 관음과 구별하기 위해 성(聖; Ary-)란 접두어를 붙인 것이다. 결가부좌를 하고, 왼손을 펴서 가슴에 대고 오른손에는 연꽃을 들고 있으며, 보관(寶冠) 가운데 무량수불이 그려져 있다.

변화신(變化身): 관음보살의 능력과 구제소관에 따른 6변화신	
❷ 천수관음(千手觀音) 천수천안(千手千眼)관세음보살 Sahasrabhuja Avalokitesvara 사하스라부자 아발로키테스바라	아귀도를 능히 제도하심. 관세음보살의 대자대비의 가장 상징적 관음으로 일체중생의 소망을 속히 성취케 해주는 관음보살. 천 개의 자비로운 눈으로 중생을 살피고 천 개의 손으로 중생을 제도한다. 천수천안 27면(面)의 관음보살상으로 일반적인 천수상은 양쪽에 각각 20개가 있는데 손바닥마다 눈이 있으며 한 눈과 한 손이 각각 이십오유(二十五有; 중생이 나고 죽고 하는 세계의 종류)의 중생을 제도하므로 (25×40) 천수천안이 된다.
❸ 마두관음(馬頭觀音) Hayagriva Avalokitesvara 하야그리바 아발로키테스바라	축생도를 능히 제도하심. 가축류를 보호하는 보살이다. 머리에 말머리가 있는 것은 고대인도에서 전륜성왕이 탄 말이 사방을 달리며 모든 것을 굴복시키는 것처럼 생사의 대해를 누비면서 악을 굴복시키는 대위세력을 나타낸다. 성난 얼굴을 하고 있으며 보통 삼면으로 8개의 팔이 있다.
❹ 십일면관음(十一面觀音) Ekadasa-mukha Avalokitesvara 에카다사무카 아발로키테스바라	아수라도를 능히 제도하심. 11개의 얼굴의 모습과 표정을 가지고 있다. 고대인도 신화에 등장하는 폭풍의 신 루드라(Ludra)가 불교 보살의 하나로 수용된 것이다.
❺ 준제관음 Cundi Avalokitesvara 춘디 아발로키테스바라	인간도를 능히 제도하심. Cundi는 '청정'이라는 뜻으로, 모성을 상징하는 것이라고도 하며 『천수경』에는 칠구지불모(七俱胝佛母)대준제보살(7억 부처님의 어머니이신 준제보살님)로 나타나있다. 중생의 모든 재난을 없애주고 모든 일을 성취시켜 주고 목숨을 연장시켜 주며 지식을 얻도록 도와줌.
❻ 불공견삭관음(不空羂索觀音) Amoghapasa Avalokitesvara 아모가파사 아발로키테스바라	Amogha 「불공(不空); 헛되지 않은」, pasa 「견삭(羂索); 무기의 일종으로 고리가 달려있는 밧줄로 된 올가미」. 살생의 무기인 견삭을 자비를 베푸는 도구로 이용하여 생사의 고해(苦海)에 떠도는 중생을 건져 제도한다.
❼ 여의륜관음(如意輪觀音) Cintamanicakra Avalokitesvara 친타마니챠그라 아발로키테스바라	천상세계를 능히 제도하심. Cinta 「사유·소원」 mani 「진귀한 구슬」 cakra 「바퀴·영역」. 즉, 여의륜관음은 여의보주와 법륜을 지니고 자비와 지혜를 베푸는 보살이다. 전신이 황색이며 6개의 손은 6도의 구제를 의미한다.

「南舞 觀世音菩薩
南舞 觀世音菩薩
南舞 觀世音菩薩」
Namas Avalokitesvara!
Namas Avalokitesvara!
Namas Avalokitesvara!

◀ 성관음(聖觀音)
Aryavalokitesvara

▲ 천수관음(千手觀音)

Sahasrabhuja Avalokitesvara

▲ 마두관음(馬頭觀音)

Hayagriva Avalokitesvara

▲ 십일면관음(十一面觀音)

Ekadasa-mukha Avalokitesvara

▲ 준제관음

Cundi Avalokitesvara

▲ 불공견삭관음(不空羂索觀音)

Amoghapasa Avalokitesvara

▲ 여의륜관음(如意輪觀音)

Cintamanicakra Avalokitesvara

페르시아 조로아스터교의 성스러운 물의 여신 아나히타에서 기원한 관음보살은 간다라와 인도를 거치면서 7관음으로 발전되었으며, 그 후 동아시아에서 토착신앙과 당시의 관음신앙을 흡수하여 33관음이 형성되었다. 인도에서 33이란 무한을 뜻하는 수이다. 즉 33관음상이란 관음이 33가지 형상으로만 존재한다는 것이 아니라 중생들의 수많은 기원을 이루어주시기 위해 무한히 많은 모습으로 나타나신다는 의미인 것이다.

　불상조성의 지침서인『불상도휘(佛像圖徽)』에 그 다채로운 형상이 있다.

33 변화신의 이름	관음보살 상호(相好)의 특징	
❶ 양류관음(楊柳觀音)	왼손모습은 시무외인, 오른손은 버드나무 가지를 든 모습.	
❷ 용두관음(龍頭觀音)	구름 속에서 용을 타고 계시는 모습.	천룡
❸ 지경관음(持經觀音)	바위에 앉아 오른 손에 경전을 지니고 계신 모습.	성문
❹ 원광관음(圓光觀音)	몸 주변에 광명을 드리우고 바위나 연꽃에 앉아 있다.	
❺ 유희관음(遊戲觀音)	오색구름을 타고 법계에 노니는 모습.	보살
❻ 백의관음(白衣觀音)	흰옷을 입고 백련 위에 앉아 계시거나 서 계시는 모습.	비구 · 비구니
❼ 연와관음(蓮臥觀音)	연꽃 위에 결가부좌하고 합장하고 계시는 모습.	소왕
❽ 농견관음(瀧見觀音)	바위에 앉아 폭포수를 바라보고 계신 모습.	
❾ 시약관음(施藥觀音)	왼손은 무릎에 오른손은 뺨에 대고 연꽃을 보고 있다.	
❿ 어람관음(魚藍觀音)	큰 물고기를 타고 물로 떠오르는 모습.	나찰
⓫ 덕왕관음(德王觀音)	바위에 가부좌하시고 오른손에 버들가지를 든 모습.	범왕
⓬ 수월관음(水月觀音)	물위의 연꽃 위에서 물에 비친 달을 보고 계신 모습.	벽지불
⓭ 일엽관음(一葉觀音)	한 잎의 연꽃 위에 앉아 계시며 물위를 떠다니시는 모습.	관리 · 재관
⓮ 청경관음(靑頭觀音)	바위에 앉아 계시며 왼 쪽에 버들가지를 꽂은 병이 있다.	부처님
⓯ 위덕관음(威德觀音)	왼손에 연꽃을 들고 바위 위에 다리를 펴고 앉은 모습.	천대장군
⓰ 연명관음(延命觀音)	몸을 약간 돌려 땅 위에 앉아 계신 모습.	
⓱ 중보관음(衆寶觀音)	바위굴속에 바위 위에 앉아서 수행하시는 모습.	장자
⓲ 암호관음(岩戶觀音)	머리에 화불이 계시며 바위에 기대어 앉아 계신 모습.	
⓳ 능정관음(能靜觀音)	물가의 바위 위에 편안히 앉아 계신 모습.	
⓴ 아뇩관음(阿耨觀音)	바다 위의 바위에 앉아 계시며 바다를 보고 계시는 모습.	
㉑ 아마재관음(阿摩哉觀音)	바위나 사자를 탄 모습.	비사문
㉒ 엽의관음(葉衣觀音)	팔만사천의 공덕의를 입었다는 뜻의 관음의 모습이다.	제석천
㉓ 유리관음(琉璃觀音)	한 송이 연꽃 위에 서서 두 손으로 향로를 든 모습.	자재천
㉔ 다라존관음(多羅尊觀音)	구름을 타고 서 계시는 모습.	
㉕ 합리관음(蛤利觀音)	조개 가운데에 앉아 계시는 모습.	보살
㉖ 육시관음(六時觀音)	하루종일 중생을 생각하는 마음에 의하여 붙여진 이름.	거사
㉗ 보비관음(普悲觀音)	두 손을 옷자락 속에 넣고 바람 부는 언덕 위에 서 계심.	대자재천
㉘ 마랑부관음(馬郞婦觀音)	여자의 모습으로 한 모습.	부녀
㉙ 합장관음(合掌觀音)	연꽃 위에 합장하고 서 계신 모습.	바라문
㉚ 일여관음(一如觀音)	구름을 타고 공중을 날아다니는 모습.	
㉛ 불이관음(不二觀音)	두 손을 포개고 연잎을 타고 물에 떠 계시는 모습.	집금강신
㉜ 지련관음(持蓮觀音)	양손으로 한 연꽃을 들고 연 잎사귀 위에 서있는 모습.	동남동녀
㉝ 쇄수관음(灑水觀音)	왼손에는 발우를, 오른 손에는 버들가지를 든 모습.	

관세음보살 갤러리
AVALOKITESVARA BODHISATTVA GALLERY

① 양류관음(楊柳觀音)　② 용두관음(龍頭觀音)　③ 지경관음(持經觀音)　④ 원광관음(圓光觀音)　⑤ 유희관음(遊戲觀音)

⑥ 백의관음(白衣觀音)　⑦ 연와관음(蓮臥觀音)　⑧ 농견관음(瀧見觀音)　⑨ 시약관음(施藥觀音)　⑩ 어람관음(魚藍觀音)

⑪ 덕왕관음(德王觀音)　⑫ 수월관음(水月觀音)　⑬ 일엽관음(一葉觀音)　⑭ 청경관음(靑頸觀音)　⑮ 위덕관음(威德觀音)

⑯ 연명관음(延命觀音)　⑰ 중보관음(衆寶觀音)　⑱ 암호관음(岩戶觀音)　⑲ 능정관음(能靜觀音)　⑳ 아뇩관음(阿耨觀音)

㉑ 아마재관음(阿摩裁觀音) ㉒ 엽의관음(葉衣觀音) ㉓ 유리관음(琉璃觀音) ㉔ 다라존관음(多羅尊觀音) ㉕ 합리관음(蛤利觀音)

㉖ 육시관음(六時觀音) ㉗ 보비관음(普悲觀音) ㉘ 마랑부관음(馬郎婦觀音) ㉙ 합장관음(合掌觀音) ㉚ 일여관음(一如觀音)

㉛ 불이관음(不二觀音) ㉜ 지련관음(持蓮觀音) ㉝ 쇄수관음(灑水觀音)

　　부처님은 무진의보살의 질문에 답해 이미 말씀하신 것을 다시 시
로 다음과 같이 말씀하셨다.

　　"관세음보살의 이름을 듣고 모습을 보고,
　　오직 한 마음으로 염하는 자는
　　모든 괴로움에서 벗어날 수 있느니라.
　　불구덩이에 빠져도, 그 구멍은 연못이 되어 그 사람을 구하고
　　바다에서 표류하거나 수미산 위에서 떨어뜨려도,

　　법화경과 신약성서

도적의 습격을 받아도, 처형당하게 되거나 쇠사슬에 묶여도,
관음의 힘을 믿으면 난을 벗어나리라.
저주나 독약의 위험에서도 벗어나게 되리라.
아귀나 맹수의 습격, 벼락 등에서도 벗어나게 되리라.
관세음보살의 맑은 빛은 태양과 같은 지혜를 가지고
어둠을 없애고 온 세상을 비추리라.
모든 고뇌와 죽음 앞에서 인간이 의지할 수 있는 곳이
관세음보살이니라.
관세음보살은 모든 공덕을 갖추고
자비의 눈으로 사람을 보느니라.
그 덕은 바다보다 넓으니 땅에 머리 숙여 예배하라."

전통적인 교학자는 이 장의 골자를 *3비의三秘義: 이근원통/耳根圓
通 · 일심창명/一心唱名 · 개득해탈/皆得解脫로 설명하고 있다.

3비의(三秘義)
①이근원통/耳根圓通
②일심창명/一心唱名
③개득해탈/皆得解脫

이근원통이란, 중생이 관세음보살의 자비를 느끼고 그 이름을 외우면
그 울림소리에 응해 중생의 고뇌를 없애주는 것을 말하며, 일심창명이란,
관세음보살을 계속 마음 속에 염하면 관세음보살과 하나가 되는 경지에 이
르는 것을 말하며,
끝으로 개득해탈
이란 열심히 관세
음보살을 창唱함으
로써 모든 중생을
해탈로 이끌어나
가는 것을 말한다.

▲ 통도사 관음전벽화, 1725년 토벽에 채색

26장 다라니품(陀羅尼品)

Dharani, Protective Spells

요약 : 법화경 신자를 지키는 진언(眞言). 법화경 신자를 지키는 진언(眞言). 2 보살 · 2천왕 · 10 나찰녀가 다라니를 외워 법화경을 펴는 법사를 보호하겠노라고 서원한다. 다라니의 힘과 다라니를 번역하지 않는 5가지 이유를 설명

다라니(陀羅尼)
부처님의 가르침의 정수를 요약한 것(精要)으로 신비로운 힘을 가진 주문(呪文).

*다라니陀羅尼란 Sanskrit梵語/범어 'Dharani'를 음역音譯한 것으로 총지總持; 모든 이치가 다 갖추어져 있다라고 일컫는 진언眞言이다.

원 뜻은 '기억 속에 간직한다'는 뜻이지만 사실은 긴 경전의 문장의 요점을 간단한 문구로 정리하여 암기하는 수단으로 만든 짧은 문구이

다. 때로는 수행을 통하여 기억력을 강화하는 방법을 다라니라고도 한다.

「약왕보살본사품 제23」에서 일체중생희견一體衆生喜見보살이 과거불을 공양한 결과 다라니를 얻고 법화경의 본문을 청취할 수 있게 되었다. 즉 모든 말을 이해할

수 있는 기억력을 몸에 지니게 된 것이다. 「묘음보살품 제24」도 경문을 청취한 많은 보살들이 *삼매三昧: Samadhi/사마디와 다라니를 얻었다고 전하고 있다.

삼매
삼매경. 명상. 정신 집중. 수행의 한 방법으로 마음을 하나의 대상에만 집중하는 경지. 이 경지에서 바른 지혜를 얻고 대상을 올바르게 파악하게 된다.

삼매란 정신을 집중하여 특수한 보살의 체험을 하는 일로 그 방법과 내용은 다양하다. 다라니와 삼매는 보살의 능력으로 「보현보살권발품 제28」에 밝혀진 바에 의하면, 후세에 있어 법화경을 암송하는 법사가 경의 문구를 잊고 당황할 때 보현보살普賢菩薩: Bodhisattva Samantabhadra/보디사트바 사만타바드라이 나타나 다라니와 삼매를 준다고 되어있는데, 여기서 삼매는 정신 통일이고 다라니는 기억술을 말한다.

한 때 약왕보살藥王菩薩: Bhaishajya-raja/바야샤즈야-라자: Bodhisattva Medicine King이 일어나 부처님께 합장하고 나서 물었다.

"법화경을 독송하는 자에게는 어떠한 공덕이 있사옵니까?"

부처님께서 가르쳐 답하셨다.

"그대는 800억 *나유타(那由他: nayuta) 만큼의 많은 부처를 공양하는 공덕이 매우 크다는 것을 알고 있겠지만, 이 경의 한 구절이라도 수지 독송하는 공덕은 그보다 더 크니라."

▲ Sanskrit Dharani 經文, Tibet 박물관 소장

나유타(那由他)
인도의 수량 단위(1060). 보통은 헤아릴 수 없이 큰 단위라는 뜻.

그 말을 들은 약왕보살은 감격하여 말하였다.

"그럼 저는 법화경의 설법자에게 다라니의 주술을 주어 그 사람을 지키겠사옵니다. 이 주문(呪文)은 수억의 부처가 설한 것이니까요."

▲ 석존에게 다라니를 고하는 보살과 호법존

그리고 나서 그는 다라니陀羅尼; dharani *주呪; protective spells를 외웠다. 이어서 *용시보살勇施菩薩이 일어나 말하였다.

"부처님이시여, 저도 법화경을 수지 독송하는 사람을 지키기 위하여 다라니를 설하겠사옵니다. 만일 법사가 이 다라니를 얻으면 어떠한 마귀라도 그 법사를 이겨내지는 못할 것이옵니다."

그리고 나서 그도 다라니주陀羅尼呪를 외웠다.

이어서 사천왕四天王; the Four Devas 중 가장 중심이 되는 *비사문천왕毘沙門天王; Vaisravana/바이슈라바나; 多聞天王/다문천왕이 일어나 다라니주를 외우고 다음과 같이 맹세하였다.

"부처님이시여, 이 신주(神呪)로 법사를 지키겠사옵니다. 그리고 백 유순(*由旬; Yojana/요자나)이라는 넓은 지역을 아무 고통도 없는 곳으로 만들겠사옵니다."

여기에 이어서 지국천왕持國天王도 일어나 다라니주를 외우고 법사를 지키기로 맹세하였다.

법화경과 신약성서

사천왕(四天王; the Four Devas)

세계 중심의 수미산(須彌山) 중턱에 살며 위로는 제석천(帝釋天)을 섬기고 사방 사주, 즉 동승신주, 서우화주, 남섬부주, 북구로주를 지키고 불법(佛法)을 수호하는 4호법신. 사천왕상은 4세기경에 성립한 금강명경과 관정경을 토대로 하여 조형화 되기 시작했다.

Lord of the North
비사문천왕(毘沙門天王)
Vaisravana

vai「두루」, sravana「듣다」의 합성어. 「불법을 널리 듣는다」는 뜻으로 다문천(多聞天)이라고도 함.

Lord of the East
지국천왕(持國天王)
Dhritarashtra

dhri「유지하다」, tara「수호자」, rashtara「국가(nation)」의 합성어. 불국토를 유지한다는 뜻.
Watcher of the Lands

Lord of the West
광목천왕(廣目天王)
Virupaksha

「추한 눈, 악한 눈(Ugly Eyes or Evil-Eye)」이란 뜻으로, 눈을 부릅떠 위엄으로써 악을 물리친다.

Lord of the South
증장천왕(增長天王)
Virudhaka

「늘어나다, 확장되다(增長)」의 뜻.
Sprouting Growth

이어서 *10명의 나찰녀羅刹女; female rakshasas와 귀자모신鬼子母神; Hariti/하리티; the Baby Snatcher/유아유괴범과 그 일족이 부처님 앞에 나타나 이구동성으로 법화경의 행자를 수호하기를 맹세하고 다라니주를 외웠다. 그리고 말하였다.

"어떠한 악마가 나타나도, 비록 그것이 꿈속일지라도 법화경 설법자를 괴롭히는 일이 없도록 하겠사옵니다. 만일 이 다라니주(dharani)를 따르지 않고 설법자를 괴롭히는 자는 *아리수(阿利樹; arjaka tree(Skt.); basil)의 나뭇가지처럼 머리가 7개로 갈라질 것이옵니다."

십나찰녀(十羅刹女)
10명의 여자 식인귀.

아리수

basil(바질)열대원산 꿀풀과. 열대에서는 줄기가 목질화되는 여러해살이 반관목이다. 약용·향미료.

이에 대하여 부처님은 나찰녀들을 격려하여 말씀하셨다.

"『묘법연화경』이라는 이름만을 외우고 수지해도 그 복은 무한히 크며 법화의 행자를 수호하는 공덕은 더욱 크니라."

이와 같이 부처님께서는 다라니에는 병을 치료하는 힘, 법을 보호하는 힘, 죄를 소멸시키는 힘, 그리고 깨달음을 얻게 하는 힘이 있음을 밝히심으로써 다라니를 수지 · 독송하는 공덕을 쌓도록 격려하신 것이다.

여기서 나찰녀와 함께 나타난 귀자모신은 인도의 민간신앙의 대상으로도 널리 알려져

▲ 보현보살과 십나찰녀
Guimet Museum, France

있었는데 *의정삼장義淨三藏: 635~713이 쓴 『남해기귀전南海奇歸傳』에는 인도 사람들이 불교사원에서 그녀의 상을 모셔놓고 아이를 갖게 해달라고 비는 내용이 기록되어 있다.

한역불전漢譯佛典에 의하면 귀자모신은 500명의 애를 낳고 길렀으나 인간의 아이를 잡아먹기도 하였다.

부처님이 그녀를 교화하기 위해 그녀의 막내 아이Aiji/아이지를 감추자 그녀는 슬피 울었다. 이때 다른 부모의 슬픔을 상기시켜 그녀를 교화하여 불교를 믿게 하였다고 전하고 있다.

그녀는 불교에 귀의하여 유아보호의 서원誓願을 하였다. 그 후 그녀는 안산安産과 유아를 보호 · 양육하는 선신善神이 되었다.

의정(義淨)
당나라 학승으로 20년 동안 인도 등지를 여행한 후 경전을 들여와 번역에 종사함. 인도여행기 『남해기귀내법전(南海寄歸內法傳)』는 7세기 후반의 인도 · 동남아시아의 불교 사정과 사회상을 기록한 귀중한 자료이다. 법현의 불국기, 현장의 대당서역기와 더불어 세계적 불교유적 순례 기행문이다.

▲ 하리티와 그녀의 남편 판치카(Pancika, left) 3세기, Takht-i Bahi, Gandhara 출토, British Museum 소장

앞의 「약왕보살본사품 제23」 이후의 5장은 일승묘법의 유포를 권장하는 교설이지만 여기서는 실제로 유포하는데 있어서 부딪치게 될 여러 가지 박해나 재난을 5선신五善神이 다라니주로 지켜준다는 것을 밝히고 있다.

다라니를 번역어로 바꾸지 않는 것은 그것이 불가능하기 때문인데, 당나라 *현장삼장玄奘三臟: 602~664은 그 이유로 *5종불번五種不飜을 들고 있다.

❶ 다라니는 비밀의 법이므로 번역하면 신비성과 미묘성이 줄어들기 때문에 번역할 수 없다/비밀고불번秘密故不飜.

❷ 그 의미가 너무 다양하기 때문에 번역하면 그 뜻이 손상된다/다함의고불번多含意故不飜.

❸ 다라니는 인도 고유의 것으로 당나라에서는 그 예가 없으므로 번역이 불가능하다/차방무고불번此方無故不飜.

❹ 오랜 사용으로 거의 토착어가 되어 사람들이 그 뜻을 알 수 있기 때문에 번역하지 않는다/순고고불번順古故不飜.

❺ 다라니에는 제불보살의 불가사의한 위신력이 깃들어 있으므로 번역하지 않고 원음대로 읽는 것이 더 바람직한 역할을 하게 된다/존중고불번尊重故不飜.

현장(玄奘)

중국 당나라의 고승(高僧)으로 인도 나란다 사원에 들어가 계현(戒賢; 시라바드라) 밑에서 불교 연구에 힘썼다. 이후 중국으로 돌아와 인도 여행기인 『대당서역기(大唐西域記)』를 저술함. 서유기에 등장하는 삼장법사로 유명하다.

5종불번(五種不飜)
다라니를 번역할 수 없는 5가지 이유.
① 비밀고불번
　/秘密故不飜
② 다함의고불번
　/多含意故不飜
③ 차방무고불번
　/此方無故不飜
④ 순고고불번
　/順古故不飜
⑤ 존중고불번
　/尊重故不飜

법화경은 우주의 통일적 진리이므로 그 신앙자는 전 우주에 의해 사랑 받고 보호를 받는다.

약왕보살의 주문에는 평화 · 청정 · 평등 · 해탈 등 법화경의 본질과 연결되는 말이 내포되어 있고, 용시보살의 주문에는 선 · 환희 · 가르침에의 안주安住등 마음의 세계가 내포되어 있고, 비사문천의 주문에는 중생에게 자비를 베푸는 내용이 포함되어 있고, 지국천의 주문에는 기도의 힘이 내포되어있다.

또한 법화경은 귀녀鬼女들을 포함한 모두를 깨달음에의 길로 이끄는 힘이 있음을 보여주고 있다. 귀녀들은 다음과 같은 싯귀를 외웠다.

설법자에게 해를 가하는 자는
그 머리가 난향(蘭香)의 화방(花房)처럼 7개로 갈라질 것이다.
설법자에게 해를 가한 자는
부모를 죽인 자와 똑같은 보복을 받게 될 것이다.
설법자에게 해를 가한 자는
깨를 터뜨리는 자와 똑같은 보복을 받게 될 것이다.
설법자에게 해를 가하는 자는
저울눈을 속이는 자와 똑같은 보복을 받게 될 것이다.

여기서 머리가 7개로 갈라진다는 표현은 인도의 고전 『*라마야나 Ramayana』에도 나오고 대승과 소승의 불전에도 나타난다.

중대한 죄를 지은 자에게 바로 내리는 벌로 7이란 많다는 뜻이다. 우선 부모를 죽인 죄는 당시 가장 무거운 죄가 된다.

또 깨를 터뜨리는 자에 대한 것은 깨를 보존하면 거기에 벌레가 생기게 되는 경우와 관련시켜서 한 말이다. 깨를 눌러 터뜨려 기름을 짜내면 많은 벌레가 죽게 되기 때문이다.

*마하가섭摩訶迦葉: Mahakashyapa/마하카샤파은 부농의 집에 태어

라마야나
BCE 11~BCE 2세기경 성립한 고대 인도의 산스크리트로 된 대서사시로 『마하바라타(Mahabharata)』와 더불어 세계 최장편의 서사시. BCE 3세기 시인 발미키(Valmiki)가 편저. 작품내용은 코살라국의 왕자인 라마의 파란만장한 무용담을 주제로 하는 세련된 문체의 일대 서사시로 후세의 문학, 종교, 사상에 큰 영향을 주었다.

가섭(迦葉)

석가모니의 10대 제자 중 한 사람. 석가의 입멸 후 제자들의 집단을 이끌어 가는 영도자 역할을 하여 '두타제일(頭陀第一)'이라 불린다.

낳으나 참기름을 짜고 그 살생
을 후회하여 부인과 함께 출가
하였다.

또한 여기서 저울눈을 속이
는 자는 악덕상인을 말한다.

이「다라니품陀羅尼品 제26」
이 설해졌을 때 6만8천의 중
생이 *무생법인無生法忍: the
truth of birthlessness을 얻게 되었다.

▲ 라마야나의 한 장면

그것은 모든 존재는 본래 불생불멸이라는 것을 확신하는 일로, 보
살 수행과정의 한 단계이다. 특히 귀자모신이 부처님의 가르침에 감
화하여 불교에 귀의한 것은 종교적 정화의 본질을 보여주고 있는 것
이다.

도덕은 선악 대립의 내부에 존재하며 악을 없애고 선을 간직하는
것이 도덕에 의한 정화다. 도덕이 선악 대립의 상대적 세계에 있는
한, 선악의 갈등 속에서 벗어나기 어렵고 악이 일시적으로 소멸된다
할지라도 다시 나타나게 마련이다. 그리고 악을 없애도 악인을 구하
는 것은 도덕적 입장에서는 불가능하다.

선악이 대립하는 상대적 입장을 부정적으로 초탈하여 선악의 대립
을 넘어선 종교적 입장에 입각해야 한다. 독약도 그 용도에 따라 약이
될 수 있다. 도덕적 악조차도 선악의 피안에서 종교적 입장에 설 때는
그 악성이 상실되는 것이다.

무생법인(無生法忍)
일체의 것이 불생불멸
임을 인정하는 것으
로, 모든 사물에 불성
이 있음을 의미한다.
진리를 깨닫는 3종류
의 지혜, 즉 삼법인(三
法忍)의 하나이다.
법인(法忍)은 진리를
깨닫는 지혜, 신인
(信忍)은 신심에 의
해 얻는 지혜, 순인
(順忍)은 진리에 순
종하는 지혜를 말하
는데, 이 중 법인을
말한다.

27장 묘장엄왕 본사품(妙莊嚴王本事品)
The Former Deeds of King Wondrous Splendor

요약 : 이교도인 묘장엄왕이 두 아들의 설득과 감화를 받아 부처님께 귀의하여 법화경 신자로 전향하는 본사(本事; 전생담)를 설하고 있다. 가정의 신앙 문제를 다루고 선지식의 중요성을 언급함.

세존께서 아득한 옛날 운뢰음숙왕화지불雲雷音宿王華智佛; Tathagata Rhan Samyaksambuddah; Thunder Cloud Sound Constellation King Flower Wisdom 때의 묘장엄왕妙莊嚴王; Subhavyuha-raja/수바비유하-라자; King Wonderful Adornment에 대한 이야기를 하겠다고 말씀하셨다.

묘장엄왕에게는 정덕淨德; Vimaladatta/비말라다타; Pure Virtue이라는 왕비와 정장淨藏; Vimalagarbha/비말라가르바; Pure Storehouse · 정안淨眼; Vimalanetra/비말라네트라; Pure Eyes이라는 두 왕자가 있었다. 두 왕자는 열렬한 불교신자로 오랫동안 수행을 쌓아 신통력과 지혜를 얻기 위한 모든 실천법을 몸에 지니고 있었다.

그 나라의 부처님 운뢰여래雲雷如來는 묘장엄왕을 교화하여 백성들을 구제하기 위하여 법화경을 설하였다.

법화경과 신약성서

묘장엄왕의 두 아들은 어머니 정덕부인에게 법화경을 들으러 함께 가자고 권하였다.

어머니는 '부왕이 불교가 아닌 외도外道: *Bramanism; 婆羅門敎/바라문교의 가르침을 믿고 있으니 부처님의 가르침을 들으러 가는 것을 허락해 주지 않을 것이다.'라고 말하였다.

두 아들은 어떠한 인연으로 이러한 집안에 태어났을까 하고 실망하자 어머니는 부왕 앞에서 기적을 일으켜 보이면 그도 신앙심이 생겨 부처님의 가르침을 들으러 갈 것이라고 하였다.

브라만교
BC 1500년경 인도 아리아인의 침입 후 불교 이전에 브라만 계급을 위주로 『베다』를 근거로 하여 생성된 민족종교. 후에 힌두교로 발전됨.

이에 두 아들은 아버지 앞에서 허공을 날기도 하고 멈추기도 하고 또 발끝에서 불과 물이 솟아나게 하기도 하고 허공 가득히 몸을 신장했다가 바로 콩알처럼 작은 몸이 되기도 하고 땅 속에 들어갔다가는 다시 땅 위로 나와 허공을 날기도 했다.

이러한 기적을 본 왕은 놀라서 자기의 두 아들을 향해 합장을 하곤 '어디서 그러한 신통력을 배웠느냐'고 묻고 자기도 그러한 스승에게 안내해 달라고 부탁하였다.

▲ 부왕에게 기적을 보이는 두 왕자

묘장엄왕은 수많은 부하를 이끌고 왕비도 수많은 시녀를 거느리고 두 왕자의 안내로 운뢰여래雲雷如來에게 가서 세 번 부처님의 주위를 돌고 예배한 후 가르침을 청하였다.

법화경을 듣고 기쁨에 넘친 묘장엄왕은 부처님께 아뢰었다.

"저의 두 아들은 불교의 지혜로 신통력을 써 기적을 나타냈습니다. 지금까지 저는 신통력을 얻는 것만을 목적으로 삼고 살아왔으나 두 아들이 저를 헤매임에서 깨어나게 하여 불법으로 이끌어 주었습니다. 두 아들은 저를 불교도로 만들기 위하여 저희 집에 태어난 것입니다."

이 말을 듣자 부처님은 말씀하셨다.

"정말로 두 왕자는 대왕을 『법화경』으로 이끌기 위하여 대왕의 왕자로 태어난 것이오. 두 아들은 이미 2,500 만 억 이상의 여러 부처를 모시고 법화경을 실천하고 중생을 불법으로 이끌어 왔소."

이처럼 두 왕자의 본신을 밝힌 후 부처님은 이렇게 말씀하셨다.

"묘장엄왕은 여기에 있는 화덕(華德)보살이고, 정덕부인은 조금 전 이곳에 온 광조장엄상보살(光照莊嚴相菩薩)이고, 그 당시의 두 왕자는 여기에 있는 *약왕보살(藥王菩薩; Bhaishajya-raja/바이샤즈야-라자; Bodhisattva Medicine King)과 약상보살(藥上菩薩; Bhaishajya-samudgata/바이샤즈야-사무드가타; Bodhisattva Medicine Superior)들이니라. 이 세상에서 보살이 되는 자는 누구나 전세에 이 두 왕자처럼 법화경을 펼친 자이니라.

여기에 있는 사람들도 열심히 법화경을 지니고 펼쳐야 하며 그 이유는 이 이야기를 통해 충분히 이해하리라 믿는다."

두 왕자는 신통력과 지혜를 갖추고 보살의 수행을 쌓았다. 즉, 육바라밀六波羅密과 사무량심四無量心을 지니고, 깨달음을 얻기 위한 수행 방법인 *37보리분법三七菩提分法을 익히고 법화삼매法華三昧에도 능통하였다.

불교에서는 중생을 신앙으로 이끌기 위해 필요한 때에는 기적을 행하였는데 이러한 기적에 대한 일화들은 후에 성립된 다른 종교에도 영감을 주었다. *아라한阿羅漢; 羅漢/나한; arhan(pal); arhat(skt)의 위치에 이른 자는 기적을 행할 수가 있다. 부처님도 외도外道들 앞에서 이 두 왕자와 똑같이 *사위성舍衛成;Sravasti/슈라바스티의 기적the

약왕보살 · 약상보살

중생들의 심신의 병고를 고쳐주는 보살. 약왕보살은 제세적 보살이며 약상보살은 구인적 보살이다.

산스크리트 어휘

bhaishajya
「약(藥)」
raja「왕(王)」
samudgata
「상(上)」

37보리분법

깨달음을 얻기 위해 수행하는 37가지의 방법≪p480 참조≫

아라한(阿羅漢)

소승(小乘)의 수행자들. 즉 성문승(聲聞乘) 중에서 최고의 경지에 오른 이. 온갖 번뇌를 끊고, 사제(四諦)의 이치를 깨달은 공덕을 갖춘 성자를 이른다. 나한(羅漢)이라고도 함.

법화경과 신약성서

슈라바스티(Sravasti)
고대 인도의 도시.
석가(釋迦)시대 갠지
스강 유역의 강국이
었던 코살라(Kosala)
국의 수도로 북인도
의 교통과 상업의 요
지였다. 성 밖에는
석가가 머물렀던 기
원정사(祇園精舍)가
있다.

Divyavadana(Khuddaka-nikaya/소부의 불교 설화문학)에 따르면 이교도교단이 신통력으로 도전하고 코살라국의 프라세나지트왕도 요청하자 수도 슈라바스티에서 신통력을 보였다.

부처님이 씨앗을 과실 달린 나무로 바꾸고, 몸이 나누어졌다가 합치는 천불화현 등이 "신통력의 향연"의 결과로 수많은 대중들이 붓다 가르침의 진리를 믿게 되었다.

Miracle of Sravasti을 일으킨 이야기가 경전에 나타나 있다.

두 왕자는 출가出家를 원했다. 재가在家하면서 보살의 수행을 완성하였으나 여기서는 출가 우선의 사상이 나타나 있음을 알 수 있다.

부처님께서 깨달음을 얻고 고향에 돌아와 아들 라훌라羅候羅: Rahula를 출가시켰으나 부처님의

▲ 부처님 당시 코살라(Kosala)국의 수도였던 슈라바스티(Sravasti)의 성터

아버지인 정반왕淨飯王: Suddhodana/슈도다나: Pure Rice King은 이 때문에 몹시 괴로워하였다. 왕은 부처님에게 앞으로는 친권자의 허가 없이 미성년자를 출가시키지 말아달라는 부탁을 하였는데, 이것이 승단의 규정이 되었다는 기록이 있다.

옛날 이야기 속의 인물과 현재의 인물을 연결하는 것이 *본사本事: itivittaka/이티비타카라는 이야기 형식의 특색인데 이 점은 본생담本生談: Jataka/자타카에서도 마찬가지다.

본생담의 형식은 우선 부처님의 사건을 말하고 그것과 같은 사건은 과거에도 있었음을 말해주어 결국 과거의 인물과 현재의 인물을

본사(本事)
불제자들의 과거생의 인연을 설하신 내용.

본생담(本生譚)
부처님 전생기. 또는 석가의 전생의 생활을 묘사한 설화.

◇ 6바라밀(六波羅密)

 : 깨달음에 도달하기 위한 여섯 가지의 수행의 도를 말한다. 바라밀이란 혼미한 차안(此岸)에서 깨달음의 피안(彼岸)에 도달한다는 의미.≪P78 참조≫

 ❶ 보시(布施) ❷ 지계(持戒) ❸ 인욕(忍辱)

 ❹ 정진(精進) ❺ 선정(禪定) ❻ 반야(般若)

◇ 4무량심(四無量心): 관세음보살이 얻은 네 가지의 무량한 마음

 ❶ 자(慈): 남을 돕는 마음

 ❷ 비(悲): 남의 고통을 없애주는 마음

 ❸ 희(喜): 남의 행복을 기뻐하는 마음

 ❹ 사(捨): 모든 것을 차별하지 않는 마음

◇ 37보리분법(三七菩提分法; 37助道品/조도품)

 : 깨달음을 얻기 위해 수행하는 37가지의 방법≪P79 참조≫

 ❶ 4념처(四念處):

　　1) 신념처(身念處) － 몸은 부정하다는 관

　　2) 수념처(受念處) － 수(受)가 고통이라는 관

　　3) 심념처(心念處) － 마음은 무상(無常)하다는 관

　　4) 법염처(法念處) － 모든 법이 무아(無我)라는 관

 ❷ 4정근(四正勤):

　　1) 율의단(律儀斷) － 아직 생기지 않은 악을 끊기 위해 힘씀

　　2) 단단(斷斷) － 이미 생긴 악을 끊기 위해서 힘씀

　　3) 수호단(隨護斷) － 호법을 위해 악을 예방하며 선에 힘씀

　　4) 수단(修斷) － 이미 생긴 선을 잘 키우는 것

 ❸ 4신족(四神足; 如意足): 뜻하는 대로 힘을 얻기 위한 4가지 기반

　　1) 욕신족(慾神足) － 신통을 얻으려는 노력의 기반

　　2) 정진신족(精進神足) － 정진의 힘으로 선정을 얻으려는 노력의 기반

　　3) 심신족(心神足) － 마음의 힘으로 선정을 얻으려는 노력의 기반

　　4) 사유신족(思惟神足) － 사유에서 생긴 선정을 얻으려는 노력의 기반

❹ 5근(五根): 깨달음을 얻기 위한 5 가지 능력, 근기(根基)를 말한다.
  1) 신근(信根)　　　 – 믿음의 기능
  2) 정진근(精進根)　– 노력의 기능
  3) 염근(念根)　　　 – 마음 챙김의 기능
  4) 정근(定根)　　　 – 사마디로 4 선정을 이루는 것
  5) 혜근(慧根)　　　 – 지혜의 기능으로 4성제(四聖諦)를 아는 것

❺ 5력(五力): 활동 그 자체로 수행의 중요성을 말함
  1) 신력(信力)　　　 – 믿음의 힘
  2) 정진력(精進力)　– 정진의 힘
  3) 염력(念力)　　　 – 마음 알아차림의 힘
  4) 정력(定力)　　　 – 마음 집중의 힘
  5) 혜력(慧力)　　　 – 반야, 즉 지혜의 힘

❻ 7각지(七覺支): 듣고 되새기며 평온을 찾았다고 한다.
  1) 염각지(念覺支)　　 – 사념처 등 바른 견해를 유지하는 것
  2) 택법각지(擇法覺支) – 모든법을 가려 선은 취하고 악은 버리는 것
  3) 정진각지(精進覺支) – 선법을 부지런히 닦음
  4) 희각지(喜覺支)　　 – 맑은 기쁨의 감정을 얻는 것
  5) 제각지(除覺支)　　 – 심신이 편안하고 가벼운 상태
  6) 정각지(定覺支)　　 – 마음이 평온하고 번뇌망상이 생기지 않는 경지
  7) 사각지(捨覺支)　　 – 마음이 흔들리거나 치우치지 않는 선정의 경지

❼ 8정도(八正道): 멸에 이르기 위한 8가지의 바른 길
  1) 정견(正見)　　　 – 바른 견해(사물의 진실을 바로 보는 마음의 눈)
  2) 정사유(正思惟)　– 바른 생각(정견에 의해 편견 없이 생각하는 것)
  3) 정어(正語)　　　 – 바른 말(진실하고 남에게 이로움을 주는 말)
  4) 정업(正業)　　　 – 바른 행동(보시, 방생, 자비희사의 실천행)
  5) 정명(正命)　　　 – 바른 생활(올바른 직업)
  6) 정정진(正精進)　– 바른 노력(올바른 이상을 향하여 꾸준히 노력함)
  7) 정념(正念)　　　 – 바른 마음의 수행(변화에 대처하여 흔들림이 없음)
  8) 정정(正定)　　　 – 바른 집중(번뇌, 망상이 없는 무념무상의 상태)

연결한다.

그러나 「묘장엄왕 본사품 제27」에서는 현재의 사건에 대한 언급을 생략하고 바로 옛날 이야기부터 시작한다.

법화경 전체를 통독하다보면 다보여래多寶如來, 과거불의 회고, 미래불의 *수기受記; vykarana/비카라나, 석가모니불의 본체·분신·수명이나, 다라니 등 밀교적 요소 등 여러 가지 주제가 얽혀 있음을 알게 된다.

법화경은 수많은 주제를 담은 거대한 체계로 처음부터 순서를 더듬어 읽어나가면 몇 개의 주제가 나타났다가는 사라지며 다른 주제와 교차된다.

「묘장엄왕 본사품 제27」은 아들에 의한 아버지의 교화가 중심 주제가 되어 있다. 보통은 부모가 자식을 이끄는 법인데, 여기서는 그 반대逆/역로 되어 있다.

그것은 부처님의 가르침이란 부모와 자식의 상하관계를 넘어선 보편성에 입각한 가르침이며 법의 가르침의 절대성에는 그러한 질서를 초월한다는 것을 뜻하는 것이다.

종교의 세계는 절대의 세계로 세속적이고 일상적인 자기가 죽고 새로운 생명으로 태어날 때 열리는 세계이다. 그러나 자아중심의 생활에 몰두하는 보통사람에게 있어서 종교의 세계를 이해하는 일은 쉬운 일이 아니다.

법화경은 이러한 종교적 진실의 세계를 나타내기 위하여 몽환적夢幻的·상징적象徵的 방법方法을 쓰고 있는 것이다. 따라서 경전의 문자보다는 그 속에 숨어있는 진실을 파악해야 한다.

진실을 아는 어려움을 여기서는 *우담바라優曇婆羅; Udumbara 그리고 외눈이 거북과 부목浮木의 구멍에 비유하고 있다.

수기
부처로부터 다음 세상에는 깨달음을 얻어 부처님이 되리라는 것을 예언(豫言)하는 것을 수기라 한다.

우담바라
여래(如來)나 전륜성왕(轉輪聖王)이 나타날 때만 핀다는 상서롭고 신령스러운 상상의 꽃.

우담바라는 3000년에 한 번 피는 상서롭고 신령스러운 꽃이다. 외눈이 거북이란 모든 소승경전을 네 가지로 나눈 사아함경四阿含經 중의 하나인『잡아함경雜阿含經: Samyukta-Agama/사뮤타아가마 15』에 나오는 이야기로, 바다에 한 마리의 외눈이 거북이 있어 100년에 한번 수면에 떠오르는데 이때 우연히 바다에 떠다니는 하나의 구멍 뚫린 나뭇조각과 마주치게 되어 그 구멍에 거북의 목이 끼게 되는 희박한 가능성을 말한다猶如大海中 盲龜遇孚木/유여대해중 맹구우부목.

▲ 미륵보살님의 손에 피어난 우담바라

이 두 이야기 모두 부처님이나 진리와 만나는 일의 어려움을 비유로서 설명한 것이다.

우리는 일상생활에서 *무상無常: Anity을 자각하기 어렵고 우리의 존재 자체가 근본적으로 모순된다는 것도 알기 어렵다. 설사 머리 속으로는 알고 있어도 마음속으로 느끼기 어렵다. 이러한 무상 속에서 우리는 참된 자아가 무엇인가를 살펴볼 필요가 있는 것이다.

두 아들이 아버지를 위해 기적을 일으키는 장면은 상징적 · 희곡적 표현으로 아버지는 자식의 인간성 속에서 진실하게 사는 일의 가치를 발견하고 고요한 마음을 가지고 종교생활에 임하게 된 것이다.

일상생활의 괴로움과 즐거움 등 모든 정념의 세계를 초월한 청정한 세계에서 보살행을 하는 두 아들의 멋진 삶의 *에토스ethos에 감격한 것이다. 부처님의 가르침은 단순한 관념론이 아니라 실천에 의해 성취되는 이상의 나라임이 증명된 것이다.

여기서 우리는 아버지가 자식을 *선지식善知識: kalyamitra/칼리야미트라이라 부르고 자기를 이끌기 위해 자식으로 태어나 준 부처라고 고백한 점을 명심해야 할 것이다.

무상
범어(梵語) Anity ·의 역어. 세간의 일체법은 생멸천류(生滅遷流)하여 찰나도 상주(常住)하지 않는다는 뜻.

에토스(ethos)
지속적인 도덕적 성품 또는 윤리적 기품. 파토스(pathos: 일시적 情念 또는 激情)의 대립어.

선지식(善知識)
선종에서 수행자들의 스승을 이르는 말. 본래 박학다식하면서도 덕이 높은 현자를 이르는 말.

제3부 법화경의 세계

28장 보현보살권발품(普賢菩薩勸發品)
The Encouragement of Bodhisattva Universally Worthy

요약 : 법화경 설법이 끝날 무렵 보현보살이 법화경의 공덕을 찬탄하고 법화경을 널리 펼 것을 권하고 있다. 보현보살이 불멸 후 법화경의 수지 · 독송자를 흰 코끼리를 타고 와서 수호할 것을 서원한다.

보현보살普賢菩薩; Samantabhadra/사만타바드라; Bodhisattva Universally Worthy은 문수보살文殊菩薩; 文殊師利/문수사리; Manjusri; Bodhisattva of Wisdom과 나란히 부처님의 좌우에 자리잡고 계신 협시보살挾侍菩薩들이시다. 그러나 법화경에서는 차이가 있다.

예를 들어, 문수보살은 「서품序品 제1」 이래로 「제바달다품堤婆達多品 제12」·「안락행품安樂行品 제14」·「여래신력품如來神力品 제21」·「묘음보살품妙音菩薩品 제24」에 등장하지만 보현보살은 여기에 처음 등장하고 그나마도 묘음보살처럼 타방불국토他方佛國土에서 온 보살로 되어있다.

화엄경에는 문수 · 보현 양 보살이 함께 나타나는데, 문수보살은 지혜를 나타내고 보현보살은 이치와 선정禪定을 나타내고 있다.

▲ 석가모니 본존불과 협시보살
문수보살(좌협시)·보현보살(우협시)

보현보살(普賢菩薩) ▶
Samantabhadra (Skt.)
Bodhisattva Universal Worthy

대행을 상징하는 보살로서, 수행의 과덕 그 자체를 하나의 이상적 행원으로 승화시킨 것으로, 불교의 실천행의 상징이다.

석가여래불의 좌협시보살인 문수보살이 부처들의 지덕(智德)·체덕(體德)을 상징하는 한편, (부처님 입장에서 볼 때) 우협시보살인 보현보살은 이덕(理德)·정덕(定德)·행덕(行德)을 맡고 있다.

보현보살은 6아(牙; 어금니)의 백상(白象; 흰 코끼리)을 타고 사람들을 구제한다. 여기서 백상의 6개의 상아는 6바라밀(Sadparamita)을 상징한다.

사바세계(娑婆世界)
우리가 살고 있는 세계를 일컫는 말. 산스크리트 Saha(인; 忍)에서 유래한 것으로, 중생은 모든 번뇌를 인내하면서 살지 않으면 안되므로 인토(忍土)라고도 한다.

사법성취(四法成就)
제불호념(諸佛護念)
식중덕본(植衆德本)
입정정취(入正定聚)
발구일체중생지심
(發求一切衆生之心)

가피력
부처나 보살이 자비의 마음으로 중생을 이롭게 하려고 주는 힘.

보현권발普賢勸發이란 동방국토에서 온 보현보살이 법화경 설법자를 격려한다는 뜻이다.

아득하게 먼 동방의 세계에서 보현보살은 많은 제자를 이끌고 이 *사바세계娑婆/Saha 世界에 온 것이다. 이 보살은 신통력이 있고 위엄과 덕을 갖춘 분이라서 지나오는 도중의 나라 사람들은 기꺼이 하늘에서 꽃을 뿌리고 음악을 연주하였다.

보현보살이 영취산靈鷲山: 기사굴산: Griddhakuta Hill: Hill of Vultures: Vulture Peak의 부처님 곁에 와서 예배한 후 원을 말하고 질문하였다.

"저는 동방의 보위덕왕불(寶威德王佛)의 나라에서 법화경을 듣기 위하여 여기에 왔사옵니다. 부처님의 입멸 후 사람들은 어떻게 하면 이 경을 얻을 수 있겠사옵니까?"

부처님은 바로 그 원을 받아들였다.

일불멸후一佛滅後 법화경을 얻으려면 *사법성취四法成就를 해야한다고 하였다. 즉, 첫째 부처에게 보호받는 몸이 되고/제불호념諸佛護念, 둘째 선행善行을 쌓아야 하며/식중덕본植衆德本, 셋째는 그 선을 바르고 철저하게 실천해야 하며/입정정취入正定聚, 넷째로는 모든 중생을 구원하기로 결심하고 실천해야 한다/발구일체중생지심發求一切衆生之心고 하였다. 여기서 사법성취에 대해 좀 더 자세히 살펴보기로 하자.

첫째, 제불호념諸佛護念이란 우리는 언제나 부처님의 *가피력加被力, 즉 자비심의 보호를 받고 있다는 것이다. 자연과 인생의 모든 존재란 필연적으로 우리의 성장과 행복을 이루고 있으며 우리 인간

하나하나는 우주의 중심에 있고 우주의 보호를 받고 있다는 뜻이다.

둘째, 식중덕본植衆德本이란 모든 덕본을 삼는 것으로 이러한 진실을 몸으로 느낄 수 있는 사람은 인간의 마음 속에 있는 불성을 보고 개발할 수 있다. 그것은 일상생활의 정화이다.

도덕은 선악의 대립 속에서 악을 없애려고 하지만 그것이 갈등 속에서 움직이는 한 악은 일시적으로는 사라져도 또다시 생겨난다. 따라서 도덕적 정화는 상대성을 벗어나지 못하므로 인간을 정화할 수가 없는 것이다.

▲ 석존 앞에서 가르침을 찬양하는 보현보살

이에 대하여 참되게 살고자 하는 종교에 있어서는 인간이 스스로 도덕적이 될 수밖에 없다. 그것은 필연적인 것이다.

셋째, 입정정취入正定聚란 종교적 신념이 절대적인 것이 된 상태에 드는 것을 말하는 것이다. 우주의 통일적인 진리인 *일승묘법一乘妙法의 신앙을 가진 사람은 전체적으로 영원한 모습으로 인생과 세계를 보는 것이다.

이 세계와 인생은 영원의 부처가 보살행을 하는 곳으로 우리 자신도 부처님과 일체이며 끝없는 보살행을 통하여 기쁨을 느끼는 것이다.

인간이 우주의 중심에 있고 우주 전체로부터 사랑을 받고 있다는 것을 스스로 느낄 때 인간은 어떠한 사건에 부딪쳐도 자기의 참된 성장과 발전을 지속할 수 있는 것이다.

인생의 모든 사건이 자기에게 있어서는 자비행에 지나지 않는다는

일승묘법
보살도를 실천하여
성불에 이르는 묘법.

것을 실감할 때 우리가 하는 모든 일은 신뢰감과 행복감에 넘치게 되는 법이다.

넷째, 발구일체중생지심發求一切衆生之心이란 모든 중생을 구하는 마음이 생긴다는 것을 말한다. 이는 자기의 행복을 맛보는 즐거움을 가지게 되면 남을 위하고 구제하는 행동도 하게 된다는 것을 가르쳐 주고 있다.

우리가 부처님의 자비에 의해 살고 있다는 것을 자각할 때, 그리고 참된 역사형성의 사명감을 실감할 때, 비로소 남을 걱정해주거나 사회와 역사의 참된 발전을 이룩할 수 있는 것이다.

이처럼 종교적 진리는 우리 인간이 누구나 우주의 중심에 있고 모두 행복해지도록 부처님의 보호를 받고 있는 것이다. 이것이 바로 애자즉애타愛自卽愛他의 능력을 성장케 하는 것이며 사법성취四法成就의 목표인 것이다.

사법성취를 청문한 보현보살은 부처님의 입멸 후 법을 전하는 자를 돕기로 원을 세운다.

석존입멸 후 최초의 천년은 불법이 올바르게 지켜지는 정법正法의 시대이다/제1의 500년: 해탈견고시解脫堅固時, 제2의 500년 선정견고시禪定堅固時.

이 정법正法의 시대가 지나면 불교가 지켜지기는 하나 형식으로 흐르는 상법像法의 시대가 1000년 계속된다/제3의 500년: 다문견고시多聞堅固時, 제4의 500년: 다조탑사견고시多造塔寺堅固時.

이 상법의 시대가 지나면 물질문명이 지배하며 종교가 쇠퇴해 버리는 말법末法의 시대가 온다/제5의 500년: 투쟁견고시鬪爭堅固時.

석존입멸의 요약			
정법시대 (1000년)	I(500년) 해탈견고시	▶ 석존의 가르침을 따름 ▶ 교리의 정리·체계화 ▶ 불교의 전파
	II(500년) 선정견고시	▶ 대승불교의 발흥 ▶ 불법의 적극적 실천활동 ▶ 대승불교 교리의 발전
상법시대 (1000년)	III(500년) 다문견고시	▶ 발상지에서의 불교의 쇠퇴 ▶ 발상지에 밀교 출현 ▶ 불교경전의 비교연구 성행
	IV(500년) 다조탑사견고시	▶ 신앙의 외형적 표현에 치중 ▶ 많은 탑과 절이 세워짐 ▶ 동남아에서의 불사왕성
말법시대 (500년)	V(500년) 투쟁견고시	▶ 불법이 지켜지지 않음 ▶ 서양의 합리주의의 대두 ▶ 인류가 위기에 직면

?

법화경과 신약성서

이 시대에는 말 그대로 계戒/계율 · 정定/선정 · 혜慧/지혜 ＊3학學의 기본이 무너지고 싸움이 일어나고 사견邪見이 판치는 시대가 된다고 예언하고 있다.

부처님은 이처럼 밖에서 오는 재난을 말한 후 안에 있는 법을 가르친다. 진심으로 법화경을 믿는 자를 위해 보현보살은 6개의 상아를 가진 흰 코끼리를 타고 나타나 그를 지켜줄 것이다.

법화경을 수행하는 자가 그 한 구절을 잘못 알고 있을 때도 보현보살이 나타나 그것을 가르치고 설명해 줄 것이다.

삼칠일(三七日)
세이레(3×7일), 즉 21일.

후세 500세의 나쁜 시대에도 승려이든 재가신자이든 이 법화경을 ＊삼칠일三七日: 21일간 정진할 때 보현보살은 무량의 보살에 둘러 쌓여 스스로 나타나 법을 설하고 기쁨을 주고 그들의 마음의 동요를 없애도록 다라니주문을 외워줄 것이다.

이리하여 이 경전을 수지하는 사람은 탐貪/탐욕; attachment · 진瞋/노여움; anger · 치痴/어리석음; delusion에 사로잡히는 일이 없게 될 것이다.

6아(牙)의 흰 코끼리를 탄 ▶
보현보살과 10 나찰녀
Bodhisattva Samantabhadra
(Universal Virtue)
and Ten Female Rakshasas

이리하여 보현보살의 원을 받아들인 부처님은 이렇게 말씀하셨다.

"보현보살이여, 그와 같은 결의로 법화경을 수지하는 자를 보호하겠다고 약속해 주었는데 그 공덕은 무한하도다. 보현보살의 명호(名號)를 수지하고 *다라니(陀羅尼; dharani)를 외우는 자가 있다면 그는 부처님을 보게 되고 부처님께서 직접 법화경을 설하는 것을 들은 자와 똑같은 공덕이 있을 것이다.

보현보살이여, 이 법화경을 수지하는 자를 보면 그가 아무리 먼 곳에 있을지라도 바로 그를 만나러 갈지어다. 그리고 그에게 부처님을 대하듯 하고 부처님을 존경하듯 하라."

숙원을 이룬 보현보살을 비롯하여 부처님 주위의 영취산을 둘러싸고 있던 모든 신들·사람들·귀신들은 마음이 기쁨으로 가득 차 환희를 맛보며 각기 부처님께 예배한 후 돌아갔다.

다라니(陀羅尼)

석가모니 부처님의 가르침의 정수를 요약한 것(精要)으로, 신비로운 힘을 가진 주문(呪文).

▲ 불감(佛龕): 집이나 방에 모시거나 휴대할 수 있는 작은 형태의 불당.

인간으로서의 부처님은 이 세상을 떠나 열반에 들었으나 지금도 그 활동은 멈추지 않고 가르침을 설하고 천계天界사람들의 행복을 위하여 일하고 있다.

법화경과 신약성서

그 가르침은 태양의 빛처럼 하늘을 뚫고 땅을 비추어 우리를 가르치고 있다. 그 가르침 속에서 법의 몸으로서의 부처님의 모습을 볼 수가 있는 것이다.

그러나 마음이 순박하지 못하고 이기적인 사람에게는 하늘에 검은 구름이 걸려있는 것처럼 나쁜 상념에 사로잡혀 가르침의 빛을 받을 수 없게 되는 것이다. 그러므로 참된 삶이 무엇인지 모르기 때문에 다시금 그릇된 길을 걷게 되는 것이다.

우리는 이 가르침을 막는 검은 구름을 없애기 위하여 진심으로 부처님을 만나려는 염을 가지고 주위의 사람들을 생각해 주는 성실한 인간이 되도록 노력해야 할 것이다.

◀ 보현보살(普賢菩薩)
Bodhisattva Samantabhadra
보디사트바 사만타바드라
"자비로 깨달은 자 또는 모든 방면에 현명한 자". 비로자나의 영적 아들. 6개의 어금니를 가진 흰 코끼리 위에 앉은 젊은이로 묘사된다. 연꽃을 들고 있거나 두 손을 합장하고 있다.

|참|고|문|헌|

Amore, R. C.: Two Masters, One Message, Kuala Lumpur, 1985.

Aune, D. E.: Oral Tradition and the Aphorism of Jesus, 1991.

Baigent, M. and Leigh R.: The Dead Sea Scrolls Deception, Munich, 1991.

Bar-Adon P.: 「Another Settlement of the Judaen Desert Sect at Einel-Ghuweir on the Shores of the Dead Sea」, Bulletin of the American Schools Oriental Research, 277, 1977.

Beal, S.: Abstract of Four Lectures in Buddhist Literature in China, London, 1982.

Beckwith, R. T.: 「The Significance of the Calendar for Interpreting Essence Chronology and Eschatology」, Revue de Qumran, 38, 1980

Beneviste, E. A.: Dupont-Sommer, C. Calliat: 'Une inscription indo-araméenne d'Asoka provenant de Kandahar(Afghanistan). Journal Asiatique, 1966.

Bhandarkar, D. R.: Ashoka, Calcutta. University of Calcutta, 1955. 「Sambodhi in Ashoka's Rock Edict VIII」. Indian Antiquary, XL Ⅱ, 1913.

Bibby, G.: Looking for Dilmun. New York, 1969.

Bonani, G., M. Broshi, I. Carmi, S. Ivy, J. Strugnell, W. Wolfli: 「Radiocarbon Dating of the Dead Sea Scrolls」. Atiqot, 20, 1991.

Borg, M. J.: Conflict, Holiness and Politics in the Teachings of Jesus. New York, 1984.

Boyce, M.: A History of Zoroastrianism, Vol. Ⅱ. Leiden, Cologne, 1982.

Brech, J.: The Silence of Jesus, Toronto, n. d.

Brock S. P.: Some Syriac Accounts of the Jewish Sects.

Brown, W. N.: The Indian and Christian Miracles of Walking on the Water, Chicago, London, 1928.

Bruns, J. E.: Ananda: 「The Fourth Evangelist's Model for "the disciple whom Jesus loved"?」, Studies in Religion, 1973, 1974.
     The Christian Buddhism of St. John, New York, 1971.

Bunsen E. de: The Angel-Messiah of Buddhists, Essenes and Christians, London, 1880.

Burnouf. E.: La Lotus de la Bonne Loi Maisonneuve, 1973.

Caldwell, R.: A Comparative Grammar of the Dravidian or South-Indian Family of Languages, London, 1913.

Campbell, J.: The Hero with a Thousand Faces, New York, 1949.

Carlston, C.: 「Proverbs, Maxims and the Historical Jesus」, Journal of Biblical Literature, 99, 1980.

Charlesworth. J. H.: 「The Origin and Subsequent History of the Authors of the Dead Sea Scrolls: Four Transitional Phases among the Qumran Essenes」, Revue de Qumran, 10, 1980.

Charlesworth, M. P.: Roman Trade with India: A Resurvey. Studies in Roman Economic and Social History in Honor of Allan Chester Johnson, Princeton, 1951.

Chattopadhyaya, N.: Indische Essays, Zurich, 1883.

Chossan, J. D.: In Parables, New York, 1973.

d'Eypernon, T.: Les Paradoxes du Bouddhisme, Paris, 1946.

Dales, G.: 「Of Dice and Men」, Journal of the American Oriental Society, 88, 1968.

Dani, A. H.: The Historic City of Taxilla, Paris, 1986.

Daumas, F.: La Solitude des Therapeutes et les Antecedents Egyptiens du Monachisme Chretien, In Philon d'Alexandrie, Paris, 1967.

Dayal, H.: The Bodhisattva Ideal in Buddhist Sanskrit Literature, London, 1931.

De Hevesy, G.: 「The Easter Island and the Indus Valley Scripts」, Anthropos, 1938.

Delougaz, P.: Pottery form the Diyala Region, University of Chicago Oriental Institute Publication, Vol. LXIII, Chicago, 1952.

Driver, G. R.: The Judean Scrolls, Oxford, 1965.

Dulaurier, E.: 「Etudes sur la relation des voyages faits par les Arabes et les Persans dans l'Inde et á la Chine」, Journal Asiatique, IV serie, 1907.

Dupont-Sommer: 「Une nouvelle inscription araméenne d'Asoka trouvée dans la vallée du Laghman(Afghanistan)」 Comptes rendus des séances de l'Academie des Inscriptions et Belles Lettres. 1970.

Edmunds, A. J.: Buddhist and Christian Gospels Now First Compared, Philadelphia, 1902.

Elmar R. Gruber & Holger Kersten: Der ur-Jesus, Munchen 1994

Festinger, L., Schachter, S., Riecken H. W.: When Prophecy Fails, Minneapolis, 1956.

Fillozat, J.: La doctrine brahmanique à Rome au IIIe siécle, Paris, 1956. 「Les échanges de l'Inde et de l'empire romain aux premiers sieclés de l'ére chrétienne」, Revue Historique, 201, 1949.

Fischer, R. H. (Ed.): A Tribute to Arthur Voobus: Studies in Early Christian Literature and Its Environments, Primarily in the Syrian East. Chicago, 1977.

Flinders Petrie, W. M.: Denderch, London, 1898. 「The Peoples of the Persian Empire」, Man. 71. 1908.

Flusser. D.: 「Healing through the Laying on of Hands in a Dead Sea Scroll」, Israel Exploration Journal, 7, 1957.

Fontenrose, J.: The Ritual Theory of Myth, Berkeley, 1966.

Funk, R. W. and Hoover, R. W.: Five Gospels, One Jesus What Did Jesus Really Say?, Sonoma, 1992.

Gadd, C. J.: 「Seals of Ancient Indian Style Found at Ur」. Proceedings of the British Academy, London, 1932.

Garcia-Martinez, F. & A. S. Van der Woude: 「A "Groningen" Hypothesis of Qumran Origins and Early History」, Revue de Qumran, 14, 1990.

Gerhardsson, B.: 「Illuminating the Kingdom: Narrative Meshalim in the Synoptic Gospels」

Hengel, M.: The Charismatic Leader and His Followers, New York, 1981.

Jackson, A. V. W.: Zoroaster, New York, 1898.

Jacolliot, L.: La Bible dans l'Inde, Paris, 1869

Jouveau-Dubreil: Dupleix ou l'Inde conquise, Pondicherry, 1941.

Judge E. A.: 「The Early Christians as a Scholastic Community」, Journal of Religious History, 1, 1960/61 pp. 4-15.

Kee, H. C.: Jesus in History: An Approach to the Study of the Gospels, New York, 1970.

Keenan, J. P.: The Meaning of Christ: A Mahayana Theology, Maryknoll, 1989.

Kelber, W. H.: Written Gospel, Philadelphia. 1983.

Kennedy, J.: 「Buddhist Gnosticism, the System of Basilides」, Journal of the Royal Asiatic Society, 1902. 「The Early Commerce of Babylon with India, 700-300 BC」, Journal of the Royal Asiatic Society, 1898.

Kern, H. (Trans.): The Saddharm-Pundarika: or the Lotus of the True Law, New York, 1963.

Kersten, H. and Gruber, E. R.: The Jesus Conspiracy, Shaftesbury, 1994. (2nd ed.).

Kersten, H.: Jesus Lived in India, Shaftesbury, 1994.

Kim, Changsik: A Day and a Face, Blue Ribbon Books, Seoul, 2006.
A Handful of Earth, Blue Ribbon Books, Seoul, 2006.

Kloppenborg, J.: The Formation of Q: Trajectories in Ancient Wisdom Collections, Philadelphia, 1987.

Lemberg-Karlovsky, C. C.: 「Trade Mechanisms in Indus-Mesopotamian Interrelations」, Journal of the American Oriental Society, 92, 1972.
「Excavations at Tepe Yahya 1967-1969」, American School of Pre-historic Research Bulletin, 27, 1970.

Levi, S.: 「Le bouddhisme et les Grecs」, Revue de l'Histoire des Religions, XXⅢ, Paris, 1893.

Lillie, A.: Buddhism in Christendom of Jesus, the Essene, (1887). Reprint, New Delhi, 1984.

Lubac, H. de: 「Textes alexandrins et bouddhiques」, Recherches de science religieuse, 27 1937.

M. E. Burnouf: Le Lotus de la Bonne loi. Accompgné d'un commentaire et de vingt et un mémoires relatifs au Buddisme, 1973.
Librairie d'Amerique et d'Orient, Paris, 1973.

Mack, B. L.: The Myth of Innocence, Philadelphia, 1987.
The Lost Gospel, The Book of Q and Christian Origins, Shaftesbury, 1993.

Mansel, H. L.: Gnostic Heresies, London, 1875.

McGregor Ross, H.: The Gospel of Thomas, Shaftesbury, 1991.

McRindle, J. W.: 「Anonymi [Arriani ut fertur] periplus maris erythraei」, The Indian Antiquary, 8, 1879.

Meyer, B. F.: 「Some Consequences of Birger Gerhardsson's Account of the Origins of the Gospel Tradition?」

Min, Hi-Sik: The Diamond Sutra(Vajra-Prajna-Paramita-Sutra), Blue Ribbon Books, Seoul, 2006.

Min, Hi-Sik: Jesus & Buddha: Their Parallel Lives and Sayings, Blue Ribbon Books, Seoul, 2007.

Min, Hi-Sik: The Roots of the Bible: The Orient Civilization and the Old Testament, Blue Ribbon Books, Seoul, 2008.

Min, Hi-Sik: The Roots of the Bible: The Greek & Indian Civilization and the New Testament, Blue Ribbon Books, Seoul, 2008.

Min, Hi-Sik: The Roots of the Bible: The Holy Sex in the Holy Bible, Blue Ribbon Books, Seoul, 2012.

Min, Hi-Sik: Buddhism and the Western Thought, Blue Ribbon Books, Seoul, 2012.

Min, Hi-Sik: The Hymn for the 16 Great Holy Disciples of Buddha, Arhats, Blue Ribbon Books, Seoul, 2012.

Min, Hi-Sik: An Anthology of Moving and Memorable Phrases-recommended by 54 celebrities, Blue Ribbon Books, Seoul, 2012

Min, Hi-Sik: The Sutra of Great Compassion Dharani, Blue Ribbon Books, Seoul, 2009.

Modi, J. J.: Who Were the Persian Magi, Who Influenced the Jewish Sect of the Essenes?, Festschrift Moritz Winternitz, Leipzig, 1933.

Mok, Young Il : Jesus' Final Odyssey, Blue Ribbon Books, Seoul, 2009.

Montfaucon, B. de: Libre de Philon de la vie contemplative... avec observations, oú l'on fait voir que les Thérapeutes dont il parle étoient Chrestiens, Paris, 1709.

Mookerji, R. K.: Indian Shipping: A History of the Sea-Borne Trade and Maritime Activity of the Indians from the Earliest Times, Bombay, 1957 (2nd Ed,).

Mukherjee, B. N.: The Rise and Fall of the Kushan Empire, Calcutta, 1988.

Muller, M.:「On the Migration of Fables」, The Contemporary Review, XIV, 1870.

Mus, P.: Barabudur. Esquisse d'nne histoire de bouddhisme fondée sur la critique archéologique des textes, Hanoi, 1935.

Nguyen, Van-Tot P.: Le Bouddha et le Christ. Paralléles et ressemblances dans la litterature canonique et apocryphe chretiénne, Rome, 1987.

Osborne, R. E.:「The provenance of Matthew's gospel」, Studies in Religion, 3, 1973/74.

Pattabiramin, M. P. Z.: Les fouilles d'Arikamedu (Podouke). Pondicherry, Paris, 1946.

Philonenko, M.:「Un écho de la prédication d'Ashoka dans l'epitre de Jacques」, Ex Orbe Religionum, Studia Geo Widengren Oblata I. Leiden, 1972.

Pigott, S.:「Notes on Certain Metal Pins and a Macehead in the Harappan Culture」, Ancient India, I. 1948.

Piper, R. A.: Wisdom in the Q-Tradition: The Aphoristic Teaching of Jesus, Cambridge, 1989.

Przyluski, M. J.:「Les Trois hypostases dans l'Inde et á Alexandrie」, Mélanges Franz Cumont, 1937.

Raychaudhuri, H.: Political History of Ancient India, Calcutta, 1953.

Rhys Davids, T, W.: Buddhist Birth Stories, Vol. 1, London, 1880.「The Sambodhi in Ashoka's Eight Edict」, The Journal of the Royal Asiatic Society, 1898.

Riesner, R.:「Jesus as Preacher and Teacher」.

Robinson, J, M. and Koester, H. (Ed) : Trajectories through Early Christianity, Philadelphia, 1971.「The Dead Sea Scrolls」, A New Historical Approach, Oxford, 1965.

Salomon, R.:「Epigraphic Remains of Indian Traders in Egypt」, Journal of the American Oriental Society, 111, 1991.

Scheil, V. E. :「Un nouveau sceau hindou pseudo-sumerien」, Revue d'Assyrologie et d'Archeologie Orientale, 22, 1925.

Schiffman, L.:「The New Halakhic Letter (4QMMT) and the Origins of the Dead Sea Sect」, Biblical Archeologist, 53, 1990.

Schlumberger, D., L. Robert, A. Dupont-Sommer. E.: Beneviste,「Une bilingue greco-araméenne d'Asoka」, Journal Asiatique, 1958.

Sedlar, J. W.: India and the Greek World, Totowa, N.J., 1980.

Smith, R.: The Religion of the Semites, London, 1894.

Sternbach, L.:「Indian Wisdom and Its Spread beyond India」, Journal of the American Oriental Society, 92, 1972.

Streeter, B. H.: The Buddha and the Christ, London, 1932.

Vendryes, J.: La religion des Celtes, Paris, 1948.

Vermes, G.:「The Etymology of "Essenes"」, Revue de Qumran, 2. 1960.

Walhouse, M. J.: 「The Westward Spread of Some Indian Metaphors and Myths」, The Indian Antiquary, 8, 187 9.
Wansbrough, H. (Ed.): Jesus and the Oral Gospel Tradition, Sheffield, 1991.
Wheeler, M.: The Indus Civilization, Cambridge, 1968.
Winston, D.: 「The Iranian Component in the Bible, Apocrypha, and Qumran: A Review of the Evidence」, History of Religions, 1966.

김창식 대선사(세계심검도창설자): 一握りの 土地, 도서출판 블루리본, 2006.
김창식 대선사(세계심검도창설자): 하루와 얼굴, 도서출판 블루리본, 2006.
大韓佛敎 天台宗 總本山: 妙法蓮華經, 2000.
목영일: 예수의 마지막 오딧세이, 도서출판 블루리본, 2009.
민희식: 金剛般若波羅密經, 도서출판 블루리본, 2006.
민희식: 예수와 붓다-그 놀랍도록 흡사한 생애와 가르침, 도서출판 블루리본, 2007.
민희식: 성서의 뿌리: 오리엔트 문명과 구약성서, 도서출판 블루리본, 2008.
민희식: 성서의 뿌리: 그리스·인도사상과 신약성서, 도서출판 블루리본, 2008.
민희식: 성서의 뿌리: 성경 속의 성(性), 도서출판 블루리본, 2012.
민희식: 불교와 서구사상, 도서출판 블루리본, 2012.
민희식: 16대아라한예찬, 도서출판 블루리본, 2012.
민희식: 나를 움직인 불교명구, 도서출판 블루리본, 2012.
민희식: 천수경, 도서출판 블루리본, 2009.
영산법화사출판부: 法華三部經, 2005.
耘虛龍夏: 佛敎辭典, 東國譯經院, 1961.
岩本裕: インド佛敎と 法華經, 第三文明社, 1991.
大川隆法: 太陽の法(2005), 黃金の法(1990), 永遠の法(2000),
            奇跡の法(2003), 大悟の法(2005), 幸福の科學出版社
三枝充悳: 法華經 現代語譯(上中下), 第三文明社, 1990.
菅野博史: 法華經の セっの 譬喩, 第三文明社, 1995.
前田耕作: バリトリア王國の 興亡, 第三文明社, 1990.
掘堅土: 佛敎と キリスト敎, 第三文明社, 1987.
庭野日敬: 現代語の 法華經, 佼成出版社, 1990.
望月信亭: 佛敎大辭典, 世界聖典刊行協會, 1979.